함께 잘사는 나라 스웨덴

노동과 자본, 상생의 길을 찾다

함께 잘사는 나라 스웨덴

노동과 자본, 상생의 길을 찾다

2019년 9월 2일 초판 1쇄 펴냄
2020년 11월 9일 초판 2쇄 펴냄

지은이 조돈문

펴낸이 윤철호·고하영
펴낸곳 ㈜사회평론아카데미
책임편집 김혜림
편집 최세정·임현규·정세민·문정민·김채린·강연옥
디자인 김진운
본문조판 토비트
마케팅 최민규

등록번호 2013-000247(2013년 8월 23일)
전화 02-326-1545
팩스 02-326-1626
주소 03993 서울특별시 마포구 월드컵북로6길 56
이메일 academy@sapyoung.com
홈페이지 www.sapyoung.com

함께 잘사는 나라 스웨덴

노동과 자본, 상생의 길을 찾다

조돈문 지음

사회평론아카데미

이 책을 노회찬과
노회찬을 사랑한 모든 분들께 드립니다.

스웨덴에서는
자본주의도 아름다울 수 있다

중후한 프레스기의 굉음과 컨베이어벨트의 둔탁한 기계음, 그런 건 없었다. 바흐 음악이 잔잔하게 흐르고 있었고, 말쑥한 유니폼의 노동자들이 나지막하게 노래를 읊조리며 바쁘게 손을 놀리고 있었다. 바닥은 금속조각이나 기름방울 하나 없이 반짝이고 있었다. 첨단 과학 실험실이나 철학 카페 같은 분위기, 로댕이 작품을 빚기 위해 진흙을 어루만지는 듯한 따스한 손길, 그렇게 예술작품들이 탄생하고 있었다. 완성품에선 예술가의 체온이 느껴질 듯했다. 우데발라(Uddevalla)에서 자동차는 그렇게 만들어지고 있었다.

1998년 2월 4일, 내 숨을 멎게 했던 그곳. 폐쇄된 조선소를 개조하여 만든 우데발라 자동차 조립공장은 아우토노바(AutoNova)라는 이름으로 재가동되고 있었다.

컨베이어벨트 없이 정지된 작업대에서 양산차를 조립하는 '성찰적 생산방식'. 노동자를 예술가로, 생산물을 예술품으로 승화시킨 노동존중의 극치다. 노동은 그렇게 아름답게 빛나는 것이다. 세계 역사에서 유례를 찾을 수 없는 이 기상천외한 조립공장이 노동과 자본의 공동결정으로 건설되었다. 우데발라 조립공장은 최종 확정되어 구현된 생산방식뿐만 아니라 공장의 설계·기획 과정도 아름다웠다.

우리가 목도하는 자본주의는 결코 아름다울 수 없다. 이윤을 위해서라면 인간의 노동력은 물론 신체장기도, 성(性)도, 목숨까지도 상품화하는 것이 우리가 살고 있는 자본주의다. 삼성전자 기흥 반도체공장 3라인 노동자도, 태안화력발전소 낙탄처리작업 노동자도, 구의역 스크린도어 수리작업 노동자도, 조선소 건조 선박에서 낙엽처럼 떨어지는 노동자도 모두 자본의 이윤을 위해 바쳐진 제물들이었다. 그들이 죽어나간 자리에는 또 다른 노동자들이 투입된다.

그런 자본주의가 지구의 다른 곳에서는 우데발라 공장을 만들어낸 것이다. 믿기지 않지만, 스웨덴은 자본주의도 아름답게 만들 수 있다는 사실을 내게 깨우쳐주었다.

진보도 보수도, 노동도 자본도 부러워하는 스웨덴

세계적인 중도보수 매체 『이코노미스트(The Economist)』(2013. 2. 2)도 경제적 실패를 보여주는 남부 유럽이나 극단적 불평등을 보여주는 미국과는 대조적으로 경제적 경쟁력과 사회적 건강 등 모든 지표에서 최고를 보여준 스웨덴을 격찬하며 이를 벤치마킹하라고 독려했다.

미국 등 영미형 자유시장경제모델 국가들은 경제적 효율성을 위해 사회적 통합을 희생하고, 독일 등 대륙형 조정시장경제모델 국가들은 사회통합에 비해 경제적 효율성에서 뒤처지는데, 이와 달리 스웨덴 등 스칸디나비아 국가들은 경제적 효율성과 사회적 통합을 동시에 실현하는 것으로 평가되고 있다. 스웨덴은 여타 스칸디나비아 국가들과 함께 사회통합이 비용이 아니라 경제성장의 전략이 될 수 있음을 확인시켜주었다. 그래서 유럽연합은 유럽 국가들이 사회통합이라는 전통적 체제 우위를 견지하되 미국 등 신자유주의 탈규제 국가들을 경제적 경쟁력에서도 앞서기 위해 유럽의 사회적 모델을 수립하면서 스웨덴을 중요한 경제적 준거로 삼았다.

사회적 통합이란 사회 구성원들이 함께 잘사는 것이며, 그 핵심에 노동과 자본의 공존·상생이 있다. 공존·상생의 사회적 통합은 경제위기 상황에서 그 위력을 유감없이 발휘했다.

공존·상생이 아닌, 자본의 노동에 대한 일방적 지배의 대가는 참혹하다. 경제위기 상황만 도래하면 노동과 자본이 정리해고를 둘러싸고 사생결단식 결사항전을 벌이는 것이 우리 사회의 낯익은 풍경이다. 시민들은 독립전쟁을 치르듯 금모으기 운동을 전개했지만, 생산현장의 행위주체들이 경제위기 극복을 위해 의기투합하는 모습은 찾아볼 수 없었다. 노동과 자본은 둘 중 하나가 죽어야 경제를 살릴 수 있다는 착각을 갖게 하지만, 그것이 공멸의 길임은 경험이 말해주고 있다.

스웨덴은 2007~08년 세계금융위기 속에서 여느 구미 선진자본주의 국가들보다 훨씬 더 큰 타격을 입었다. 하지만 스웨덴은 신속하고 효과적으로 경제위기를 극복했다. 노동과 자본은 상호 신뢰에 기초하여 사업체의 사업·인력 조정을 진행함으로써 의기투합했고,

경제위기 극복을 위해 진력할 수 있었다. 노동과 자본의 공존·상생은 우데발라와 같은 아름다운 실험을 현실화할 뿐만 아니라 경제위기도 수월하게 극복함으로써 경제적 효율성과 사회적 통합을 지켜낼 수 있었다.

스웨덴 상생의 비밀은 평등과 공정

상생의 사회통합은 구성원 관계의 평등성과 공정성에 기초해 있다. 스웨덴은 소득분배와 재분배, 성별 자원 배분 등 다양한 지표에서 지구상의 어느 국가들보다도 더 평등한 나라로 평가받고 있다. 평등성은 결과고, 공정성은 절차다. 평등성은 객관적 지표들로 평가되는 구조적 여건을 지칭하는 반면, 공정성은 절차와 과정에 대한 주관적 평가를 지칭한다.

한 사회의 공정성에 대한 평가는 위계질서와 자원 배분 관계에서 점하는 위치에 따라 상이할 수 있다. 그런 점에서 사회통합 측면에서의 공정성은, 사회질서의 게임규칙을 지배하는 지배세력의 평가가 아니라 지배권력으로부터 배제되고 자원 배분에서 주변화된 사회적 약자들의 관점에서 이루어지는 상호적 공정성(reciprocal fairness)의 평가를 의미한다.

자본주의 사회에서 사회적 관계는 자본과 노동의 비대칭적 권력관계에 기초해 있기 때문에 평등성도 공정성도 담보하기 어렵다. 자본주의 계급관계의 전형은 약탈적 이윤 추구를 통한 원시적 자본축적 단계에서부터 자본의 노동에 대한 일방적 계급지배였다. 자본의 일방적 지배는 세계화 추세 속에서 미국 등 자유시장경제모델 국가들을 중심으로 신자유주의 경제정책들로 보강되어왔는데, 한국도

다르지 않다.

스웨덴은 공동결정제 등 경제민주주의 제도적 장치들을 통해 자본의 일방적 계급지배가 아니라 노동과 자본이 권력과 기회를 공유하는 계급관계를 실현하고 있다. 노동계급의 관점에서도 과정과 절차는 공정하다고 평가된다. 성찰적 생산방식의 우데발라 공장 건설은 물론, 경제위기 아래 인력 구조조정도 공정한 절차의 산물이기에 노동자들이 수용하는 것이다. 이처럼 공정한 절차는 상생의 관계를 만들고, 평등한 결과는 상생의 관계를 재생산한다.

스웨덴의 노동계급은 70% 안팎의 높은 노조 조직률과 노동계급 정당인 사회민주당의 장기집권으로 계급형성과 정치세력화 등 각종 지표들에서 세계 최강으로 평가된다. 한편, 스웨덴 자본계급은 90% 수준의 조직률로 노동계급보다 더 막강한 조직력을 보여준다. 그런 점에서 스웨덴은 세계 최강 노동과 세계 최강 자본이 일방적 지배를 포기하고 공존·상생하고 있는 것이다.

스웨덴의 노동과 자본은 어떤 법제도와 정책들을 수립하고 어떻게 공정성을 구현하며 공존과 상생의 관계를 생산·재생산하고 있는가? 이 책은 그러한 물음에서 시작되었다.

스웨덴을 찾는 사람들

스웨덴에는 유럽 국가들뿐만 아니라 북미, 중남미, 아프리카, 아시아 등 세계 전역에서 무수히 많은 방문객이 찾아온다. 사회과학 연구자, 정치인 혹은 시민사회 활동가 등 다양한 분야의 경력을 지녔지만, 방문자들이 스웨덴을 찾는 이유는 하나다. 그들이 사는 나라가 평등하고 공정한 상생의 사회가 아니기 때문이다. 자신의 나라도 스웨덴처럼 만들고 싶다는 꿈, 맥락적 벤치마킹(contextual benchmarking) 의지가 그들을 스웨덴으로 이끈 것이다.

유럽의 좌파집권 붐에 이어 2003년 브라질 룰라(Lula) 정부 출범과 함께 중남미에도 좌파 집권 붐이 불었고, 룰라의 브라질과 차베스(Chávez)의 베네수엘라를 위시한 다양한 변화의 실험들이 전개되었다. 거기에는 스웨덴의 우데발라 공장이나 임노동자기금제에 버금가는 변혁 실험도 있었지만, 어느 경우도 스웨덴이 보여온 사회진보의 불가역성과 지속가능성에는 미치지 못했다. 스웨덴에서는 거듭되는 계급갈등과 계급타협의 과정 속에서 다양한 변혁적 실험이 시도되어왔다. 오늘날의 스웨덴은 100년여 기간 동안 실패와 시행착오를 거치며 검증된 결과물이 모여 만들어졌고, 실험은 아직도 계속되고 있다.

필자는 1998년 1월 처음 찾은 이래 2018년 여름까지 일곱 차례에 걸쳐 반년 정도의 시간을 스웨덴에서 보내며 조사연구를 실시했다. 그 과정에서 다양한 사람을 두루 만날 수 있었다. 렌-마이드너 모델과 임노동자기금제의 설계자 마이드너(Rudolf Meidner), 임노동자기금제 이후의 소유권 개입 전략을 수립한 LO(스웨덴노총)의 대표적 전략가 요란손(Ingemar Göransson), 2016년 LO의 중장기전략 보고서 책임자 베르이스트룀(Åsa-Pia Bergström), 재기발랄한 노조활동가였던 젊은 시절의 현 스웨덴 수상 뢰벤(Stefan Löfven), 세계금융위기 속 2009년 위기협약 타결의 노사단체 주역 닐손(Roger Nilsson)과 발스텟(John Whalstedt), 민간부문 적극적 노동시장정책 집행 고용안정기금의 책임자 쇠데르(Caroline Söder), 성찰적 생산방식의 우데발라 공장설계자인 엥스트룀(Tomas Engström)과 엘레고

르(Kajsa Ellegård), 그리고 우데발라와 아우토노바 공장에서 성찰적 생산방식으로 마치 예술품처럼 자동차들을 빚어내던 조립공 노동자들에 이르기까지, 그들은 모두 스웨덴을 아름답게 만든 역사의 주역들이었다.

그들을 만날 수 있었던 것은 행운이었다. 그들은 아직까지도 부러움의 기억으로 남아 있다. 그들은 평등하고 공정한 나라, 노동과 자본이 공존·상생하는 사회를 만드는 데 성공했기 때문이다.

노회찬의 꿈, 북극성을 향한 항해

필자가 스웨덴에 대해 본격적 연구를 시작하던 1990년대 후반은 한국에서도 민주노동운동이 1995년 민주노총을 출범시키고 1996~97년 노동법 개정 총파업투쟁을 승리로 이끈 다음 노동계급 정치세력화를 위해 대중적 진보정당 건설에 매진하던 시기였다. 민주노동당 출범을 앞두고 강령 기초작업을 진행하던 1999년 하반기와 민주노동운동의 이념적 지향과 중장기적 발전전략을 수립하던 2000년, 우리는 사회변혁의 꿈에 한껏 부풀었다. 2004년 민주노동당의 의회 진출은 그 가능성을 확인할 수 있게 했고, 당시 필자도 노회찬도 그 순간들을 함께하며 환호했다. 하지만 거기까지였다.

2018년 7월 23일, 노회찬이 우리 곁을 떠나던 날 필자는 스웨덴에 머물고 있었다. 노회찬을 보내고, 믿고 싶지 않던 사실을 마주하며 필자가 느꼈던 감정은 상실의 슬픔이 아니었다. 세상은 끄떡 않고 변화를 거부하고 있는데, 세상의 변화를 위해 분투하는 사람들, 그 맑은 영혼들을 빼앗아간 세상에 대한 분노였다.

언젠가 노회찬은 "진보정당이 꿈꾸는 건 희한한 세상이 아니에

요. … 스웨덴, 핀란드, 노르웨이 같은 나라입니다"라고 말한 적이 있다. 지독히도 변하지 않는 우리 사회를 보면, 스웨덴은 북극성처럼 멀고도 아득한 나라처럼 느껴질지도 모른다.

오늘의 스웨덴을 만든 사람들도, 멀고도 아득한 북극성을 좇아 기나긴 항해를 해왔다. 그들이 막막함에도 항해를 시작했기에, 점멸하는 북극성을 좇는 항해를 포기하지 않았기에 오늘의 스웨덴을 만들 수 있었다.

마이드너는 꿈을 이루고 떠났지만, 노회찬은 꿈을 남기고 떠났다. 하지만 노회찬은 함께 꿈꾸는 많은 사람들을 남겨주었다.

평등하고 공정한 나라, 노동과 자본이 상생하는, 모두가 함께 잘사는 나라. 그 꿈을 함께 키우며, 함께 꿈꾸는 사람들의 소중한 마음을 모으고, 우리의 분노, 우리의 염원을 놓지 않는다면, 북극성은 또렷하게 빛나며 우리에게 다가올 것이다.

북극성을 향한 항해를 포기하지 않은, 노회찬과 노회찬을 사랑하는 모든 분께 이 책을 바친다. 스웨덴의 경험이, 노동과 자본이 찾은 상생의 길이 북극성을 좇는 항해에 길벗이 될 수 있으면 좋겠다.

이 책의 구성

이 책은 4부로 구성되어 있다.

제1부 "스웨덴 모델과 계급 공존·상생"은 스웨덴 사회 구성원들 특히 노동계급과 자본계급이 어떻게 공존·상생의 사회를 만들고 유지하는지를 설명한다. 제1장 「스웨덴 경제민주주의와 계급상생의 전략」은 스웨덴의 노동과 자본이 각각 어떤 전략을 취하여 선도적인 경제민주주의의 제도적 장치들을 수립할 수 있었는지, 경제민

주의는 어떻게 진전 혹은 후퇴했고 그 과정에서 계급 간 공존·상생의 관계는 어떤 변화를 겪었는지를 분석하며 경제민주주의의 동학을 설명한다. 제2장 「스웨덴 사회민주당의 부침과 계급적 지지기반의 변화」는 노동조합 조직률 하락 추세 속에서 사회민주당이 패배와 승리로 부침해온 지난 네 차례 총선의 출구조사 자료를 분석하여 사회민주당의 계급적 지지기반의 변화를 계급투표와 정책역량 평가의 등락과 함께 설명한다. 제3장 「스웨덴 노사관계 모델의 정치─단체교섭 탈중앙집중화와 노동조합운동의 대응전략」은 세계적인 노동조합 조직률 하락과 단체교섭 탈중앙집중화 추세 속에서 스웨덴 노동조합운동은 어떤 대응전략을 선택하고 실천하는지, 그러한 수세기 대응전략이 어떻게 자본의 단체교섭 탈중앙집중화 시도를 저지하고 스웨덴의 전통적 노사관계 모델을 복원하며 연대임금정책을 실천하는지를 설명한다.

제2부 "노동시장의 유연성-안정성 균형"은 스웨덴 노동시장이 어떻게 자본의 유연성 요구와 노동의 안정성 요구를 동시에 충족시키며 효율적으로 작동하고 있는지를 분석한다. 제4장 「스웨덴 노동시장의 유연성-안정성 균형 실험─황금삼각형과 이중보호체계」는 황금삼각형의 정책요소들이 어떻게 노동력 활용의 유연성을 허용하면서도 효율적으로 규제하는지, 그리고 보수당 정부 출범과 경제위기 발발로 어떤 변화를 겪었으며, 여전히 유연성과 안정성의 균형을 유지하고 있는지를 분석한다. 제5장 「스웨덴 비정규직의 사용 실태와 행위주체들의 전략─임시직 사용 방식을 중심으로」는 임시직의 사용 실태와 사용 방식 변화를 분석하며 유연화 법 개정 효과와 경제위기 효과의 설명력을 분석하고, 임시직 등 비정규직 사용을 둘

러싼 자본의 유연성 확보 전략과 노동의 유연성 규제 전략이 어떻게 서로 각축하고 타협하며 경제위기 이후 비정규직 사용의 새로운 평형점을 형성하게 되었는지를 설명한다. 제6장 「스웨덴의 간접고용 사회적 규제와 '관리된 유연성'—파견업 단체협약을 중심으로」는 파견노동을 중심으로 스웨덴의 간접고용 규제 방식을 분석하며 LO의 적극적 규제전략과 그에 기초한 '관리된 유연성'의 규제체계가 어떻게 작동하여 사용업체와 고용업체는 물론 정규직과 비정규직 노동자를 포함한 모든 관련 사회적 행위주체들을 만족시키는지를 설명한다.

제3부 "노동시장 효율성과 적극적 노동시장정책"은 스웨덴 노동시장의 효율성이 적극적 노동시장정책에 의해 담보되고 있는데, 정부기구와 노사자율 기구들이 어떻게 적극적 노동시장정책을 효율적으로 집행하는지를 분석한다. 제7장 「스웨덴 적극적 노동시장정책의 효율성과 일자리 중개의 선순환」은 적극적 노동시장정책의 프로그램들이 어떻게 노동시장의 효율적 작동을 실현하고 있으며, 양질의 일자리를 공적 중개기구에 등록하도록 하여 '양질의 일자리 등록 ⇒ 구직자 적극 이용 ⇒ 효율적 일자리 중개 ⇒ 양질의 일자리 등록'의 선순환을 담보하는지 그 과정을 설명한다. 제8장 「스웨덴 비정부 고용안정기금의 적극적 노동시장정책—TSL의 실험을 중심으로」는 스웨덴의 독특한 노사자율 고용안정기금제도를 분석하여, 어떻게 고용안정기금이 정리해고자의 재취업을 지원하고, 정부의 일자리중개청과 어떻게 역할분담하며 적극적 노동시장정책 기능을 효율적으로 수행하는지를 설명한다. 제9장 「스웨덴의 경제위기 대응 방식과 위기협약—2009년 노사협약과 2014년 노사정협약을 중심으로」는 제

조업 노사단체들이 정부의 참여 거부에도 2009년 3월 위기협약을 체결하고 자율적으로 노동시간 단축과 일자리 나누기를 중심으로 고통을 분담하며 경제위기를 극복하는 과정의 동학과 성과를 분석하고, 2009년 위기협약 효과의 평가와 이후 협약 불참에서 참여로 바뀐 정부의 입장 변화를 설명한다.

제4부 "스웨덴의 경험과 한국에 대한 함의"는 제10장 「노동과 자본의 상생—스웨덴의 경험과 한국에 대한 함의」에서 평등하고 공정한 상생의 사회를 건설한 스웨덴 모델의 우수성을 확인하고, 노동계급의 계급형성과 정치세력화에 기초하여 수립된 경제민주주의 법제도, 그리고 노동시장의 유연성-안정성 균형을 통해 노동과 자본의 공존·상생을 일상적으로 재생산하는 스웨덴의 경험을 분석한다. 그다음 노동계급의 계급형성과 노동-자본의 상생을 위한 전략적 선택을 중심으로 한국사회에 대한 함의를 도출한다.

마지막으로 부록 「공동결정제와 생산방식 혁신—볼보자동차 우데발라 공장의 성찰적 생산방식」에서는 볼보자동차의 노사 대표들이 어떻게 공동결정제를 통해 우데발라 공장을 설계하고 어떻게 성찰적 생산방식이 생산현장에서 효율적으로 작동할 수 있도록 했는지를 설명한다.

감사의 말씀

제1장에서 제9장까지는 학술지 혹은 학술서적에 수록되었던 필자의 원고를 수정·보완한 것들이고, 제10장은 새롭게 집필했다. 수정 게재를 허락해준 한국산업노동학회, 한국 스칸디나비아학회, 한국인문사회과학회, 후마니타스, 매일노동뉴스에 감사드린다. 그동안 스웨

덴의 경험과 실천적 함의에 대해 함께 연구하고 토론해온 한국 스칸
디나비아학회 회원 여러분, 필자의 원고를 검토하며 유익한 의견을
준 조교 김직수 님, 빠듯한 일정에도 좋은 책을 만들어준 사회평론
아카데미에도 감사를 드린다.

2019년 8월
평등하고 공정한 나라
노회찬재단 이사장 조돈문

차례

제2부 노동시장의 유연성-안정성 균형

제9장 스웨덴 경제위기 대응 방식과 위기협약
— 2009년 노사협약과 2014년 노사정협약을 중심으로

스웨덴어 용어 정리

원어	약어	우리말
Allmän Tilläggspension	ATP	국민추가연금
allmän visstidsanställning		일반기간제
Allmänna pensionsfonder	AP	스웨덴국민연금
Anställning med lönebidrag		기능저하자고용장려금제도
Anställningsstöd		고용지원금제도
Arbetsdomstolen		노동법정
Arbetsförmedlingen		일자리중개청
Arbetslinjen		노동우선주의
arbetsmarknadsutbildning		직업훈련 서비스
Avgångsbidragsförsäkring	AGB	실업자보상보험
avtalsråd		단체협약위원회
Bemmaningsföretagen		파견업협회
Branschråd		산업부문협의회
det goda arbetet		보람 있는 직무
förberedande insatser		취업준비활동
förbundsstyrelsen		집행위원회
fördelar för alla		모두에게 혜택
Försäkringskassan		사회보험기금
Gemensamma långsiktiga mål för tre kongressperioder		향후 12년간의 공통된 장기적 목표
Handelns Arbetsgivarorganisation	HAO	상업서비스업체협회
Handelstjänstemannaförbundet	HTF	서비스사무직연맹
hängavtal		확장단체협약
Industriavtalet		산업협약
Industrifacket Metall	IF Metall	금속노조
instegsjobb		신입일자리지원금제도
jobb-och utvecklingsgarantin		일자리·훈련보장프로그램

원어	약어	우리말
Lag om anställningsskydd	LAS	고용보호법
Lag om förbud mot diskriminering av deltidsarbetande arbetstagare och arbetstagare med tidsbegränsad anställning		차별처우금지법
Lag om medbestämmande i arbetslivet	MBL	공동결정법
Lag om privat arbetsförmedling		사적고용중개법
låglönesatsning		저임금 특례조치
Landsorganisationen i Sverige	LO	스웨덴노총
löneglidningen		임금부상
löneutrymmet		임금총액인상률
Löntagarfonder		임노동자기금제
märket avtal		기준단협
Medlingsinstitutet		중앙조정위원회
nystartsjobb		새출발일자리제도
Omställningsfonden		고용안정기금
Opartiska ordförandena	Opo	산별협약중재위원단
Platsbanken		일자리은행
Plusjobb		플러스일자리
praktik		현장실습
Privattjänstemannakartellen	PTK	민간부문사무직노총
Rehn-Meidner model		렌-마이드너 모델
Saltsjöbadsavtalet		살트쇠바덴협약
Samhall		공동체기업
särskilt anställningsstöd		특별고용지원금제도
stöd till start av näringsverksamhet		창업지원
Subventionerade anställningar för personer med funktionsnedsättning		기능저하자 고용지원금제도
Svenska arbetsgivareföreningen	SAF	스웨덴사용자단체
Svenska Kommunalarbetareförbundet	Kommunal	지방자치단체노조

원어	약어	우리말
Svenskt Näringsliv	SN	스웨덴사용자협회
Sveriges akademikers centralorganisation	SACO	전문직노총
Sveriges socialdemokratiska arbetareparti	SAP	사회민주당
Sveriges Verkstadsförening	VF(VI)	금속산업사용자단체
Teknikföretagen		제조업사용자협회
Tjänstemännens Centralorganisation	TCO	사무직노총
trygghetsanställning		기능저하자 맞춤형 고용제도
Trygghetsfonden	TSL	고용안정기금(사적부문 생산직)
Trygghetsrådet	TRS	고용안정기금(문화·예술· 비영리부문)
Trygghetsrådet	TRR	고용안정기금(사적부문 사무직)
Trygghetsstiftelsen	TSN	고용안정기금(정부기구 공무원)
Vägen till full sysselsättning och rättvisare löner		완전고용과 공정임금으로 가는 길
Vallokalundersökning riksdagsvalet	VALU	총선 출구조사
Volvo Verkstadsklubb	VVK	볼보노동조합
Wallenberg		발렌베리

제1부

스웨덴 모델과 계급 공존·상생

제1장

스웨덴 경제민주주의와 계급상생의 전략[1]

1. 들어가는 말

경제민주주의는 영미형 자유시장경제모델 국가들에 비해 유럽의 조정시장경제모델 국가들에서, 특히 스웨덴 등 스칸디나비아 모델 국가들에서 더 많이 진전된 것으로 평가받고 있다. 경제민주주의 지표에서도 OECD(Organization for Economic Co-operation and Development, 경제협력개발기구) 국가들 가운데 미국은 최하위를 기록한 반면, 스웨덴은 가장 앞선 것으로 나타났다(Cumbers, 2018).

경제민주주의는 한국에서도 주요한 사회의제로 대두되어 2012년과 2017년 대통령선거에서 유력 대선후보들이 핵심 선거 공약으

---

[1] 이 장은 『현상과 인식』 제43권 2호에 게재된 필자의 논문을 수정·보완한 것이다. 수정 게재를 허락해준 한국인문사회과학회에 감사드린다.

로 제시했지만 실질적 진전은 없었다. 경제민주주의 선진국인 스웨덴 등 스칸디나비아 국가들에 비해 한국이나 미국 등 경제민주주의 후진국들은 자본을 위시한 기득권 보수세력의 저항으로 경제민주주의가 발달하지 못한 공통점을 보이고 있다.

경제민주화는 자본의 시장권력 독점과 일방적 계급지배에 맞서 노동계급이 시장권력의 규제와 시장규칙 및 기업경영의 통제권력 공유를 요구하며 진전되는 과정이다. 따라서 경제민주주의는 노동과 자본의 계급역학관계를 반영하며, 경제민주화 수준은 노동계급의 영향력 정도에 따라 결정된다. 경제민주주의는 계급타협에 기초하여 제도적 장치들을 수립하며 진전되는데, 이런 제도적 장치들이 작동하기 시작하면 계급의 공존·상생 관계를 보강할 수 있다.

스웨덴 자본도 첨예한 노사갈등을 겪고 나서 일방적 계급지배를 포기하고 1938년 계급타협의 살트쇠바덴협약(Saltsjöbadsavtalet, Saltsjöbaden agreement)을 체결하며 계급 간 공존·상생의 관계를 형성하기 시작했지만 1970년대 노동의 경제민주화 공세에 대해서는 강력하게 저항하며 법제화에 반대했다. 자본의 저항과 노사갈등은 1980년 전후 임노동자기금제를 추진했던 시기 최고조에 달해 자본계급이 대규모 집회·시위를 조직하는 초유의 사태를 야기하기도 했다. 결국 임노동자기금제가 유명무실화되며 폐지된 뒤 스웨덴의 경제민주주의는 노동조합대표 이사제와 공동결정제를 중심으로 실시되며 안정화되었다.

이 장은 경제민주주의 제도적 장치들이 수립·가동되는 과정에서 스웨덴의 노동과 자본은 각각 어떤 전략을 취했는지, 특히 1970년대 경제민주주의 관련 법제화를 둘러싼 노사갈등 이후 경제민주주의는 어떻게 진전, 후퇴, 혹은 부침했으며 계급 간 공존·상생의 관계는 어떤 변화를 겪었는지, 이 과정에서 노동과 자본은 왜, 어떤 전략을 취했는지를 중심으로 경제민주주의의 동학을 설명하고자 한다.

2. 스웨덴 경제민주주의와 계급역학관계

자본주의 시장경제모델들 가운데 미국 등 영미형 자유시장경제모델 국가들이 경제적 효율성을 위해 사회적 통합을 희생하는 반면, 스웨덴 등 스칸디나비아 모델 국가들은 경제적 효율성과 함께 사회적 통합도 동시에 구현하는 것으로 평가되고 있다.

시장경제모델들을 대변하는 미국, 스웨덴, 독일, 스페인을 비교해보면, 세계금융위기 발발 전 1998~2007년의 10년 기간 동안 경제성장률은 독일에 비해 스페인, 스웨덴, 미국이 높게 나타났고, 2008~09년 경제위기 타격은 스웨덴, 독일에서 더 컸는데 2010~14년 경제회복기에는 스웨덴과 독일이 경제위기를 더 성공적으로 극복한 것으로 나타났다(〈표 1-1〉 참조). 전체적으로 스웨덴과 미국이 경제적 효율성에서 독일과 스페인에 비해 수월성을 보여주고 있다.

소득불평등과 유아 사망자 수로 본 사회적 통합 정도는 스웨덴이 가장 우수하고, 다음은 독일, 스페인 순이고, 미국이 가장 열악한 것으로 확인된다(〈표 1-2〉 참조). 사회적 통합의 결과는 감옥 수감자 비율에서도 확인할 수 있는데, 스웨덴은 인구 10만 명당 78명인데 미국은 738명으로 스웨덴의 10배에 달하는 것으로 나타났다.

표 1-1 전년 대비 실질 GDP 성장률, 1998~2014년(단위: %)

연도	미국	스페인	독일	스웨덴	OECD 전체
1998	4.450	4.306	1.980	4.227	2.789
1999	4.685	4.485	1.987	4.530	3.406
2000	4.092	5.289	2.962	4.735	4.098
2001	0.976	4.001	1.695	1.563	1.404
2002	1.786	2.880	0	2.074	1.723
2003	2.807	3.188	- 0.710	2.386	2.106
2004	3.786	3.167	1.170	4.321	3.308
2005	3.345	3.723	0.707	2.818	2.787
2006	2.667	4.174	3.700	4.688	3.146
2007	1.779	3.769	3.261	3.405	2.682
2008	- 0.292	1.116	1.082	- 0.557	0.256
2009	- 2.776	- 3.574	- 5.619	- 5.185	- 3.462
2010	2.532	0.014	4.080	5.989	3.024
2011	1.601	- 1.000	3.660	2.664	1.953
2012	2.224	- 2.620	0.405	- 0.286	1.247
2013	1.490	- 1.672	0.298	1.241	1.192
2014	2.428	1.361	1.600	2.267	1.837
〈기간 평균〉					
1998~2007	3.037	3.898	1.675	3.475	2.745
2005~2007	2.597	3.889	2.556	3.637	2.872
2008~2009	- 1.534	- 1.229	- 2.269	- 2.871	-1.603
2010~2014	2.055	- 0.783	2.009	2.375	1.851

자료: 조돈문(2016: 43)

이러한 스칸디나비아 모델의 우수성으로 인해, 유럽연합은 영미형 자유시장경제모델에 맞서 유럽의 사회적 모델을 수립하면서 스웨덴 등 스칸디나비아 국가들을 주요한 경험적 준거로 삼았다. 경제

표 1-2 국가별 사회 지표 비교, 2014년

구분	미국	스페인	독일	스웨덴	OECD 전체	비고
지니계수*	0.380	0.338	0.286	0.269	0.313	2010년
소득 배수(9분위/1분위)	5.22	3.08	3.28	2.27	4.63	2012년
유아 사망자 수(1천 명당)	6.1	3.2	3.6	2.1	–	2011년
감옥 수감자 수(10만 명당)	738	143	97	78	109(EU15국)	2005년
GDP 대비 적극적 노동시장 정책 지출(%)	0.12	0.89	0.69	1.33	0.57	2012년
GDP 대비 정부 사회 예산 지출(%)	19.4	26.3	26.3	28.2	21.7	2012년

* 소득불평등 정도를 보여주는 지표로서, 수치가 높을수록 불평등이 심화됨.
자료: 조돈문(2016: 43)

적 효율성이라는 목표는 모든 자본주의 국가들이 축적 과제를 수행하기 위한 기본 전제를 구성하는 반면 사회적 통합은 제도적 장치들로 법제화되어 정책적으로 추진되는데, 그 핵심에는 경제민주주의가 있다. 경제민주주의 지수의 국제 비교에서 OECD 국가들 가운데 스웨덴이 최고치를 기록한 반면, 미국이 최저치를 보여준 것은 사회적 통합과 경제민주주의의 상호관련성을 확인해준다(Cumbers, 2018; Mathieu & Sterdyniak, 2008).

민주주의는 사회 구성원들이 권력(Macht)을 공유하고 의사결정 과정에 참여하며 공존·공생하는 수평적 관계의 사회질서를 말하며, 민주화란 권력과 의사결정 과정의 독점체제에서 공유체제로, 수직적 관계에서 수평적 관계로 이행하는 과정을 의미한다. 이 과정에서 피지배자인 사회적 약자가 지배자의 권력 독점에 저항하며 권력의 객체 지위에서 벗어나 권력을 공유하면서 일방적 지배의 위계적

관계가 공존·상생하는 수평적 관계로 전환하게 된다.[2]

경제민주주의 개념은 통상 광의의 정의로 사용되고 있는데, 협의의 개념에 비해 연구자들에 의한 개념 정의의 편차가 매우 크다. 광의로 정의된 경제민주주의 개념은 산업민주주의를 포괄하되, 생산 영역을 넘어 생산과 재생산 영역을, 사업장을 넘어 시장과 거시경제를, 기업경영 의사결정권을 넘어 사적 소유권 규제와 소유권·시장권력의 공유를 포괄한다. 따라서 노동자를 중심으로 소자본 소유주 등 여타 경제적 약자들로 구성된 피지배자들이 대규모 사적 자본 소유주의 지배에 맞서 사적 소유권을 규제하고, 시장 권력과 거시경제 의사결정권을 쟁취·공유하는 과정이 진행되는데 이것이 경제민주화다. 광의의 경제민주주의는 노동자 기업 소유, 사적 자본의 소유권·지배권 규제, 스웨덴과 캐나다의 노동자 통제 임노동자기금제, 베네수엘라 국가·노동자 공동소유경영제(cogestión), 유고슬라비아의 자주관리제, 아르헨티나의 노동자 공장경영, 브라질의 도시 포르투알레그리(Porto Alegre)와 인도 케랄라(Kerala)주의 참여예산제 등의 법제도들을 통해 실현되고 있다.

본 연구에서 사용되는 광의의 경제민주주의 개념은 두 축으로 구성되는데, 한 축은 협의의 경제민주주의를 의미하는 산업민주주의이고, 다른 한 축은 소유권의 규제·개입과 거시경제 의사결정권의

2 정치적 민주화는 정치사회의 엘리트와 대중의 관계에서 대중이 시민권을 획득하며 엘리트를 선택하게 되는 절차적 민주주의에 기초하여 권력의 획득 과정과 행사 방식이 정당성을 유지함으로써 지배(Herrshaft)가 정당성을 지닌 권위(Authority)로 전환하는 것을 의미한다. 서구의 부르주아 민주주의 국가들은 이 과정을 완료했지만, 한국은 아직 미완의 상태라고 할 수 있다. 권력과 관련 개념들에 대해서는 베버(Weber, 1978)의 개념 정의를 참조하도록 한다.

표 1-3 경제민주주의 협의·광의 개념 정의 비교

구분	협의 개념 (산업민주주의)	광의 개념 (경제민주주의 통상 용례)
단위	사업장	시장/거시경제
활동 영역	생산	생산과 재생산
공유 권력	기업경영 의사결정권	사적 소유권 규제, 사회적 소유, 시장권력 공유
지배자	경영진	대규모 사적 자본 소유주
피지배자	노동자	노동자, 소자본 소유주(경제적 약자)
피지배자 주체형성	노동조합	노동계급, 사회세력
법제도	단체교섭, 직장평의회, 공동결정제	노동자기업소유, 사적 소유권 규제, 임노동자기금제, 자주관리, 공동소유경영제, 참여예산제
일방적 지배	경영특권	사적 소유권 불가침, 시장 독재, 사유화

공유라 할 수 있다(〈표 1-3〉 참조).

　스웨덴 경제민주주의 관련 선행연구들을 보면 경제민주화 과정과 경제민주주의 성과 평가 부분에서 주요 의제들을 중심으로 다음과 같은 광범한 동의가 형성되어 있음을 확인할 수 있다(Cumbers, 2018; Bowman, 2014; Conchon, 2015; Sjöberg & Dube, 2014; Levinson, 2001; Wallenberg & Levinson, 2012; Furåker, 2016; Pontusson, 1992).

　첫째, 스웨덴은 높은 노동조합 조직률과 사회민주당(Sveriges socialdemokratiska arbetareparti, SAP, 이하 사민당)의 정치적 영향력에 기초하여 노동조합대표 이사제와 공동결정제를 중심으로 경제민주주의 제도적 장치들이 효율적으로 작동하며 경제민주주의를 실현하고 있다. 스웨덴은 여타 스칸디나비아 국가들과 함께 경제민주주의 실현 정도에서 다른 시장경제모델 국가들에 비해 월등히 앞서며 세계 최고 수준을 보여주고 있다.

둘째, 1970년대 노동의 공세로 경제민주화가 추진될 때, 자본과 보수정당들이 저항하면서 심각한 노사갈등을 경험하며 노사관계가 크게 악화되었는데, 자본의 저항과 노사갈등은 1980년 전후 임노동 자기금제 추진 시기에 최고조에 달했다.

스웨덴 경제민주주의에 대한 이론적 설명에 폭넓은 동의가 형성되어 있는 가운데 주로 경제민주주의의 동학, 즉 제도적 장치들을 수립·유지하는 과정과 행위 주체들을 둘러싼 쟁점들을 중심으로 이론적 각축이 진행되고 있다. 코르피(Korpi) 등의 권력자원론(power resource theory)은 스웨덴 노동계급이 자본의 일방적 지배를 거부하고, 계급형성과 정치세력화를 통해 시장·소유권을 사회적으로 규제하고 시장 권력을 공유하며 경제민주주의 제도들을 강화하는 과정을 잘 설명해준다(Korpi, 1978, 1982, 2006; Korpi & Palme, 2003). LO(Landsorganisationen i Sverige, 스웨덴노총)를 중심으로 조직된 노동계급이 계급형성을 진전시키고 사민당을 통한 정치세력화와 국가권력 장악에 성공하면서, 자본계급 중심 기득권 세력에 맞서 노동계급을 포함한 사회적 약자들의 이해관계를 보호하기 위한 제도적 장치들을 수립하기 시작했다. 경제민주주의도 실업보험, 연금제도, 상병급여제도 등 보편적 복지제도들과 마찬가지로 이러한 노동계급의 계급형성과 정치세력화의 성과로 진전되었으며, 1970년대 공동결정제와 노동조합대표 이사제의 법제화가 스웨덴 사민당이 40년 이상 장기집권하며 정치세력화의 절정을 구가하던 시기에 이루어졌다는 점은 권력자원론의 설명력에 무게를 더해준다.

권력자원론의 경제민주주의와 복지국가의 동학 설명에 대한 비판은 신정치론(New Politics)과 자본주의 다양성론(Varieties of Capitalism) 중심으로 제기되었다. 신정치론은 권력자원론이 복지국가의 형성과 확대는 잘 설명했지만 복지국가의 유지와 부침의 동학을 설명하지 못하는 한계를 지닌다고 비판한다(Lindblom, 2008, 2016; Brooks & Manza, 2006). 신정치론에 따르면, 복지제도들이 수립되어 작동하기 시작하면 복지제도의 수혜자들을 중심으로 복지국가의 강력한 지지·방어 세력들이 형성되며 복지국가의 형성에 반대했던 친자본 보수정당들도 국민 여론의 변화를 수용하여 복지제도들에 대한 적극적 반대에서 소극적 반대 혹은 소극적 지지로 입장을 선회하게 된다. 이처럼 수혜자 층의 확대로 인해 노동계급의 계급형성과 사민당의 역할이 복지국가 수립 과정에 비해 복지국가 제도들을 유지·방어하는 단계에서는 상대적으로 덜 중요하게 된다는 것이다.

　　한편, 자본주의 다양성론은 경제민주주의와 복지국가 제도들의 형성·재생산을 제도들 사이의 상보성과 시장경제모델의 효율적 작동 관점에서 설명하며, 권력자원론이 노동계급의 영향력과 선택을 과도하게 강조하는 한편 자본가들과 기업들의 역할을 상대적으로 과소평가한다고 비판한다(Swenson, 2002; Mares, 2003; Hall & Soskice, 2001). 자본주의 다양성론에 따르면, 자본가들의 이해관계가 노동계급과 계급정당의 이해관계에 수렴할 수 있는데, 스웨덴 자본가들이 경제민주화와 복지국가 건설을 주도하지는 않았지만 고용보험과 산재보험 등 복지제도 수립·강화를 반대하지 않고 소극적이나마 지지했고, 이러한 자본가들의 지지 입장이 복지국가 건설에 크게 기여했다는 것이다. 특히 스웨덴과 미국을 포함한 국가들 사이의 경제민주주의와 복지국가 발달 정도 차이는 국가 간 자본가들의 입장 차이에 의해 설명될 수 있다는 점에서 자본가 입장의 중요성이 확인된다고 한다.

신정치론은 권력자원론이 경제민주주의 제도 수립 과정은 잘 설명하지만 경제민주주의의 재생산과 부침을 설명하는 데에는 한계가 있음을 확인해준다. 한편, 자본주의 다양성론은 권력자원론이 자본계급의 역할을 경시하고 노동계급의 계급형성과 전략적 선택에만 의존하여 경제민주주의 동학을 설명하는 문제점을 잘 지적했지만, 계급관점을 결여한 정태적 분석에 머무는 한계를 벗어나지 못하고 있다. 라이트(Wright, 2000)의 계급타협론은 계급관계 속에서 자본계급의 이해관계와 전략적 선택도 고려하며 경제민주주의 제도적 장치들의 지속가능성과 효율적 작동 여부를 분석함으로써 권력자원론의 설명적 취약점을 보완하며 스웨덴 경제민주주의의 동학을 잘 설명해준다. 라이트의 계급타협론은 노동계급 계급형성이 진전되면 자본계급의 일방적 지배가 도전을 받으며 자본의 이해관계가 훼손되지만, 노동계급 계급형성이 더 크게 진전되어 계급갈등 함정의 변곡점을 지나면 노동계급과 자본계급의 이해관계가 동시에 증진되는 상황이 조성될 수 있음을 잘 보여준다(〈그림 1-1〉 참조). 이 국면이 긍정적 계급타협이 가능한 원원 상황으로서 경제민주주의와 복지국가가 안정적으로 재생산되며 자본계급은 자신의 물질적 이해관계를 위해 계급타협 속에서 경제민주주의와 복지국가의 제도적 장치들을 유지·활용하는 전략적 선택을 할 수 있다.

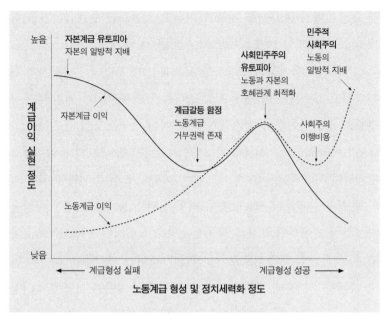

그림 1-1 노동계급 계급형성과 노동계급·자본계급 이해관계
자료: Wright(2000)

3. 경제민주주의와 노동-자본의 윈윈게임

1) 스웨덴 경제민주주의 기초: 살트쇠바덴협약과 렌-마이드너 모델

스웨덴 경제민주주의 기초는 살트쇠바덴협약의 계급타협과 그에 기초한 거시경제정책 패러다임인 렌-마이드너 모델(Rehn-Meidner model)의 양축으로 구축되었다. LO와 사민당을 중심으로 노동계급의 계급형성과 정치세력화가 진전되면서, 스웨덴 자본계급은 일방적 계급지배가 불가능한 것을 인정하고 노동계급과 계급타협을 하게 되었고, 그것이 1938년 살트쇠바덴협약이다.

스웨덴 노동자들의 노동조합 조직화는 1890년대 광범위하게 진전되었고 1898년 LO 결성으로 조직화가 더욱 가속화되면서 노사갈등도 심화되어갔다. 1905년 LO의 핵심 산별노조인 금속노조(IF Metall, Industrifacket Metall)가 23개 기업 4천 명 규모의 파업투쟁을 전개하자 사용자들은 83개 기업 8천 명 규모로 산업 전반에 걸친 직장 폐쇄를 단행하여 금속노조와 파업 참여 노동자들의 재정 부담을 확대하여 파업투쟁은 물론 금속노조의 조직력까지 무력화시키고자 했다. 금속산업을 중심으로 전 산업에 걸쳐 노사갈등은 끊이지 않고 이어지며 더욱더 격화되었고, 1920년대 스웨덴은 서구에서 가장 격심한 노사갈등을 겪는 국가로 평가받았다(Magnusson, 2018: 139-141; Bowman, 2013: 186-190, 273-274).

극단적 노사갈등이 지속되는 가운데, 사민당이 1932년 집권하며 1936년과 1940년 총선에서 연이어 득표율 50% 이상의 압도적 승리로 정권재창출에 성공하자 사용자들은 일방적 계급지배가 불가능하다는 사실을 인정하게 되었다. 1938년 LO와 SAF(Svenska arbetsgivareföreningen, 스웨덴사용자단체)는 1938년 살트쇠바덴협약을 체결했는데, 이를 통해 노사관계를 정부나 법제도의 개입 없이 노사자율로 해결한다는 원칙을 분명히 했다. 노동조합들은 단체협약 유효기간 동안 산업평화를 유지할 책임을 수용하고 경영진의 노동자 채용·해고 권리를 인정하는 반면, 사용자들은 노동자들이 노동조합을 조직하고 단체교섭을 요구하고 파업할 권리 등 노동3권을 인정하기로 했다. 또한 노동조합들은 사유재산권을 존중하고 정치

권력을 이용하여 자본주의 재산관계를 훼손하지 않고, 자본가들은 선거 결과를 존중하여 정부가 시장과 경제에 대해 확대된 역할을 수행하면서 노동자들에게 안정성과 복지서비스를 제공하는 것을 수용하기로 했다. 그런 점에서 이 협약은 노동계급과 자본계급이 일방적 계급지배를 포기하고, 계급의 공존·상생을 수용한 역사적 계급타협을 의미하며, 계급타협이 휴전에 불과한 부정적 타협(negative compromise)이 아니라 윈윈게임의 긍정적 타협(positive compromise)으로 지속될 수 있게 했다.

렌-마이드너 모델은 LO가 기획하고 사민당이 수립하여 사민당 정부가 집행한 거시경제정책 패러다임으로서, 사민주의가 경제성장과 사회통합을 동시에 구현할 수 있게 한 '스웨덴 모델'로 불리고 있다. 스웨덴 경제가 1920년대부터 만성적 고실업률에 시달리고 있었지만, 보수정당들이 고임금을 실업문제의 주요인으로 비난한 반면 사민당은 별다른 정책대안을 갖고 있지 못했다. 1920년대 말 비그포르스(Ernst Wigforss)가 과소소비를 실업문제의 원인으로 지목하면서 사민당의 정책적 입장이 재정립되었고, 1932년 집권한 사민당은 사회보장지출 증대, 임금인상, 공공부문 확대 등 구매력 증대를 통한 경제성장과 고용증대를 추구했다.

사민당 정부는 과소소비론에 입각한 소득주도성장 전략을 추진하면서 독자적인 거시경제정책을 발전시켜 나갔다. 제2차 세계대전 이후 경기과열과 고인플레이션의 위험을 경험하면서 케인스주의가 균형재정과 물가안정은 물론 완전고용에도 부정적 영향을 미칠 수 있음을 확인하게 되었다. 이렇게 소득주도성장 전략에 기초하여 케인스주의 경제정책의 성과와 한계를 경험하면서 스웨덴 특유의 렌-

마이드너 모델을 수립할 수 있었다.[3]

1951년 발표된 렌-마이드너 모델은 생산성 향상과 경제성장, 완전고용과 물가안정, 실질소득 증대와 평등분배를 달성하기 위한 거시경제정책 패러다임으로서, 완전고용과 평등분배를 최우선 정책 목표로 설정했다. 렌-마이드너 모델로 체계화된 상보적 정책대안들과 제도적 장치들은 세 가지 요소들로 축약될 수 있다.

첫째는 재정경제부문의 절제된 긴축적 총수요정책으로서 균형재정을 통해 물가·통화의 안정 속에서 경제성장을 촉진한다.

둘째는 노사관계부문의 연대임금정책과 중앙집중화된 단체교섭체계로서 동일가치 동일노동 원칙에 입각하여 소득평등을 실현하는 한편 과도한 임금인상을 자제한다.

셋째는 노동시장부문의 적극적 노동시장정책으로서 노동력 이동을 원활하게 하고 일자리와 노동력을 효율적으로 매칭함으로써 완전고용을 실현하고 관대한 사회보장체계와 함께 노동시장의 유연성-안정성 균형을 이룬다.

살트쇠바덴협약의 계급타협에 기초하여 렌-마이드너 모델은 제2차 세계대전 이후 30년 자본주의 황금기의 경제성장과 복지국가 건설을 주도하면서 1932년 집권한 사민당을 1976년까지 44년간 장기집권할 수 있게 했다. 사민당의 장기집권은 노동계급의 노동조건 개선 및 노동기본권 보장뿐만 아니라 실질임금 인상과 평등분배를 통해 노동계급 계급형성을 크게 진전시켰다.

---

3 렌-마이드너 모델에 대해서는 Meidner(1981, 1997), Meidner(면담, 1998), Erixon(1994), Bengtsson(2017: 273), Lewin(2016: 582-585), Tsarouhas(2013: 357-364), Anxo & Niklasson(2009: 82-86)을 참조하도록 한다.

이처럼 살트쇠바덴협약과 렌-마이드너 모델은 경제성장과 사회 통합을 동시에 구현함으로써 노동계급을 사민당 장기집권의 최고의 수혜자로 만들었다. 결국 계급타협과 거시경제정책은 노동계급 계급형성의 산물인 동시에 계급형성을 강화하는 메커니즘으로 작동하며 자신의 지속가능성을 더욱 강화할 수 있었다.

2) 1970년대 노동의 공세와 경제민주화: 공동결정제와 노동조합대표 이사제

LO와 사민당은 살트쇠바덴협약과 렌-마이드너 모델의 성과에 힘입어 노동계급 계급형성 진전과 사민당 장기집권을 이룩한 가운데 1970년대 들어서면서 경제민주화 공세를 취하기 시작했다. 이러한 노동의 공세는 살트쇠바덴협약에 정면 도전하는 것인데, 접근 방법에서 노사자율주의 원칙을 위반하며 국가권력을 이용하여 법제화를 추진했고, 내용 측면에서도 경영특권으로 인정했던 부분에 대해 노동 측이 개입하며 산업민주주의와 경제민주주의를 강화하는 것이었다.

1970년대까지도 LO는 사민당보다 더 급진적 입장을 취하고 있었으며, 여전히 사회주의 이데올로기를 유지하고 있었는데, 냉전시대 유럽에서 경제민주주의라는 용어는 사회주의의 완곡어로 사용되는 경향도 있었다. LO와 함께 사민당은 1967년 당대회를 기점으로 평등을 더욱 강조하며 생산수단의 소유권과 통제권에 대한 관심을 높이며 경제민주주의 법제화를 추진했다. 이러한 LO 주도의 경제민주화 공세에 대해 자본계급이 SAF를 중심으로 저항하면서 노사관계는 악화되었는데, 이렇게 법제화된 경제민주주의 제도들이 공동결정제, 노동조합대표 이사제 등이다(Lane, 1991: 2-5; Molin, 1992; Tsarouhas, 2013: 349-350; Meidner 면담, 1998; Bowman, 2013: 195, 272-283; Conchon, 2015: 11-29).

LO는 1971년 총회에서 생산현장과 노동자 일상에서의 민주화가 필요함을 강조하면서 1976년 공동결정법(Lag om medbestämmande i arbetslivet, MBL)을 제정하여 1977년 발효되도록 했다. 공동결정법에 따르면, 피고용자 조직체는 고용주와 피고용자와의 관계에 관련된 모든 사안에 대해 고용주와 교섭할 권리를 지니고(제10조), 고용주는 자신의 사업 및 피고용자의 노동조건 혹은 고용조건에 주요한 변화를 가져오는 의사결정을 내리기 전에 단체교섭 상대인 피고용자 조직체와 교섭을 시작해야 하며(제11조), 고용주는 기업 측이 생산·재무의 계획 및 인사정책 지침과 관련하여 단체교섭 상대 피고용자 조직체에 관련 정보를 제공해야 하며, 고용주는 피고용자 조직체가 기업 측의 회계장부, 재무정보와 기타 문서들을 열람할 수 있도록 허용한다(제19조).[4]

이처럼 공동결정법은 고용주가 기업 경영 관련 주요 전략적 의제들은 물론 노동자들의 노동조건 혹은 노사관계에 영향을 미치는 거의 모든 사안에 대해 노동조합과 사전에 교섭하도록 강제하고 있다. 이렇게 하여 살트쇠바덴협약에 따라 노동조합이 존중하기로 했던 경영특전을 인정하지 않고 공동결정의 대상으로 규정하여 노동조합이 기업 측의 주요 의사결정에 개입할 수 있게 함으로써 경제

4   노동관계법 규정들은 Sveriges Riksdag(https://www.riksdagen.se/)을 참조했다.

민주주의가 제도화되었다.[5] 공동결정법이 제정된 다음 생산현장에 적용하도록 협약으로 구체화됐는데, 공공부문의 경우 중앙정부는 1978년에, 지방정부는 1980년에, 사적부문의 경우 생산직과 사무직 모두 1982년에 노사협약이 체결되면서 공동결정제와 함께 경제민주화가 크게 진전될 수 있었다.

노동조합대표 이사제는 1972년 관련 법규가 제정되며 제도화되었는데 이후 1976년과 1987년에 부분적 법 개정을 거쳤다. 동법은 공적부문과 사적부문 모두 적용되는데, 제4조에서 25인 이상 고용한 사업체는 2명, 1천 명 이상 고용한 사업체는 3명의 피고용자 대표를 이사회 이사로 임명하되, 피고용자 대표 이사의 숫자는 전체 이사진의 과반을 초과하지 못하도록 하고, 제6조에서 피고용자 대표 이사는 단체교섭의 주체인 피고용자 조직체 즉 노동조합에 의해 임명되도록 했다. 노동조합대표 이사들은 단체협약이나 노사분규처럼 노동조합과 기업 측의 이해관계가 갈등하는 경우를 제외한 다른 모든 사안에서 일반 이사들과 동등한 권한을 지닌다. 스웨덴 기업의 이사회가 통상 7명으로 구성된다는 점을 고려하면, 노동조합 대표들이 이사회에서 유의미한 발언권을 확보하고 있으며, 공동결정제와 함께 노동조합의 기업경영에 대한 영향력은 상당한 수준에 달한다고 할 수 있는데, 노동조합대표 이사제는 기업경영 관련 핵심 정보 접근 경로로도 큰 의미를 지니고 있다.

---

5   볼보자동차 우데발라 공장은 대량생산용 승용차를 정지된 작업대에서 조립 생산한 세계 최초의 유일무이한 실험으로서 사회주의 국가들에서도 시도된 바 없다. 우데발라 공장의 성찰적 생산방식은 공동결정제에 따라 새로운 공장의 생산방식을 노사가 공동으로 결정하여 도입했는데, 성찰적 생산방식의 혁신적 성격은 이 책의 부록에서 확인할 수 있다.

고용보호법(Lag om anställningsskydd, LAS)은 1974년에 제정되어, 공동결정법에 더하여 채용·해고를 추가적으로 규제하고 노동자들을 자의적이고 부당한 해고로부터 보호하는데, 해고의 경우 대체로 단체협약들에 의해 추가적으로 규제된다. 고용보호법은 고용계약이 기간의 정함이 없는 것으로 전제하며, 해고된 노동자는 해고의 다툼이 있는 기간은 일자리를 유지할 권리를 지닌다. 또한, 고용보호법은 정리해고 시 연공서열제(seniority) 원칙을 지키도록 하는 한편 정리해고 노동자들에게 기업 내 다른 일자리를 확보할 우선권을 부여한다.

4. 노동-자본의 공생관계와 전략적 선택

1) 임노동자기금제와 노동의 선택

살트쇠바덴협약의 계급타협과 렌-마이드너 모델의 거시경제정책에 기초하여 스웨덴 경제가 안정적 성장을 지속하는 가운데 1960년대 들어서면서 렌-마이드너 모델의 한 축을 구성하는 연대임금제의 부정적 효과가 가시화되기 시작했다. 연대임금제는 사용업체의 지불능력과 무관하게 노동자들의 수행 직무에 따라 동일임금을 지급하도록 하기 때문에, 이윤율이 높은 사업체들을 중심으로 초과이윤이 축적되면서 자본과 권력은 대자본을 중심으로 집중되고 있었다.

　　연대임금제의 문제점과 자본축적에 대한 개입 필요성이 1961년 LO 총회에서 공식적으로 제기되었고, 이를 둘러싼 논란이 지속되자

LO 집행부는 1973년 루돌프 마이드너(Rudolf Meidner) 등 연구진을 임명하고 임무를 부여했다. 이렇게 구성된 마이드너 위원회는 연대임금제의 평등분배 원칙을 견지하되 인플레이션을 유발하는 임금 부상 없이 고이윤율의 대자본을 중심으로 자본이 집중되는 것을 막을 방안을 탐구했다. 동 위원회는 1975년 임노동자기금제(Löntagarfonder, wage earner fund) 도입 보고서를 작성해서 1976년 LO 총회에 제출했는데, 강력한 지지를 받으며 채택되었다(LO, 1988; Meidner, 1981, 1997; Meidner 면담, 1998; Sjöberg & Dube, 1914).

LO의 1976년 총회에서 채택된 임노동자기금제(안)은 고이윤율 사업체의 초과이윤을 추출하고 작업장에서 노동자들의 영향력을 강화함으로써 공동결정제를 넘어 광의의 경제민주주의를 진전시키는 제도적 장치를 수립하는 것이었다. 그 골자는 50~100인 이상 고용한 기업은 매년 이윤의 20%를 신규발행된 주식으로 임노동자기금에 납입하고 이렇게 조성된 기금은 노동자들이 집합적으로 소유·관리한다는 것이었다. LO의 1976년 임노동자기금제(안)에 따르면, 연평균 이윤율이 10%를 유지할 경우 35년 이내에 스웨덴 주식시장 상장주식의 49%를 매입할 수 있을 것으로 추정되었다.

임노동자기금제(안)은 LO 내 절대 다수의 지지를 받았지만 LO 안팎으로부터 비판을 받기 시작하면서 노동자 조직체들과 정당들 간 극심한 갈등의 핵으로 부상하게 되었다(LO, 1988: 14-15; Meidner, 1981: 311-313; Korpi, 2006: 191-193; Sjöberg & Dube, 2014: 493-496). LO 내 좌파들은 좌익당과 마찬가지로 피고용자들을 대변하는 노동조합이 기업의 소유주가 됨으로써 피고용자-소유주의 역할 갈등으로 노동-자본 대립 전선이 약화되는 문제점을 지적하며 생산수단의 직접적 국유화와 공동결정제 급진화를 주장했다. 한편, TCO(Tjän-stemännens Centralorganisation, 사무직노총)는 피고용자에 의한 집합적 소유와 개인적 소유 사이에서 결정을 하지 못하는 가운데 자본 측 저항의 강도가 강해지면서 소극적 찬성 입장에서 중립적 입장으로 후퇴하게 되었다. SAF는 초기에는 국내 자본 형성이라는 긍정적 기능을 인정하고 조세감면 혜택이 주어지는 자발적 저축 형태를 제안하며 신중한 입장을 취했으나 1978~79년부터 자본주의 사적 소유권 원칙에 대한 중대한 도전으로서 사회주의 이행 프로그램이라고 비판하며 언론을 동원하여 반대 여론을 조직하고 집합적 행동을 전개하는 적극적 반대로 선회했다. SAF는 보수당 연정 시기인 1980년에 일주일간 전면적 직장 폐쇄를 단행했는데 이는 제2차 세계대전 이후 최초였다. 또한, 사민당 정부가 재집권 후 법안을 제출하자 1983년 10월 4일 스톡홀름에서 7만 5천 명의 대규모 항의시위를 조직했고, 이 자리에는 주요 재계 지도자들이 대거 참여했다. 이후에도 매년 10월 4일 자본가 투쟁을 기념하는 항의시위를 개최하며 자본의 위력을 과시했다.[6]

반대 여론의 확산으로 사민당은 1976년 총선 공약에 임노동자기금제를 포함하지 않았지만 실권했고, 이후 1979년 총선에서 한 차례 더 패배한 다음 1982년 말 재집권하여 1983년에 법안을 제출했는데, 이때의 법안은 1976년 LO 보고서보다 훨씬 더 후퇴한 내용이었다. 소득세와 투자적립금을 공제한 이윤에서 총임금의 6% 혹은 1백만 SEK(스웨덴 크로나)를 초과하는 이윤 부분에 대해 20%를 기

6   1983년 대규모 시위에는 금전에 의한 동원도 있었다는 보고도 있다(Meidner 면담, 1998; Furåker, 2016).

금으로 적립하고, 적립기금은 1984년에서 1990년까지 7년 동안 한 시적으로 적립하며, 한 해 적립금액은 28억 SEK를 초과하지 않고, 기금은 상장주식 총액의 5% 이상을 소유하지 못하도록 했다. 기금은 산업 단위가 아니라 지역 단위로 상호 독립된 5개의 기금들로 수립되며, 개별 임노동자기금에 의한 특정 기업 보통주의 구입 한도를 8%로 설정하여 5개 기금이 특정 기업의 주식을 집중 매입해도 최고 40%의 한도를 넘을 수 없도록 했다.

임노동자기금은 AP(Allmänna pensionsfonder, 국민연금) 연금기금 체계 속에서 5개의 지역기금으로 조성되었고, 각 기금의 이사진은 노동자 과반수 구조로 설계되었는데 SAF 측이 이사진 참여를 거부하여 사기업 대표들 대신 협동조합, 공공부문, 대학 종사자 대표들의 참여로 운영되었다.[7] 한편, 노동조합들은 해당 기업의 주주총회에 참여하는 방식으로 기금이 보유한 주식들의 투표권을 행사했다. 예정된 7년 기간 동안 축적된 기금은 200억 SEK였으나, 1991년 재집권한 보수당 정부가 임노동자기금을 해소하고 재원은 여타 AP기금들로 편입하고 연구지원 기금 등으로 활용하도록 했다.

임노동자기금제는 자본의 초과이윤을 흡수하여 부의 집중을 상쇄하는 한편 생산수단을 개별 자본가들의 사적 소유로부터 노동자 집합체에 의한 공적 소유로 대체하며 시장과 소유권에 대한 노동조합의 통제력을 강화하는 강력한 경제민주주의 장치로 기획되었다. 그런 점에서 LO가 임노동자기금제를 "사회주의로의 민주적 이행 경

---

7   임노동자기금들의 운영과 평가에 대해서는 LO(1988: 16-44), Meidner 면담(1998),
     Göransson 면담(1998), Sjöberg & Dube(2014: 494-496), Pontusson(1992: 188-216), 신
     정완(1998)을 참조하도록 한다.

로(democratic road to socialism)"라고 홍보한 것은 임노동자기금제를 정확하게 묘사한 표현임은 부인할 수 없다. LO는 노조원들의 지지를 동원하기 위해 이런 홍보전략을 구사했지만 자본가단체의 강력한 저항과 반대 여론을 확산하는 부정적 효과를 가져왔다. LO가 뒤늦게 자본축적과 경제성장의 논리로 전환했지만 전략적 오류를 만회하기에는 너무 늦었다. 임노동자기금제가 해소된 뒤에도 사민당이 꾸준히 재집권했지만 LO와 사민당은 임노동자기금제를 더 이상 추진하지 않았다.

2) 자본의 경제민주주의 평가 및 전략적 선택

LO와 사민당은 1970년대 노동계급의 계급형성과 정치세력화 성과에 기초하여 경제민주화를 공세적으로 추진했고, 이 과정에서 자본이 강력하게 저항하며 노사관계가 악화되었으며, 임노동자기금제 추진으로 노사갈등은 최고조에 달했다. 이러한 노사관계 악화는 경제민주주의 제도적 장치들의 효율적 작동은 물론 그 존립 자체도 어렵게 할 수 있다. 실제 1976년 사민당을 누르고 집권한 보수정당들은 두 차례에 걸쳐 3년 임기의 연정을 실시했고, 이후 1991년에 다시 집권하여 3년 임기를 마쳤다는 점에서 경제민주주의의 지속가능성을 위태롭게 함은 물론 경제민주주의에 역행하는 조치들도 취할 수 있었다.

　　노동조합대표 이사제와 공동결정제는 대표적인 경제민주주의의 제도적 장치들인데 공동결정제는 이미 노동조합의 높은 조직력에 기초하여 진행되던 노사교섭의 대상 범위를 좀 더 확대한 것에 불과하다고 할 수 있는 반면, 노동조합대표 이사제는 완전히 새롭게 도입된 이질적 제도로서 지속가능성을 담보하기 어려웠다. 사적부문 경영진을 대상으로 진행된 두 차례 노동조합대표 이사제에 대한 의견 조사는 경제민주주의 제도의 효용성과 지속가능성을 가늠할 수 있게 하는데, 1999년 411명, 2009년 391명의 사적부문 이사장을 포함한 경영진을 대상으로 진행된 설문조사에서 몇 가지 주요 항목들에서 동일 설문 문항과 응답지들이 사용되었다(Levinson, 2001; Wallenberg & Levinson, 2012).

경영진의 다수는 피고용자 이사회 참여를 긍정적 자원으로 평가했는데, 긍정적 평가 비율과 부정적 평가 비율은 1999년 각각 61%와 9%, 2009년 각각 60%와 7%였다(〈표 1-4〉 참조). 긍정적 평가 비율과 부정적 평가 비율의 격차는 1999년 52%에서 2009년 53%로, 거의 동일한 격차로 긍정적 평가 비율이 높게 나타났다.

피고용자 이사회 참여에 대한 경영진의 구체적 항목별 평가에서도 부정적 평가에 비해 긍정적 평가의 절대적 우세가 확인된다(〈표 1-5〉 참조). 피고용자 이사회 참여의 긍정적 효과로는 생산현장의 노

표 1-4 경영진의 평가: 피고용자 이사회 참여의 기업에 미치는 영향(단위: %)

구분	1999년	2009년
① 이익	61	60
② 중립	30	33
③ 불이익	9	7
합계	100%	100%
①-③	52%	53%

자료: Levinson(2001: 265), Wallenberg & Levinson(2012: 69)

표 1-5 경영진의 평가: 피고용자 이사회 참여의 구체적 항목별 평가(단위: %)

구분	1999	2009	증감
〈긍정적 평가〉			
긍정적 협력 분위기 조성에 기여함	64	57	-7
이사회 결정은 피고용자들에게 깊이 뿌리내림	59	53	-6
어려운 결정들을 집행하기 수월해짐	47	48	1
기업과 종업원에 대한 심층지식 활용 가능해짐	42	46	4
의사결정의 질이 높아짐	24	30	6
평균	47.2%	46.8%	-0.4
〈부정적 평가〉			
정보 유출 증대의 위험	41	39	-2
너무 많은 무관한 의제들이 제기됨	18	14	-4
의사결정 과정이 힘들어진다	12	9	-3
이사진들 간 갈등의 위험	7	-	-
평균	23.7% (19.5%)*	20.7%	-3.0% (1.2%)*

* 괄호 밖 숫자는 1999년과 2009년 조사에 공통된 항목들의 평균값, 괄호 안 숫자는 비공통 항목들도 포함한 평균값.
자료: Levinson(2001: 266), Wallenberg & Levinson(2012: 70)

사협력 분위기 조성에 기여한다는 평가가 60% 정도로 가장 높게 나타났고, 그다음으로는 이사회 결정을 피고용자들이 수용하는 정도가 높아지고, 갈등의 소지가 큰 의사결정도 현장에서 집행하기 수월해지고, 피고용자들이 갖고 있는 능력과 암묵적 지식을 활용할 수 있다는 점 등의 순서로 지적되었다. 반면, 부정적 효과에 대한 동의 정도는 전반적으로 매우 낮은 가운데 정보 유출 증대에 대한 우려가 40% 정도로 가장 높게 나타났다.

　2009년 조사의 긍정적 평가 항목 평균은 약 47%로 부정적 평가 약 21%의 2배 이상인데 피고용자 이사회 참여제도가 지속가능한 것은 이러한 긍정적 효과를 통해 사용자 측 이해관계에 도움을 주기 때문인 것으로 해석된다. 1999년과 2009년 사이 긍정적 평가 항목들의 점수는 거의 그대로 유지된 반면, 부정적 평가 항목들의 평균은 3.0%p만큼 감소하여 피고용자 이사회 참여제의 지속가능성은 점점 더 강화되는 추세를 보여준다.

경제민주주의는 노동 측이 임노동자기금제를 포기하면서 공존·상생의 노사관계를 복원하며 평형을 이룬 것으로 판단되는데, 이는 노사 간 상호 신뢰관계에서도 확인된다. 경영진의 노조에 대한 신뢰 수준은 신뢰 76%, 불신 23%, 노조대표의 경영진 신뢰 수준은 신뢰 74%, 불신 25%로 나타났다(〈표 1-6〉 참조). 경영진과 노조대표 간 상호 신뢰 수준은 신뢰 74~76%, 불신 23~25%로 거의 대등하게 높은 수준을 보여주었는데, 이러한 노사 간의 높은 상호 신뢰는 노동조합대표 이사제와 공동결정제의 오랜 경험이 축적된 결과로서 경제민주주의 제도적 장치들이 효율적으로 작동하면 노사 간 상호 신뢰를 높여서 경제민주주의는 물론 노사관계 안정화에도 기여할

표 1-6 노사 간의 상호 신뢰 정도, 2009년(단위: %)

구분	경영진의 노조 신뢰 (n = 390)	노조대표의 경영진 신뢰 (n = 643)
강한 신뢰	13	19
신뢰하는 편	63	55
신뢰 없는 편	19	19
신뢰 없음	4	6
모르겠다	1	1

자료: Wallenberg & Levinson(2012: 78)

수 있음을 의미한다.

생산직과 사무직 노동조합 간부들은 1999년과 2009년 조사연구에서 확인된 경영진의 노동조합대표 이사회 참가에 대한 긍정적 평가와 노동조합에 대한 높은 신뢰도가 10년이 지난 현재에도 유지되고 있을 것으로 추정한다.[8] 이들 노조간부들에 따르면, 노동조합대표 이사제나 공동결정제 등 경제민주주의 제도적 장치들이 잘 운영되고 유의미한 성과를 내는 기업들은 제조업 대기업들처럼 노동조합이 강하고 노사 간 상호 신뢰도 높은 기업들이다.[9] 노동조합 조직력과 노사 간 상호 신뢰는 경제민주주의 장치들의 효율적 작동을 통해 생산현장의 협력적 원원 분위기를 조성하며, 공존·상생의 관계를 강화하는 원인인 동시에 그 결과로서 더욱더 강화된다고 한다.

자본가들은 노동조합대표 이사제와 공동결정제의 도입을 반대했지만 LO의 강한 조직력과 사민당의 정치적 영향력뿐만 아니라 제도 자체의 긍정적 효과로 인해 경제민주주의를 현실적으로 수용하고 적극적으로 활용하는 실용적 접근법을 택하게 되었다. 결국 경제민주주의 제도적 장치들은 이해당사자 중심 기업지배구조를 더욱 보강하는 효과를 가져왔고, 차등의결권제 등으로 보호되는 자본의

---

8   Essemyr 면담(2018), Sjöberg 면담(2018), Sjöquist 면담(2016), Asplund 면담(2018)을 참조했다.

9   스웨덴의 최대 자본가 집단인 발렌베리(Wallenberg) 가문은 지배권 하에 있는 기업들이 주식시장 시가총액의 40% 이상을 점했을 정도로 엄청난 영향력을 보유했음에도 부적절하게 노사관계에 개입하거나 당노동행위를 한 적이 없으며 투명한 경영과 사회공헌 활동으로 스웨덴 시민들로부터 높은 존경을 받고 있다(NilssonR 면담, 2013. 7; Sjödin 면담, 2013). 임노동자기금을 기획한 바 있는 Meidner(면담, 1998)는 발렌베리 가문의 은행은 발렌베리 가문 기업 노조들이 파업기금 대출을 요청하면 흔쾌히 대출해줄 것이라고 증언한 바 있다.

안정적 지배권은 훼손되지 않았다. 이처럼 노동의 공세와 경제민주주의에도 자본의 이해관계는 지배권과 생산성 측면에서 보호됨으로써 노동과 자본의 공존·상생 관계는 더 강화될 수 있었다(Henrekson & Jakobsson, 2012: 216-223; Bowman, 2013: 272-283).

LO의 핵심으로서 스웨덴 노동조합운동을 주도하는 금속노조는 제조업사용자협회(Teknikföretagen)와 단체교섭을 진행하며 여타 산업·업종 부문들의 노사관계, 노동시장 규제, 노동조건에 큰 영향력을 행사하는 유형설정자(pattern-setter) 역할을 수행하고 있다. 제조업사용자협회의 지도부 법률팀장 발스텟(Whalstedt 면담, 2016)[10]에 따르면 스웨덴 노사관계는 금속 등 제조업을 포함한 대부분의 산업들에서 우호적이고 평화로운 관계를 유지해왔는데, 1970~80년대에 노동 측의 공세적 법제화로 우호적 노사관계가 크게 훼손되었다고 불만을 토로했지만, 현재는 많이 회복된 상태라고 평가했다. 발스텟도 강력한 노조와 그에 기초한 노동조합대표의 이사회 참여 및 공동결정제가 경영 성과에 기여한다고 긍정적으로 평가한다. 특히 경제위기 시에 위력을 발휘하는데, 노동조합이 기업의 어려운 상황을 잘 이해할 수 있어 위기 속에서 갈등하며 공멸하는 것이 아니라 함께 협력하며 슬기롭게 위기 대처를 할 수 있게 한다는 것이다.

경제민주주의 제도적 장치들에 대한 발스텟의 긍정적 평가는 설문조사 분석 결과와도 일치하는데, 자본 측이 일방적 지배가 불가능한 상황을 인정하고 강한 노조와 공존·상생하며 이해관계를 추구하는 전략을 선택했다. 그러한 자본의 선택이 경제민주주의와 함

---

10 발스텟은 제조업사용자협회의 권력핵심인 법률팀장으로 위기협약 체결 등 단체교섭을 주도한 바 있다.

께 안정된 노사관계를 재생산하고 있다는 점에서 부정적 계급타협(negative class compromise)이 아니라 긍정적 계급타협(positive class compromise)임을 의미한다.

3) 노사공존과 LO 2016 총회의 전략적 선택

LO는 사민당과 함께 노동조합대표 이사제와 공동결정제를 도입했는데, 노동조합 활동에 유용한 것으로 평가하고 있다. 노동조합대표 이사제에 대한 부정적 평가는 30%대 수준인 반면 긍정적 평가는 약 60% 수준으로서 부정적 평가의 2배에 달하고 있으며, 긍정적 평가와 부정적 평가의 상대적 비율은 1999년과 2009년 사이에 큰 변화가 없다(〈표 1-7〉 참조). 노동조합대표 이사제가 기업경영에 대해 도움이 된다는 경영진의 긍정적 평가수준도 약 60%였다는 점에서(〈표 1-4〉 참조), 노동조합대표 이사제에 대한 노조와 경영진의 평가는 비슷한 수준으로 균형을 이루고 있어 이해관계 편중 없는 공존·상생의 제도라 할 수 있다.

표 1-7 노조대표의 평가: 이사회 참여의 노조활동에 대한 유용성 여부(단위: %)

구분	1999	2009
유용함	61	59
유용하지 않음*	28	33
모르겠다	11	8
합계	100	100

* 2009년 조사에는 부정적 응답 문항에 '전혀 도움 안 됨'이 추가되어 3개로 확대되었음.
자료: Levinson(2001: 271), Wallenberg & Levinson(2012: 77)

LO는 높은 조직력에도 불구하고 총파업 투쟁 전술을 거의 사용하지 않고 있어 경제민주주의 제도적 장치들의 적극적 활용과는 대조를 이룬다. 1938년 살트쇠바덴협약 이후 LO 차원의 전산업에 걸친 총파업 투쟁은 없었고, 금속노조의 경우 1945년에 총파업 투쟁이 있었고, 1995년 화이트칼라 노조와 함께 오버타임 거부 투쟁을 전개한 바 있었지만 총파업은 아니었다(NilssonJ 면담, 2016; NilssonR 면담, 2016). LO와 산하 핵심 산별노조인 금속노조는 이처럼 파업투쟁을 자제하며 산업평화를 유지하는 전략을 취해왔다.

　　제조업사용자협회의 발스텟(면담, 2016)은 "총파업 투쟁은 핵무기와 같은 것이어서 총파업은 필요 없고 위협만으로 충분한데, 그것은 연대파업(sympathy strike)이 합법화되어 있어 무기한 총파업 투쟁도 가능하기 때문"이라고 증언했다.[11] 스웨덴 노조운동은 높은 조직률과 조직노동의 통합력으로 인해 파업투쟁의 위협만으로 충분히 요구조건을 달성할 수 있기 때문에 총파업 투쟁에 돌입할 필요가 없는 수준이라는 것이다.

　　스웨덴의 공존·상생하는 노사관계 모델은 강한 노조에 기초해 있는데, 발스텟(면담, 2016)은 스웨덴 노조는 세계 최강 수준이라며 강한 노조가 안정적 노사관계에 기여한다는 점을 다음과 같이 지적한다. 첫째, 강한 노조는 높은 수준의 요구조건을 제시하여 부담을 주지만, 다수의 피고용자들을 대변하기 때문에 체결된 협약은 확실

11　스웨덴 노동조합운동은 노동조합의 나선형적 발전 과정 속에서 성공과제를 위한 외적 보장을 확보하고 있지만 생존과제의 내적 보장 메커니즘도 포기하지 않은 것으로 판단된다. 노동조합의 성공과제와 생존과제에 대해서는 Offe & Wiesenthal(1980)을 참조하도록 한다.

히 준수될 수 있게 한다. 둘째, 불법적인 살쾡이파업(wild cat strike)이 발발하지 않아서 노사관계의 예측 가능성이 훼손되지 않는다. 셋째, 복수노조가 아니라서 노조들 사이에 선명성 혹은 투쟁성과의 경쟁이 없기 때문에 안정적 노사관계를 유지할 수 있다.

스웨덴에 노사갈등의 불씨가 전혀 없는 것은 아닌데, 대표적인 것이 임노동자기금제로서, 노동 측의 공세로 추진되어 1980년대 초 심각한 수준의 노사 충돌을 야기한 바 있다. 현재도 자본 측은 임노동자기금제의 추진 가능성에 대해 과민한 반응을 보이는데, 2016년 LO 총회는 향후 10여 년간 중장기 전략에서 임노동자기금제를 제외했다.

LO는 2012년 총회에서 "완전고용과 공정임금으로 가는 길(Vägen till full sysselsättning och rättvisare löner)" 프로젝트를 추진하기로 결정했다. LO 지도부는 베르이스트룀(Åsa-Pia Järliden Bergström)을 프로젝트 책임자로 임명했는데, 최종 보고서 집필자는 프로젝트 책임자 외에 데 토로(Sebastian de Toro)와 욘슨(Claes-Mikael Jonsson)이 결합하여 각각 경제정책 부분과 임금정책 부분의 집필에 결합했다.[12] 프로젝트팀은 LO 집행부가 제시한 5가지 주제 영역을 중심으로 2년 동안 작업을 거쳐 개별 보고서 24개를 발간하여 공론화될 수 있도록 했고, 최종 보고서 집필팀은 LO의 공식 입장을 수립하는 데 이를 참조했다.

최종 보고서의 초안은 2016년 총회 1년 전인 2015년 6월 LO 차원의 발표회를 개최한 다음 전국적으로 산하 노동조합들과 노조원

---

12   최종 보고서와 추진 과정에 대해서는 LO(2016a), BergströmÅ 면담(2016), de Toro 면담(2016)을 참조했다.

들이 토론을 진행했다. 프로젝트팀은 토론 결과를 반영하여 작성한 최종 보고서 "완전고용과 공정임금으로 가는 길"(LO, 2016a)을 2016년 6월 LO 총회에 제출했고, LO 총회는 이를 채택했다. 이렇게 채택된 최종 보고서는 LO의 향후 12년 중장기 전략으로서 1951년 LO 총회가 설계한 스웨덴 모델을 변화한 정치경제 상황에 맞도록 발전시킨 것이라 할 수 있다.

2016년 LO 총회 보고서는 높은 실업률과 소득불평등 심화 문제를 해결하기 위한 정책대안들을 경제정책과 임금정책으로 나누어 428쪽의 방대한 분량으로 정리했다. 보고서의 핵심 내용은 정부에 내수시장 강화를 위한 팽창적 재정정책을 촉구하는 것인데, 그 외에도 성평등, 공공복지, 일자리 매칭, 장기실업문제, 신규 이민자 문제, 교육, 인프라 투자, 주거문제 등에 대한 정책대안들을 제시했다.

경제민주주의의 진전을 위한 정책대안들은 최종 보고서에 포함되지 않았다. 공동결정제와 노동조합대표 이사제가 효율적으로 작동하고 있지만, 임노동자기금제는 제대로 추진되지 못하고 해소되었다는 점에서 노동자 소유권 개입과 이윤 공유 관련 정책대안들이 제출될 수도 있었지만 그렇지 않았다. 실제 24개 개별 보고서들 가운데 21번째 보고서로 발표된 프리먼(Freeman, 2015)의 「새로운 자본주의 모델에서 노동자 소유와 이윤 배분(Workers Ownership and Profit-Sharing in a New Capitalist Model?)」은 노동자들이 자신들을 고용한 기업의 이윤을 공유하고 소유권 지분을 증대함으로써 시장 자본주의를 구성원 모두에게 혜택이 되는 방향으로 변화시키는 데 기여한다고 주장했다. 이러한 소유권과 이윤 개입 방식의 경제민주화 조치는 임노동자기금제와 유사성을 지니고 있는데,[13] LO의 최종 보고서는 노동자 소유권 개입과 이윤 공유 쟁점을 20여 개에 달하는 중요 의제들에 포함하지 않았고, 프리먼 보고서 내용에 대해서는 언급조차 하지 않았다.

LO 총회 프로젝트 책임자 베르이스트룀과 경제정책 담당자 데 토로는 프리먼 보고서의 제안을 부적절한 내용일 뿐만 아니라 LO 지도부가 채택할 수 없는 내용이라고 판단하여 배제했다고 증언했다.[14] 스웨덴 모델은 기업이 낮은 생산성으로 충분한 이윤을 내지 못하면 퇴출되어야 한다는 전제에 기초해 있는데, 노동자들이 자신을 고용한 기업의 소유주가 될 경우 생산성과 이윤율이 좋지 않은 기업들을 일자리 유지를 위해 퇴출시키기 어렵게 된다는 점에서 스웨덴 모델에 부합하지 않는다고 판단했다. 스웨덴 자본가들은 여전히 임노동자기금제 논의가 재개될 가능성에 대해 민감하게 반응하고 있는데, 프리먼 보고서 발표회장에서 LO 위원장은 기자들의 "동 보고서가 임노동자기금제 논의를 재개하는 것인가?"라는 질문에 분명하게 "NO"라고 답변했다(de Toro 면담, 2016).

노동자 소유권 개입 쟁점과 관련하여 프로젝트팀은 노동자 권익을 위해서는 자본 소유가 아니라 노동조합을 통한 단체교섭과 공동결정제를 활용하되, 소유권 개입을 통한 노동의 영향력 확대는 기존의 연기금들을 활용하는 것이 적절하다고 판단했다. LO와 노조원들이 통제력을 행사하는 기금들이 기업들의 투자를 선별할 때 해

---

13 Freeman의 제안은 개별 노동자들이 소유 주체가 되는 것으로서 노동자들이 집합적 소유 주체가 되어 노동조합들을 중심으로 소유권을 집단적으로 행사하는 임노동자기금제의 변혁적 성격에는 미치지 못한다.

14 프로젝트의 진행 과정과 프로젝트팀의 입장에 대해서는 BergströmÅ 면담(2016), de Toro 면담(2016)을 참조했다.

당 기업체들의 노동조건과 노동자 처우, 성평등 실현 정도, 환경보호 등 기업의 사회적 책임 문제를 우선적으로 고려하도록 할 수 있는데, LO가 개입하여 활용할 수 있는 기금들은 두 유형이 있다.[15] 첫째 유형은 일반 스웨덴 AP 기금들로서,[16] 사용자 측은 대표자를 지명하지 않는 반면, LO와 TCO는 AP#1~AP#4의 4개 기금별 이사회에 9명 이사진 가운데 각각 1명씩의 대표자를 지명하여 영향력을 행사하고 있다. 두 번째 유형은 LO 노조원들을 위해 조성·운영하는 기금들로서 LO의 통제력 수준이 국민연금 AP 연금기금들보다 훨씬 더 높다. Folksam LO 연금의 경우 SN(Svenskt Näringsliv, 스웨덴사용자협회)의 이사진 참여 없이 LO와 보험회사 Folksam이 공동 운영하지만 실질적으로는 LO가 통제하고 있는 반면, AMF는 기금 액수가 Folksam LO 연금의 6배 수준에 달하는 큰 규모이지만 10명 이사진 가운데 LO와 SN이 각각 4명씩 점유하고 있어 LO의 통제력은 Folksam LO 연금에 비해 상대적으로 더 약하다.

이처럼 LO가 더 이상 임노동자기금제 같은 소유권 개입 전략을 추진하지 않는다는 사실은 2016년 총회 보고서에서 재확인되었다. 임노동자기금제가 1990년대 초 해소된 다음, LO는 임노동자기금제 추진 전략이 정치적으로 실패했음을 인정하고, 임노동자기금제의 부활을 추진하는 것은 또 다른 패배를 가져올 수 있다고 판단하게

---

15 LO의 활용가능 연기금들에 대해서는 Bergström Å 면담(2016, 2018), Furåker 면담(2016), AnderssonR 면담(2018), Stalebrink(2016), 각 기금의 홈페이지를 참조했다.

16 국민연금의 6개 AP 연금기금들 가운데 AP#6과 AP#7을 제외하고 AP#1~AP#4의 4개 기금 이사회에 LO 대표들이 참여하고 있으며, AP#7은 연금보험납입자인 임노동자들이 투자신탁처를 선택할 수 있다. 따라서 6개 AP 연금기금 가운데 AP#6을 제외한 5개 연금기금에 LO와 소속 노조원들이 영향력을 행사할 수 있다.

된 것이다.

임노동자기금제를 설계했던 LO의 1세대 전략가 마이드너
(Meidner, 1981; 면담, 1998)는 1976년의 공동결정법 수준을 넘어서
는 경제민주화 시도에 대해서는 자본의 저항이 더욱더 거세질 것이
자명한데, 임노동자기금제 추진 전략의 패배 이후 LO 지도자들, 특
히 LO의 핵심인 금속노조의 지도자들이 임노동자기금제에 대해 적
극적 지지 입장에서 회의적 입장으로 바뀌었다고 평가했다. 마이드
너는 이러한 상황 변화 속에서 "이제 임노동자기금제 아이디어는 죽
었다, 연금기금이 노동자 통제 자본을 형성하는 또 다른 대안이 될
수 있다"고 인정한 바 있다.

임노동자기금제가 해소된 다음 LO의 2세대 전략가에 해당하는
요란손(Göransson 면담, 1998)은 임노동자기금이 7년간 기여금을 축
적한 결과가 200억 SEK밖에 안 되었다는 점에서 규모가 너무 작고,
노동 측은 임노동자기금제 실시를 통해 얻은 것이 별로 없다고 평가
했다. 요란손은 임노동자기금제가 훌륭한 아이디어였지만 1983년
법제화 자체가 원안에서 크게 후퇴한 패배로서 다시 시도하기 어려
운 반면, AP 연금기금은 매년 임노동자기금 총액에 해당되는 200억
SEK씩 증액되는 거대 기금으로 상한 제한 없이 주식을 매입할 수
있기 때문에, '사회주의 이행 경로(path to socialism)'로서 임노동자
기금제의 좋은 대안이 될 수 있다고 지적했다.

LO는 임노동자기금제 실패 이후 임노동자기금제를 재추진하며
자본의 저항과 재결집을 야기하고 노사 대격돌과 또 다른 패배를 감
수하기보다 기존의 AP 연금기금들을 활용하여 시장과 자본에 대한
실효성 있는 사회적 규제를 통해 경제민주주의를 진전시키는 전략

으로 선회한 것이다. 이러한 흐름은 LO의 1세대 전략가로부터 3세대 전략가라 할 수 있는 베르이스트룀 등 2016년 보고서 집필팀까지 관통한다고 할 수 있다. 그런 점에서 2016년 LO 총회 보고서는 임노동자기금제를 포기하고 연금기금 활용 방식으로 전환한 LO의 전략적 선택을 다시 한 번 재확인했음을 의미한다.

5. 토론 및 맺음말

스웨덴 경제민주주의와 계급 공존 경험의 연구 결과 및 함의는 다음과 같이 축약될 수 있다.

첫째, 스웨덴의 경제민주주의는 노동조합대표 이사제와 공동결정제를 중심으로 실행되고 있으며, 살트쇠바덴협약의 계급타협에 기초하여 공존·상생을 담보·재생산하며 경제적 효율성과 함께 사회적 통합을 동시에 구현하는 메커니즘으로 작동하고 있다. 노동조합대표 이사제와 공동결정제는 기업경영 관련 중요 정보와 함께 상황인식을 경영진이 노동조합과 함께 공유함으로써 상호 신뢰의 관계를 구축하고 기업의 주요한 전략적 의사결정들이 노사 간 이해관계 갈등의 소지가 큰 경우에도 생산현장에서 구성원들의 동의가 상대적으로 수월하게 확보되며 효율적으로 집행될 수 있게 한다. 이처럼 경제민주주의는 노사 간 상생·협력의 신뢰관계를 형성함으로써 기업의 생산성 향상과 경쟁력 강화는 물론 경제위기 상황에서도 기업 생존을 위한 전략을 함께 모색·집행하면서 경제위기를 수월하게 극복할 수 있게 한다.

경제적 효율성은 모든 자본주의 경제들이 개별 기업들과 함께 추구하는 바이지만 사회적 통합은 양대 계급의 갈등 상황 속에서는 어렵기 때문에 계급 간 공존·상생을 기본전제로 한다. 그럼 점에서 사회적 통합은 계급 간 공존·상생을 담보하는 경제민주주의의 직접적 결과라 할 수 있고, 경제적 효율성은 경제민주주의가 렌-마이드너 모델의 거시적 재정경제정책과 함께 상생·협력의 노사관계를 통해 산출한 간접적 결과라 할 수 있다.

둘째, 자본은 일방적 계급지배를 포기하고 계급타협 전략으로 전환했고 1970년대 노동의 경제민주화 공세에 반대하며 저항했지만 경제민주주의 제도적 장치들이 수립되자 계급역학관계 변화를 인정하고 자신의 물질적 이해관계를 위해 경제민주주의 제도적 장치들을 유지·활용하는 현실적 수용의 전략적 선택을 했다. 스웨덴의 1920년대 이전 치열했던 노사갈등은 노동조합 활동 억압과 일방적 계급지배를 관철하려는 자본과 그에 저항하며 노동기본권을 쟁취하려는 노동 사이의 끊이지 않는 격돌이었다. 자본이 일방적 계급지배를 포기하고 1938년 살트쇠바덴협약을 체결하면서 계급 간 공존·상생이 가능하게 되었고, 그러한 기반 위에서 1970년대 노동의 공세로 경제민주주의 제도적 장치들이 수립되었다. 자본은 LO와 사회민주당의 경제민주화 공세에 저항했는데, 자본의 저항과 노사갈등은 임노동자기금제 도입을 둘러싸고 최고조에 달했고, 자본은 임노동자기금제의 후퇴·해소에 성공했다. 하지만 자본은 노동조합대표 이사제와 공동결정제가 생산현장의 노사협력 분위기 조성과 이해관계 충돌이 가능한 의사결정의 현장집행 용이성 등의 긍정적 기능도 수행함을 확인하고 현실적으로 수용하면서 경제민주주의가 노동조합

대표 이사제와 공동결정제를 중심으로 다시 평형을 회복하며 재생신될 수 있게 했다.

셋째, 노동은 1970년대 공세로 노동조합대표 이사제와 공동결정제를 수립·운영할 수 있게 된 반면 임노동자기금제는 후퇴된 형태의 7년간 실험으로 종료되었지만 재추진하지 않고 연금기금 활용 방식을 대안으로 선택하면서 적정 수준의 경제민주주의와 함께 계급 공존·상생을 지속하는 전략적 선택을 했다. 노동은 투쟁을 통해 살트쇠바덴협약의 계급타협을 성취하고 계급형성과 정치세력화의 성과에 힘입어 1970년대 경제민주주의 제도적 장치들을 수립했다. 임노동자기금제를 추진하면서 사회주의 이행이라는 과도한 이데올로기적 노동자 지지 동원 홍보로 자본의 극단적 저항을 야기하며 후퇴했던 전략적 오류를 인정하고 계급 공존·상생의 관계를 위태롭게 하지 않는 수준에서 경제민주주의와 계급이익 보호를 추진하는 전략을 선택했다. 노동은 임노동자기금제 재추진 같은 공격적 소유권 개입 전략 대신 연금기금들을 활용하는 온건한 방식으로 선회했고, 노동조합대표 이사제와 공동결정제 중심으로 경제민주주의의 새로운 평형점을 형성하며 공존·상생의 계급관계를 유지하는 전략적 입장을 견지했는데, LO의 2016년 총회 보고서는 이를 재확인해주었다.

넷째, 스웨덴 경제민주주의 제도적 장치 수립과 재생산의 동학은 권력 중심 접근법으로 설명되는데, 경제민주화 과정은 코르피의 권력자원론으로, 경제민주주의 재생산의 동학은 라이트의 계급타협론으로 설명될 수 있다. 경제민주주의 제도적 장치들은 LO가 설계하여 사민당과 함께 법제화했다는 점에서 노동계급의 계급형성과

정치세력화의 직접적 성과이며, 자본이 계급역학관계의 변화를 인정하고 일방적 계급지배를 포기하고 공존·상생 관계를 수용한 결과라는 점에서 권력자원론의 설명에 잘 부합한다. 권력자원론은 경제민주화 과정을 계급역학관계의 함수로 잘 설명하는 반면 자본의 선택은 고려하지 않고 경제민주주의 유지·부침의 동학은 설명하지 못하는 한계를 보여준다. 자본은 1970년대 경제민주주의 제도적 장치들을 법제화하는 것에 저항했지만 자신의 물질적 이해관계에 부합할 수 있다는 사실을 확인하고 임노동자기금제 같은 과도한 소유권 개입 시도는 저지하되 노동조합대표 이사제와 공동결정제는 노동과 자본의 이해관계가 동시에 충족되는 윈윈의 새로운 경제민주주의 평형점으로 수용한다. 이처럼 경제민주주의가 노동계급 계급형성의 산물로 계급형성을 보강하지만 노동뿐만 아니라 자본의 이해관계도 구현한다는 점에서 자본의 현실적 수용은 긍정적 의미의 계급타협을 반영한다는 라이트의 계급타협론의 설명과 상응한다.

다섯째, 스웨덴 경제민주주의의 경험이 한국에 주는 함의는 경제민주주의가 노동계급 계급형성의 성과라는 점에서 경제민주화를 위해서는 노동계급 계급형성의 과제가 우선적으로 요구된다는 점이다. 권력자원론이 잘 설명하듯이 살트쇠바덴협약의 계급타협과 그에 기초한 경제민주화는 노동계급 계급형성과 정치세력화의 성과로 이루어졌다. 한국은 10% 수준의 낮은 노동조합 조직률, 조직 노동의 민주노총-한국노총 분립, 노동계급의 정규직-비정규직 균열, 유의미한 계급정당의 부재로 자본이 일방적 계급지배를 포기하지 않고 있다. 경제민주화가 주요 사회의제로서 핵심 대선공약으로 홍보되곤 했지만 답보 상태를 면치 못하는 것은 자본우위의 불균형적 계급역학관계에 의해 저지되기 때문이다. 따라서 경제민주주의가 진전되기 위해서는 자본이 일방적 계급지배가 불가능하다고 인정할 수 있는 수준의 노동계급 계급형성이 선행되어야 하며, 이를 위한 기반을 조성하는 제도개혁이 우선적으로 필요하다. 또한 노동계급 계급형성의 구심을 형성하는 조직노동 부문이 거부권력(veto power)을 넘어 유의미한 대안 세력으로 국민적 인정을 받아야 하는데, 이를 위해서는 조직노동이 정규직 이기주의를 넘어서 전체 노동계급의 계급이익을 대변하고 조직노동 지도부의 내적 통제력과 도덕적 지도력에 기초하여 노동계급 내적 헤게모니를 확보해야 한다.

제2장

스웨덴 사회민주당의 부침과
계급적 지지기반의 변화[1]

1. 문제의 제기

스웨덴 사회민주당(Sveriges socialdemokratiska arbetareparti, SAP, 이하 사민당)은 지난 2014년 총선에서 승리하여 4년 임기를 확보함으로써 1932년 처음 집권한 이래 86년(1932~2018) 기간 가운데 69년을 집권하는, 세계에서 가장 성공적인 진기록을 세우고 있다.

스웨덴 정치체제는 정당비례투표제에 기초한 다당제의 전통을 지켜왔으나, 2006년 총선에서 보수당이 우파연합(Alliance)을 결성

1   이 장은 『스칸디나비아연구』 제16호에 게재된 필자의 논문을 수정·보완한 것이다. 수정 게재를 허락해준 한국 스칸디나비아학회와 스웨덴 총선 출구조사 VALU(Vallokalundersökning riksdagsvalet) 1998, 2002, 2006, 2010, 2014 자료의 분석을 허락해준 SND(Svensk Nationell Datatjänst)에 감사를 드린다.

하여 공동 선거운동을 전개한 이래 적록연합과 우파연합의 양극 대립구도가 형성되었다. 양대 블록체제는 2006년과 2010년 총선을 거치며 구조화되어 2014년 총선에서 보수당은 우파연합을 단위로 공동 선거운동을 전개한 반면 사민당은 독자적으로 선거운동을 진행했으나 적록연합과 우파연합의 대립구도는 지속되었다.

사민당은 2006년과 2010년 총선에서 패배하여 우파연합에 권력을 내어준 뒤 2014년 총선에서 승리하여 재집권에 성공했다. 우파연합이 승리했을 경우, 1932년 사민당 정부 출범 이래 최초로 3연속 총선 승리와 함께 최장기 연속 집권 기록을 갱신하며 사민당이 구축한 스웨덴 모델에 상당한 위협을 주게 되었을 것이라는 점에서 그 정치적 의미가 대단히 큰 중대선거였다고 할 수 있다.

하지만 사민당의 2014년 총선 승리에도 불구하고 사민당과 적록연합의 안정적 집권 연장과 스웨덴 사회민주주의 미래에 대해서도 낙관적인 전망을 갖기는 어렵다. 사민당의 지지율은 0.4%밖에 상승하지 않았으며, 지지율 하락 추세가 잠시 중단되었을 뿐 상승세로 반등한 것은 아니기 때문이다(〈표 2-1〉 참조). 또한, 사민당 당원 수도 상대적 비중뿐만 아니라 절대적 규모에서도 하락세가 지속되고 있다.

물론, 사민당은 1932년 최초 집권 이래 5차례 총선 패배로 실권한 바 있었지만 단 한 번도 최대 당원규모와 최고 득표율이라는 정당 지위는 흔들린 바 없었다. 이러한 스웨덴 사민당의 위력은 LO(Landsorganisationen i Sverige, 스웨덴노총)를 중심으로 조직된 노동계급의 충성심과 계급투표에 기초한 것이라는 점에 대해서는 이론의 여지가 없다. 하지만, LO를 포함한 노동조합 조직률의 전반적

표 2-1 2014년 총선 결과와 사민당 당원 규모 변화

구분	총선 득표율 (%)	의석 수 (명)	의석 점유율 (%)	당원 수 (명)	유권자 비율 (%)
2002	39.8%	144	41.3%	152,118	2.3%
2006	35.0%	130	37.2%	124,789	1.9%
2010	30.6%	112	32.1%	108,534	1.5%
2014	31.0%	113	32.4%	103,203*	1.4%
〈2014년 기타 정당〉					
좌익당	5.7%	21	6.0%		
녹색당	6.9%	25	7.2%		
보수당	23.3%	84	24.1%		
중앙당	6.1%	22	6.3%		
자유당	5.4%	19	5.4%		
기민당	4.6%	16	4.6%		
스웨덴민주당	12.9%	49	14.0%		

* 당원 수는 2011년 기준.

하락, 교섭체계 탈중앙집중화와 노동조합의 생산현장 통제력 약화, 사민당원 내 LO 조합원 비중의 꾸준한 감퇴, 사민당의 '제3의 길' 채택 이래 사민당에 대한 LO 노조원들의 불만과 사민당-LO의 갈등 심화 등 사민당의 계급적 기초, 특히 LO를 중심으로 한 노동계급의 지지기반의 약화를 우려하게 하는 현상들도 꾸준히 지적되어왔다.[2]

그런 점에서 2006년과 2010년 총선의 연이은 패배와 2014년의 총선 승리에 감추어진 사민당의 지지율 하락 추세는 사민당의 계급적 지지기반 와해 가능성에 대해 본격적인 문제의식을 갖게 한다.

2 Korpi(1978, 1982), BergströmH(1991), Sainsbury(1991), Kjellberg(2007), Tsarou-
   has(2013) 등을 참조하도록 한다.

실제로 사민당의 계급적 지지기반이 와해되고 있는지, 노동계급 지지기반은 여전히 견고한지, 사민당 지지율과 LO를 중심으로 한 노동계급의 계급투표는 하락하고 있는지, 그렇다면 그 원인은 무엇인지와 같은 물음들이 제기된다. 이 장에서는 이러한 물음들에 답하기 위해 스웨덴 사민당과 적록연합의 지지율과 계급적 지지기반의 변화 여부를 검토하고 변화를 설명하기 위한 심층 분석을 실시하고자 한다.

2. 투표 유형과 2014년 총선

1) 양대 블록 구도와 2006·2010년 총선

스웨덴 정당들은 사회·경제 민주화, 재분배정책, 공공부문의 역할과 국가의 경제 개입 등 주요 쟁점들에 대한 입장에 따라 사민당과 보수당의 양대 정당 가운데 하나를 중심으로 연정을 형성해왔다. 이러한 관행에 따라 유권자들도 사회주의 블록과 부르주아 블록으로 양분되면서 양대 블록 사이의 이동 비율은 지속적으로 하락했다. 그런 가운데 사민당의 장기집권을 가능하게 한 중도우파 정치세력의 분열·난립의 폐해를 극복하기 위해, 보수당은 2004년 중앙당, 자유당, 기민당과 함께 'Alliance for Sweden(스웨덴을 위한 연합)'을 구성했다. 이렇게 형성된 우파연합이 공동으로 선거 공약집을 제작하고 선거전략을 개발하여 명실상부한 공동 선거운동을 진행하면서 2006년 총선부터 우파연합과 적록연합의 양대 블록체제가 구조화되었고,

이러한 양대 블록의 대립구도는 2010년 총선과 2014년 총선에서도 계속되었다.[3]

사민당은 1932년 총선 승리 이래 2006년 총선까지 74년의 기간 동안 1976~82년과 1991~94년을 제외한 65년간 집권했으나, 2006년 총선과 2010년 총선에서 연이어 패배했다.[4] 부르주아 정당들은 고질적인 분열상을 극복하고 선거연합을 조직하여 공동으로 선거운동을 전개하는 한편, 우파연합의 구심점인 보수당도 전통적 보수정당의 이미지를 탈피하고 중도화 전략을 취하는 등 획기적 변신을 시도했다. 보수당은 사민당을 노동시장에 참여하지 않고 국가의 지원금에 의존하는 비생산적 잉여집단의 대변자라고 비판하며 보수당이야말로 노동을 우선시하는 진정한 '노동의 정당'임을 강조했다. 보수당과 우파연합은 스웨덴 모델, 즉 스웨덴식 사회민주주의의 정당성을 상당 정도 존중하는 가운데 학교와 병원의 선택권을 강조하는 한편, 전통적으로 사민당이 우월한 것으로 평가되던 고용과 경제운영 능력 영역에서 사민당의 무능을 지적하며 자신의 수월성을 주장했다.

사민당은 2006년 총선에서 완전고용 달성, 연구지원 증대, 의료비용 감축 등을 강조했지만, 유권자들은 중도파 정당 이미지를 선택하고 고질적인 분열상을 극복한 보수당과 우파연합을 선택했다. 2010년 총선에서 양대 블록의 정책대안과 선거전략은 2006년 총선

---

3 양대 블록의 형성 및 구조에 대해서는 BergströmH(1991: 9-10), Sainsbury(1991: 45-49), Aylott & Bolin(2015: 730-1), Tsarouhas(2013: 355), Hagevi(2015)를 참조하도록 한다.

4 2006년과 2010년 총선에 대해서는 Stockholm News(2010. 8. 26), Jolivet & Mantz(2010), Aylott & Bolin(2015: 731-4), Martinsson(2013a: 132; 2013b: 474), Tsarouhas(2013: 355-366)를 참조하도록 한다.

과 상당한 연속성을 보여주었는데, 사민당이 복지제도 강화와 균형
재정 달성 등 전통적인 사민주의 가치를 부각시켰지만 또다시 패배
했다. 2010년 우파연합의 승리는 우파연합 정부가 2008년 후반에
발발한 세계금융위기에 잘 대처했다는 평가를 받으며 유리한 고지
를 선점한 가운데, 사민당이 녹색당에 이어 좌익당과의 연대를 선언
하면서 좌익당을 신뢰하지 않는 중간계급 구성원들과 도시 유권자
들의 이탈을 자초한 탓으로 분석된다.

2) 2014년 총선의 쟁점과 결과

2006년과 2010년 총선을 거치며 사민당과 보수당은 중도성향의 유
권자들을 견인하기 위해 중도수렴하면서 사민당과 보수당 사이의
이념적·정책적 차별성은 크게 완화되었는데, 2014년 총선에서도 양
대 정당의 입장과 선거전략은 상당 정도 연속성을 보여주었다.[5]
　우파연합은 2014년 총선에서, 우파연합 정부가 실시한 소득세
감면정책의 성과와 자녀들의 학교 선택권은 사민당이 집권하면 철
회될 것이라고 경고했다. 또한 세계적 금융위기 속에서도 스웨덴이
경제위기를 모범적으로 극복하고 경제성장 추세를 회복한 경제적
성과를 강조했지만, 실업률이 하락하지 않고 여전히 높은 수준을 유
지하고 있어 고용문제는 적극적으로 의제화하지 않았다.
　한편, 사민당은 우파연합 정부가 높은 실업률을 낮추지 못했고,

5　2014년 총선에 대해서는 Aftonbladet(2014. 7. 25), Dagens Arena(2015. 5. 21), Göte-
　borg Daily(2014. 9. 1/2), The Local(2014. 9. 2), SAP(2014), Aylott & Bolin(2015: 732-
　734), 최연혁(2015: 5-9), 조돈문(2015)을 참조하도록 한다.

학교교육의 성과를 내는 데 실패했으며, 실업수당 감축 등 복지서비스의 공적 지출을 삭감하거나 사유화하며 복지제도를 훼손한 점 등 우파연합 정부의 실정을 비판했다. 또한 사민당은 실업급여를 증액하고 적극적 노동시장정책을 강화하며 실업률을 감축하고, 우파연합 정부가 훼손한 교육제도와 보건의료제도도 개혁할 것을 공약했다.

사민당을 중심으로 한 적록연합이 2014년 총선 승리로 집권했지만 득표율은 2006년과 2010년 득표율 수준을 크게 벗어나지 못했는데, 2002년 수준과 비교하면 8.8%나 미달했다(〈표 2-2〉 참조). 양대 블록의 2014년 득표율을 2002년 득표율과 비교하면 우파블록은 2.1% 하락한 반면 적록연합은 4배가 넘는 8.8%나 하락하여, 장기적 관점에서 보면 적록연합의 지지율 하락 추세가 더 급격하게 진전되고 있음을 알 수 있다.

사민당은 지지율이 크게 하락했지만, 적록연합을 구성하는 연합정당들이 득표율을 유지하여 우파연합 정당들보다 많은 의석을 확

표 2-2 정치블록 및 적록연합 정당 득표율 변화, 2002~2014년

구분	2002	2006	2010	2014	2002~2014 증감
적록연합	53.1	43.4	44.0	44.3	-8.8
사민당	36.7	29.8	26.8	27.8	-8.9
좌익당	10.7	7.0	7.3	7.9	-2.8
녹색당	5.7	6.6	9.9	8.6	2.9
중립	6.4	8.1	8.9	17.3	10.9
우파연합	40.5	48.6	47.1	38.4	-2.1
합계	100.0	100.0	100.0	100.0	0

보할 수 있었다. 사민당의 득표율은 2002년에 비해 8.9% 하락한 반면, 좌익당-녹색당 등 다른 두 연합정당들은 2010년에 이미 17.2%를 득표하여 2002년의 16.4%를 능가했으며 2014년에도 16.5%로 높은 득표율을 보여주었다. 따라서 적록연합의 득표율 하락은 사민당의 득표율 하락에서 비롯되었음을 알 수 있다. 적록연합의 연대 정당들 가운데 좌익당의 지지율이 하락한 반면, 녹색당의 지지율은 상승했는데, 이는 2002년 이후 지속되고 있는 추세다. 두 정당의 지지율 상승-하락 폭이 서로를 상쇄하면서 연대 정당들의 합계가 일정 수준을 유지할 수 있었다.[6]

3) 이론적 쟁점 및 연구방법

스웨덴 총선과 투표행위의 분석에서 이론적 쟁점으로는 계급투표 추세, 경제투표 현상, 쟁점점유론을 꼽을 수 있다.

첫째 쟁점은 계급투표 현상의 약화 여부다. 사민당은 1932년 총선 승리로 최초 집권한 이래 총선들에서 연전연승하며 장기집권했는데, 사민당의 장기집권은 LO를 중심으로 조직된 노동계급의 계급투표에 기초한 것으로 설명되었다. 1976년 총선에서 패배하자 사민당 패배의 원인을 계급투표 현상의 약화에서 찾으면서 계급투표 약화 추세 여부가 쟁점이 되기 시작했다.[7] 1976년과 1979년 총선에서

---

6   좌익당과 녹색당은 2014년 총선에서 여성당에 지지 세력 일부를 빼앗겼는데, 사민당에서 이탈하여 여성당으로 이동한 세력은 좌익당과 녹색당에 비해 상대적으로 규모가 작았다. 여성당이 향후 지지율 상승 추세를 지속하게 되면 연대 정당들의 지지율을 감축함으로써 적록연합의 지지율 유지를 어렵게 할 수 있다. 한편, 보수당도 스웨덴민주당으로 지지자들을 일부 빼앗겼다.

연이어 패배한 뒤 사민당은 1981년 제3의 길 전략을 채택하며 이념적·정책적 변화를 꾀했는데 그 핵심적 내용은 경쟁력 패러다임을 수용하고 복지지출을 감축하는 것이었다. 제3의 길이 노동자들의 불만과 LO의 반발을 불러오면서 LO 조합원들을 중심으로 한 노동계급의 사민당에 대한 충성심은 크게 약화되었고, 그 결과 상당수 LO 노조원들이 사민당을 이탈하면서 LO 조합원의 사민당 내 비중은 크게 감소했고, 사민당의 득표율 또한 하락하게 되었다.

이러한 계급투표 약화 추세에 대해서는 반론이 없으나, 계급투표 현상이 여전히 유의미하게 작동하고 있다는 점은 총선과 투표행위에 대한 경험적 분석들이 확인해주고 있다.[8] 계급투표 약화 현상은 청년층과 서비스부문 노동자들에게서 두드러진 반면 고령층과 제조업 노동자들에게서는 계급투표 경향성이 상대적으로 더 강하게 남아 있는 것으로 보고되었다. 또한 노동조건에 따른 계급투표 경향성의 편차도 확인되었는데, 특전적 혹은 주변적 노동자들에 비해 평균적 수준의 핵심적 노동자 집단에서 계급투표 경향성이 더 높은 것으로 분석되었다.[9]

둘째 쟁점은 경제투표 강화 추세다. 계급투표 현상의 약화를 지적한 연구들은 투표행위가 계급위치에 기초한 정체성 투표에서 주

---

7   계급투표 현상에 대해서는 Hadenius(1990)과 Blom(1988)을, 계급투표 약화 현상에 대해서는 BergströmH(1982: 4; 1991: 12-20), Sainsbury(1991: 34-42), Tsarouhas(2013: 350-358)를 참조하도록 한다.

8   Martinsson(2013b: 472-3), Sainsbury(1991: 45-49), Hadenius(1990: 73-5), 조돈문(1996), 조돈문·신광영(1997)을 참조하도록 한다.

9   특전적 부문 노동자란 근로소득과 가계소득 수준이 각각 상위 1/3 수준에 속하는 정규직 숙련노동자를 뜻한다. 주변적 부문 노동자란 근로·가계소득이 각각 하위 1/3에 속하는 비정규직 비숙련 노동자를 말한다.

요 사회적 의제들에 초점이 맞추어진 쟁점투표로 바뀌고 있는 것으로 분석했는데, 쟁점투표의 핵심은 경세투표였다. 경제투표는 정부가 경제운영에 성공하면 집권당에 투표하고 경제운영에 실패하면 야당에 투표한다는 경제적 성과에 대한 보상 혹은 징계 성격의 투표 행위를 의미한다.

계급투표가 약화되고 쟁점투표가 강화되는 가운데 경제투표가 중요한 쟁점투표의 한 유형으로 대두되었다는 점에 대해서는 이견이 없지만, 스웨덴 총선과 투표행위에 대한 경험적 분석들은 경제투표 현상이 강화되고 있다는 분석과 약화되고 있다는 분석이 혼재하고 있다. 실제로 보수당은 경제운영의 실패로 1994년 총선에서 패배했으나 경제운영의 성과로 2010년 총선에서 승리함으로써 경제투표 현상의 존재를 확인해주었다. 하지만 사민당이 경제운영에 성공했음에도 1991년 총선과 2006년 총선에서 패배한 것은 경제투표 현상이 유의미하지 않았음을 보여준다.[10]

셋째는 쟁점점유론이다. 쟁점점유론의 논지는 선거에서는 해당 사회가 당면한 과제들, 주요 정당들의 공약과 쟁점화 및 국민 여론의 관심 등에 의해 핵심 의제가 형성되는데, 유권자들이 어떤 의제들을 핵심 의제로 설정하는가에 따라 경쟁 정당들은 혜택을 받기도 하고 피해를 입기도 한다는 것이다. 따라서 선거 과정에서 경쟁 정당들은 자기 정당에 유리한 쟁점들을 핵심적인 선거 의제로 띄우기 위한 노력들을 경주하게 된다. 이러한 쟁점점유론은 의제에 따라 의제점유자 정당이 대체로 고정되어 있는 것으로 전제하고 있는데, 스

---

10   경제투표의 존재 여부에 대해서는 Martinsson(2013b: 471-474), Jordahl(2006), Kum-
lin(2003), Sainsbury(1991)를 참조하도록 한다.

웨덴 총선과 투표행위에 대한 경험적 연구들은 그렇지 않은 경우도 많음을 지적하고 있다.

강한 의제점유의 사례로는 사민당의 사회보장제 의제점유, 녹색당의 환경 의제점유, 보수당의 법질서 의제점유 등에 제한되어 있지만, 특정 정당의 의제점유가 장기간 지속되는 것은 흔치 않은 것으로 보고되고 있다. 예컨대, 경제운영과 고용문제에 대해서는 사민당이 전통적으로 우위를 점하고 있었지만, 2006년과 2010년 총선에서는 보수당에 의제점유 정당의 자리를 내어주면서 총선에 패배하기도 했는데, 의제점유자 정당 교체가 가장 빈번한 의제는 경제운영 의제인 것으로 확인되고 있다.[11]

본 연구는 스웨덴 사민당의 계급적 지지기반을 분석함에 있어 이러한 이론적 쟁점들도 함께 검토하고자 한다. 이를 위해 본 연구는 스웨덴에서 실시된 최근 네 차례 총선의 투표행위 관련 정보를 수집한 총선 출구조사(Vallokalundersökning riksdagsvalet, VALU) 2002, 2006, 2010, 2014 자료를 사용하여 계량적 분석을 실시한다. 이 투표행위 조사 자료를 대상으로 통계분석을 수행함에 있어 4개 총선 자료에 대해 동일 기준을 적용한 비교분석을 실시하는 한편, 시기별 추세를 확인하기 위해 VALU 2002의 부족한 부분에 대해서는 부분적으로 VALU 1998을 활용한다.

---

11   의제점유론과 스웨덴의 경험적 분석에 대해서는 Martinsson(2013a), Tsarouhas(2013) 등을 참조하도록 한다.

3. 사민당과 적록연합의 지지기반

1) 정당 지지 세력의 충성도와 구성 변화

정당 지지자들의 충성도는 정당 안팎의 여건 변화에도 동일 정당에 대한 지지 입장을 견지하는 정도로 파악할 수 있는데, 총선 직전 동일 정당을 지지하는 비율을 보면, 사민당이 평균 약 76.4%로 가장 높다(〈표 2-3〉 참조). 그 다음은 민주당이 두 번째로 높고, 보수당과 여성당이 그 뒤를 잇고 있는데, 좌익당과 녹색당은 55~58% 수준으로 지지기반의 충성도가 매우 낮은 편이다. 사민당은 2002년 총선에서 충성도 82.5%로 지난 네 차례 총선에서 정당들이 보여준 충성도 가운데 가장 높은 충성도를 기록했다. 사민당은 2006년과 2010년 총선에서 72~73% 수준으로 하락한 다음, 2014년 총선에서 77.6%

표 2-3 총선 직전 지지자들의 동일정당 지지율(단위: %)

구분	2002	2006	2010	2014	평균
사민당	82.5	72.4	73.0	77.6	76.38
좌익당	60.6	52.3	61.7	56.6	57.80
녹색당	56.8	54.6	61.4	49.6	55.60
보수당	59.3	81.9	73.1	62.8	69.28
중앙당	64.2	64.3	55.6	54.7	59.70
자유당	72.0	41.5	48.7	43.2	51.35
기민당	57.2	57.7	59.8	57.6	58.08
민주당	–	–	66.0	78.3	72.15
여성당	–	–	–	68.9	68.90

로 상승하며 민주당과 함께 가장 높은 충성도를 과시했지만, 여전히 2002년 총선 수준에는 미치지 못했다.

총선에 연이어 사민당에 투표하는 사민당 핵심은 2002년 이래 하락하기 시작하여 2010년까지 9.2%p나 감소했는데, 2014년 총선에서 이러한 감소 추세가 일시 중단되었을 뿐 증가 추세로 바뀌지는 않았다(〈표 2-4〉 참조). 사민당 핵심은 아니지만 적록동맹을 꾸준히 지지하는 적록 핵심 세력은 약간의 부침을 겪은 뒤 2010년과 2014년 총선에서 14% 수준을 유지하고 있다. 한편, 적록연합 합류 세력과 이탈 세력은 각각 평균 10.3%와 7.4%로 변화폭이 그리 크지 않다. 반면 적록연합 참여를 거부하는 세력은 2002년에 비해 약 8% 정도 증가했다. 현재 사민당 핵심, 적록연합 핵심, 적록연합 합류 세력과 이탈 세력은 지난 2010년 총선과 2014년 총선에서 비슷한 수준

표 2-4 사민당-적록연합 지지자 변화

직전 총선 ＼ 총선	사민당	적록 연대 정당	기타 정당
사민당	1 사민당 핵심	2 적록 핵심	4 적록 이탈
적록 연대 정당	2 적록 핵심	2 적록 핵심	4 적록 이탈
기타 정당	3 적록 합류	3 적록 합류	5 비적록연합

구분	2002	2006	2010	2014	평균
사민당 핵심	27.5	23.0	18.3	18.6	21.9
적록 핵심	15.3	12.5	14.2	14.1	14.0
적록 합류	10.2	7.9	11.5	11.7	10.3
적록 이탈	6.1	9.8	6.2	7.4	7.4
비적록연합	40.9	46.8	49.8	48.3	46.5
합계	100.0	100.0	100.0	100.0	100.0

을 유지하고 있어 중기적 평형 상태를 보이고 있는데, 적록연합의 지지기반은 2002년의 약 43%에 비해 9% 정도 위축된 수준이다.

2) 사민당-적록연합의 계급적 기초

사민당과 적록연합에 대한 지지율은 노동계급이 가장 높고 그 다음은 중간계급이고, 소유계급은 비소유계급들에 비해 지지율이 훨씬 더 낮다(〈표 2-5〉 참조). 사민당 지지율에서 최고치인 생산직 노동자의 43.15%와 최저치인 농민의 9.43%의 차이는 33.72%에 달하고 있어, 계급 간 사민당 지지율 차이는 여전히 유의미함을 확인할 수 있다.

소유계급 구성 집단들 가운데 도시쁘띠부르주아가 사민당과 적록연합의 지지율이 가장 높은데, 사민당보다는 적록연합 연대 정당들에 대한 지지율이 더 높고, 그 가운데서도 녹색당에 대한 지지율이 더 높다. 이는 도시쁘띠부르주아가 거대 자본의 시장독점의 피해자이면서 자본가로서 성공하고자 하는 양면성을 지니는 한편, 도시 문화의 자유 분방성과 다양성 존중의 분위기를 반영하는 것으로 볼 수 있다. 반면, 농민집단이 소유계급 구성 집단들 가운데 사민당과 적록연합 지지율이 가장 낮은데 이는 농민들의 이해관계를 배타적으로 대변하는 중앙당에 대한 높은 충성도에 기인한 것이다.

노동계급은 사민당에 대해서는 43.15%라는 높은 지지율을 보인 반면 상대적으로 적록연합 연대 정당들에 대한 지지율은 18%에 불과하다. 중간계급은 노동계급에 비해 구성 집단들의 이질성도 크고 구성 집단들 간 정치적 성향의 차이도 큰 것으로 확인되었다. 생

표 2-5 계급위치와 직업집단별 지지 정당, 2014년 총선

직업 ＼ 정당	1 사민당	2 좌익당	3 녹색당	4 기타	합계
〈자본계급〉					
고용주	15.25%	2.28%	3.73%	78.75%	100.0%
사무직 경영인	16.80%	3.15%	4.23%	75.80%	100.0%
〈쁘띠부르주아〉					
농민	9.43%	2.85%	3.75%	84.00%	100.0%
도시쁘띠	16.98%	6.70%	9.18%	67.13%	100.0%
〈중간계급〉					
사무직 감독인	23.80%	6.08%	6.23%	63.95%	100.0%
사무직 노동자	25.18%	8.43%	9.28%	57.08%	100.0%
생산직 감독인	38.95%	5.95%	5.98%	49.13%	100.0%
〈노동계급〉					
생산직 노동자	43.15%	10.63%	7.03%	39.23%	100.0%
〈비경제활동〉					
비경제활동	27.43%	10.70%	12.73%	49.15%	100.0%

산직 감독인은 높은 사민당 지지율과 낮은 연대 정당 지지율로 노동
계급의 정치적 성향과 거의 동일한 것으로 나타났다. 그에 비해 사
무직 노동자·감독인은 사민당에 대한 지지율은 더 낮지만 적록연
합 연대 정당들에 대한 지지율은 더 높게 나타났는데, 사무직 노동
자 집단은 사무직 감독인에 비해 사민당과 연대 정당들에 대해 경미
한 수준이지만 좀 더 높은 지지율을 보이고 있다. 이러한 중간계급
의 내적 이질성은 생산직-사무직의 칼라라인, 즉 기술재 보유 수준
과 감독인-노동자의 조직재 보유 수준 차이를 그대로 반영하고 있
으며, 기술재 효과와 조직재 효과는 부가적(additive)으로 작동하고

있다.

소유계급들에 비해 노동계급과 중간계급 등 비소유계급들이 사민당과 적록연합에 더 높은 지지율을 보이는 것은 자본가들에게 노동력을 팔고 그 대가로 임금을 받아 생활하는 임금노동자(wage-earner)라는 공통된 물질적 이해관계의 존재를 확인해주는 한편, 사민당이 1950년대 후반부터 추진한 노동-중간계급 계급연합 전략의 성과를 반영하기도 한다.

노동계급과 중간계급의 핵심을 구성하는 생산직 노동자[12] 집단과 사무직 노동자 집단의 지지 정당 분포 변화를 보면, 사민당 지지율은 생산직 노동자가 사무직 노동자보다 월등히 높으며 그 차이는 평균 약 18%에 달한다(〈표 2-6〉 참조). 반면, 적록동맹 연대 정당 지지율은 생산직 노동자와 사무직 노동자 사이에 차이가 없으며 양자 모두 똑같이 18% 수준을 보이고 있다. 사무직 노동자 집단의 사민당 지지율은 2002년에 비해 8.5%나 하락했고 좌익당 지지율도 2% 정도 하락했지만, 녹색당 지지율은 도리어 3% 상승함으로써 적록연합 지지율 하락폭을 줄일 수 있었다.

한편, 생산직 노동자들의 사민당 지지율은 꾸준히 하락하여 2002년 49.1%에서 10%나 하락했는데, 하락폭은 점차 매우 작아졌지만 하락 추세가 멈춘 것은 아니었다. 하지만 같은 기간 생산직 노동자들의 적록연합 연대 정당들에 대한 지지율 하락폭은 1.8%에 불

---

12 사무직 노동자 집단 가운데는 요구되는 지식·기술 수준이 상대적으로 낮은 서기직 같은 직종들이 포함되어 있는데, 이들은 노동계급으로 분류되어야 하지만 본 자료는 교육 수준과 소득수준 등 다른 지표들을 확인할 수 있는 정보를 포함하지 않아서 보다 더 정교한 계급범주화는 시도할 수 없다.

표 2-6 노동계급·중간계급 핵심 부분의 지지 정당 분포, 2014년 총선

계급 \ 정당	1 사민당	2 좌익당	3 녹색당	4 기타	합계
〈노동계급: 생산직 노동자〉					
2002	49.1%	14.1%	4.8%	32.0%	100.0%
2006	43.8%	10.1%	6.7%	39.5%	100.0%
2010	40.3%	8.8%	9.0%	41.9%	100.0%
2014	39.4%	9.5%	7.6%	43.5%	100.0%
평균	43.15%	10.63%	7.03%	39.23%	100.0%
〈중간계급: 사무직 노동자〉					
2002	32.3%	10.4%	7.4%	49.8%	100.0%
2006	24.4%	7.0%	7.4%	61.2%	100.0%
2010	20.2%	7.8%	11.9%	60.0%	100.0%
2014	23.8%	8.5%	10.4%	57.3%	100.0%
평균	25.18%	8.43%	9.28%	57.08%	100.0%

과했는데, 이는 좌익당 지지율 하락을 녹색당 지지율 상승으로 일정
부분 상쇄한 결과이다. 이처럼 생산직 노동자들의 적록연합 지지율
은 사민당에 대한 지지율 하락과 함께 꾸준히 감소하고 있으며, 사
민당과 적록연합 지지기반의 핵심을 구성하는 노동계급의 헌신성
약화를 반영한다.

위와 같이 계급투표 현상은 계급위치별 사민당 지지율 편차로
나타나고 있지만, 계급투표 현상이 약화되고 있음은 노동계급의 사
민당 지지율 하락에서 확인되고 있다.

표 2-7 소속 노조 유형별 지지 정당, 2014년 총선

구분	1 사민당	2 좌익당	3 녹색당	4 기타	합계
LO	52.15%	10.55%	5.15%	32.10%	100.0%
TCO	30.73%	9.28%	7.88%	52.13%	100.0%
SACO	20.08%	8.63%	12.48%	58.80%	100.0%

3) 노동조합 유형별 정당 지지율 편차

스웨덴의 노동조합은 70%를 넘는 높은 조직률로 노동자들의 계급적 정체성과 함께 이념적 입장 및 정치적 성향을 형성하는 데 크게 기여하고 있다. 스웨덴의 노동조합 총연맹은 생산직 노동자들의 LO, 사무직 노동자들의 TCO(Tjänstemännens Centralorganisation, 사무직노총), 전문직 노동자들의 SACO(Sveriges akademikers centralorganisation, 스웨덴전문직노총)로 나뉘어 있다.[13] LO는 52%의 높은 사민당 지지율을 보이며 사민당의 계급적 기초를 형성하고 있고, TCO는 31%, SACO는 20%로 LO에 비해 상대적으로 낮은 지지율을 보이고 있다(〈표 2-7〉 참조).

TCO와 SACO의 사민당에 대한 지지율은 LO에 비해 더 낮지만, 적록연합 연대 정당들에 대한 지지율은 LO보다 조금 더 높은 것으로 나타나고 있다. 이는 TCO와 SACO가 좌익당에 대한 지지율은

---

13   본 자료의 사무직 노동자 집단의 경우 LO 소속은 9.8%에 불과하고 52.3%에 달하는 절대다수가 TCO와 SACO 노동조합들에 가입되어 있다. 한편, 생산직 감독인 집단의 구성원들은 생산직 노동자들이 승진을 통해 감독인 지위를 취득한 탓으로 대부분 생산직 노동자 시절 가입한 LO 노동조합들의 조합원 자격을 유지하고 있다.

LO에 비해 약간 낮은 편이지만 녹색당에 대한 지지율은 훨씬 더 높기 때문이다. 특히 SACO는 TCO보다도 녹색당에 더 높은 지지율을 보이고 있는데 이러한 세 노총 노조원들의 녹색당 지지율 순위는 노조원들의 학력수준 차이의 결과를 반영하고 있다. 세 노총 노조원들의 지지 정당 분포를 보면, LO는 적록연합 지지자들이 비적록연합의 3배에 달하고, TCO는 적록연합과 비적록연합 지지자들로 반반

표 2-8 소속 노조 유형별 지지 정당 변화

구분	1 사민당	2 좌익당	3 녹색당	4 기타	합계
〈LO〉					
2002	57.3%	13.1%	3.6%	26.0%	100.0%
2006	52.4%	10.0%	4.4%	33.1%	100.0%
2010	49.0%	9.0%	7.0%	34.9%	100.0%
2014	49.9%	10.1%	5.6%	34.4%	100.0%
평균	52.15%	10.55%	5.15%	32.10%	100.0%
〈TCO〉					
2002	38.1%	12.1%	5.8%	44.0%	100.0%
2006	30.3%	8.1%	6.3%	55.3%	100.0%
2010	25.9%	7.7%	10.8%	55.6%	100.0%
2014	28.6%	9.2%	8.6%	53.6%	100.0%
평균	30.73%	9.28%	7.88%	52.13%	100.0%
〈SACO〉					
2002	24.9%	11.4%	10.1%	53.6%	100.0%
2006	19.1%	7.1%	11.0%	62.8%	100.0%
2010	17.1%	8.1%	15.7%	59.0%	100.0%
2014	19.2%	7.9%	13.1%	59.8%	100.0%
평균	20.08%	8.63%	12.48%	58.80%	100.0%

으로 나뉜 가운데 적록연합 지지자들이 조금 더 많으며, SACO의 경우 비적록연합 지지자들이 60% 가깝게 다수를 형성하고 있다.

세 노총 노조원들의 정당연합 지지율 변화를 보면 2002년 총선에 비해 2006년 총선에서 적록연합의 지지율이 크게 하락했으나, 이후 2010년 총선과 2014년 총선에서 적록연합 지지율은 소폭 회복하는 데 그침으로써 노총별 지지 정당연합 분포는 다소 정체되는 양상을 보이고 있다(〈표 2-8〉 참조).

LO의 사민당 지지율은 여전히 50% 수준을 유지하고 있지만 2002년 57%에서 크게 하락하여 50% 수준에서 정체되어 있다. 반면 LO 노조원들 가운데 좌익당 지지율은 견고한 10%를 유지하고 있는데, 좌익당과 녹색당의 연대 정당 지지율은 2002년부터 2014년 총선까지 줄곧 16% 수준을 유지하고 있다. 그 결과, 사민당이 실권한 2006년 총선부터 2014년 총선에 이르기까지, LO는 절반의 사민당 지지를 포함하여 노조원의 2/3 정도가 여전히 적록연합에 대해 지지를 보내고 있다. 이처럼 LO가 사민당과 적록연합의 계급적 기초를 공고화하는 역할을 수행하고 있지만, 2002년 총선 수준의 적록연합 지지율은 회복하지 못하고 있다. LO 노조원들의 사민당 이탈 현상은 사민당의 제3의 길 선택 이래 진행된 사민당과 LO의 조직적 연계의 약화와 노동자들의 불만 심화에 기인하기도 하지만, 보수당이 스웨덴식 사회민주주의의 정당성을 인정하며 진정한 노동자를 위한 정당으로 적극적 변신을 시도하며 노동자 지지를 견인하려는 노력이 효과를 거둔 측면도 있는 것으로 분석되고 있다. 이처럼 보수당의 노동자 견인 현상이 지속되지 못한 것은 우파연합 8년 집권기간 동안 실업률은 하락하지 않고 실업수당 감축 등 복지제도가 상당 정도 훼손된 데 대한 실망감이 확산되었기 때문이다. 결국 사민당이 우파연합에 의해 훼손된 '진정한 노동우선주의(Arbetslinjen)'를 복원하고 완전고용을 실현하겠다고 선언하는 등 전통적 노동계급 정당의 지위를 강화하기 위한 노력이 일정 정도 영향을 미친 결과라 할 수 있다.[14]

한편, TCO 노조원들은 2002년 총선에서 적록연합에 56%라는 절반을 넘는 비율의 지지를 보냈지만 2006년 총선에는 45%로 절반에 훨씬 못 미치는 지지율로 하락했다. 이후 TCO 노조원들의 적록연합 지지율은 거의 상승하지 않고 있다. 이는 TCO가 전통적으로 LO와 연대하며 사민당에 우호적인 입장을 견지해왔으나, 2006년 우파연합 집권 이후 정치적 중립을 강조하면서 노조원들의 정치적 정체성 형성에 집권 우파연합이 더 효과적으로 개입할 수 있었기 때문이라 하겠다.

이처럼 LO는 사민당의 확고한 계급적 기초를 제공하고 있으며, LO의 사민당 지지율 하락 추세는 사민당의 노동계급 기초 약화와 함께 계급투표 현상의 후퇴를 보여준다. 하지만 LO의 지지율 변동 폭이 8.3%로 TCO의 12.2%보다 작은 것은 중간계급의 TCO 조합원이 쟁점투표 성향이 더 큰 반면 노동계급의 LO 조합원은 정체성 투표, 즉 계급투표 성향이 여전히 더 크다는 것을 의미한다.

---

14 보수당과 사민당의 노동자 지지 견인 노력의 내용과 성과에 대해서는 Ernerot 면담 (2013), NilssonR 면담(2013), Söder 면담(2013), Aftonbladet(2014. 7. 25), Dagens Arena(2015. 5. 21), SAP(2014), Wadensjö(2009), Jolivet & Mantz(2010), 조돈문(2015)을 참조했다.

4. 선거 쟁점과 쟁점점유 정당

1) 총선 쟁점 우선순위의 변화

총선 주요 쟁점들에 대해 중요도를 평가하는 항목들 가운데 네 차례 총선 여론조사 설문지에 모두 포함된 항목들의 연도별 중요성 정도, 우선순위, 2002~14년의 변화 정도를 정리하면 〈표 2-9〉와 같다.

설문조사에 일관되게 포함된 15개 항목들 가운데 기타 문제의 7개 항목들은 네 차례 총선에서 핵심쟁점 5순위에 포함된 사례가 한 번도 없었고, 매번 총선에서 2개 항목 정도가 6~9 순위에 편입되었다, 반면, 사회문제와 경제문제의 8개 항목들 가운데 매번 총선에서 7개 항목이 9순위 이내에 배치되고 있다는 점에서 총선의 지지 정당을 결정하는 핵심 기준은 경제문제와 사회문제임이 자명하다.

네 차례 총선에서 중요도 1순위에서 5순위까지의 쟁점들을 봐도 모두 경제문제와 사회문제 항목들로 구성되어 있는데, 경제문제의 두 항목인 스웨덴 경제와 고용,[15] 사회문제의 학교·교육, 보건의료, 노인복지로 동일하다. 이처럼 몇 가지 쟁점이 매번 총선에서 각축을 벌이면서도, 우선순위는 변화한다. 2002년과 2014년 총선에서

---

15   고용은 경제문제인 동시에 사회문제이기도 하다. 고용창출은 경제성장의 결과로 발생할 경우 경제문제의 측면이 크지만, 삶의 질 향상 혹은 일자리 창출 자체를 목적으로 하는 사회적 서비스 제공 확대의 결과로 발생할 경우 사회문제의 측면이 크다. 그뿐만 아니라, 고용창출에 비해 일자리 배분은 사회문제의 성격이 더욱 크다고 할 수 있다. 그런 점에서 다섯 가지 핵심 선거 쟁점들 가운데 온전히 경제문제 쟁점이라 할 수 있는 것은 스웨덴 경제 항목 하나뿐이며, 따라서 사회문제의 중요성이 그만큼 더 크다는 것을 의미한다.

표 2-9 선거 쟁점의 중요성 정도[16]

구분	2002	2006	2010	2014	2002~2014
〈경제문제〉					
스웨덴 경제	1.56③	1.65③	1.64③	1.67③	- 0.11
고용	1.63④	1.58①	1.62①	1.67③	- 0.04
조세	1.98⑨	2.03⑧	2.05⑦	2.05⑧	- 0.07
기업활동 여건	2.12	2.06⑨	2.22	2.28	- 0.16
평균	1.82	1.83	1.88	1.92	- 0.10
〈사회문제〉					
학교·교육	1.44①	1.62②	1.63②	1.56①	- 0.12
보건의료	1.47②	1.67④	1.71④	1.64②	- 0.17
노인복지	1.70⑤	1.86⑤	1.97⑤	1.81⑤	- 0.11
남녀평등	1.92⑦	2.09	2.10⑧	2.02⑦	- 0.10
평균	1.63	1.81	1.85	1.76	- 0.13
〈기타〉					
환경	1.96⑧	2.06	2.00⑥	1.97⑥	- 0.01
난민/이민	2.11	2.30	2.32	2.13⑨	- 0.02
에너지와 핵발전	2.17	2.02⑦	2.15	2.18	- 0.01
법과 질서	1.78⑥	1.91⑥	2.12⑨	2.19	- 0.41
정당 지도자	2.38	2.42	2.36	2.27	0.11
EU	2.23	2.47	2.77	2.52	- 0.29
국방(외교안보)	2.12	2.29	2.45	2.71	- 0.59
평균	2.11	2.21	2.31	2.28	- 0.17
〈쟁점 중요도 비교〉					
경제 – 사회*	0.19	0.02	0.03	0.16	

* 경제문제와 사회문제의 중요도 지수 차이.

5대 쟁점의 우선순위는 학교·교육, 보건의료, 스웨덴 경제, 고용, 노인복지 순시이며 2014년 스웨덴 경제와 고용이 동률 제3순위를 구성한다는 점을 제외하면 우선순위가 동일하다. 한편, 2006년과 2010년 총선에서 5대 쟁점의 우선순위는 고용, 학교·교육, 스웨덴 경제, 보건의료, 노인복지 순으로 동일했다. 5대 쟁점들 가운데 경제문제가 두 항목을 구성하는 데 비해 사회문제가 세 항목을 차지한다는 점에서, 사회문제가 경제문제보다 총선의 지지 정당 결정에 더 큰 영향을 미친다고 할 수 있다. 하지만 2006년과 2010년 총선에서는 경제문제가 주요하게 떠올랐는데, 이러한 선거 쟁점의 우선순위 변화가 사민당의 적록연합 대신 보수당이 주도하는 우파연합을 집권하도록 했다.

경제문제 대비 사회문제의 상대적 중요성은 설문조사에 포함된 사회문제 네 항목과 경제문제 네 항목의 우선순위 평가에서도 확인된다. 경제문제 4항목의 중요도는 2002년 평균 1.82에서 점차 중요도가 하락하며 2014년에는 1.92로 0.10만큼 낮은 중요도를 보인 반면, 사회문제 4항목의 중요도는 2002년 1.63에서 크게 하락하여 2006년과 2010년에는 평균 0.20만큼 낮은 중요도를 보였다가 2014년 총선에서는 0.10 정도 중요도를 회복했다. 네 차례 총선에서 사회문제 쟁점들의 평균 중요도는 경제문제 중요도보다 높게 나타났는데, 경제문제와의 중요도 차이는 2002년과 2014년 총선에서 각각

16 설문조사는 각각의 선거 쟁점들에 대해 응답자가 중요성을 평가하도록 했으며, 응답지의 범위는 1(매우 중요)~5, 원 문자는 해당년도 선거 쟁점 우선순위 제1~9순위, 2002~2014 변화의 정(+)의 값은 중요도 증가, 부(-) 값은 중요도 감소를 의미한다. 1998년 설문조사는 복수의 쟁점들 가운데 우선순위를 부여하도록 하여 2002~2014 총선의 설문조사 결과와 직접적 비교는 할 수 없다.

0.19와 0.16의 중요도 차이를 보인 반면, 2006년과 2010년 총선에서는 중요도 차이가 각각 0.02와 0.03로 최소화되었지만 여전히 사회문제는 경제문제보다 경미한 수준이나마 더 높은 중요도를 지켰다. 이처럼 사회문제의 상대적 중요성이 컸던 총선에서는 사민당과 적록연합이 승리한 반면, 경제문제의 중요성이 증대하여 사회문제와의 중요도 차이가 감소한 총선에서는 보수당과 우파연합이 승리했다.

이러한 선거 쟁점 변화 현상은 몇 가지 중요한 함의를 지닌다. 첫째, 선거 쟁점들의 상대적 중요도 변화는 선거 쟁점에 따라 지지 정당이 좌우되는 쟁점투표가 진행되고 있음을 반영하며, 사회문제와 경제문제의 상대적 중요성에 따라 투표 정당이 결정됨을 의미한다는 점에서 쟁점투표를 경제투표와 동일시해서는 안 된다. 둘째, 스웨덴 총선은 사회문제가 경제문제보다 더 중요하여 사회투표가 경제투표보다 더 보편적인 가운데, 경제문제의 상대적 중요성이 높아져서 사회문제의 중요도에 육박할 경우 경제투표 경향이 사회투표 경향과 각축을 벌임으로써 사민당과 적록연합의 선거 승리 가능성에 부정적 영향을 미치게 된다.

스웨덴인들은 경제문제보다 사회문제를 0.16만큼 더 중요시하는데, 사민당과 적록연합 지지 세력들은 다른 세력들에 비해 상대적으로 사회문제를 중요시한다(〈표 2-10〉 참조). 반면, 비적록연합 세력은 경제문제를 사회문제보다 0.15만큼 더 중시하고 있어 적록연합 관련 세력들과 좋은 대조를 이룬다. 이처럼 적록연합 세력이 사회문제를 더 중시하는 반면 비적록연합 세력은 상대적으로 경제문제를 더 중시하는 것으로 나타나고 있다.

표 2-10 사민당-적록연합 지지 유형별 선거 쟁점의 중요성 정도, 2014년 총선

구분	경제문제					사회문제				
	스웨덴 경제	고용	조세	기업활 동여건	평균	학교· 교육	보건 의료	노인 복지	남녀 평등	평균
사민당 핵심	1.62	1.46	1.99	2.44	1.88	1.43	1.38	1.45	1.87	1.53
적록 핵심	2.02	1.75	2.32	2.83	2.23	1.48	1.55	1.74	1.67	1.61
적록 합류	1.89	1.81	2.26	2.56	2.13	1.53	1.62	1.86	1.95	1.74
적록 이탈	1.97	1.84	2.17	2.71	2.17	1.60	1.63	1.82	1.59	1.66
비적록연합	1.49	1.66	1.92	1.94	1.75	1.62	1.76	1.95	2.26	1.90
전체 평균	1.67	1.67	2.05	2.28	1.92	1.56	1.64	1.81	2.02	1.76

2) 정당의 정책역량 평가와 지지 정당

사민당은 경제문제보다 사회문제에서 더 뛰어난 역량을 지닌 것으로 평가되고 있다(〈표 2-11〉 참조). 사회문제에서 사민당과 보수당의 우수정당 평가 비율 차이는 1998년 22.3%에서 2014년 13.2%로 크게 감소했지만 사민당의 보수당에 대한 절대적 우위는 지켜지고 있다. 사회문제 영역들 가운데 사회복지 부문과 남녀평등 영역에서 사민당은 전통적으로 보수당보다 뛰어난 정책역량을 지닌 것으로 평가되어왔는데, 학교·교육 영역에서는 1998년 우위 정도가 3.3%로 경미했으나 2014년에는 15.1%로 우위의 폭을 크게 확대하면서 정책역량을 인정받게 되었다.

사민당이 스웨덴 복지국가를 건설한 주체라는 점에서 사회문제의 사민당 우위는 정책역량을 인정받는 것으로 자연스런 귀결인데, 사민당의 보수당 대비 상대적 우위가 점차 축소되고 있다.이는 사회

표 2-11 해당 분야 최고의 정책역량을 지닌 정당(단위: %)[17]

구분	1998			2014		
	사민당	보수당	사민-보수*	사민당	보수당	사민-보수
〈경제〉						
스웨덴 경제	25.8	14.4	11.4(19.6)	26.6	38.9	-12.3
고용	13.1	12.3	0.8(1.4)	31.2	30.2	1.0
조세	16.4	23.5	-7.1(-12.2)	27.3	33.1	-5.8
평균	18.4	16.7	1.7(2.9)	28.4	34.1	-5.7
〈사회〉						
사회복지	27.5	2.9	24.6(42.2)	31.3	15.1	16.2
학교·교육	14.7	12.8	1.9(3.3)	26.6	11.5	15.1
남녀평등	13.8	1.3	12.5(21.4)	17.9	9.5	8.4
평균	18.7	5.7	13.0(22.3)	25.3	12.0	13.2
〈기타〉						
환경	4.0	1.9	2.1(3.6)	9.6	6.4	3.2
난민/이민	10.2	7.9	2.3(3.9)	20.2	12.0	8.2
평균	7.1	4.9	2.2(3.8)	14.9	9.2	5.7

* 사민당-보수당의 우수 정책역량 선택 백분율 차이(%).

17 해당 쟁점 분야에 대한 최고의 정책역량을 지닌 정당을 묻는 설문은 2014년 설문과 1998년 설문에 포함되어 있는데, 공통된 8개 항목의 응답 결과를 정리했다. 2014년 설문의 경우 한 개의 정당만을 선택하도록 한 반면, 1998년 설문에서는 복수의 정당을 선택할 수 있도록 했는데, 여기서는 사민당과 보수당 가운데 하나를 선택한 응답자의 백분율을 산정했다. 사민당과 보수당의 응답자 비율 차이의 정(+)의 값은 사민당의 우위를, 부(-)의 값은 보수당의 우위를 의미하며, ( ) 안 값은 1998년 사민-보수 차이 값에 가중치 1.715556을 곱한 값이다. 1998년 설문조사의 경우 사민당과 보수당을 포함한 복수 응답을 배제했기 때문에 사민당과 보수당 선택 백분율의 합이 2014년 사민당과 보수당 선택 백분율의 값과 일치하도록 가중치가 산정되었다.

문제에 대한 보수당의 정책역량 평가가 사회복지 영역과 남녀평등 영역에서 크게 개선된 결과인데, 이는 보수당과 우파연합이 스웨덴 복지국가정책들을 상당 부분 계승하는 결과인 동시에 우파연합에 의해 도입되는 시장논리에 대해 시민들이 공감하는 폭이 확대된 결과이기도 하다. 그런 점에서 사회문제에 대한 사민당과 보수당의 정책역량 평가 차이의 축소는 사민당과 적록연합이 가진 총선 경쟁력의 미래 전망에 대해 낙관만 하기는 어렵게 한다.

경제문제는 사민당이 1998년에 2.9% 차이로 경미하나마 보수당에 대해 상대적 우위를 보였지만, 2014년에는 역전되어 보수당에 5.7%나 뒤쳐졌다. 경제문제 영역들 가운데 고용 영역에서는 사민당이 1998년 1.4%, 2014년 1.0% 차이로 경미한 수준의 우위를 보여 사민당과 보수당이 팽팽하게 겨루고 있는 영역이라 할 수 있다. 한편, 조세 영역에서는 보수당이 1998년과 2014년 모두 압도적 우위를 확보하고 있는데, 이는 보수당과 우파연합이 추진하는 감세정책이 대중적 인기를 얻고 있기 때문이라 할 수 있다.

경제문제 중 스웨덴 경제 영역에서는 사민당이 1998년에 19.6%의 압도적 우위를 확보하고 있었는데, 이는 보수당과 우파 정부가 집권했던 1970년대 후반과 1990년대 초반 경제성장 및 위기관리 실패로 실권한 반면 사민당 집권 시기 스웨덴 경제는 상대적으로 안정적 경제성장을 구가한 성과에 대한 평가다. 하지만 이러한 사민당의 스웨덴 경제운영 능력 평가의 압도적 우위가 2014년 총선에서 완전 역전되어 보수당이 사민당에 비해 12.3% 높은 평가 우위를 확보하게 되었다. 이는 2008년 세계금융위기 속에서 스웨덴 경제가 상대적으로 경제위기를 빠르게 극복하고 안정적 성장 추세를 복원한 데 대해 집권 우파연합의 정책역량과 정책성과를 인정한 결과라 할 수 있다. 그뿐만 아니라 전 세계적으로 진행되고 있는 신자유주의 세계화와 유럽연합 회원국들의 경제통합 가속화 추세 속에서 시민들이 시장경제 논리를 내면화하고 신자유주의 경제정책과 신고전파 관점에 보다 더 관대해지고 있음을 반영하는 것이기도 하다.

주요 쟁점 영역들의 정당역량 평가는 곧바로 정당 지지도로 연결된다. 사민당 핵심은 사회문제는 물론 경제문제에서도 사민당에 압도적 정책역량 우위를 부여하여 사민당과 보수당의 격차가 70%를 넘고 있다(〈표 2-12〉 참조). 한편, 적록연합 충성도가 높은 비사민당 적록연합 핵심은 사회문제와 경제문제 모두 사민당이 보수당에 비해 훨씬 더 정책역량이 뛰어나다고 평가하고 있지만 그 정도는 사민당 핵심에 비해 그 정도가 훨씬 약하다. 적록연합 신규 합류 세력은 사회문제와 경제문제 모두 사민당이 뛰어난 정책역량을 지닌다고 평가하며 사민당과 적록연합에 대한 높은 기대감을 보여준다. 적록연합 합류 세력은 경제문제 정책역량 평가에서 전통적 적록연합 핵심 세력과 사민당의 정책역량에 대해 비슷한 수준으로 긍정적 평가를 하는 반면 사회부문 역량에 대해서는 훨씬 더 긍정적으로 평가한다. 반면, 적록연합 이탈 세력은 사회부문의 사민당 우위에 대해서는 적록연합 핵심 세력에 비해 4.5%의 작은 차이로 조금 약한 평가를 하는 반면, 경제부문의 사민당 우위에 대해선 17.8%의 큰 차이로 더 부정적인 평가를 한다. 이는 이들이 적록연합을 이탈한 이유가 사회문제에 대한 사민당의 정책역량보다 경제문제에 대한 사민당의 정책역량에 대한 의구심에 있음을 의미한다.

2010년과 2014년 총선 모두 적록연합 지지를 거부한 비적록연

표 2-12 지지 유형별 선거 쟁점 영역별 사민당-보수당 역량 차이, 2014년 총선(단위: %)

구분	1 사민당 핵심	2 적록 핵심	3 적록 합류	4 적록 이탈	5 비적록 연합	전체
〈경제〉						
스웨덴 경제	70.9	25.3	16.2	5.4	- 64.2	- 12.3
고용	82.9	34.9	36.9	17.3	- 51.7	1.0
조세	74.3	24.7	29.3	8.9	- 56.2	- 5.8
평균	76.0	28.3	27.5	10.5	- 57.4	- 5.7
〈사회〉						
사회복지	82.3	25.9	47.0	19.7	- 20.1	16.2
학교·교육	77.0	22.8	38.8	16.7	- 16.8	15.1
남녀평등	57.3	8.9	25.1	7.8	- 14.4	8.4
평균	72.2	19.2	37.0	14.7	- 17.1	13.2

합 세력은 경제문제에서는 보수당에 약 57%의 압도적 우위를 부여하는 한편 사회문제에서도 보수당에 약 17%의 우위를 부여하고 있다. 적록연합 이탈 세력도 사회문제는 물론 경제문제에 대해서도 사민당의 정책역량 우위에 대해 전체 평균보다 높은 긍정적 평가를 한다는 점을 고려하면 적록연합 이탈 세력과 비적록연합 세력 사이의 사민당-보수당 정책역량 평가에도 큰 차이가 존재함을 확인할 수 있다. 이는 적록연합 이탈 세력을 포함한 적록연합 우호 세력과 비적록연합 사이의 정치적 양극화 현상이 심각한 수준에 달했음을 보여준다.

이러한 정치적 양극화 현상은 사회문제에 대한 사민당-보수당의 정책역량 평가보다 경제문제의 정책역량 평가에서 더 두드러지게 나타남으로써 적록연합과 우파연합 사이의 선택에 있어 사회문제 역량 평가보다 경제문제 역량 평가가 더 크게 영향을 미친다는 것을 의미한다. 이는 사회문제에 대한 정책역량 평가에서 스웨덴 복지국가를 건설하고 강화해온 사민당의 역할과 정책역량에 대해 상대적으로 폭넓은 공감대가 형성되어 있는 반면, 경제문제의 정책역량 평가는 상당히 가변적이라는 현실을 반영하기도 한다.

또한 정당의 정책역량 평가와 지지 정당 선택 사이에는 상호적 인과관계가 작동한다고 볼 수 있다. 사민당과 보수당 등 경쟁 정당들의 정책역량을 비교 평가하여 우수한 정당을 지지하는 한편, 지지 정당을 결정하면 정체감을 느끼는 정당의 정책대안과 정책역량에 정당성과 수월성을 부여하는 것이다. 이러한 상호적 인과관계로 스웨덴 정당들은 정당비례투표제에 기초한 다당제임에도 불구하고, 적록연합과 우파연합의 양강 대립구도로 재편되면서 정치적 양극화가 심화되었다. 이러한 양극화 경향성은 적록연합 혹은 우파연합에 대한 충성도가 높은 세력들에서 더 강하게 나타난다. 양대 정당연합 사이의 부동층은 정당의 정책역량 평가를 보다 더 객관적으로 진행할 수 있으며, 정책역량 평가에 따라 지지 정당을 선택하는 경향성이 더 높다고 할 수 있다. 즉, 핵심 지지층은 정당에 대한 충성심에 기초하여 정책역량을 평가하는 반면, 부동층은 상대적으로 정책역량 평가 결과에 따라 지지 정당을 선택한다고 할 수 있다.

3) 사민당의 정책역량과 계급적 기초

노동계급과 중간계급의 구심점을 형성하고 있는 LO와 TCO를 중심으로 선거 쟁점 중요도를 비교하면, 경제문제를 중시하는 정도는 비

표 2-13 소속 노조별 선거 쟁점 중요시 정도, 2014년 총선

구분	경제문제					사회문제				
	스웨덴 경제	고용	조세	기업활 동여건	평균	학교· 교육	보건 의료	노인 복지	남녀 평등	평균
비노조	1.68	1.73	2.00	2.20	1.90	1.59	1.69	1.89	2.07	1.81
LO	1.64	1.55	2.01	2.37	1.89	1.47	1.44	1.53	1.90	1.59
TCO	1.68	1.63	2.11	2.34	1.94	1.56	1.63	1.76	2.03	1.75
SACO	1.69	1.67	2.17	2.38	1.98	1.57	1.73	1.98	1.98	1.82
전체	1.67	1.67	2.05	2.28	1.92	1.56	1.64	1.81	2.02	1.76

숫하지만 사회문제에 대해서는 LO가 TCO보다 훨씬 더 큰 중요성을 부과하는 것으로 나타나고 있다(〈표 2-13〉 참조).

경제문제를 중시하는 정도는 LO, TCO, SACO 순서인데, TCO와 LO는 전체 평균 중심으로 수렴하고 있으며 양자 사이의 차이는 0.05에 불과하다. 한편, 사회문제를 중시하는 정도도 LO, TCO, SACO 순서로 경제문제의 경우와 동일하지만, TCO가 전체 스웨덴인 평균 수준을 보이는 반면, LO는 사회문제를 대단히 중시하여 TCO보다 중시하는 정도가 0.16만큼 더 크다. 세 노총 노조원들 모두 사회문제를 경제문제보다 더 우선시하고 있는데, 우선시하는 정도의 차이는 LO의 경우 0.30으로 가장 크고, 다음은 TCO와 SACO로 각각 0.19와 0.16이다.

세 노총들 간의 사민당-보수당 정책역량 평가는 사회문제에 비해 경제문제에서 더 큰 편차를 보여준다(〈표 2-14〉 참조). LO 노조원은 사회문제뿐만 아니라 경제문제에서도 사민당이 보수당에 비해 정책역량이 뛰어나다는 평가를 하는 반면 TCO와 SACO는 사회문

표 2-14 소속 노조별 쟁점 부문 우수 정당 평가 차이, 2014년 총선(단위: %)

구분	비노조	LO	TCO	SACO	전체
〈경제문제〉					
스웨덴 경제	- 26.6	26.9	- 10.4	- 21.8	- 12.3
고용	- 14.0	38.8	4.9	- 6.3	1.0
조세	- 18.2	28.2	- 4.0	- 14.3	- 5.8
평균	- 19.6	31.3	- 3.2	- 14.1	- 5.7
〈사회문제〉					
사회복지	5.0	42.0	20.8	12.5	16.2
학교·교육	5.9	40.1	16.9	9.4	15.1
남녀평등	0.8	28.5	9.1	4.6	8.4
평균	3.9	36.9	15.6	8.8	13.2

제의 사민당 우위는 인정하지만 경제문제에 대해서는 보수당의 우위로 평가하고 있다. LO는 사회문제와 경제문제 모두 30% 이상에 달하는 큰 차이로 사민당의 우위를 평가하고 있어 사회문제와 경제문제 평가 사이의 차이는 경미한 반면, TCO와 SACO는 그 차이가 크게 나타나고 있다. 사민당에 대해 세 노총들 가운데 가장 부정적인 평가를 부여하는 SACO 노조원은 경제부문에서 보수당의 우위를 전체 평균보다 더 강조한 반면 사회부문에서는 사민당의 우위를 인정하되 상대적으로 전체 평균보다 인색한 수준을 보이고 있다.

TCO 노조원은 전체 유권자들의 평균 수준을 보여주며 사회문제는 사민당이, 경제문제는 보수당이 더 유능하다고 평가하고 있다. TCO는 경제문제에서도 조세 영역은 보수당의 우위를 인정하지만 고용 영역에 대해서는 사민당의 우위로 평가한다. 반면, 스웨덴 경제 영역에서 보수당이 10.4% 차이의 정책역량 우위를 확보한 것은 TCO가 보수당의 우파연합 정부가 경제위기를 나름대로 잘 극복했다고 긍정적으로 평가한 결과라고 할 수 있다. 이는 LO 노조원들이 집중 분포되어 있는 제조업에 비해 TCO 노조원들의 비중이 높은 서비스업이 경제위기의 타격을 적게 입은 현실이 일정 정도 반영되었다고 할 수 있다.

이처럼 LO 노조원과 TCO 노조원 모두 경제문제보다 사회문제를 더 중시하되, LO 노조원이 사회문제를 중시하는 정도가 더 크며, 정책역량 평가에서도 LO 노조원은 사회문제와 경제문제 모두 사민당이 보수당에 비해 월등히 우월하다고 평가하는 반면, TCO 노조원은 사회문제는 사민당이, 경제문제는 보수당이 더 우월하다고 평가한다. 결국, LO 노조원에 비해 TCO 노조원은 경제문제를 상대적으로 더 중시하며 경제문제 정책역량에서 보수당의 우위를 인정하기 때문에 경제투표 경향성이 더 강하며, 그 수혜자는 사민당이 아니라 보수당이라 할 수 있다. 사민당이 스테판 뢰벤(Stefan Löfven)을 대표로 선택하여 2014년 총선에 임한 것은 경제문제 정책역량 평가에 영향을 미쳐서 경제문제 쟁점점유 정당 지위를 탈환하기 위한 시도였다고 할 수 있다. 뢰벤은 2008~09년 경제위기 하에서 금속노위원장으로서 경제위기를 타개하기 위해 노사 대타협을 성사시켜 자동차산업 등 제조업의 경제위기 폐해를 최소화했다는 평가를 받고 있는데, 사민당은 그러한 경험을 강조하며 경제를 아는 정치인의 이미지를 적극 활용하고자 한 것이었다. 이러한 사민당 후보 전략이 보수당 경제문제 정책역량 평가 우위 강화를 제어하는 데 일정 정도 기여했다고 할 수 있다.[18]

5. 토론 및 맺음말

1) 사민당과 적록연합의 계급적 지지기반

사민당과 적록연합에 대한 지지율은 노동계급이 가장 높은 반면 소유계급들이 전반적으로 낮은데, 그 가운데서도 농민집단이 가장 낮은 것으로 나타났다. 이는 계급 간 지지 정당 차이가 지속되고 있어 계급투표 현상은 아직 유의미하며, LO 중심으로 조직된 노동계급이 여전히 사민당의 확고한 계급적 기초를 구성하고 있음을 확인해준다.

중간계급의 사민당 지지율은 노동계급보다는 낮지만, 농민집단이나 자본계급과 같은 소유계급들보다는 더 높다. 이는 임노동자 계급의 이해관계를 공유하는 중간계급의 계급적 위치를 반영하는 한편, 사민당이 실행한 노동·중간계급 연합 전략의 성과이기도 하다.

사민당의 핵심적 지지기반을 형성하고 있는 노동계급의 지지율은 지속적으로 하락하여 계급투표 현상 약화 추세를 보여주고 있다. 사민당의 제3의 길 채택 이후 사민당과 LO의 관계가 악화되고 노동자들의 불만이 커지면서 LO 조합원들의 사민당 이탈 과정이 가속화되기 시작했는데, 제조업 생산직의 노동시장 비중이 위축되고 LO의 조직률마저 하락하고 있어 LO 중심 노동계급 지지기반에 의존하고 있는 사민당의 재집권 전망을 어둡게 하고 있다. 사민당이 금속노조 위원장 뢰벤을 대표로 선임하고 총선에 임하며 '진정한 노동우선주의'를 표방한 것은 이러한 문제의식에서 사민당이 노동계급 지지기

---

18 Löfven의 경력과 사민당의 전략에 대해서는 Asplund 면담(2012, 2013), NilssonR 면담 (2013), Tsarouhas(2013)를 참조했다.

반 강화의 필요성을 절감한 탓이라 할 수 있다.

　　노동·중간 계급의 계급연합 실천은 보수당과 우파연합의 8년 집권기간 동안 심각한 타격을 입으며 TCO 중심으로 조직된 중간계급의 사민당과 적록연합에 대한 지지율도 부정적 영향을 받게 되었다. 중간계급 정체성 형성을 주도하는 TCO가 LO와 연대하며 사민당 친화적인 행보를 취하던 전통에서 벗어나 정치적 중립의 행보를 강화하면서, TCO 노조원들과 중간계급의 사민당과 적록연합에 대한 지지율이 하락한 다음 회복되지 않고 있다.

2) 경제투표와 사회투표

계급투표 현상이 약화되는 가운데 쟁점투표는 사회문제와 경제문제의 양축으로 진행되고 있으며, 스웨덴 국민들은 여전히 경제문제보다 사회문제를 더 중요한 선거 쟁점으로 판단하고 있다. 하지만 사회문제와 경제문제의 균형-불균형 정도는 고정된 것이 아니라 경제적 상황의 부침에 따라 경제문제의 상대적 중요도가 좌우되는 불안정하고 가변적인 것이다.

　　사민당은 복지국가와 스웨덴 모델을 건설한 주체로서 사회문제에 우수한 정책역량을 지닌 쟁점점유 정당으로 평가되고 있는데, 경제문제에 관해서는 쟁점점유 정당이 사민당에서 보수당으로 교체되었음은 2006년 총선에서부터 확인되기 시작했다.

　　보수당과 우파연합이 복지국가와 스웨덴 모델의 핵심적 정책요소들을 훼손하지 않고 적극적으로 계승하겠다는 입장으로 선회하면서 사회문제에 관한 사민당과 보수당의 정책적 수렴 현상이 가시화되었다. 그 결과, 총선 시기 정당 선택에서 사회적 문제가 경제문제보다 더 중요하다고 하더라도 사회문제의 정책적 차별성이 약화됨으로 인해 경제문제의 정책적 차별성과 역량 평가가 선거 결과에 더 큰 영향을 미칠 수 있게 된 것이다. 이처럼 스웨덴 유권자들은 경제문제보다 사회문제를 더 중시하면서도 경제문제의 정당 역량 평가의 결과에 따라 지지 정당을 선택할 수 있으며, 이는 적록연합 이탈 세력의 사례에서도 확인될 수 있었다.

사민당과 적록연합의 지지 세력은 사회문제를 중시하는 반면, 비적록연합 세력은 경제문제를 상대적으로 더 중시한다. LO 조합원과 TCO 조합원 모두 경제문제보다 사회문제가 더 중요하다고 보는 가운데, 경제문제를 중시하는 정도는 비슷하나, 사회문제를 중시하는 정도는 LO가 TCO에 비해 훨씬 더 높은 것으로 확인되었다.

사회문제와 경제문제의 상대적 중요도는 총선들 사이에 상당한 편차를 보여주었다. 2002년과 2014년 총선은 사회문제가 중시된 반면, 2006년과 2010년 총선은 경제문제의 중요성이 크게 증가하여 사회문제와 거의 대등한 중요도를 기록하면서 경제투표의 경향성을 강화했다. 결국, 사회문제의 중요성이 큰 총선에서는 사민당과 적록연합이 승리한 반면, 경제문제의 중요성이 상대적으로 커진 총선에서는 보수당과 우파연합이 승리했는데, 이는 보수당이 경제문제의 정책역량에서 우위를 점한다고 평가받고 있기 때문이었다. 이처럼 계급투표 현상이 약화되는 추세 속에서 쟁점투표 현상은 강화되지만, 경제투표 현상이 선형적으로 강화 혹은 약화되는 것은 아니다. 사회투표와 경제투표 사이의 균형추는 외적 여건에 의해 결정되는데, 예컨대 경제위기를 경험한 뒤의 총선일수록 2010년 총선처럼 경제투표행위가 강화된다고 할 수 있다.

3) 정책역량과 쟁점점유 정당의 교체 가능성

보수당의 우파연합이 2006년과 2010년 총선에서 연이어 사민당의 적록연합에 승리를 거둔 것은 사회문제 대비 경제문제의 중요도가 상승한 가운데 경제문제의 정책역량 우위 평가를 받았기 때문이다.

정책역량 평가는 1998년 총선과 2014년 총선 출구조사에서 실시되었는데, 사회문제에서는 1998년과 2014년 모두 사민당이 우위를 차지했다. 물론 사민당은 우위 정도가 다소 약화되었지만 여전히 우위를 유지하고 있었는데, 우파연합의 장기집권 하에서 실망스런 PISA(Programme for International Student Assessment 국제학업평가제) 점수가 공개되면서 사민당의 학교·교육 영역의 정책역량 우위는 크게 강화되었다. 반면, 보수당의 중도화 전략으로 사민당의 사회복지와 남녀평등의 우위는 상당 정도 약화되었다.

한편, 경제문제에서는 1998년과 2014년 사이 쟁점점유 정당이 교체되었는데 사민당의 경미한 정책역량 우위가 보수당의 소폭 우위로 바뀌었다. 이는 스웨덴 경제운영에서 1998년 총선에서는 사민당이 압도적 정책역량 우위를 점하고 있었는데 2014년 총선에서는 완전히 뒤집어져서 보수당이 압도적 우위를 점하는 것으로 나타났다. 이처럼 쟁점점유 정당의 교체 가능성은 상존하며, 쟁점들 가운데 경제문제의 쟁점점유 정당의 교체 가능성이 높다는 선행연구 결과들의 경험적 타당성이 다시 한 번 검증되었다.

LO 조합원은 사회문제와 경제문제 모두 사민당의 정책역량 우위를 확신한 반면, TCO 조합원은 사회문제에 대해서는 사민당의 우위를, 경제문제에 대해서는 보수당의 우위를 인정하며 전체 유권자들의 평균적 모습을 보여주고 있다. 이는 우파연합 정부가 세계적 금융위기로 인한 경제위기를 잘 극복했다는 평가를 반영하는 동시에 무한경쟁의 시장지배 논리를 내면화한 결과이기도 하다.

이러한 TCO 조합원을 포함한 평균적 스웨덴인의 경제문제 정책역량 평가는 우파연합 정부가 1970년대 말과 1990년대 초 경제운영 실패와 위기관리 무능으로 실권하며 사민당의 경제문제 정책역량 우위를 확인했다는 기억을 상실한 것이다. 이뿐만 아니라 2008~09년 경제위기 조기 극복은 우파연합 정부의 위기 대응력 덕분이라기보다 스칸디나비아 시장경제모델이 지닌 강점에서 비롯된 것이며, 그것은 사민당이 수십 년에 걸쳐 구축했다는 사실도 간과한 것이다. 이를 고려하면 보수당의 경제문제 역량 평가에 대한 과학적·경험적 근거는 의문시될 수 있지만, 적어도 경제적 여건이 개선된 시기의 집권세력은 선거 승리로 보상받는 경험칙에 스웨덴도 예외가 아님을 확인할 수 있다. 그뿐만 아니라 LO 조합원들이 집중되어 있는 자동차산업 등 수출시장에 대한 의존도가 높은 제조업은 경제위기의 타격을 크게 받은 반면, TCO 조합원들이 집중되어 있는 서비스산업은 수출보다 내수에 더 의존하기 때문에 세계금융위기의 타격을 적게 받았다는 경험의 차이가 반영된 측면도 있다.

4) 2014년 총선 여건과 사민당·적록연합의 미래

2014년 총선에서 사민당은 우파연합 정부의 실정을 비판하며 실업문제 해결책, 교육개혁과 복지서비스를 핵심적으로 쟁점화했다. 집권 우파연합도 경제위기의 성공적 극복 성과와 소득세 인하 혜택을 2010년 총선에 이어 다시 한 번 강조하면서도, 실업문제 해결책과 교육개혁 방안을 제시했는데 이는 실업문제의 심각성과 PISA 결과로 공론화된 학교교육정책의 실패를 외면할 수 없었기 때문이다.

2014년 총선에서 양대 블록이 정면 격돌한 공통 주제는 실업문제와 교육문제였다. 교육문제는 사민당이 보수당에 비해 월등히 우월한 것으로 평가받는 쟁점 영역으로, 보수당의 우위 평가 비율이 11.5%인 반면, 사민당의 우위 평가 비율은 26.6%로 그 2배가 넘는다.

한편, 고용문제는 사민당이 보수당에 비해 1% 수준의 경미한 우위를 보일 정도로 양대 정당이 팽팽하게 맞서고 있는 쟁점 영역이다. 하지만, 정책역량 평가의 내용을 분석해보면 보수 우위를 평가하는 입장은 보수당이 경제운영 역량에서 우월하기 때문에 경제적 여건 호전에 따른 고용창출 효과를 기대할 수 있다는 판단에 근거한 반면, 사민당의 우위를 평가하는 입장은 적극적 노동시장정책 등 노동시장 개입을 통한 고용문제 개선 능력을 사민당이 지니고 있다는 판단에 근거했다고 할 수 있다. 그런 점에서, 경제위기가 극복되어 상대적으로 높은 경제성장률을 회복했음에도 불구하고 여전히 실업률이 하락하지 않은 것은 노동시장정책의 실패를 반영하는 것으로 해석될 수 있다. 게다가 고실업률 문제는 그 자체로 우파연합 정부의 실패를 의미한다는 점에서 사민당에게 유리한 경쟁 여건을 조성해준 것이다.

이처럼 2014년 총선이 사민당에 절대적으로 유리한 여건 속에서 치러진 선거였음에도 사민당이 지지율을 0.4%밖에 올리지 못했다는 사실은 사민당의 안정적 정권 재창출과 사민당-적록연합의 미래 전망에 심각한 우려를 갖게 한다. 물론 실업률과 경제운영 등 경제문제에서 사민당이 괄목할 만한 성과를 낸다면 경제문제의 쟁점 점유자가 보수당에서 사민당으로 교체되며 사민당의 정권 재창출 가능성을 크게 높여줄 수 있을 것이다. 사민당이 경제위기 타개책으로 유명세를 탄 뢰벤을 대표로 영입하여 2014년 총선에 임한 것은 사민당의 노동계급 계급적 기초를 강화하는 동시에 경제문제 쟁점 점유 정당의 지위를 탈환하기 위한 시도였으며, 이러한 사민당의 전략은 일정 정도 효과를 거두었다고 할 수 있다.

제3장

스웨덴 노사관계 모델의 정치
— 단체교섭 탈중앙집중화와 노동조합운동의 대응 전략[1]

1. 들어가는 말

스웨덴 노사관계는 1938년 살트쇠바덴협약(Saltsjöbadsavtalet, Saltsjöbaden agreement)의 계급타협에 기초한 안정적 상생의 노사관계 전통을 지니는 것으로 평가되고 있다. 스웨덴의 전통적 노사관계 모델은 높은 노동조합 조직률과 노동계급 계급정당인 사회민주당(Sveriges socialdemokratiska arbetareparti, SAP, 이하 사민당)의 정치적 영향력에 기초하여 중앙집중화된 노사교섭체계와 연대임금제를 양축으로 재생산되어왔다.[2] 스웨덴의 전통적 노사교섭체계는 3단

---

1   이 장은 『스칸디나비아연구』 제23호에 게재된 필자의 논문을 수정·보완한 것이다. 수정 게재를 허락해준 한국 스칸디나비아학회에 감사드린다.
2   스웨덴 노사관계 특징에 대해서는 Pontusson(1992), Bowman(2013: 185-197), Kjell-

계 단체교섭체제로 유지되어왔었는데, 전체 경제 차원의 LO(Land-sorganisationen i Sverige, 스웨덴노총)와 SAF(Svenska arbetsgiva-reföreningen, 스웨덴사용자단체) 간 중앙교섭, 산업·업종별로 진행되는 산별교섭, 사업장 단위의 단체교섭으로 이루어져 있다. 스칸디나비아 국가들 밖에서는 찾기 어려운 중앙교섭의 존재로 인해 스웨덴은 중앙집중화된 노사교섭체계의 전형으로 평가된다. 연대임금제는 소속 산업·업종이나 사업체의 지불능력이 아니라 수행하는 직무에 따라 동일노동 동일임금을 보장하는 제도로서, 노동계급 내 임금불평등을 최소화하는 한편, 사업체 간 저임금 경쟁뿐만 아니라 노동조합 간 임금인상률 경쟁도 억제하는 기능을 한다.

중앙집중화된 3단계 단체교섭체계와 연대임금제에 기초한 스웨덴의 전통적 노사관계 모델은 제2차 세계대전 이후 자본주의 황금기 30여 년 동안 스웨덴의 안정적 경제성장과 복지국가 건설을 가능하게 했다. 사민당과 LO를 중심으로 한 스웨덴 노동조합운동은 노동계급의 이익실현을 위해 1970년대 공동결정제와 노동조합대표 이사제 등의 법제화를 공세적으로 추진했다. 하지만 1980년대 들어서면서 스웨덴 노동조합운동은 자본 측의 공세를 포함한 다양한 도전들에 직면하게 되었다.

시장자유화와 탈규제, 노동시장의 유연화를 특징으로 하는 신자유주의의 세계화 추세 속에서 선진자본주의 국가 노동조합들은 조직률 하락과 함께 생산현장 통제력과 사회적 영향력 약화를 겪게 되었다. 노동-자본의 역학관계가 변화하는 가운데, 자본 측은 유리하

berg(2007: 259-270)를 참조하도록 한다.

게 변화된 상황을 이용하여 사업장 단위 단체교섭 위주의 단체교섭 체계 탈중앙집중화를 공세적으로 추진하기 시작했다. 선진자본주의 국가 노동조합운동들이 직면하게 된 이러한 도전들은 세계적 현상으로 스웨덴 등 스칸디나비아 국가들도 예외일 수 없었는데, LO의 2016년 총회 보고서도 이러한 도전과 과제들을 확인했다.[3]

스웨덴 노동조합과 노사관계에 대한 선행연구들은 노동조합 조직률 하락과 단체교섭체계의 탈중앙집중화 추세의 실체를 확인하고, 단체교섭체계와 노사관계 관련한 주요한 변화 계기로 1997년 시작된 산업협약(Industriavtalet, Industrial agreement)제도에 주목한다. 산업협약제도는 스웨덴 노동조합운동이 노동조합 조직률 하락과 단체교섭 탈중앙집중화의 수세기 대응전략으로 채택한 것이다. 선행연구들은 스웨덴 노사관계의 탈중앙집중화 추세 속에서 산업협약제도가 스웨덴의 전통적 노사관계 모델을 복원하는 수준의 유의미한 변화를 가져왔는지에 대한 효과 평가에서 대립하고 있다.

버카로와 하웰(Baccaro & Howell, 2011: 523-533)과 벵트손(Bengtsson, 2017: 282-284)은 1990년대 말 도입된 산업협약제도의 성격이 조정된 다부문 교섭체계인 것은 분명하지만 사업장 교섭으로 임금인상 총액을 배분할 수 있도록 사업장 단위에 폭넓은 재량권을 부여하고 있다고 했다. 그리고 산업협약제도 운영과 관련해서도 LO와 다른 노총들, LO 산하 산별노조들 사이에 발생하는 이해관계 대립과 분열 현상을 강조한다. 따라서 산업협약제도도 단체교섭

---

3 스웨덴을 포함한 노동조합운동들이 직면한 도전에 대해서는 Baccaro & Howell(2011: 523-533), Kjellberg(2007: 280-282), Phelan(2007: 11-20), Magnusson(2018: 144-145), LO(2016a)를 참조하도록 한다.

의 탈중앙집중화 추세를 보강하는 방식에 불과하다는 것이다. 스웨덴 노사관계는 1980년대 시작된 단체교섭 탈중앙집중화 추세가 지속되고 있기 때문에 노사관계의 신자유주의적 방향 전환은 여타 선진자본주의 국가들과 마찬가지로 스웨덴에서도 여전히 유효하며 스웨덴의 전통적 중앙집중화된 단체교섭체계와 노사관계는 해체되었다고 지적한다.

반면, 셸버그(Kjellberg, 2007: 276-284), 안소(Anxo, 2015: 259-267), 망누손(Magnusson, 2018: 144-147)은 다음에 주목한다. 스웨덴 노동조합운동은 노조 조직률 하락과 자본의 단체교섭 탈중앙집중화 시도에 맞서 생산직/사무직/전문직으로 분절된 노총 경계를 넘어선 산업협약 방식으로 단체교섭 연대전략을 선택·실천하고 있다는 점이다. 이러한 산업협약 전략으로 스웨덴 노동조합들은 실질임금의 지속적 상승이라는 성과를 거두었다. 또한 산별교섭들에 대한 LO의 조정 역할과 제조업 수출 대기업들의 유형설정자 역할을 통해, 전체 산업에 걸쳐 노동자들 간 임금 등 노동조건 불평등의 심화 추세를 저지할 수 있었다. 이 시기의 스웨덴 노동조합운동은 산업협약 전략을 통해 자본 측의 스웨덴 노사관계 모델 와해 시도를 저지하고 1980년대 이전 전통적 스웨덴 노사관계 모델을 상당 정도 복원했다는 점에서, 전통적 스웨덴 모델과 완벽하게 일치하지는 않지만 단체교섭체계의 탈중앙집중화 시기와는 명확히 대조되는 것으로 평가받는다.

이 장에서는 스웨덴 노동조합운동이 노동조합 조직률 하락과 단체교섭 탈중앙집중화 추세 속에서 어떤 대응전략을 선택·실천하는지, 그러한 수세기 대응전략이 어떻게 자본의 단체교섭 탈중앙집중화 시도를 저지하고 스웨덴의 전통적 노사관계 모델을 복원하고 있는지를 설명하고자 한다. 이를 위해 2017년 산업협약 교섭 과정과 성과를 집중 분석한다. LO는 2016년 총회 보고서를 통해 향후 중장기 전략을 확정한 다음에 단체교섭이 진행되었다는 점에서 스웨덴 노사관계 및 단체교섭체계의 변화 방향과 내용을 규명하기에 적절한 사례이기 때문이다. 이러한 심층 사례분석에 앞서 먼저 스웨덴의 전통적 노사관계 모델을 점검하고, 이어서 스웨덴 노동조합운동의 수세기 대응전략을 검토한다.

2. 스웨덴 노사관계 모델: 단체교섭체계와 연대임금제의 변화

LO가 1898년 조직되고 1905년 금속노조가 VF(Sveriges Verkstads-förening, 금속산업사용자단체, 이후 VI로 개명) 최초의 산별단체협약을 체결했지만 생산현장의 극심한 노사갈등은 제어되지 않았다. 노동조합 파업과 사용자 측 직장 폐쇄가 반복되는 가운데 LO와 SAF는 1938년 살트쇠바덴협약을 체결하며 공존과 상생 노사관계의 스웨덴 모델의 기초를 수립했다.[4]

살트쇠바덴협약에서 LO는 노동자 채용·해고 관련 사용자들의 경영특권을 인정하고 단체협약 유효기간에는 파업을 자제하도록 하

---

4   스웨덴의 중앙집중화된 단체교섭체계와 연대임금제에 대해서는 Bowman(2013:187-190), Anxo & Niklasson(2009: 82-85), Magnusson(2018: 139-141), Baccaro & Howell(2011: 543)을 참조하도록 한다.

며, SAF는 노동자들의 노동조합 결성과 단체교섭권을 포함한 노동기본권을 인정하기로 했다. 살트쇠바덴협약을 통해 정부와 법제화의 개입 없이 노사가 자율적으로 노사관계를 해결한다는 노사자율원칙이 수립되며 스웨덴 노사관계 모델의 기초가 구축되었다.

살트쇠바덴협약에 기초하여 공존의 노사관계와 노사자율 원칙의 경험을 축적하는 가운데 1954년 SAF 측 제안으로 LO와 SAF는 중앙교섭을 실시하여 제도화하게 되었다. 이렇게 하여 중앙교섭, 산별교섭, 사업장교섭의 3단계 단체교섭체계가 정착되어 1983년까지 30년간 지속되었다. 이렇게 수립된 3단계 단체교섭체계를 중심으로 한 스웨덴 노사관계 모델은 여타 국가들에서는 찾아보기 어려운 중앙교섭의 존재로 인해 중앙집중화 수준이 높다는 특징을 지닌다.

SAF가 중앙교섭을 제안했던 것은 산별교섭과 사업장교섭의 임금인상률 경쟁으로 인한 노사갈등과 과도한 임금인상 추세를 억제하려는 의도에서 비롯되었는데, LO의 연대임금정책 입장과 부합하며 쉽게 제도화될 수 있었다. LO는 1951년 총회에서 연대임금정책을 채택했는데, 연대임금제는 동일노동 동일임금 원칙의 임금결정방식으로, 노동자들의 임금 수준이 사용업체의 지불 능력이 아니라 노동자들이 수행하는 직무에 따라 결정된다. 노동자들의 저임금에 기초하여 경쟁력 없는 비효율적 기업들이 생존하는 것을 막고, 생산성 낮은 비효율적 부문의 사양 산업은 쇠퇴하며, 생산성 높은 효율적 부문의 신흥 산업들이 성장하는 것을 촉진한다. 이처럼 연대임금제는 노동자들 사이의 임금불평등을 최소화하는 평등주의 임금정책인 동시에 산업구조조정을 일상화하고 기술혁신을 촉진하는 산업정책의 성격도 지니고 있는데, 연대임금정책은 SAF-LO의 중앙교섭을 통해 관철되며 제도화될 수 있었다.

살트쇠바덴협약의 노사자율 원칙에 기초한 중앙집중화된 3단계 단체교섭체계는 사민당이 장기집권하는 가운데 안정적 노사관계로 노사평화를 구가했다. 하지만 1970년대 들어 LO가 사민당과 함께 공동결정법과 노동조합대표 이사제 등 경제민주주의 관련 법제화를 공세적으로 추진하자 자본이 강하게 반발했는데, 경제민주화를 둘러싼 노사갈등은 1980년 전후 임노동자기금제 추진 과정에서 극대화되었다. 노동의 공세에 대한 자본의 반격은 신자유주의 세계화의 탈규제·유연화 추세 속에서 단체교섭의 탈중앙집중화로 나타났다.

SAF는 LO와의 중앙교섭을 거부하기 시작했고 1983년에는 금속산업 노사가 중앙협약 없이 독자적으로 산별교섭을 진행하여 별도의 산별협약을 체결하면서 중앙집중화된 3단계 단체교섭체계는 공식적으로 와해되었다.[5] 금속산업 사용자들은 숙련 수준이 높은 양질의 노동자들을 고용하기 위해 연대임금제를 이탈하여 고임금을 제공할 수 있는 임금유연성을 원했고, 금속노조가 고숙련 노동자들의 임금인상 요구를 거부하지 못하고 SAF와 산별교섭을 진행한 것이다. SAF는 1990년 끝내 임금교섭기구를 폐쇄하고 노사정 기구들로부터 철수하기 시작했다. 2001년에는 다른 사용자단체와 합병하여 SN(Svensk Näringsliv, 스웨덴사용자협회)을 결성했는데, SN은 여전히 산별 사용자단체들의 연맹체이면서도 SAF와는 달리 중앙교섭이 아니라 로비활동을 위한 기구로 변신했다.

---

5 단체교섭체계의 탈중앙집중화에 대해서는 Kjellberg(2007: 266-269), Bengtsson(2017: 272-275), Bowman(2013:189-194), Anxo & Niklasson(2009: 89-91), Magnusson(2018: 141-143), Baccaro & Howell(2011: 543-544)을 참조하도록 한다.

1983년 시작된 단체교섭체계의 탈중앙집중화가 노동조합 조직률이나 단체협약 적용률에 즉각적 타격을 주지는 않아서, 노동조합 조직률과 단체협약 적용률은 꾸준한 증가 추세를 지속했다(〈표 3-1〉 참조). 노동조합 조직률은 1983년 이후에도 꾸준히 증가하여 1993년부터 1996년까지 85% 수준의 최고치를 기록한 다음 2000년 전후부터 비로소 하락하기 시작했다. 노동조합 조직률은 하락세를 지속하는 가운데, 2006년 보수우파 연정 출범 직후 급락한 뒤부터는 경미한 하락세를 이어오고 있다. 스웨덴 노동조합 조직률은 2018년 69%까지 하락했는데, 이러한 조직률은 여타 선진자본주의 국가들과 비교하면 월등히 높은 수준이다. 단체협약 적용률은 1983년 중앙교섭 중단에도 불구하고 꾸준히 상승하여 노동조합 조직률이 절정에 달했던 1994년 94.0%로 최고치를 기록했다. 단체협약 적용률은 1994년부터 2005년까지 94.0%로 절정을 구가한 다음 2007년에는 91%로 하락했는데, 이후부터는 90% 수준에서 경미하게 부침하며 정체하고 있으며 2015년 90%를 유지하고 있다.

표 3-1 노조 조직률 변화 추이, 1960~2018년

구분	피고용자 노조 조직률(%)			단협 적용률(%)	성별임금 격차(%)
	전체	생산직	사무직		
1960	64.6			75.0	
1965	66.3			75.0	
1970	67.7			78.0	
1975	74.5			85.0	18.3
1980	78.0			88.0	12.8
1985	81.3			91.0	16.7
1990	82.0	83.5	81.0	91.0	19.0

1991	81.0	82.8	81.0		19.3
1992	83.0	85.2	82.7		19.0
1993	85.0	87.1	83.6		18.7
1994	85.7	87.2	83.4	94.0	17.2
1995	85.0	87.7	83.9	94.0	18.8
1996	85.0	87.5	83.1		16.4
1997	84.0	86.8	82.3		16.7
1998	83.5	86.1	81.4	94.0	17.0
1999	83.0	85.0	81.0		16.8
2000	83.0	84.5	80.0	94.0	15.5
2001	82.0	83.6	78.4		16.6
2002	81.0	83.0	78.6	94.0	15.9
2003	80.0	82.4	79.2		16.0
2004	80.0	81.3	78.0		15.3
2005	79.0	80.1	78.6	94.0	14.4
2006	78.0	79.1	77.4		14.6
2007	75.46	76.3	74.8	91.0	16.4
2008	71.78	72.0	71.6		15.4
2009	71.5	71.1	71.8		14.9
2010	72.1	70.6	73.3		14.3
2011	71.3	68.7	73.2	88.0	15.9
2012	70.8	68.1	72.7		15.1
2013	71.4	68.3	73.5	89.0	13.4
2014	71.0	67.0	74.0		
2015	71.0	65.0	74.0	90.0	
2016	70.0	64.0	74.0		
2017	70.0	63.0	74.0		
2018	69.0	62.0	73.0		

자료: 노조 조직률 1990~2018은 LO(2018), 노조 조직률 1960~1985, 단협 적용률,
성별임금격차는 OECD(https://stats.oecd.org/)

3. 수세기 노동운동의 대응전략

1) 노동조합운동의 수세기

단체교섭체계의 탈중앙집중화는 사민당이 렌-마이드너 모델로부터 후퇴하고 LO 중심 노동조합운동이 전반적 수세로 접어든 시기에 진행되었다. 선진자본주의 국가들이 포드주의 황금기가 끝나며 세계화 추세 속에서 신자유주의 경제정책이 급격하게 확산되는 가운데 스웨덴 사민당도 전통적 렌-마이드너 모델에서 벗어난 제3의 길을 채택하게 되었다.[6]

거시경제정책의 최우선 정책목표는 완전고용에서 물가안정으로 바뀌었고, LO는 제3의 길을 표방한 사민당과 갈등하는 '장미의 전쟁'이 진행되었다. 신자유주의 세계화 흐름 속에서 자본이동성 증가는 노동의 교섭력을 약화시켰고, 완전고용정책 폐기에 따른 고실업률의 노동시장은 노동의 구조적 권력자원을 크게 훼손했다. 이러한 정치경제적 맥락 속에서 진행된 단체교섭의 탈중앙집중화 현상은 LO의 영향력 약화 추세를 가속화했다.

노동조합 조직률은 1990년대 초 경제위기 하에서도 하락하지 않고 1994년 85.7%로 최고치를 기록할 때까지 꾸준히 상승했는데, 2006년 보수우파 연정이 출범한 이후 급격한 하락세를 보인다(〈표 3-1〉 참조). 단체협약 적용률도 2000년대 중반까지 줄곧 94.0%를 유지해왔지만 보수우파 연정 출범 이후 하락하기 시작했다. 보수우파

---

6 단체교섭 탈중앙집중화 현상의 정치경제적 맥락에 대해서는 Buendía & Palazuelos
   (2014: 772-3) Bengtsson(2017: 274-5), Anxo(2015), Meidner 면담(1998)을 참조했다.

연정의 정책들 가운데 노동조합 조직률과 영향력에 가장 큰 타격을 준 것은 실업보험제 개혁이었다.[7]

보수우파 연정은 실업보험급여의 수급 자격을 취업기간 6개월에서 12개월로 확대하고, 소득대체율을 실업 후 200일 이후 80%에서 70%로 인하하고, 구직자의 최초 100일 동안 자격요건과 지리적 인접성 기준에 근거하여 구직일자리를 거부할 수 있는 권리를 폐기했다. 무엇보다도 중요한 개혁 내용은 가입자의 실업보험 기여금을 해당 산업의 실업률에 연계하여 차등화하면서, 실질적으로 가입자의 기여금을 인상한 것이었다. 보수우파 연정은 실업보험 기여금을 인상하여 노조원들의 재정적 부담을 가중시킴으로써 노동자들이 노동조합비 지출을 회피하기 위해 노동조합을 탈퇴하도록 압박하고자 했다. 실제 실업보험 기여금 인상정책은 즉각 노동조합 조직률 하락을 통해 노동조합의 교섭력을 약화시키는 정책 효과를 가져왔다.

실업률이 상대적으로 높은 생산직 노동자들이 실업률이 낮은 사무직에 비해 실업보험 기여금 인상의 피해를 더 많이 보게 되면서 정책의 타격을 더 크게 받았다. 실제 노동조합 조직률 하락 추세는 사무직보다 생산직에서 더 가파르게 진행되었는데, 노동조합 조직률이 정점을 찍었던 1994년부터 2018년에 이르는 기간 동안 사무직 조직률이 83.4%에서 73%로 10.4%p 하락한 반면, 생산직 조직률은 87.2%에서 62%로 25.2%p만큼 큰 폭으로 하락했다. 결국 생산직 조직률은 2018년 현재 사무직 조직률보다 11%p나 큰 격차로 뒤지게 되었는데, 이러한 변화 현상은 LO의 상대적 영향력이 크게 약화

7   보수우파 정권의 영향에 대해서는 Anxo(2015: 255-264), Magnusson(2018: 143-144), Bengtsson(2017: 276-280), Ernerot 면담(2013)을 참조했다.

되었음을 의미한다.

2) 산업협약 전략과 조정된 산별교섭

신자유주의 세계화와 노동조합 조직률 하락 추세 속에서 1983년부터 시작된 자본 측의 단체교섭 탈중앙집중화 공세에 대해 노동조합운동은 교섭력을 제고하기 위해 노총 간 경계를 초월하는 연대전략으로 대응했다.

스웨덴의 세 노총 즉 LO, TCO(Tjänstemännens Centralorganisation, 사무직노총), SACO(Sveriges akademikers centralorganisation, 스웨덴전문직노총)를 대표하는 제조업 부문의 노조들인 금속노조, SIF, CF는 1993년 최초로 공동 교섭위원회를 조직하여 사용자단체들과 단체교섭을 추진했다. 금속노조, SIF, CF의 공동 교섭단위로 조직된 FI(Facken inom industrin)는 12개 사용자단체들과 단체교섭을 진행하여 1997년 3월 18일 제조업 부문의 8개 노동조합 조직체와 12개 사용자단체 사이에 최초의 산업협약(Industriavtalet, Industrial agreement)을 체결했다. 이러한 노동조합운동의 단체교섭 연대전략이 확산되며 뒤이어 제조업의 산업협약과 유사한 협약들이 서비스부문, 공공부문, 유통부문 등에서도 체결되었다.[8]

산업협약제도는 단체협약 적용 대상 노동자들에게 동일한 임금

---

8   산업협약체계의 수립 과정과 내용에 대해서는 Kjellberg(2007: 271-282), Bengtsson(2017: 275-283), Magnusson(2018: 144-145), Baccarro & Howell(2011: 544-545), Bowman(2013: 190-194), Whalstedt 면담(2016), NilssonR 면담(2016a), Asplund 면담(2018), Sjölander 면담(2013, 2016)을 참조했다.

인상률을 설정하는 기존 방식과는 달리, 적용 대상 노동자들의 임금총액 인상률(löneutrymmet, wage space)을 결정함으로써 노동자 간 인상률 편차를 허용한다. 산업협약의 임금총액 인상률에 따라 사업장 단위 임금총액 인상분(lönepotten, wage pool)이 산정되는데, 사업장 단위 단체교섭은 노동자 집단 혹은 개별 노동자별로 임금총액 인상분을 어떻게 배분할지를 결정한다. 따라서 노동자 집단 및 개별 노동자별 임금인상률은 차등화될 수 있으며, 저임금 노동자들에게 임금총액 인상분을 평균 임금인상률 이상으로 할애한다면 연대임금 정책의 효과를 거둘 수 있었다. 이 과정에서 저임금부문의 노동자들에게 고임금부문보다 더 높은 임금인상률을 책정하려는 노동조합과, 고숙련노동력에 고임금을 주어 숙련노동력을 유치·보유하려는 사용자 측이 상반된 이해관계 속에서 갈등하며 사업장 협약을 체결하게 된다.

한편, 산업협약제도의 임금인상 정도는 유럽규준(Europe norm)에 기초하여 설정되는데, 이는 물가인상률 기준을 스웨덴이 아니라 유럽연합(European Union) 수준으로 함을 의미한다. 스웨덴이 1995년 유럽연합 가입으로 유럽시장으로 통합되는 정도가 커지면서 스웨덴 임금수준을 결정할 때 유럽과 세계시장에서의 경쟁력을 보다 신중하게 고려하게 되었다. 결국 산업협약제도는 유럽연합 수준의 물가인상률에 스웨덴의 생산성 향상률을 합산하여 임금총액 인상률의 범위를 설정하도록 했다. 이렇게 유럽연합 수준의 물가인상률은 유럽연합 경쟁국가들의 임금인상률과 임금수준을 직접적으로 혹은 간접적으로 반영하게 되었다. 산업협약제도 시행으로 임금총액 인상률이 물가인상률과 생산성 향상률의 합계로 결정됨으로써 포드주의 임금인상 공식처럼 인플레이션 유발 효과를 최대한 억제하면서 지속적으로 실질임금을 인상할 수 있었다.

이렇게 노총 조직단위 간 경계를 넘어서는 단체교섭 연대전략과 산업협약제도가 정착되었는데, 제조업부문의 수출 주도 대기업들을 중심으로 금속노조와 제조업사용자협회(Tekniföretagen)가 체결하는 산업협약이 유형설정자 역할을 한다. 이처럼 SAF의 중앙교섭 거부로 3단계 단체교섭체계가 중앙교섭 없는 2단계 단체교섭체계로 전환되었다. 하지만 산별교섭이 제조업부문의 금속노조가 주도하는 산업협약에서 시작하여 점차 여타 부문으로 확산되면서, 금속노조의 상급단체인 LO는 제조업을 초월한 전체 산업·업종 산별노조들의 산별교섭을 조정하는 역할을 수월하게 수행할 수 있었다. LO가 새로운 산업협약체계에서 상대적으로 적극적인 조정자 역할을 수행하는 데 비해 SAF(2001년 SN으로 재편됨)는 LO에 비해 상대적으로 더 소극적이긴 하지만 일정 정도의 조정자 역할을 피할 수 없게 되었다. 결국 3단계 단체교섭체계는 2단계 단체교섭체계로 재편되었지만 중앙교섭의 기능이 완전히 소멸되지는 않고, LO의 산별교섭 조정자 역할과 금속노조의 유형설정자 역할로 대체되었다고 할 수 있다.

산업협약제도가 1997년 수립되어 현재까지 20년 이상 유지되고 있지만 불안정성의 요인들로부터 완전히 자유로운 것은 아니다. SACO 노조들이 임금인상률은 사업장별로 개인 단위로 결정되어야 한다는 입장을 내세우는 가운데, 건설·운송 부문 노조들은 산업협약이 임금총액 인상률 제고에 너무 소극적이라고 비판한다. 한편, 공공부문 지자체나 민간서비스부문 노조들은 산업협약이 기존의 불공정한 임금격차를 재생산한다고 지적한다. 이뿐만 아니라 노동과 자본 사이에는 임금총액 인상률 이외에도 단체협약 유효기간 설정, 노동시간 단축 및 수당보상 방식, 단축노동 조기퇴직 포함 연금제도 개혁 등 다양한 쟁점이 상존해 있다. 노사 간 쟁점들 가운데 자본 측의 정리해고제와 연공서열제(seniority rule) 원칙 폐지 요구는 이해관계가 가장 첨예하게 충돌하는 쟁점인데, 보수우파 정당들이 2006년과 2010년 총선 때 핵심 공약으로 선언했지만 집권 후 집행하지 못했을 정도로 산업협약제도를 포함한 계급타협 자체를 언제든 원점으로 돌릴 수 있는 수준의 파괴력을 지니고 있다.

다양한 불안정성의 요인에도 산업협약은 매번 최소한의 노사갈등으로 실질임금의 지속적 인상 등 노동조건을 꾸준히 개선하는 내용으로 체결되어왔다. 스웨덴 단체협약들은 단체협약 유효기간 동안에는 파업이나 직장 폐쇄를 허용하지 않는 평화의무조항을 포함하고 있어 노동조합이 파업을 자제하도록 하는 한편, 사용자들이 단체협약 유효기간이 종료되기 전에 단체교섭을 타협으로 종료하도록 압박하는 효과도 지니고 있다.

3) LO의 2016년 총회와 수세기 대응전략

LO는 2012년 총회의 결의로 일자리 문제와 소득불평등 문제를 해결하는 정책대안을 수립하기 위한 프로젝트를 추진했다. 이후 LO는 4년여에 걸쳐 24개 이상의 개별 보고서를 발표하고, 2016년 총회에서 「완전고용의 길과 연대임금정책(Vägen till full sysselsättning och rättvisare löner, Full employment and a wage policy of solidarity).

report to the 2016 LO Congress」이라는 보고서를 채택하여 2028
년까지 향후 12년간 LO가 취할 전략과 정책의 기본 원칙들을 수립·
발표했다. LO의 2016년 총회 보고서는 재정경제정책과 임금정책을
통해 완전고용을 실현하고 소득불평등을 해소할 수 있다고 선언했
다. LO는 이를 위해 적극적 노동시장정책, 실업보험, 교육제도, 건강
보건체계, 주거정책, 육아와 요양 등 복지제도에 대한 재정투자 확대
를 촉구했다.

　　LO의 2016년 총회 보고서는 팽창주의 재정경제정책과 함께 현
대판 연대임금정책을 적극적 대안으로 주창했다.[9] LO는 1951년 LO
총회 보고서가 연대임금정책과 균형주의 재정경제정책으로 스웨덴
사회민주주의의 기초를 이루었듯이, 2016년 총회 보고서도 중앙정
부의 재정금융정책과 함께 노동조합운동의 임금정책으로 변화된 시
대적 상황에 부합하는 새로운 노사관계 모델의 기초를 놓을 수 있
을 것으로 평가했다. LO의 2016년 총회 보고서는 스웨덴 경제가 산
출하는 생산성 향상의 성과를 특정 집단이 독점해서는 안 되며, 스
웨덴 노동시장의 모든 피고용자들이 공평하게 나누어가져야 한다고
주장한다.

　　LO의 2016년 총회 보고서가 제시하는 임금정책의 기본 원칙은
세 가지로, 생산성 향상을 반영하는 임금인상률, 유럽 차원의 연대
임금정책 전략, 성별 임금격차 등 소득불평등 해소를 위한 현대화된
연대임금정책으로 축약할 수 있다.

　　첫째, LO의 2016년 총회 보고서는 생산성 향상에 미달하는 낮

9　　2016년 LO 총회 보고서의 수립 과정과 연대임금정책에 대해서는 LO(2016a: 196-205),
　　LO(2016b: 6-20), Bengtsson(2017: 283-284), BergströmÅ 면담(2016)을 참조했다.

은 임금인상률도 문제이지만 생산성 향상 수준을 크게 웃도는 과도한 임금인상도 자제해야 한다고 주장한다. 동 보고서는 1970~80년대 높은 임금인상률이 높은 물가인상률을 수반하는 폐해를 가져왔다고 지적하며, 임금협약들 가운데 과도한 임금인상률의 임금부상(löneglidningen, wage drift)은 없는지 조사하고 감시할 것을 요청한다. 동 보고서는 물가인상률과 생산성 향상률을 고려하여 적절한 수준에서 임금인상률을 조정할 것을 주문한다.

둘째, LO의 2016년 총회 보고서는 유럽 차원의 임금주도 성장전략으로 연대임금정책을 제시한다. 생산성 향상률에 미달하는 낮은 임금인상률은 소득불평등을 확대하고 유효수요 부족을 야기하여 유럽 경제위기와 경기침체의 원인을 제공해왔다. 따라서 유럽연합 회원국들은 타국의 시장 점유율을 빼앗기 위한 임금억제정책을 폐기하고 유럽연합 차원의 총수요와 경제성장 동력을 강화할 필요성이 있으며, 이를 위해서는 유럽연합 국가들 가운데 장기적 수출잉여를 누려온 독일, 네덜란드, 오스트리아, 스웨덴을 포함한 스칸디나비아 국가들의 노조들이 협력하여 팽창적 임금정책을 주도할 것을 주창한다. 이러한 유럽 차원의 임금주도 성장 전략은 저임금 경쟁을 하지 않고, 동일노동 동일임금 원칙을 관철하는 연대임금정책 원칙에 기초해 있다.

셋째, LO의 2016년 총회 보고서가 제안하는 임금정책의 가장 중요한 핵심은 임금격차를 감축하기 위한 스웨덴 노동시장의 현대화된 연대임금정책이다. LO의 임금정책은 전체 임금총액 인상률 못지않게 임금총액 인상분의 배분을 매우 중시하는데, 임금총액 인상분의 공정한 배분을 위해 TCO와 SACO와의 적극적 소통을 통한 폭넓은 합의를 수립해야 한다고 강조한다. LO 지도부가 2016년 총회 보고서를 통해 제안하는 현대화된 연대임금정책은 임금격차 감축을 위한 저임금 노동자들의 임금인상을 최우선 과제로 설정하고, LO 임금정책에 대한 최대의 도전으로 성별 차별처우를 꼽는다. 동 보고서는 남성 집중분포 직종들과 여성 집중분포 직종들 사이의 임금격차를 축소하는 것을 핵심과제로 제시하고 있는데, 성별 임금격차 문제 해결을 위한 LO의 연대임금정책은 LO의 다른 임금정책 보고서에서도 구체적으로 설명돼 있다.

LO의 「향후 12년간의 공통된 장기적 목표(Gemensamma långsiktiga mål för tre kongressperioder, Common long-term goals for three congress periods)」(LO 2015b) 보고서는 LO의 임금정책을 수립하기 위해 작성된 보고서로, LO의 임금정책을 2016년 총회 보고서보다 훨씬 더 체계적으로 설명한다.[10] 동 보고서는 LO와 산하 노조들이 2028년까지 추진할 임금정책의 장기적 목적들을 발표하며 성별 임금격차 해소를 핵심 정책목표로 설정하고 있다. 동 보고서는 동등임금을 실현하기 위해 2028년까지 성별 임금격차를 6%로 감축하겠다는 목표를 구체적으로 제시했는데, 2018년 현재 성별 임금격차가 12~13%라는 점을 고려하면 성별 임금격차를 현재의 절반으로 감축하는 것을 의미한다. 스웨덴 노동조합들의 단체협약은 여성임금에 대한 별도의 규정을 포함하지 않기 때문에, 여성 집중분포 직종들의 임금이 남성 집중분포 직종들의 임금보다 낮은 현상을 타개하는 것을 우선 과제로 설정한다. 따라서 성별 임금격차를 해소하기

10　LO의 임금정책 보고서에 대해서는 LO(2015b), Larsson(2015), de Toro(면담, 2016)를 참조했다.

위해 임금총액 인상분을 남성 집중분포 직군보다 여성 집중분포 직군에, 동일 직군 내에서는 고임금 노동자보다 저임금 노동자들에게 보다 높은 인상률을 허용하도록 배분하는 정책이다.

4. 2017년 단체협약과 연대임금정책

1) 2017년 제조업 단체교섭 과정

FI 구성 5개 노조들은 협의를 거쳐 공동 단체협약요구안을 도출하고, 개별 노조별로 단체협약요구안을 확정한 다음, 사용자단체들과의 교섭 과정을 거쳐 최종 단체협약안의 수용 여부를 공동으로 결정한다. 단체교섭은 단체협약을 동시에 타결하는 방식으로 진행한다(〈표 3-2〉 참조).

　　FI는 제조업 부문의 LO 소속 금속노조, GS(목재·그래픽노조), Livs(식품노조), TCO 소속의 Unionen(사무직노조), SACO 소속의 Sveriges Ingenjörer(전문기술자노조)까지 5개 노조로 구성되어 있다. 이 가운데 규모와 영향력이 가장 큰 금속노조는 LO 소속 노조들을 대표하는 동시에 LO 노조들과 사무직·전문직 노조들의 입장 차이를 조정하는 역할도 수행한다. 금속노조는 다른 LO 소속 노조들과 함께 LO의 지침을 받고 상호 협의를 통해 FI에 제출할 단체협약 요구사항들을 준비하는데, 이 과정에서 금속노조는 노조총회를 통해 요구조건들을 수렴하고 지역순회설명회를 거쳐 집행위원회(förbundsstyrelsen, federal board)에서 요구사항들을 확정하여 FI에 제출한다.

표 3-2 단체협약 교섭 과정, 2016~2017년

일자	내용	비고
2016.10.28	FI 임금인상률 연 2.8% 포함 단협요구안 제출	
2016.11.18	금속노조 단체협약위원회가 단협요구안 채택	만장일치 채택
2016.12.21	FI는 단협요구안을 사용자 측에 제출함, 사용자 측 요구안도 접수함	
2017.2.23	사용자 측 수정 제안 제출함	FI 노조들 즉각 거부
2017.3.1	교섭중재자 Opo* 개입 시작됨	
2017.3.8	Opo는 단체협약안 개요(contractual sketch 〔avtalsskissen〕)을 노사 양측에 제시함	
2017.3.9	금속노조 등 FI 노조들은 조건부 수용, 사용자단체들은 여전히 개악 요구함	
2017.3.26	FI는 Opo로부터 최초의 임금인상률(안)을 받았음	
2017.3.27	금속노조는 Opo안을 거부함	
2017.3.30	Opo는 단체협약 최종안을 노사 양측에 제시함	
2017.3.31	금속노조는 단체협약안에 서명함	
2017.4.12	금속노조 단체협약위원회가 단협안에 찬성함	만장일치 찬성

* Opo(opartiska ordförandena, 산별협약중재위원단).

FI는 각 노조들이 제출한 단체협약 요구사항들을 검토하여 2016년 10월 28일 단체협약요구안을 발표하여 각 노조들로 하여금 각각의 의사결정 절차를 거쳐 단체협약요구안(이하 단협요구안)을 확정하도록 했다.[11] FI 단협요구안의 핵심 내용은 연평균 임금총액 인상률 2.8%, 월 2.4만 SEK 미만 노동자들을 위한 저임금 특례조치(low wage initiative, låglönesatsning), 단시간 연금제(DP, deltidspensionen, part-time pension) 확대, 노동시간 단축이었는데, 저임

---

11 FI의 단체협약요구안 확정에 이르는 과정에 대해서는 IF Metall(2016a, 2016f, 2016i)과 Bengtsson 면담(2018)을 참조했다.

금 특례조치는 LO의 단체교섭 지침이 수용된 것이다.

금속노조의 단체협약위원회(avtalsråd, contractual council)는 이틀 동안 200명 이상의 대표자들이 협의하여 2016년 10월 28일 LO의 단체교섭 지침이 반영된 FI 단협요구안을 만장일치로 채택했다.[12] 금속노조 집행위원회는 단체협약위원회 확정사항에 기초하여 단체교섭을 진행하기로 결정하고 제조업 내 업종·부문별로 세분화된 8개 단체협약 영역별로 단체교섭대표단들이 단협요구안을 구체화했다. FI는 12월 21일 기자회견을 개최하고 단협요구안을 제조업사용자협회, Teko, Ikem, Industriarbetsgivarna 등 교섭상대 사용자단체들에 제출했는데, 같은 날 사용자 측 단협요구안도 접수했다.[13] 사용자 측 요구안은 임금동결을 포함한 단협개악안이었고, 이듬해 2월 23일의 사용자 측 수정안도 임금인상률을 1.5%로 상향조정했을 뿐 단협개악 요구사항들을 반복하고 있어 FI 노조들은 즉각 거부했다.

2017년 2월 말까지 노사 양측이 합의안을 타결하지 못함에 따라 3월 1일부터 Opo(opartiska ordförandena, 산별협약중재위원단)가 개입하는 소위 "Opo의 달"로 접어들게 되었다. Opo 방식은 산업협약과 함께 도입되어 제도화되었는데, Opo의 임무는 기존 단체협약의 유효기간이 종료되는 3월 31일 이전에 노사합의를 도출하는 것이며 위원들이 합의한 중재안을 노사 양측에 제시하며 합의를 유도한다. Opo는 FI와 사용자 측이 합의해 선임하는 5명의 중재위

---

12   IF Metall의 단체협약 요구안 내용과 확정 과정에 대해서는 IF Metall(2016a, 2016b, 2016c)을 참조하도록 한다.

13   FI 노조들과 사용자단체들의 단체협약 요구안 상호 제출에 대해서는 IF Metall(2016d, 2017c, 2017d)을 참조하도록 한다.

원으로 구성되며, 통상 노사단체 전직 임원들 가운데서 선임되는데, 2017년 Opo는 노동조합 조직체 출신이 3명, 사용자단체 출신이 2명이었다. [14]

Opo는 3월 8일 단체협약안 개요(avtalsskissen)를 제출했는데, FI 노조들은 내용 수정을 전제로 한 조건부 수용 입장을 밝힌 반면, 사용자단체들은 여전히 단체협약 개악을 요구하며 거부했다. 이후 Opo는 3월 26일 임금인상률을 포함한 단체협약안 초안을 제출했으나, 노사합의 도출에 실패했다. Opo의 단체협약안 초안은 단시간 연금제 확대나 저임금 특례조치는 포함하지 않았고 임금인상률은 5.9%에 불과하여 금속노조는 즉각 거부 의사를 발표했다.

Opo는 2017년 3월 30일 마침내 단체협약안 최종안을 제시했는데, 노사 양측은 다음날까지 답변해야 하며, 수정안은 제출할 수 없고 수용 혹은 거부 가운데 하나를 선택해야 했다.[15] 노사 양측 모두 Opo의 최종안을 수용했으며, 금속노조도 3월 31일 단체협약안에 서명했다. 4월 12일 개최된 금속노조 단체협약위원회가 3월 31일 서명한 단체협약안을 만장일치로 찬성 의결함으로써 8개 영역에서 모두 단체협약이 체결되었다.

2) 단체협약 요구안과 최종타결 단체협약

FI가 2016년 10월 28일 제출하고 금속노조 등 5개 참가 노조들이 확

---

14 Opo의 구성과 역할에 대해서는 IF Metall(2017j, 2017l, 2017m, 2017q, 2017r)과 Bengtsson 면담(2018)을 참조했다.

15 FIF Metall(2017g, 2017n, 2017q)과 Bengtsson 면담(2018)을 참조했다.

정한 단체협약 요구안의 핵심 요구안은 네 가지로 축약될 수 있다.[16]

첫째, 매년 임금총액 인상률은 2.8%로 하고 초과근로수당과 기피시간대 근로수당 등 고정수당에도 2.8% 이상의 인상률을 적용한다. 개별 사업체의 임금총액 인상분을 사업체 노사교섭으로 배분하게 되는데, 개별 노동자의 연단위 임금인상액은 최저 460SEK 이상이 되도록 한다.

둘째, 저임금 특례조치로서 임금수준이 월 2.4만 SEK 미만인 경우 월 2.4만 SEK 임금 수령자에게 적용되는 임금인상액을 지급한다. 즉 임금총액 인상률 2.8%를 기준으로 하면 월 2.4만 SEK 미만 임금을 받는 노동자들은 2.4만 SEK의 2.8%인 672SEK의 임금인상액을 적용하여 평균 이상의 임금인상률 혜택을 받도록 한다. 그리고 임금수준이 월 2.4만 SEK 이상인 노동자들은 모두 2.8% 임금인상률을 동일하게 적용한다. 이 저임금 특례조치는 LO의 단체교섭 지침을 FI가 공동요구안으로 수용한 것인데, TCO와 SACO 소속 노조들은 자신들의 단체교섭 요구안에 이를 포함하지 않았다.

셋째, 단시간 연금제를 확대한다. 단시간 연금제는 퇴임을 앞둔 고령노동자들이 60세부터 퇴임시점까지 노동시간을 감축하더라도 임금 손실 피해가 없도록 소득지원을 하는 제도로, 2013년 단체협약을 통해 처음 도입되었다. 노동자들은 임금의 일정 비율을 단시간 연금에 적립한 다음 60세가 되는 시점부터 자신의 계정에 적립된 기금에서 돈을 인출하여 급여 보전을 받을 수 있다. 단시간 연금제는 기간제 등 비정규직을 배제하지 않지만 인출할 개인 계정의 적립금

---

16 FI와 IF Metall의 단체협약 요구안에 대해서는 FI(2016), IF Metall(2016e, 2016f, 2016g, 2016i, 2017b, 2017e, 2017k)을 참조했다.

규모가 작아서 실효가 적다. 적립 보험료율은 단체협약 영역에 따라 편차가 있지만 대체로 임금의 1~2% 수준에 해당되는데, 보험료율이 높은 업종은 3~4.5%에 달하기도 한다.

넷째, 노동시간을 단축하고 노동자의 노동시간 사용 자율성을 확대한다. 노동자의 초과근로 허용 시간 상한을 연 150시간에서 100시간으로 감축하고, 사용자가 근무시간의 시작과 종료 시점을 변경할 수 있는 시간 범위를 40분에서 30분으로 단축한다. 또한 사업장 단체협약으로 허용하지 않는 경우 주말의 초과근로를 강제하지 못한다.

FI 단협요구안에 대해 사용자단체들은 즉각 스웨덴 제조업을 위태롭게 하는 요구안이라고 비판하며, 단체협약 개악 요구안을 제출했다. 사용자단체들의 입장은 네 가지로 축약될 수 있다.[17]

첫째, 임금을 동결하되 사업장 단위 협약으로 임금인상을 할 수 있다.

둘째, 산업협약이 산업 차원의 임금인상률을 포함하지 않음은 물론 저임금 특례조치 등 개별적 보장 장치들도 포함하지 않는다.

셋째, 결혼식 등 경조사 관련 유급휴가제를 폐지한다.

넷째, 노동시간 관련 노동자들의 자유시간 활용에 대한 규제를 강화한다. 사용자 측의 요구안들이 관철되면, 초과근로시간 허용 상한을 연 150시간에서 200시간으로 확대하고, 노동시간 시작과 종료 시점을 변경할 수 있는 시간 범위를 하루 40분에서 2주당 7시간으로 확대하고, 정규 노동시간을 토요일과 일요일을 포함하여 주당 6~7

---

17   사용자단체 단협요구안에 대해서는 IF Metall(2016h, 2017c, 2017d, 2017e)을 참조했다.

일에 배분하도록 할 수 있다.

사용자단체들은 Opo 개입 직전인 2017년 2월 23일 단협요구안 수정안을 제출했는데, 대체로 자신들의 개악 요구안을 반복했다. 다만, 단체협약 유효기간은 3년까지 가능하고, 임금인상률이 연 1.5%를 초과할 수 없다는 수준으로 후퇴한 정도가 유의미한 수정 내용이다.

Opo가 개입하여 2017년 3월 31일 8개 영역별로 단체협약이 체결되었다. 그 가운데 기준단협(märket avtal)이 되는 것은 금속노조와 제조업사용자협회가 체결한 「Teknikavtalet IF Metall, 1 April 2017-31 mars 2020: Avtal mellan Teknikarbetsgivarna och Industrifacket Metall (IF Metall)」(IF Metall, 2017a)이다. 11만 5천여 명의 금속노조원들에게 적용되는 제조업 단체협약 영역들 가운데 적용 대상 노동자들의 규모가 가장 큰 영역의 단체협약이다. 이 단협이 기준 단협으로서 유형설정자 역할을 하기 때문에, 단협 내용들은 부분적 차이는 있지만 대동소이하며, 그 핵심적 내용은 다음과 같다.[18]

첫째, 향후 3년 동안 매년 4월 1일 평균 2%로 임금총액을 인상한다.

둘째, 사업장 수준에서 임금총액 인상분을 배분할 때 월 2.4만 SEK 미만의 저임금 상근노동자들은 월 2.4만 SEK 임금 수령자와 동일 액수의 임금인상액 혜택을 준다.

셋째, 단시간 연금제를 지속적으로 확대한다. 구체적으로 단시

18　FIF Metall(2017g, 2017n, 2017q)과 Bengtsson 면담(2018)을 참조했다.

간 연금에 대한 할당 보험료율을 2017년 4월 1일에 0.2% 인상하고, 2019년 4월 1일에 추가로 0.3% 인상한다.

한편, 노동시간 단축 및 수당제와 관련하여 노사 양측의 단협요구안은 하나도 채택되지 않았다. 한편, TCO 산하 Unionen의 단체협약도 3년간 6.0%의 임금총액 인상률과 단시간 연금 총 0.5% 인상 조항을 포함하고 있으나, 저임금 특례조치는 적용 대상 노동자들이 거의 없기 때문에 포함하지 않았다.

3) 2017년 단체협약과 산업협약 전략 평가

2017년 단체협약 평가

금속노조와 제조업사용자협회가 최종 타결한 2017년 단체협약은 사용자단체 요구안보다는 FI 측 요구안을 훨씬 더 많이 반영한 것으로 나타났다(〈표 3-3〉 참조).

표 3-3 금속노조와 제조업사용자협회의 2017년 단체협약과 노사 양측 단체협약 요구안

쟁점	FI 단협요구안	사용자 단협요구안	2017년 단체협약
연 임금총액 인상률	2.8%	임금동결(수정안: 1.5% 이하)	2%
저임금 특례조치	월 2.4만 SEK 미만자 2.4만 SEK 간주	불포함	월 2.4만 SEK 미만자 2.4만 SEK 간주
단시간 연금제	확대	불포함	단시간 연금 보험료율 0.5% 인상
노동시간	초과근로 허용 시간 단축, 노동시간 변경 범위 축소	초과근로 허용시간 확대, 노동시간 변경 범위 확대, 경조사 유급휴가제 폐지	불포함

자료: FI(2016), IF Metall(2017a, 2017c, 2017d)

사용자단체들은 단체교섭 막바지에 노동시간 유연성 증대와 휴식시간에 대한 권한강화를 집중적으로 요구했으나 사용자 측 요구는 FI 노조들에 의해 저지되었고, 결국 노동시간 관련해서는 노사 양측 요구안이 하나도 타결되지 않았다. 단시간 연금제는 사용자 측의 반대에도 FI 측 금속노조는 단시간 연금 보험료율을 총 0.5% 인상했다. 임금총액 인상률은 연 2.0%로 FI 측 요구안 2.8%와 사용자 측 수정안 1.5%의 중간 수준에서 타결된 것으로 나타났다. 하지만 임금총액 인상률과 단시간 연금 확대 요구안을 종합하면, 단체협약 유효기간 3년간 임금총액 인상률 6.0%에 단시간 연금제 보험료율 0.5%를 합산하면 총 6.5%의 임금총액 인상 효과를 거두어 노조 측 요구안에 더 근접했다고 할 수 있다.

무엇보다도 분명한 노조 측 단체교섭 성과는 사용자단체들이 반대했던 저임금 특례조치가 포함된 것이다.[19] 저임금 특례조치는 임금총액 인상률에 따른 임금총액 인상분이 결정된 다음, 월 임금이 2.4만 SEK 미만인 노동자들에게 월 임금 2.4만 SEK 노동자들에게 주어지는 임금인상분을 추가적으로 지급하도록 한 조치이다. 따라서 사용자들에게 추가적으로 인건비 부담을 안겨주면서 저임금 노동자들에게 상대적으로 큰 폭의 임금인상 혜택을 부여한다.

금속노조 위원장 안데르스 페르베(Anders Ferbe)는 "금속노조의 단협요구안이 일자리를 위협하지 않으면서 적절한 임금인상을 요구하는 것"(IF Metall, 2017e)이라고 설명했고, 2017년 3월 31일 서명한 단체협약안에 대해 "우리는 사용자들이 요구한 모든 단협개

19　2017년 단체협약의 종합 평가에 대해서는 IF Metall(2017e, 2017f, 2017o)과 Bengtsson 면담(2018)을 참조했다.

악안들을 저지했다"(IF Metall, 2017f)고 평가하며 만족스러움을 표현했다. 2017년 4월 12일 금속노조 단체협약위원회 대표들은 3월 31일 합의된 산업협약에 대해 만장일치로 찬성 의결했다.[20] 이러한 만장일치 가결은 2017년 단체협약의 성과에 대한 긍정적 평가를 확인해주는 한편, 다른 대안이 부재한 상황의 인식을 공유했음을 의미하기도 한다.

산업협약의 중앙교섭 대체 효과

산업협약 방식이 긍정적 성과를 거둘 수 있었던 것은 무엇보다도 생산직, 사무직과 전문직으로 분절 조직된 노동조합총연맹의 산하 노동조합들이 FI를 중심으로 산업·업종과 상급단체의 경계를 넘어 단체교섭 연대전략을 추진함으로써 교섭력을 강화할 수 있었기 때문이었다.

금속노조 위원장 안데르스 페르베는 "교섭상대 측 사용자단체도 잘 조직된 강력한 조직체이고 적대적이다. 노조 측이 개선하고자 하는 모든 단체협약 조항들을 개악하고자 한다"며 사용자단체들이 중앙교섭을 거부하며 단체협약 내용을 개악하려는 의도를 지적했다. 페르베는 "단체교섭 과정이 험난할 것이기 때문에, FI가 단결한다면 훨씬 더 강력한 힘을 갖게 된다"고 FI를 교섭력 강화 기제로 활용하는 전략을 강조했다. 페르베는 "FI는 노조원들에게 실질임금인상을 보장하는 스웨덴 노동시장 내 독특한 협력 방식이다"라고 평가하며 향후에도 FI를 통한 단체교섭 연대전략을 지속할 것임을 분명

20 금속노조 단체협약위원회의 단체협약 표결에 대해서는 IF Metall(2017g)과 Bengtsson 면담(2018)을 참조했다.

표 3-4 산업협약 전후 임금인상률 비교

시기 구분		단체교섭 방식		명목임금 인상률	물가 인상률	실질임금 인상률
		중앙교섭	산업협약			
1977~1997	1983 이전	O	X	7.0%	6.7%	0.3%
	1983 이후	X	X			
1998~2015		X	O	3.3%	1.1%	2.2%
증감				- 3.7%	- 5.6%	1.9%

자료: IF Metall(2017h, 2017p)

히 했다.[21]

산업협약은 2017년 단체협약에서뿐만 아니라 1997년 최초 타결된 이래 20년 동안 지속적으로 안정적인 실질임금 인상 성과를 거두어왔다.[22] 금속노조와 제조업사용자협회 사이의 기준협약을 보면, 1997년 산업협약 도입 이후 20년의 연평균 실질임금 인상률은 2.2%로서 산업협약 도입 전 20년의 연평균 실질임금 인상률 0.3%의 7배에 달했다(〈표 3-4〉 참조). 산업협약 도입 이전에는 산업·업종 간 임금인상률 상승 경쟁으로 명목임금 인상률은 연평균 7.0%로 높게 쟁취했지만, 그에 수반되는 연평균 6.7%의 높은 물가상승률에 의해 상당 부분 잠식되었기 때문에 실질임금 인상률은 0.3%에 그치는 결과가 되었다. 반면, 산업협약 도입 후에는 기준협약의 유형설정자 역할과 LO의 산별교섭 조정 역할로 명목임금 인상률은 연평균 3.3%로

---

21 산업협약 전략에 대한 Anders Ferbe와 금속노조의 평가에 대해서는 IF Metall(2017c, 2017f, 2017g)과 Bengtsson 면담(2018)을 참조했다.

22 산업협약의 실질임금 인상 성과에 대해서는 IF Metall(2017h, 2017p), Asplund 면담(2018)을 참조했다.

자제되었지만, 물가인상률을 연평균 1.1%로 낮게 유지할 수 있어 명목임금 인상 효과가 상당 정도 실질임금 인상 효과로 구현될 수 있었다.

산업협약제도의 최대 수혜자는 여성노동자들을 중심으로 한 저임금 산업·업종의 노동자들이었다.[23] 그것은 산업협약에서 금속노조와 제조업사용자협회 사이에 체결되는 기준협약이 다른 산업·업종 부문 단체교섭들의 임금총액 인상률 등 단체협약 개선 수준을 좌우하는 유형설정자 역할을 하기 때문이다. 기준협약이 체결되는 단체협약 영역에는 수출 지향 대기업들이 집중되어 있어 전체 산업 평균보다 수익성과 안정성이 높고 노동조합 조직력도 강하기 때문에 단체협약이 노동자들에게 유리한 내용으로 체결되기 좋은 조건을 지니고 있다. 따라서 수익성과 안정성이 낮고 노동조합 조직력이 취약한 저임금 산업·업종들의 노동자들은 조정된 산별교섭의 기준협약 방식으로부터 안정적인 실질임금 인상의 혜택을 받을 수 있었다.

산업협약제도가 저임금 노동자들의 이해관계를 가장 적극적으로 대변하고 보호하는 장치는 저임금 특례조치였다. 이는 중앙교섭이 부재한 여건 속에서 LO가 연대임금정책을 실현하기 위해 적극적으로 산별교섭 조정 역할을 수행한 산물이라 할 수 있다. LO는 2017년 단체교섭에서 산하 산별노조들에 노동시간 단축과 함께 저임금 특례조치 도입을 권고하는 지침을 하달했는데, 제조업의 기준협약에서 보듯이 노동시간 단축은 사용자 측 노동시간 유연화 공세와 상쇄되어 실현되지 않았지만 저임금 특례조치는 온전히 구현되었다.

---

23 산업협약의 저임금 노동자 혜택에 대해서는 IF Metall(2016a, 2017h), Bengtsson 면담
    (2018)을 참조했다.

저임금 특례조치와 연대임금 원칙의 실천

산업협약제도는 전반적으로 실질임금의 안정적 인상을 보장하지만 노동자들 간 임금불평등과 저임금 노동자들의 낮은 임금수준을 재생산한다는 비판을 받아왔다. 저임금 노동자들은 금속노조보다 도소매 유통 산업 노조, 호텔·식당 등 민간서비스부문 노조, 공공부문 지자체 노조들에 집중되어 있기 때문에, 기준협약의 주체인 금속노조보다 저임금부문 노동조합들을 포괄하는 LO가 저임금과 임금불평등 문제 해결에 더 적극적 입장을 취해왔다.[24]

LO는 저임금과 임금불평등 문제를 해결하기 위한 대안으로 2017년 단체협약을 위한 지침에서 저임금 특례조치를 핵심적 단체협약 요구사항으로 제시했다. 저임금 특례조치는 2016년 여성 생산직 노동자 월평균 임금의 중위값인 2.4만 SEK를 임금인상액과 임금인상률 적용 기준의 분기점으로 설정했는데, 전체 여성노동자의 57%가 월평균 임금 2.4만 SEK 미만이었다. 돌봄노동자들이 집중된 공공부문 지방자치단체노조(Svenska Kommunalarbetareförbundet, Kommunal)는 저임금 여성노동자들이 절대 다수를 점하고 있는데, 2017년 단체협약에서 2.4만 SEK를 분기점으로 하는 저임금 특례조치를 도입했다. 잇달아 여타 저임금부문 노조들도 저임금 특례조치를 도입했다.

금속노조는 상대적으로 저임금 노동자들의 비율이 낮은 산별노조임에도 월평균 급여 2.4만 SEK에 미달하는 노조원이 3만 명에 달했으며, 이들은 섬유산업과 세탁업 등 여성노동자 밀집업종과 중소

---

24 저임금 특례조치와 LO의 역할에 대해서는 IF Metall(2017h, 2017i), Bergold 면담(2018), Mikaelsson 면담(2018), Bengtsson 면담(2018), Magnusson(2018: 144-145)을 참조했다.

영세사업체에 집중되어 있었다. 제조업사용자협회 산하 사업체에 소속되어 산업협약의 적용을 받는 제조업 생산직 노동자들 가운데 월평균 급여가 2.4만 SEK에 미달하는 노동자들이 14%였고, 여성노동자들의 경우 25%에 달했다. 제조업사용자협회 산하 사업체에 소속되지는 않았지만 산업협약의 확대적용(hängavtal) 혜택을 받는 노동자들의 경우 저임금 노동자 비율은 훨씬 더 높고, 기준협약이 저임금 산업·업종 부문 단체협약들의 유형설정자 역할을 한다는 점에서 저임금 특례조치는 전 산업에 걸쳐 임금격차를 완화하는 연대임금정책 효과를 거두었다고 할 수 있다.[25]

2017년 단체협약 교섭이 진행되던 3월 10일에서 15일까지 6일 동안 금속노조원 1만 명 이상을 대상으로 진행된 설문조사 결과는 저임금 특례조치를 포함한 핵심 단체협약 요구안에 대한 노동자들의 태도를 잘 보여준다.[26] 임금총액 인상률을 물가인상률보다 높게 요구하는 것에 대해 찬성한 비율은 91%로 높게 나타났고, 단시간 연금제 확대 요구에 대해서도 89%로 높은 찬성률을 보여주었다. 한편, 2.4만 SEK 미만 저임금 노동자들의 임금인상액을 평균 임금인상률보다 더 높게 설정하는 것에 대해서는 79%가 찬성했다. 이러한 저임금 특례조치에 대한 지지율은 임금총액 인상률과 단시간 연금제 확대에 대한 지지율보다 10% 정도 낮은 것은 사실이다. 하지만 금속노조와 제조업사용자협회의 산업협약 적용 대상 제조업 노동자들 가

---

25 산업협약 저임금 특례조치의 연대임금정책 효과에 대해서는 IF Metall(2016a, 2017i), Bengtsson 면담(2018)을 참조했다.

26 설문조사에 대해서는 Novus Opinion(2017)과 IF Metall(2017i, 2017k)을 참조하도록 한다.

운데 2.4만 SEK 미만 임금을 받는 비율이 14%에 불과하다는 점을 고려하면, 79%의 지지율은 대단히 높은 것이라 할 수 있다.

5. 토론 및 맺음말

스웨덴의 단체교섭체계를 중심으로 한 노사관계 모델의 변화와 노동조합운동의 대응전략에 대한 연구 결과는 네 가지로 축약될 수 있다.

첫째, 스웨덴 단체교섭체계는 중앙집중화된 3단계 교섭체계, 탈중앙집중화가 진행된 2단계 교섭체계, FI 산업협약 추가로 조정된 2단계 교섭체계의 세 시기로 구분될 수 있다. 이러한 세 시기는 각각 전통적 스웨덴 노사관계 모델이 형성되고, 와해 과정이 진행되고, 전통적 스웨덴 모델과는 동일하지 않지만 변형된 방식으로 스웨덴 모델이 복원된 시기라 할 수 있다(〈표 3-5〉 참조).

제1기는 스웨덴 노동조합운동이 LO를 중심으로 1950년대에 노동조합 조직률 상승과 사민당의 정치적 영향력 강화에 기초하여 진행된 중앙교섭으로 중앙집중화된 3단계 단체교섭체계를 수립하고 이를 통해 연대임금정책을 관철한 시기다. 이렇게 수립된 스웨덴의 전통적 노사관계 모델에 기초하여 실질임금 인상 등 노동조건의 개선과 노동자들 간 임금불평등 완화를 통해 상대적으로 높은 수준의 사회경제적 평등을 실현할 수 있었다.

제2기는 SAF의 중앙교섭 중단과 각종 노사정 협의 기구 탈퇴로 단체교섭체계가 중앙집중화된 3단계 교섭체계에서 중앙교섭 없는 2

표 3-5 단체교섭체계 중심 스웨덴 노사관계의 시기별 변천

단체교섭 수준	제1기	제2기	제3기
시기 구분*	1954~1983	1983~1997	1997~현재
노사관계 모델	스웨덴 모델 형성	와해 진행	스웨덴 모델 변형 복원
단체교섭체계	중앙집중화 (3단계 교섭체계)	탈중앙집중화 (2단계 교섭체계)	조정된 2단계 교섭체계 (FI 산업협약 추가)
〈단체교섭 3수준〉			
LO-SAF	O	X	X
산별(금속노조 & VI)	O	O	O
사업장(VVK** & Volvo)	O	O	O

* 1954 중앙교섭 시작, 1983 중앙교섭 없는 산별교섭 시작, 1997 최초 산업협약 체결.
** 볼보노동조합(Volvo Verkstadsklubb, VVK).

단계 교섭체계로 후퇴된 시기다. 자본용자단체들이 중앙교섭을 중
단하며 연대임금제도를 훼손하는 한편 단체교섭체계의 탈중앙집중
화를 더욱 진전시켜 사업장 단체교섭 중심 교섭체계로 재편하기 위
한 공세를 지속하면서 스웨덴의 전통적 노사관계 모델은 와해의 위
기를 맞게 되었고 스웨덴 노사관계의 차별성은 크게 약화되었다.

제3기는 자본의 단체교섭체계 탈중앙집중화 공세에 맞서 스웨
덴 노동조합운동은 산별협약 방식으로 추가적 단체교섭의 탈중앙집
중화 추세를 저지하고 스웨덴 모델을 부분적으로 복원한 시기다. 스
웨덴 노동조합운동은 산별협약의 조정된 산별교섭 방식을 통해 전
통적 스웨덴 모델과는 다르지만 스웨덴 노사관계 모델을 일정 정도
복원할 수 있었다.

둘째, 자본의 이동성 증대와 노동력 사용의 유연화를 수반하는
신자유주의 세계화 추세 속에서 진행된 노동조합 조직력 약화와 단

체교섭체계의 탈중앙집중화 공세 등 다양한 도전들에 직면하여 LO를 중심으로 한 스웨덴 노동조합운동은 노총 간 경계를 초월하는 단체교섭 연대 기구를 조직화하면서 수세기 방어적 계급연대 방식으로 교섭력을 강화하는 전략을 추진했다.

제조업부문 LO 소속 산별노조들은 TCO와 SACO 산하 노조들과 함께 단체교섭 연대를 위해 FI를 구성하여 단체협약 요구안을 공동으로 확정해 사용자 측에 제출하고 단체교섭 진행 일정과 단체교섭 요구안 수정 및 최종 단체협약안의 수용 여부를 협의한다. 이렇게 단체협약 요구안 작성부터 단체협약 최종 타결에 이르기까지 긴밀하게 협력함으로써 FI 소속 산별노조들은 소속 노총의 경계를 넘어서 공동결정·공동행동을 실천함으로써 사업장 단위 단체교섭체계로 재편하려는 사용자단체들의 공세에 맞서 교섭력을 강화할 수 있었다. 이렇게 FI를 통해 교섭력을 강화함으로써, FI 소속 산별노조들은 사용자단체들의 단체교섭체계 탈중앙집중화 시도를 저지하고, 단체협약 요구안을 공동으로 작성하여 동시에 제출하고 최종 단체협약 타결에 있어서도 타결 시점을 통일하고 최종타결 단체협약안의 내용도 대동소이하게 조정할 수 있었다.

이처럼 FI를 통한 산별협약 방식으로 스웨덴 노동조합운동은 중앙교섭 중단으로 약화된 교섭력을 3대 노총 분립체계를 넘어선 단체교섭의 연대로 강화하는 전략을 성공적으로 구사했다. 이렇게 스웨덴 노동조합운동은 약화된 교섭력과 함께 와해 과정의 스웨덴 모델을 복원할 수 있었고, 산별협약 20년 기간 동안 산별협약 이전 20년에 비해 7배가 넘는 실질임금 인상률을 쟁취하는 성과를 거둠으로써 FI의 산업협약을 통한 단체교섭 연대전략의 긍정적 효과를 확인해주었다.

노동조합들의 FI를 통한 산업협약 전략은 노동조합총연맹들의 경계를 넘어선 단체교섭의 연대전략으로서 노동계급과 중간계급의 계급연대를 실천하고 있다. 노동계급은 사민당의 집권을 통해 1936년부터 1957년까지 20여 년 동안 사민당과 농민연합을 중심으로 노동계급과 농민계급의 강고한 계급동맹을 형성하여 스웨덴 복지국가를 건설한 바 있다. 그에 비해 노동계급과 중간계급은 강력한 계급동맹을 형성하지는 못했지만 계급연대는 성공적으로 실천한 경험들을 축적해왔다. 1950년대 말 국민추가연금(Allmän Tilläggspension, ATP) 도입과 1970년대 후반 공동결정제 입법화는 사민당 정부와 함께 노동계급과 중간계급의 이해관계를 실현하기 위해 추진한 공세적 계급연대인 반면, 1970년대 후반부터 실천하고 있는 산업협약 전략은 자본의 노사관계 탈중앙집중화 공세에 맞선 수세기의 방어적 계급연대라 할 수 있다.

셋째, FI 산업협약 방식이 LO의 산별교섭 조정 역할과 금속노조 기준협약의 유형설정자 역할을 통해 중앙교섭의 대체재 기능을 수행하면서 중앙교섭은 없지만 스웨덴의 전통적 노사관계 모델의 중앙집중화된 단체교섭체계와 유사한 결과를 산출할 수 있었다.

금속노조와 제조업사용자협회가 체결하는 기준협약은 제조업 수출중심 대기업부문의 강력한 노동조합 조직력과 사업체의 안정적 이윤율과 지불능력이 결합되어 임금 등 노동조건 개선에서 상대적으로 노동자들에게 유리한 내용으로 타결된다. 이러한 기준협약이 제조업의 다른 단체협약 영역들은 물론 다른 산업·업종의 산별노조들에 유형설정자 역할을 수행함으로써 전반적으로 노동자들의 임금 등 노동조건이 균등화되고 상향조정되는 결과를 가져온다.

LO는 금속노조의 기준협약과 여타 산별노조들의 후속 단체협약들을 위한 단체교섭 절차가 시작되기 전부터 단체협약 공동요구 사항들과 단체교섭 지침을 제시하며 단체교섭 과정을 조정하는 역할을 수행한다. LO의 임금정책은 인플레를 수반하는 과도한 명목임금 인상률을 지양하고 물가인상률과 생산성 향상률에 기반한 안정적인 실질임금 인상률을 추구하는데, 임금인상률 산정 근거로 사용되는 물가인상률은 스웨덴이 아니라 유럽연합 수준의 물가인상률을 사용한다.

이처럼 산업협약제도는 LO의 조정 역할과 기준협약 방식을 통해 단체교섭체계의 탈중앙집중화가 아니라 중앙교섭 없는 중앙집중화된 단체교섭체계의 기능을 상당 정도 수행한다. 그런 점에서 선행 연구들 가운데 산업협약제도를 단체교섭체계의 탈중앙집중화와 스웨덴 모델 와해 과정의 한 국면으로 규정하는 입장보다 산업협약제도가 조정된 산별교섭 방식으로 단체교섭체계의 탈중앙집중화 추세를 역전시키고 스웨덴 모델을 변형된 방식으로나마 복원하고 있다는 입장이 더 설득력을 지닌다고 평가할 수 있다. 특히 전자의 입장에서 산업협약이 임금총액 인상분의 배분 방식을 단위 사업장의 단체교섭에 위임했다는 점이 스웨덴 모델 와해 과정의 근거로 제시되고 있는데, LO와 산하 노조들은 단위사업장의 임금총액 인상분의 배분 방식을 저임금 특례조치와 같은 규율로 규제하고 있다는 점에서 스웨덴 모델 와해 과정의 근거로 해석될 수 없다.

넷째, 2017년 산업협약으로 도입된 저임금 특례조치는 LO의 연대임금정책이 LO의 조정 역할과 기준협약의 유형설정자 기능을 통해 전산업에 관철되었다는 점에서 연대임금제 없는 연대임금정책 실천이라 할 수 있다.

LO는 2016년 총회 보고서에서 향후 12년의 임금정책을 연대임금정책 원칙을 구현하되 노동자들 간 임금격차 특히 성별 임금격차의 해소를 주요한 과제로 설정했다. 이러한 중장기적 임금정책 원칙에 입각하여 LO는 2017년 산별협약의 단체교섭에 앞서 저임금 특례조치를 모든 산별교섭의 핵심 단체협약 요구 사항으로 제출하도록 지시하고 임금인상률 방식과 임금인상액 방식의 분기점을 전체 생산직 여성노동자의 중위임금인 월 2.4만 SEK로 설정했다.

저임금 특례조치는 2.4만 SEK에 미달하는 노동자들에 대해 월 2.4만 SEK 임금 수령자의 임금인상액과 동일임금인상액을 적용함으로써 임금 수준이 낮을수록 높은 임금인상률의 혜택을 주도록 하는 조치다. 저임금 특례조치로 임금총액 인상률 이상의 임금인상률 혜택을 받는 노동자들에게 추가로 주어지는 임금인상분은 임금총액 인상분과는 별도로 사용업체들이 지불하도록 한다. 따라서 저임금 특례조치는 중상위 임금 노동자들의 임금인상률을 훼손하지 않으면서 사용업체들의 추가 인건비 부담으로 저임금 노동자들의 임금수준을 큰 폭으로 인상한다.

저임금 특례조치는 금속노조의 산업협약을 필두로 LO 산하 산별노조들의 단체협약 조항들을 통해 관철되어, 저임금부문의 임금수준을 평균 임금인상률 이상으로 인상함으로써 성별 임금격차는 물론 전체 노동자들 간의 임금격차를 크게 완화하는 효과를 가져올 수 있었다. 이렇게 산업협약 방식은 LO의 산별교섭 조정과 기준협약의 유형설정자 역할에 기초하여 저임금 특례조치를 매개로 연대임금정책을 집행할 수 있었는데, 이는 연대임금제 없는 연대임금정책의 성과라 할 수 있다.

제2부

노동시장의 유연성-안정성 균형

제4장

스웨덴 노동시장의 유연성-안정성 균형 실험
— 황금삼각형과 이중보호체계[1]

1. 들어가는 말

경제적 효율성을 위해 사회적 통합을 희생하는 영미형 자유시장경
제모델에 맞서, 유럽연합은 사회적 통합과 경제적 효율성을 동시에
실현하기 위한 유럽의 사회적 모델(European Social Model)을 수립
했다. 그 핵심은 유연안정성(flexicurity) 모델이다. 노동시장이 효율
적으로 작동한다고 평가받는 덴마크 등 스칸디나비아 국가들을 경
험적 준거로 하여, 유럽연합은 2007년 말 노동시장의 유연안정성 모
델을 수립한 다음 회원국들에 도입·실천하도록 추진하고 있다.

1   이 장은 『노동시장의 유연성-안정성 균형을 위한 유럽의 실험: 유럽연합의 유연안정성
모델과 비정규직 지침』(후마니타스, 2016) 제5장을 수정·보완한 것이다. 수정 게재를 허
락해준 후마니타스에 감사드린다.

유연안정성 모델은 자본의 유연성 요구와 노동의 안정성 요구를 동시에 구현하는데, 그 정책요소들의 조합을 황금삼각형(golden triangle)이라 부른다. 황금삼각형의 세 가지 꼭지는 노동력 활용을 위한 고용계약제도의 고용보호체계, 직업훈련과 고용서비스로 구성된 적극적 노동시장정책, 실업자 소득보장체계를 중심으로 한 사회보장체계이다.

유럽연합이 유연안정성 모델을 수립하기 위한 논의 과정을 본격적으로 진행하던 2000년대 중반부터 유연안정성 모델에 대한 공방도 치열하게 전개되기 시작했다. 2008년 세계금융위기와 뒤이은 경제위기를 거치며 유연안정성 모델에 대한 비판 입장은 더욱 강화되었다. 여기에는 덴마크의 황금삼각형이 경제위기 하에서 유연성과 안정성의 균형에 실패하며 유연화 프로젝트로 기능했다는 지적이 일조했다. 따라서 황금삼각형 정책요소들이 어떻게 유연성과 안정성을 동시에 구현하고 있는지, 어떻게 경제위기 하에서도 둘 사이의 균형을 유지하며 효율적으로 작동하는지를 경험적으로 검증하기 위한 제3의 사례가 필요하다.

스웨덴은 좋은 사례연구 대상이라 할 수 있다. 스웨덴은 덴마크와 함께 유연안정성 모델의 황금삼각형 정책요소들을 수립하여 집행하는 전형적인 스칸디나비아 모델 국가이다. 그리고 2006년 말 총선에서 황금삼각형 정책요소들을 구축한 사민당이 실권하여 보수당 정부가 출범한 뒤 경제위기를 맞았다. 자본이 공세적으로 유연화 프로젝트를 실행하여, 유연성-안정성 균형을 유지하기 어려운 여건이 조성된 것이다.

이 장의 목적은 스웨덴이 경제위기 시기에 겪은 노동시장 상황과 정책 변화를 분석함으로써 스웨덴의 황금삼각형이 어떻게 유연성과 안정성의 균형을 이루었는지, 보수당 정부 출범과 경제위기 발발로 어떤 변화를 겪었으며, 그러한 변화 속에서도 어떻게 유연성과 안정성의 균형을 유지하며 효율적으로 작동하고 있는지를 규명하고자 한다.

2. 스웨덴 노동시장과 황금삼각형

1) 스웨덴 노동시장의 특성

스웨덴은 유럽연합과 OECD 회원국들 가운데 취업률은 최고 수준을, 장기실업자 비율은 최저 수준을 보이고 있어 노동시장이 효율적으로 작동하는 나라로 평가받는다. 그뿐만 아니라 스웨덴은 여타 스칸디나비아 국가들과 함께 사회적 통합과 경제적 효율성을 동시에 구현하고 있기 때문에, 유럽연합은 유럽의 사회적 모델과 유연안정성 모델을 수립할 당시 스웨덴을 경험적 준거로 선택했다.

노동시장이 효율적으로 작동할 수 있는 원인은 유연안정성 모델, 즉 황금삼각형의 정책요소들에서 찾아볼 수 있다. 스웨덴 노동시장은 황금삼각형을 구성하는 노동시장의 고용보호체계, 적극적 노동시장정책, 실업자 보상체계를 중심으로 움직이며 여타 선진자본주의 국가들과는 상당한 차별성을 가진다.

노동자 고용안정성의 국제적 비교지표로 널리 활용되는 OECD의 고용보호법규제(EPL, Employment Protection Legislation) 지수

표 4-1 스웨덴 노동시장의 경직성 국제 비교,* 2013년

구분	스웨덴	덴마크	네덜란드	독일	프랑스	스페인	영국	미국	한국	OECD 평균
〈정규직 해고규제〉										
개별해고	1.80	1.50	2.03	1.94	1.86	1.39	0.80	0.35	1.63	
집단해고	0.71	0.82	0.91	1.04	0.96	0.89	0.82	0.82	0.54	
합계	2.52	2.32	2.94	2.98	2.82	2.28	1.62	1.17	2.17	2.29
〈비정규직 사용규제〉										
기간제	0.38	1.13	0.50	0.38	2.00	1.38	0.13	0.00	0.38	
파견노동	0.79	0.67	0.67	1.38	1.75	1.79	0.42	0.33	2.17	
합계	1.17	1.79	1.17	1.75	3.75	3.17	0.54	0.33	2.54	2.08
〈노동시장 전체 규제〉*										
정규직-비정규직 합계	3.69	4.11	4.11	4.73	6.57	5.45	2.16	1.50	4.71	4.37

* 높은 값은 노동자 보호 경직성, 낮은 값은 유연성을 의미함.
** 정규직 해고규제 지수와 비정규직 사용규제 지수를 단순 합계한 것임.
자료: OECD(2013), OECD(http://stats.oecd.org/)

를 검토하면, 스웨덴은 정규직과 비정규직을 포함한 전체 규제 수준이 영국과 미국 등 자유시장경제모델 국가들보다는 높으나 대륙형과 지중해형 조정시장경제모델 국가들보다는 월등히 더 낮은 것으로 나타나고 있다(〈표 4-1〉 참조). 이처럼 OECD 평균 수준에도 못 미치는 노동시장 고용계약의 경직성 지수로 인해 스웨덴은 유연성수준이 높은 국가로 평가되고 있다. 스웨덴의 정규직 해고규제 수준은 OECD 평균을 조금 상회하는 반면, 비정규직 사용규제 수준은 OECD 평균보다 훨씬 더 낮아서 노동시장 유연성의 근원이 되고 있음을 확인할 수 있다. 비정규직 가운데 기간제와 파견노동 모두 규제 수준이 영국과 미국 등 자유시장경제모델 국가들보다 조금 더 높을 뿐 대부분의 OECD 회원국들에 비해 크게 낮은 것으로 나타났다.

표 4-2 스웨덴 노동시장정책 재정지출 및 참여율의 국제 비교,* 2012년

구분	스웨덴	덴마크	네덜란드	독일	프랑스	스페인**	영국	미국	한국	OECD 평균
적극적 정책 재정지출 (% GDP)	1.33	2.10	0.98	0.69	0.90	0.89	–	0.12	0.32	0.57
소극적 정책 재정지출 (% GDP)	1.02	1.70	1.92	0.98	1.45	2.88	–	0.40	0.30	0.85
적극적 정책 참여율 (% 노동력)	4.97	5.99	4.14	3.32	5.10	11.44	–	–	–	3.59
소극적 정책 참여율 (% 노동력)	5.46	6.24	8.62	6.71	9.63	12.32	–	–	–	5.52

* 정책 재정지출 비중은 GDP 대비 백분율(%), 정책 참여율은 노동력 대비 백분율(%).
** 스페인 기준연도는 2011년.
자료: OECD(2014), OECD(http://stats.oecd.org/)

한국과 비교해도, 기간제 사용규제 수준은 동일하지만 파견노동 규제 지수는 한국의 약 1/3에 불과할 정도로 유연성이 대단히 높은 것으로 평가되고 있다.

구직자들의 재취업지원을 돕는 적극적 노동시장정책의 재정지출 비중을 보면 스웨덴은 덴마크와 함께 최고 수준을 기록하고 있어 스웨덴을 포함한 스칸디나비아 국가들이 적극적 노동시장정책을 매우 중시하고 있음을 확인할 수 있다(〈표 4-2〉 참조). 한편, 참여자 비율은 OECD 평균보다 조금 더 높은 수준을 보일 뿐 스페인은 물론 프랑스보다도 낮은 것으로 나타나고 있다. 이는 프로그램 참여자 1인당 재정지출 규모가 상대적으로 더 높다는 사실을 반영하며, 적극적 노동시장정책이 실업자들을 대상으로 집중적으로 집행되고 있음을 의미한다.

실업자 소득지원을 위한 정부 예산지출을 반영하는 소극적 노동시장정책의 재정지출은 OECD 평균보다 조금 더 높은 수준인 반면, 정책 참여율은 평균수준으로 나타나고 있다. 이 또한 적극적 노동시장정책처럼 참여자 대비 예산지출 규모가 상대적으로 더 크다는 것을 의미한다.

이상 OECD가 제공한 노동시장 지표들에서 관찰된 황금삼각형의 세 요소들을 개괄하면, 스웨덴의 고용보호체계는 유연성 수준이 높아 노동자들, 특히 임시직 노동자들을 제대로 보호해주지 못하는 반면, 적극적 노동시장정책을 활발하게 집행하고 있어 노동자들의 재취업 가능성을 높여준다. 실업자 소득보장체계 또한 OECD 평균보다 조금 더 관대한 수준이다. 이처럼 스웨덴 노동시장은 노동자들의 고용안정성을 직장보장(job security) 대신 취업보장(employment security) 방식으로 보장해주며, 고용 유연성을 소득안정성으로 보전해주고 있는데, 안정성의 핵심은 소득안정성보다는 취업보장 방식의 고용안정성이라 할 수 있다.

한편, 유럽연합이 2011년 9~10월 회원국 시민들을 대상으로 실시한 의견조사 결과는 시민들이 체감하는 노동시장 상황을 반영하는데, OECD의 노동시장 지표들과 조금 다른 양상을 보여준다(〈표 4-3〉 참조). 조사 시점은 세계금융위기를 겪은 직후라서 피조사자들이 가상적 상황을 상정해 추상적으로 답변하지 않고 경제위기 속에서 고용조정을 직·간접적으로 경험한 결과를 평가했다는 점에서 노동시장의 실제 상황을 잘 반영한다고 할 수 있다.

향후 수개월 동안 현재의 직장을 유지할 수 있다고 확신하는 응답자들은 스웨덴이 95%로 유럽연합 평균은 물론 독일과 프랑스 등 고용경직성이 높은 것으로 평가되는 국가들보다도 더 직장보장 방

표 4-3 유럽연합 회원국 시민들의 노동시장 평가, 2011년 9~10월 조사

문항	수개월간 현재 일자리 유지(%)	정리해고 6개월 내 재취업 가능성(%)**	2년 후 취업 상태 가능성(%)	정리해고 시 소득보전율 (%/%[%])
응답지	확신함	7~10	확신함	71~100%/51~70% [51~100%]
스웨덴	95	72	60	46/30 [76]
덴마크	92	59	54	32/31 [63]
네덜란드	87	64	57	37/33 [70]
독일	91	54	54	17/60 [77]
프랑스	85	42	48	38/32 [70]
스페인	61	18	30	44/18 [62]
영국	90	47	54	4/9 [13]
EU 평균*	82	41	43	22/30 [52]

* Eurobarometer: 2011. 9~10 조사. 유럽연합 평균은 회원국 27개국 평균임.
** 1(부정적 전망)~10(긍정적 전망) 지수.
자료: Eurobarometer(2011)

식의 고용안정성이 높은 것으로 나타났다. 한편, 정리해고 직후 6개월 동안 일자리를 찾을 가능성에 대한 주관적 평가지표에서 상대적으로 긍정적 응답인 7~10에 표기한 응답자는 스웨덴의 경우 72%로 유럽연합 평균은 물론 독일과 프랑스를 포함한 다른 회원국들보다 월등히 높다. 이는 스웨덴의 취업보장 방식 고용안정성 보장 수준이 매우 높음을 의미하는 것으로, 적극적 노동시장정책의 높은 재정지출 비중 지표와도 상응한다.

2년 후 취업 상태에 있을 가능성을 묻는 질문에 취업 가능성을 확신하는 응답률은 스웨덴의 경우 60%로 유럽연합 평균은 물론 독일과 프랑스 등 여타 유럽 국가들보다 월등히 높게 나타났다. 이는 직장보장 방식과 취업보장 방식을 통한 고용안정성 보장의 총합 지수인데, 스웨덴 시민들이 체감하는 높은 고용안정감은 강한 직장보장 방식과 강한 취업보장 방식으로 인한 당연한 귀결이라 할 수 있다.

한편, 정리해고 시 실업보험과 여타 복지제도에 의한 보상액을 총합할 경우 실직 후 6개월 동안 소득보전율을 보면 51% 이상 소득 보전을 받을 것으로 응답한 응답자가 스웨덴의 경우 76%로서 77%를 기록한 독일과 함께 유럽연합 최고 수준을 보여준다. 그 가운데 소득보전율이 71% 이상이 되는 응답자들을 보면 스웨덴은 46%에 달하는 반면 독일은 17%에 불과해 스웨덴이 독일보다 전반적으로 소득보전율이 월등히 높음을 확인할 수 있다.

이처럼 스웨덴 시민들은 높은 고용안정성과 소득안정성을 체감하고 있는 것으로 나타나 OECD 노동시장 지표들과 상당한 괴리를 보여준다. 높은 취업보장과 높은 적극적 노동시장정책 재정지출 수준만 서로 상응할 뿐, 직장보장 방식의 고용보호에서는 고용안정감과 고용유연성으로 대조되고, 소득안정성에서는 높은 소득보전율과 평균수준을 조금 상회하는 소극적 노동시장정책 지출로 대조되고 있다. 왜 이러한 차이들이 발생하는지를 확인하기 위해서는 스웨덴의 황금삼각형 정책요소들에 대한 심층 분석이 요구되는바, 이 장의 후반부에서 다루고자 한다. 이를 위해 스웨덴 정부 및 노동조합 발간 문헌자료는 물론 OECD 통계자료, 유로바로미터(Eurobarometer) 설문조사 자료를 분석하는 한편, 2012년 7월, 2013년 6월 필자가 실시한 심층면접 자료도 활용했다.

2) 황금삼각형과 스웨덴 모델의 변화 논의

스웨덴 등 스칸디나비아 국가들이 사회적 통합과 경제적 효율성을 동시에 실현하는 데 성공한 것은 그 기초를 이루는 노동시장의 효율적 작동을 가능하게 하는 황금삼각형 덕분인 것으로 평가되고 있다. 그런 까닭에 스웨덴과 덴마크 등 스칸디나비아 국가들이 유럽의 사회적 모델과 유연안정성 모델의 경험적 준거가 될 수 있었다(Rodrigues, 2009; Boyer, 2008; Berghman, 2009).

스웨덴은 1938년의 살트쇠바덴협약(Saltsjöbadsavtalet, Saltsjöbaden agreement)으로 상징되는 계급타협에 기초하여 제2차 세계대전 이후 자본주의 황금기 동안 사민당의 주도 하에 사회경제적 평등, 완전고용과 보편적 복지를 구현하는 사회민주주의 국가를 건설할 수 있었다. 이렇게 형성된 스웨덴 모델은 1980년대 '제3의 길' 현상으로 위기 논쟁을 불러일으키기도 했지만 이후 1990년대 초 경제위기를 겪으며 다시 원래의 모습을 상당 정도 복원하기도 했다. 이와 같이 스웨덴 모델은 국내외 상황 변화 속에서 부침하며 변화와 조정을 반복했지만, 핵심적 원칙과 성격을 유지함으로써 경로의존성과 점진적 제도개혁의 전형적 사례로 평가되어왔다. 하지만 2000년대 중반 이후 황금삼각형을 중심으로 한 스웨덴 모델의 변화 여부에 대한 논의가 다시 전개되기 시작했는데, 그 계기는 2000년대 중후반 조성된 상황 변화였다.

2006년 말 보수당 정부가 출범해 1932년 이래 가장 긴 기간인 8년 동안 지배하고 있는 가운데 2008년 말 세계금융위기와 뒤이어 경제위기가 발발했다. 2000년대 중반 이후 진행된 황금삼각형을 포함한 스웨덴 사회의 변화가 갑작스럽게 돌발한 것이 아니라 이미 오래 전부터 진행되어온 점진적 변화의 연장선상에 위치하고 있다는 점에 대해서는 이견이 없다. 하지만 이러한 변화를 황금삼각형을 중심으로 한 스웨덴 모델의 핵심적 원칙을 훼손하는 중요한 변화로 평가할 수 있는가를 둘러싸고 의견이 대립한다.

'스웨덴 모델 훼손론'(Baccaro & Howell, 2011; Thornqvist, 1999; Grandqvist & Regner, 2008; Johansson, 2005; Khellberg, 2007)은 스웨덴 모델의 형성에 기여했던 배경적 요인들이 변화함에 따라 스웨덴 모델이 훼손되었다는 주장이다. 유럽통합과 세계화 추세 속에서 경쟁압력이 강화되고, 자본주의 금융화에 따라 급격하게 경제구조가 재편되고, 자본의 국가 간 이동 증대로 개별 국가의 규제력이 약화되었다고 한다. 그리고 제조업 위축과 서비스업 팽창의 산업구조 재편으로 자본의 이동성은 증대하고 노동의 조직 기반이 위축되었다고 한다. 이러한 변화들은 계급타협의 기초를 이루었던 노동과 자본의 역학관계를 균형과 공존에서 자본의 우위를 강화하는 방향으로 변화하게 했다. 노동조합 조직률은 하락하고, 임금교섭은 탈중앙집중화되고, 중앙교섭의 구속력과 영향력은 약화되었다. 이러한 노동계급의 조직력 약화는 사민당의 약화를 가져와 결국 사민당은 2006년과 2010년 연이어 총선에서 패배했다. 자본과 보수당 정부는 경제위기 하에서도 중앙집중화된 임금교섭은 물론 사민당 집권 시기의 고용안정협약이나 일자리협약 같은 전국 수준의 중앙협약도 거부했다. 이처럼 스웨덴 모델의 거시적 조정 메커니즘이 붕괴된 채 복원되지 않는 가운데, 시장 상황에 대한 자본의 신속하고 유연한 대응을 위해 자본의 재량권을 강화하고 국가의 개입력을 약화하는 방향의 변화만 지속되었다. 스웨덴 모델 훼손론은 이러한 신자 유주의 방향의 변화가 스웨덴 모델의 기본 원칙과 정면으로 충돌하는 것으로, 스웨덴 모델의 훼손을 가속화시키고 있다고 주장한다.

'스웨덴 모델 조정론'(Anxo & Niklasson, 2009; Anxo, 2012; Wadensjö, 2009; Murhem, 2012; Lehndorf, 2012; Bosch et al, 2009)은 스웨덴 모델의 배경을 이루는 요인들의 부정적 영향과 노동조합 조직력 약화 등 스웨덴 모델 훼손론의 지적은 타당한 것으로 수용하지만, 스웨덴 모델이 이러한 변화된 조건 속에서 변화를 겪는 와중에도 핵심적 원칙들은 견지하고 있다고 주장한다. 스웨덴은 2006년 보수당 정부 출범과 2008년 경제위기 발발 이후에도 고용안정성을 심각하게 해치는 변화는 없었고, 보수당 정부의 적극적 노동시장정책 지출 감소나 실업급여 감축 조치들은 긴축재정정책과 노동우선주의 (Arbetslinjen)[2]에 입각한 것으로서 노동조합과 사민당이 강력하게 반대하지는 않았다고 한다. 여타 선진자본주의 국가들에 비해 스웨덴이 경제위기를 빨리 극복할 수 있었던 것은 노동과 자본을 포함한 사회적 행위주체들이 경제위기의 비용을 공유하는 한편 내수시장 구매력을 훼손하지 않았기 때문인데, 이것은 스웨덴 모델이 효과적으로 작동한 덕분이라 할 수 있다. 이처럼 1990년대 초부터 점진적

---

2   노동우선주의(work principle)는 사민당 정권이 수립한 노동시장정책의 기본 원칙으로서 노동을 권리인 동시에 의무로 규정한다. 정부는 노동자들에게 사회권으로서 노동의 권리를 보장해야 하기 때문에 완전고용을 최우선 정책 목표로 설정하며, 이를 달성하기 위해 적극적 노동시장정책을 핵심적 정책수단으로 활용한다. 그런 점에서 노동 의무는 이러한 노동의 권리에 수반하는 결과로서 복지 수혜의 조건이 된다. 한편, 노동연계복지(workfare)는 노동의 권리 측면을 경시하며 복지지출을 최소화하기 위해 규율로서 노동의 의무만 강조한다는 점에서 노동우선주의와 구별된다(Sjöberg, 2011; Wadensjö, 2009).

변화가 누적되는 가운데 스웨덴 모델이 재구축되었고, 2000년대 중반 이후 보수당 정부 출범과 경제위기 발발 후에도 이러한 변화 추세는 역전되지 않았다고 한다. 그런 점에서 같은 시기 급격하게 신자유주의 방향으로 선회한 독일, 프랑스, 스페인 등 주요 유럽연합 국가들과는 대조적으로, 스웨덴은 전통적 스웨덴 모델의 핵심적 원칙들에 입각하여 스웨덴 모델을 재구축·재활성화하는 데 성공했다고 스웨덴 모델 조정론은 평가한다.

3. 유연안정성 모델의 고용안정성 보장

스웨덴 유연안전성 모델을 구성하는 황금삼각형의 세 요소 가운데, 고용안정성을 보장하는 고용보호체계와 적극적 노동시장정책을 고찰하기로 한다. 이들은 각각 직장보장 방식과 취업보장 방식을 대변한다.

1) 고용보호체계

자본 측이 노동력 활용의 유연성, 특히 수량적 유연성을 확보하는 대표적 방식은 정규직의 정리해고와 비정규직 사용이다. 하지만 수량적 유연성은 정규직의 고용안정성을 훼손하고 비정규직을 남용할 수 있기 때문에, 스웨덴은 1974년에 고용보호법(Lag om anställningsskydd, LAS)을 제정하여 노동자들을 보호해왔다.

고용보호법은 공적·사적 부문의 모든 피고용자에게 적용되며,

노동자들의 고용안정성을 보장하기 위한 다음의 장치들을 수립하고 있다.

첫째는 고용계약 종료 사전통지기간이다(동법 제11조). 고용주는 정규직과 임시직을 포함한 모든 피고용자에게 고용계약 종료 전 최소 1개월 이전에 통지해야 하며, 동 고용주와의 총 근속기간에 따라 사전통지기간은 연장된다. 총 근속기간이 2년 이상 4년 미만이면 최소 2개월 이전, 6년 이상 8년 미만이면 최소 4개월 전, 8년 이상 10년 미만은 최소 5개월 전, 10년 이상일 경우 최소 6개월 전에 통지해야 한다.

둘째는 재고용 우선권이다(동법 제25조). 일자리 부족으로 고용계약이 종료된 노동자는 해당 사업의 재고용 우선권을 지닌다. 정규직은 물론 직전 3년 기간 동안 총 12개월 이상 근속한 임시직 노동자와, 직전 2년 기간 동안 총 6개월 이상 근속한 계절노동자도 재고용 우선권을 보장받는다.

셋째는 연공서열제다(동법 제22조). 일자리 부족으로 고용계약을 종료할 때 근속연수가 높은 노동자들에게 잔류 우선권을 부여하여, 근속연수가 짧은 노동자들부터 고용계약을 종료한다. 단 피고용자가 10인 이하인 사업장의 고용주는 미래 사업을 위해 특별한 중요성을 지닌다고 판단되는 피고용자에 대해 최대 2명까지 연공서열제 규칙을 면제할 수 있다.

노동자 고용보호 장치들 가운데 자본 측이 가장 크게 반대하는 것은 연공서열제 규칙인데, 연공서열제를 폐지하려던 1993년 법 개정 시도는 실패했고, 2000년 10인 이하 사업장 2명 예외제를 도입하는 데 그쳤다. 2005년 집권 사민당은 좌파당과 함께 예외제 규정 삭제를 추진했으나, 녹색당의 이탈로 법 개정에 실패했다. 한편, 2006년 집권한 우파 정부는 예상과 달리 연공서열제 규칙 개정을 시도조차 하지 못했는데, 이는 근속연수가 높은 노동자들의 충성도에 크게 의존하고 있는 LO(Landsorganisationen i Sverige, 스웨덴노총)가 거세게 반발하고 있었기 때문인 것으로 해석된다.[3]

고용보호법은 기간의 정함이 없는 정규직 고용을 원칙으로 하며, 한시적 고용계약의 임시직 사용에 대해서는 사용 사유와 사용기간을 제한하고 있다. 임시직 사용 사유는 동법 제5~6조에서 특별한 사유 없이 노동자의 동의로 사용하는 일반기간제, 정규직 법정휴가 등에 대한 일시적 대체고용, 계절적 고용, 피고용자가 67세가 된 경우, 수습노동 등 다섯 가지를 규정하고 있다. 한편, 사용기간은 사용 사유에 따라 차별화되는데, 일반기간제와 대체고용 임시직의 경우 5년 기간 동안 총 2년을 초과할 수 없도록 제한하되 이를 초과할 경우 정규직으로 전환하도록 하고 있다. 2006년 집권한 보수당 정부는 고용보호법을 개정하여 2007년 7월부터 발효하도록 했다.[4] 2006년 고용보호법 개정은 사민당이 집권 말기 발의하여 개정안을 통과시킨 다음, 사민당의 개정안이 발효되기 전에 보수당이 집권하여 신속하게 재개정안을 통과시켜 사민당의 개정안을 무력화시켰는데, 보수당의 재개정안은 임시직 사용의 유연성을 다음과 같이 크게 강화했다. 첫째, 임시직 가운데 세부 고용형태가 상이할 경우 사민당 개정

3   연공서열제(seniority rule) 규칙을 둘러싼 공방에 대해서는 Bergh(2014b: 93-95), Murhem(2012: 625-626), Bowman(2013: 195), Ernerot 면담(2013)을 참조하도록 한다.
4   임시직 고용규제 법제도 변화에 대해서는 Murhem(2012: 625-628), Engblom(2008: 133-138), Storrie(2003: 79-87), Danielsson 면담(2012)을 참조하도록 한다.

안은 임시직 고용기간을 합산하지만, 보수당 재개정안은 합산하지 않도록 했다. 둘째, 노동자 동의에 기초한 일반기간제의 사용기간 상한을 사민당 개정안은 5년 기간 동안 14개월로 한정한 반면, 보수당 개정안은 2년으로 연장했다.

고용보호법뿐만 아니라 1976년 제정된 공동결정법(Lag om medbestämmande i arbetslivet, MBL)도 제15조에서 일자리 부족에 따른 고용계약 종료 결정을 내릴 때 고용주가 계획된 고용계약 종료의 사유, 고용계약 종료 대상 노동자의 숫자와 고용 범주, 고용계약 종료를 실시하기로 계획된 기간, 고용계약 종료 시 법제도 및 단체협약으로 보장된 내용에 추가되는 보상금의 산출방식 등을 충분한 기간을 두고 사전에 노동조합에 통지하도록 의무화하고 있다. 또한, 동법 제10~11조는 고용주와 1명 이상의 피고용자 노조원들 사이의 관계와 관련된 어떤 문제에 대해서건, 노동조합은 고용주와 교섭할 권리를 지닌다고 명시하고 있으며, 고용주에게도 사업상 중요한 변화와 관련된 의사결정을 내리기 전에 단체교섭권을 보유한 노동조합과 교섭할 의무를 부과하고 있다. 이러한 공동결정제에 기초한 노동조합의 포괄적 교섭권은 노동조합이 노조원들의 고용안정성을 추가적으로 담보할 수 있도록 하고 있다.

고용보호법은 제2조에서 일부 규정에 위배되는 단체협약이 체결될 수 있도록 허용하고 있으나, 상급 중앙조직체의 승인을 받도록 함으로써 실제 법 규정보다 후퇴한 내용의 단체협약이 체결되는 경우는 거의 없다. 노동자 해고와 임시직 사용에 대한 중요한 규제장치들은 주로 고용보호법 등 법 규정보다 단체협약들에 규정되어 있기 때문에 유연화를 위한 법 개정이 이루어져도 법 개정 효과가 즉각적으로 나타나기 어렵다. 실제 1997년과 2007년에 유의미한 법 개정이 있었지만, 상당수 단체협약들이 법 개정 내용을 반영하지 않고 있는 것으로 확인된다.[5]

이처럼 법 규정보다 단체협약에 의해 노동력 활용 유연성을 규제하고 노동자들의 고용안정성을 보장하는 방식은 LO의 전략에서 비롯되고 있다. LO(2014b)는 고용보호법에 대한 입장문에서 해고통지, 징계해고, 일시해고 등 노동자 고용안정성 문제에 대해서는 주로 단체교섭을 통해 영향력을 행사하는 전략을 취하고 있다. 이러한 LO의 전략은 노동조합의 포괄적인 교섭권을 허용하는 공동결정제 하에서 70%의 조직률과 88%의 단체협약 적용률[6]로 표현되는 강력한 생산현장 통제력을 유지하고 있기 때문에 가능한 것이다.

스웨덴 노동시장은 노동자들의 평균 근속연수가 OECD 평균에 비해 월등히 높은 반면 임시직 비율은 OECD 평균보다 조금 더 높은 수준을 보여주고 있다. 이는 연공서열제로 인해 인력감축 시 고령노동자보다 청년노동자를 우선적으로 해고해야 하기 때문에, 사용자들이 정리해고제를 활용하기보다 임시직 사용을 통해 수량적 유연성을 확보하는 방식을 선호하게 되었음을 의미한다. 고용보호법은 정규직과 임시직 모두를 보호하며, 차별처우금지법(Lag om förbud mot diskriminering av deltidsarbetande arbetstagare och ar-

---

5   법 규정보다 단체협약에 의존한 스웨덴식 고용보호 방식은 법 규정에 기초하여 고용보호 지수를 산정하는 OECD의 EPL 척도의 사용에 신중을 기할 필요가 있음을 확인해준다. 스웨덴의 단체협약 중심 수량적 유연성 규제 방식에 대해서는 Storrie(2003b: 85-86), Bergh(2014b: 93-94), Engblom(2008: 149)을 참조하도록 한다.

6   노조 조직률과 단협 적용률은 2011년 전체 피고용자 기준이며, 단협 적용률은 공적부문 100%, 사적부문 생산직 91%, 사적부문 사무직 77%이다(http://www.eurofound.europa.eu/).

betstagare med tidsbegränsad anställning)은 임시직이나 시간제 노동자들에게 상근 정규직과 임금 등 노동조건에서의 직·간접적인 차별처우를 금지하고 있다. 그뿐만 아니라 단체협약도 정규직과 임시직 구분 없이 적용되며, 노조 조직률이 50% 수준으로 정규직에 비해 낮은 편이지만 단체협약 적용률은 정규직과 비슷한 90% 수준이다. 따라서 임시직 노동자들의 근속연수가 짧아서 정리해고 등에 따른 실업수당 액수의 차이가 발생한다는 점을 제외하면, 정규직과 임시직 사이의 임금 등 노동조건의 유의미한 격차는 거의 없어서 사용자 측 임시직 사용 인센티브는 크지 않다.[7]

한편, 사용 사업주와 고용 사업주가 상이한 탓으로 사용자 책임소재가 불분명하여 노동기본권 보장이 쉽지 않은 파견노동자에 대해서도 고용보호법과 차별금지법 등 모든 노동자에게 보편적으로 적용되는 노동관계법으로 보호한다. 그뿐만 아니라 파견노동자 사용을 규제하기 위해 별도로 제정된 사적고용중개법(Lag om privat arbetsförmedling)과 함께 단체협약으로 엄격하게 규제함으로써 파견노동자의 사용 인센티브를 최소화하고 있다. LO 산하 노조들과 파견업협회(Bemmaningsföretagen)가 체결한 단체협약에 따르면 파견업체가 파견노동자를 정규직으로 고용하는 것을 원칙으로 하고, 파견기간 파견노동자는 사용업체의 직접고용 노동자와 동일한 단체협약을 적용받으며 동등한 처우를 받도록 하되, 비파견 대기기간에도 임금의 90%를 보장받도록 하고 있다.[8]

---

7   임시직을 통한 유연화 방식과 차별처우 부재에 대해서는 Engblom(2008: 134-138), Murhem(2012: 629-630), Ernerot 면담(2013)을 참조했다.

8   파견노동자 사용규제에 관해서는 LPA(2012), LO(2010), 조돈문(2012)을 참조하도록

2006년 집권한 보수당 정부는 고용보호법 개정 과정에서 LO가 반대한 두 가지 개정방안 가운데 정리해고 시 연공서열제 규칙의 개정은 포기하고 임시직의 상이한 사용 사유의 사용기간 누적합산제만 폐지했는데, 이는 노동과 자본을 중심으로 한 사회적 타협을 반영한 것이라 할 수 있다. 2007년 이후 노동자 고용보호와 노동력 활용 유연성 관련 주요 법 개정이 없었다는 점은 노동력 사용 관련 법제도가 이미 사회적 합의에 기초한 평형점에 도달했음을 의미하며, 주요 정당들도 더 이상의 유의미한 법제도 개혁은 고려하기 어려운 것으로 해석되고 있다.[9]

2) 적극적 노동시장정책

스웨덴 노동시장이 제2차 세계대전 직후 고도경제성장과 완전고용을 유지하다가 1940년대 말 인플레이션이 악화되면서 사민당 경제학자 마이드너(Rudolf Meidner)와 렌(Gösta Rehn)은 긴축적 총수요정책, 즉 연대임금정책과 적극적 노동시장정책을 중심으로 한 정책 패키지를 제안했다. 이것이 1950년대 말 사민당 정부가 채택한 렌-마이드너 모델로서 스웨덴 모델의 기초를 이루고 있다. 적극적 노동시장정책은 경쟁력이 취약한 산업과 기업들에서 발생하는 실직자 등 여유 인력들이 신속하게 새로운 일자리에 취업할 수 있도록 지원하는 정책으로, 긴축재정 기조의 총수요정책과 연대임금정책으로 야기될 수 있는 높은 실업률 문제를 해소하여 완전고용 목표를 달성한다.

9   Murhem(2012: 627-632), Storrie(2003b: 83-86), Danielsson 면담(2012)을 참조했다.

하기 위해 도입된 것이다.[10]

적극적 노동시장정책은 실업자들을 위해 일자리를 창출하거나 실업자를 고용하도록 재정지원을 하는 노동력 수요 측면 정책과, 숙련·기술의 습득·향상을 위한 직업훈련이나 지리적 이동을 지원하는 노동력 공급 측면 정책이 있다. 그리고 일자리의 소개 및 알선을 포함한 일자리 중개 서비스가 있다. 적극적 노동시장정책은 실업자와 실직 위험에 처한 노동력 가운데서도 상대적으로 취업에 더 어려움을 겪는 장애인, 장기실업자, 청년, 노인 등 노동시장 취약계층을 표적으로 한다. 노동력 수요 측면 정책은 일시적 고용창출 효과로 노동시장 위기를 극복하는 경기부양책이다. 반면, 공급 측면 정책은 생산성 기여 정도가 낮고 대체가능성이 높아 기업 측 인력감축의 일차적 대상이자 고용위기의 최대 희생자가 되기 쉬운 비숙련-저숙련 노동자들에게 직업훈련을 지원하는 정책으로서 적극적 노동시장정책의 핵심을 구성한다. 직업훈련은 적극적 노동시장정책이 도입된 이래 꾸준히 확대되어 1990년대 초에는 재정지출 규모가 GDP의 1% 수준을 유지하기도 했으며, 그 내용에 있어서도 전통적 노동시장 훈련에 평생교육 성격을 추가하여 경제구조 변화에도 대응할 수

---

10 연대임금정책은 기업의 지불능력이 아니라 노동자들의 수행 직무에 따라 임금수준을 설정하는 동일직무 동일임금 원칙을 구현하기 때문에 경쟁력이 부족한 기업들을 시장에서 퇴출하는 산업정책의 성격도 지닌다. 이러한 실업자 양산 효과는 중앙집중화된 임금교섭체계에 의해 더욱 보강된다. 하지만 긴축적 총수요정책은 수요 부양 목적의 재정정책을 억제하기 때문에 완전고용을 달성하기 위해서는 노동시장에 대한 적극적 개입이 요구되는데, 그것이 적극적 노동시장정책이다. 렌-마이드너 모델과 적극적 노동시장정책에 관해서는 Meidner(1997: 89-95), Wadensjö 2009: 34-39), Forslund & Krueger(1994: 4-13), Kruse & Ståhlberg(2013: 99-103)를 참조했다.

있도록 했다.[11]

사민당 정부가 적극적 노동시장정책의 중요성과 함께 노동력 공급 측면 정책들을 강조하는 반면, 보수당 정부는 적극적 노동시장 정책의 중요성을 상대적으로 낮게 평가했다. 보수당 정부는 상당한 규모의 재정을 지속적으로 지출해야 하는 공급 측면 정책들보다 일시적으로 위기를 해소하고 가시적인 정책성과를 산출하기 위한 수요 측면 정책들을 강조한다. 2000년 사민당 정부는 실업자들이 적극적 노동시장정책 프로그램에 참여하지 않으면 실업수당 수급권을 상실하도록 하는 활성화정책을 도입한 바 있는데, 2006년 집권한 보수당 정부도 2007년 구직, 취업 알선과 보상을 결합함으로써 프로그램 명칭과 운영 방식만 변경했을 뿐 활성화정책의 기조는 그대로 유지했다. 한편, 보수당 정부는 사민당 정부가 장기실업자의 노동시장 편입을 촉진하기 위해 공공부문 임시직 일자리를 알선하고 보조금을 지급하던 플러스일자리(Plusjobb)정책을 2007년 폐기하고, 사적 부문 기업에 보조금을 지원하여 채용을 촉진하는 정책으로 대체했다. 보수당 정부가 사민당에 비해 전반적으로 '작은 정부'를 지향하고 있다는 점을 고려하면, 장기실업자 채용지원정책의 기조가 유지되는 편이라고 할 수 있다.[12]

사민당 정부와 보수당 정부의 차별성은 노동시장정책에 대한 예산지출의 구성과 변화에서도 확인할 수 있다. 적극적 노동시장정

11　적극적 노동시장정책의 내용 및 변화에 대해서는 Arbetsförmedlingen(2012: 19-21), Wadensjö(2009: 37-39), Anxo & Niklasson(2009: 87-89)을 참조했다.

12　사민당 정부와 보수당 정부의 적극적 노동시장정책 관련 차별성에 대해서는 Huo(2009: 113-115), Wadensjö(2009: 36-37), Wadensjö 면담(2013), Murhem(2012: 631-632), Sjöberg(2011: 225-227), 장선화(2011: 122-126)를 참조했다.

책의 GDP 대비 예산지출 비중은 1990년대 초반 경제위기 시 3.04% 까지 증대되기도 했으나 이후 꾸준히 하락했다. 이는 경제위기를 극복하면서 노동시장정책에 대한 지출 수요가 감소되었을 뿐만 아니라 경제위기에서 비롯된 누적적 공공재정 부담으로 인해 보수당 정부는 물론 뒤이은 사민당 정부에게도 긴축정책이 요구되었기 때문이다. 적극적 노동시장정책에 대한 지출 수요는 사민당 정부 말기인 2000년대 중반 1.1~1.2% 수준을 유지했으나 보수당 정부가 출범하며 1% 미만으로 하락했다가 경제위기가 발발하자 조금씩 증가하기 시작했다(〈표 4-4〉 참조). 적극적 노동시장정책의 정책요소별 지출을 보면, 직업훈련 지출이 1990년대 초 경제위기 하에서 1.06%까지 증가한 뒤 부침을 거듭하여 사민당 정부 하에서도 1990년대 말 0.9% 수준에서 2000년대 들어서면서 급감했지만 2000년대 중반에도 0.2% 수준은 유지되었다. 하지만 부르주아 집권 후 예산지출은 사민당 정부 말기의 1/3 수준으로 하락했다가, 경제위기 발발 이후 조금 증액되었지만 여전히 0.1%에도 미달하고 있다. 반면 고용지원금 지출은 사민당 정부 말기의 0.4~0.5% 수준을 유지하다가 경제위기 발발 후 증가하여 사민당 정부 말기 수준을 크게 상회하는 0.65%에 달하게 되었다. 이처럼 사민당 정부에 비해 보수당 정부는 전반적으로 적극적 노동시장정책 예산지출규모를 축소했다. 보수당 정부는 직업훈련을 중심으로 한 노동력 공급 측면 정책 예산지출을 감액하는 한편, 상대적으로 고용지원금을 중심으로 한 노동력 수요 측면 정책 예산지출은 증액한 것으로 나타났다. 물론 2009년 이후 보수당 정부의 적극적 노동시장정책 예산지출 증대는 경제위기로 실업률이 상승하여 강제적으로 선택한 부분이 크다고 할 수 있다.

표 4-4 노동시장정책 지출, 2001~2012년(단위: GDP 대비 %)

구분	2001	2002	2003	2004	2005	2006	2007	2008	2009	2010	2011	2012
〈노동시장정책 지출〉	2.68	2.57	2.4	2.48	2.44	2.29	1.76	1.45	1.88	1.97	1.85	1.99
적극적 노동시장정책	1.56	1.44	1.12	1.09	1.15	1.22	1.03	0.87	0.97	1.17	1.23	1.32
공적 고용서비스	0.24	0.24	0.23	0.23	0.22	0.22	0.21	0.2	0.26	0.3	0.29	0.31
직업훈련	0.58	0.48	0.24	0.2	0.2	0.21	0.11	0.07	0.06	0.09	0.09	0.09
고용지원금	0.47	0.45	0.4	0.42	0.5	0.57	0.51	0.4	0.42	0.52	0.58	0.65
취약자 보호고용	0.23	0.23	0.21	0.21	0.2	0.19	0.18	0.19	0.22	0.24	0.25	0.26
직접고용창출	0	0	0	0	0	0	0	0	0	0	0	0
창업지원	0.04	0.04	0.04	0.03	0.03	0.03	0.02	0.01	0.01	0.02	0.02	0.01
소극적 노동시장정책	1.12	1.12	1.28	1.39	1.28	1.06	0.74	0.58	0.91	0.8	0.63	0.66
실업자 소득지원	1.09	1.11	1.28	1.39	1.28	1.06	0.74	0.58	0.91	0.8	0.63	0.66
조기퇴직지원	0.03	0.01	0	0	0	0	0	0	0	0	0	0
〈참조〉												
공적실업지출(% GDP)	1.07	1.05	1.2	1.3	1.19	0.97	0.67	0.46	0.73	0.6	0.44	
실업률(%)	4.85	5.07	5.68	6.53	7.48	7.07	6.16	6.23	8.35	8.61	7.80	7.98

자료: OECD(http://stats.oecd.org/)

보수당 정부가 사민당 정부에 비해 적극적 노동시장정책 재정 지출을 축소한 것은 작은 정부를 지향할 뿐만 아니라 적극적 노동 시장정책의 효과에 대해 비판적 시각을 지니고 있기 때문이다. 실제 적극적 노동시장정책의 정책요소들의 정책효과에 대한 경험적 연구 들은 서로 상반된 연구 결과를 보이고 있지만, 두 가지 점에 대해서 는 대체로 이견이 없다.[13]

첫째, 실업률이 높은 시기에는 직업훈련을 통해 새로운 숙련을 형성하고 일자리 중개 서비스를 활용하더라도, 옮겨갈 수 있는 빈 일자리가 적어 새로운 일자리를 찾기 어렵다. 그러므로 적극적 노동 시장정책은 실업률이 높을 때보다 낮을 때 더 효과를 발휘한다.

둘째, 적극적 노동시장정책의 노동시장 효과를 측정할 때, 여타 노동시장 여건들을 통제하지 못하기 때문에 측정오차를 피할 수 없 다. 예컨대, 실업자들 가운데 가장 자격요건이 나쁜 노동시장 취약계 층 구성원들은 적극적 노동시장정책의 표적집단이 되어 프로그램에 참여한다. 한편, 사용자들은 실업자보다는 실업 경험이 없는 사람들 을 선호하기 때문에, 적극적 노동시장정책 참여자들을 기피하는 결 과가 발생한다. 그뿐만 아니라 관대한 실업보험제도의 높은 소득대 체율로 인해 실업자들의 구직·취업 인센티브가 크지 않고, 실업자들 이 적극적 노동시장정책을 악용하는 사례가 많다. 적극적 노동시장 정책 프로그램에 참여하지 않으면 실업수당을 수급할 수 없거나 수 급기간을 연장할 수 없기 때문에, 구직 의향이 없는 실업자가 실업 수당 수급 자격 취득 혹은 갱신을 위해 적극적 노동시장정책 프로그

---

13 적극적 노동시장정책의 효과와 측정오차 문제는 Ackum(1995: 90-105), Kluve&(2007: 64-68), Wadensjö 면담(2013)을 참조했다.

램에 참여하는 것이다. 따라서 적극적 노동시장정책의 긍정적 효과가 부분적으로 상쇄되어 이를 경험적으로 관찰하기가 어렵다.

4. 실업자 소득보장체계

황금삼각형 사회보장체계의 핵심을 구성하는 실업자 소득보장체계는 실업자의 소득안정성을 보장함으로써 실업자의 재취업을 지원하여, 고용안정성을 보장하는 적극적 노동시장정책과 함께 유연안정성 모델의 노동시장 안정성을 담보한다. 실업자 소득보장체계는 법규정으로 수립된 공적 실업자 소득보장제도와, 노동조합이 주축이 되어 수립한 사적 실업자 소득보장제도로 구성되어 있다.

1) 공적 실업자 소득보장제도

19세기 말 처음 도입된 스웨덴 실업보험제는 1935년 사민당 정부가 자율적 국가보조 실업보험제로 재구축함으로써 현재의 실업자 소득보장체계의 틀이 갖추어졌다. 이것이 바로 노동조합이 실업보험기금을 조직하여 법 규정을 준수하며 운영하되 정부가 세금으로 재정자원을 지원하는 겐트체계(Ghent system)이다. 대다수 선진자본주의 국가들이 의무적 실업보험제를 운영하는 반면, 겐트체계를 채택한 스칸디나비아 국가들은 실업보험 가입을 법적으로 강제하지 않고 노동자들의 자발적 선택에 맡기되 비노조원도 가입할 수 있도록 했다.

표 4-5 공적 실업자 소득보장제도의 이원구조

구분	자율적 실업보험제	보편적 기초실업부조제
도입 연도	1935	1974
기금 운영 주체	노동조합	국가
재정자원 출처	보험료, 국가보조금	국가 재원
수혜자 기여금	보험료 납입	없음
수급 자격	기본요건, 근로요건, 가입요건	기본요건, 근로요건
제공소득 유형	소득연계형 실업급여	균일정액 실업부조
수급기간	최장 300일 (18세 미만 자녀 보유 시 450일)	300일 (18세 미만 자녀 보유 시 450일)
소득대체율	80%(최초 200일), 70%(201~300일), 65%(301~450일)/ 상한제 적용	하루 320SEK(주 5일)

자료: SO(2010: 6-22), Sjöberg(2011: 208-211), Wadensjö(2009: 26-27), Kruse & Ståhlberg(2013: 101-102)

    자율적 실업보험제가 꾸준히 확대되었지만 실업자의 절반 정도가 수급 대상에서 제외되는 문제점을 해결하기 위해 사민당 정부는 1974년 자발적 실업보험에 가입하지 않았거나 수급 자격이 되지 않는 실업자들을 위해 기초실업부조제(Alfa-Kassa)를 도입했다. 이렇게 스웨덴의 공적 실업자 소득보장제도의 이원구조가 형성되었는데, 자율적 실업보험제는 보험료 납입자들에게 소득연계형 실업급여를 제공하는 반면, 보편적 기초실업부조제는 실업보험 수급 혜택을 받지 못하는 실업자들에게 국가 재원으로 균일정액의 실업부조를 제공한다(〈표 4-5〉 참조).[15]

    보편적 기초실업부조제는 1974년 도입된 이래 거의 변화하지 않은 반면 자율적 실업보험제는 큰 변화를 겪어왔다. 특히 스웨덴이

1990년대 초 심각한 경제위기를 겪으며 재정긴축정책과 노동우선주의를 중심으로 사회적 합의가 형성되어, 이러한 기조가 보수당 정부와 사민당 정부를 막론하고 2000년대까지 이어지게 되었다. 실업보험은 실업자가 실업급여로 실업 상태를 지속하는 수단이 아니라 재취업을 통해 실업 상태를 벗어나는 과정에서 일시적으로 지원받는 이직보험(transfer insurance) 기능을 수행해야 한다는 점이 더욱더 강조되었다. 경제위기로 실업자 규모가 증대하여 재정적 부담이 가중되며 시작된 재정긴축정책은 1998년 사민당 정부 시기 비로소 균형재정을 달성할 수 있었다.

노동우선주의가 재정긴축정책과 결합한 결과는 실업급여의 수급기간 단축과 소득대체율 인하였다.[15] 사민당 정부가 실업급여 수급기간이 450일인 대상 연령을 1998년에 55세에서 57세로 상향조정한 점, 실업급여 수급기간이 만료되어도 적극적 노동시장정책 참여로 수급기간이 갱신되어 실업급여와 적극적 노동시장정책 참여를 평생 반복할 수 있다는 점에 대한 사회적 비판이 일면서, 1994년 7월 보수당 정부는 갱신 횟수를 1회로 한정했다. 뒤이어 집권한 사민당 정부는 같은 해 10월 갱신 제한 규정을 삭제했다가 2001년 적극적 노동시장정책 참여를 통해 실업수당 수급 자격을 연장하는 제도

---

14 실업자 소득보장제도의 이원구조 형성 및 내용에 대해서는 SO(2010: 6-22), Sjöberg(2011: 208-211), Wadensjö(2009: 26-27), Kruse & Ståhlberg(2013: 101-102), Jolivet & Mantz(2010: 135-136)를 참조했다.
15 1990년대 초부터 시작된 재정긴축정책과 노동우선주의와 그에 따른 실업자 소득보장제도의 변화에 대해서는 SO(2010: 6-22), Palme & Wennemo(1998: 15-36) Sjöberg(2011: 208-211, 221-228), Wadensjö(2009: 27-29), Ackum et al(1995: 106-109)을 참조했다.

자체를 폐지했다. 보수당 정부는 1993년 실업급여 상한의 물가연동제를 폐지하고 실업급여의 소득대체율을 90%에서 1993년 80%로, 1996년 다시 75%로 인하했다. 이후 사민당 정부가 1997년에 80%로 다시 인상했으나 경제위기 이전 수준으로는 복원되지 않았다. 이처럼 자율적 실업보험제가 꾸준히 위축되는 가운데 사민당 정부는 1997년 보편적 기초실업부조제의 수급기간을 150일에서 300일로 배가하고, 기본실업부조 액수도 2001년에는 하루 270SEK로, 이듬해에는 320SEK로 인상하는 등 기초실업부조제를 강화했다. 이로써 자율적 실업보험제 대비 기초실업부조제의 상대적 중요성은 더욱 커지게 되었다.

스웨덴의 실업보험제는 1990년대 초부터 일정한 변화를 겪었지만 가장 급격한 변화는 2006년 말 출범한 보수당 정부에 의해 수립되어 2007년 1월 1일부터 실시된 실업보험제 개혁이다. 그 핵심적 내용은 수급요건 강화, 수익자 부담 증대, 소득대체율 인하였다. 변화의 폭은 컸지만 자율적 가입, 국가보조금 지원, 소득연계형 보험제라는 자율적 실업보험제의 특성을 유지했으며, 기본 방향은 1990년대 초 경제위기 이후 형성된 재정긴축정책과 노동우선주의에 따른 실업보험제 변화 추세의 연장선상에서 진행되었다고 할 수 있다.[16]

실업보험제 수급요건은 기본요건, 근로요건, 가입요건, 이 세 가지를 견지하되 자격기준을 좀 더 엄격하게 바꾸었다. 기본요건은 완전 혹은 부분 실업 상태로서 적어도 하루 3시간, 일주일 17시간 이상을 일할 수 있어야 하며, 공적 고용서비스 기구에 등록하여 구직활

---

16 2007년 실업보험제 개혁 내용에 대해서는 SO(2010: 15-18), Sjöberg(2011: 211-215), Wadensjö(2009: 28-33), Jolivet & Mantz(2010: 137-140)를 참조하도록 한다.

동을 해야 하고, 제안된 일자리를 택할 준비가 되어 있어야 한다. 실업 후 최초 100일간 직무 유형과 통근거리에 따라 제안된 일자리를 거부할 수 있는 권리를 보장하던 조항은 2007년 개혁에서 삭제되었다. 근로요건은 직전 4개월 기간 동안 최소 3시간 이상 75일 근무에서 2007년 개혁으로 직전 12개월 기간 동안 최소 6개월 이상 월 80시간 근무, 혹은 연속 6개월 동안 480시간과 함께 매월 50시간 이상 근무로 조건을 강화했다. 한편, 가입요건은 12개월 이상 보험료 납입이라는 규정을 그대로 유지했다.

2007년 실업보험제 개혁에서 가장 논란이 많았던 부분은 피보험자 기여금 인상이었는데, 실업보험료를 해당 직종의 실업률과 연동시켜 해당 직종의 실업률이 높고 평균 실업기간이 길수록 실업보험료를 높게 책정하도록 했다. 그 결과 전문직에 비해 생산직의 보험료가 상대적으로 더 높게 책정되었고, 최저 보험료와 최고 보험료의 격차는 월 20유로에 달하게 되었다. 1990년의 3유로에 비교하면 격차가 7배가량 확대되었고, 평균 보험료는 월 32유로로 인상되어 1990년 월 4유로와 비교하면 8배 오른 금액이었다. 2006년 월 9유로와 비교해도 3배 이상 증액되었다. 이러한 피보험자 기여금 증대로 인해 실업보험료는 2005년 실업보험 재정의 13%를 충당하고 나머지 87%를 정부 지원금으로 충당했는데, 2007년 1월 개혁으로 실업보험료 충당 부분이 47%로 크게 증가했다가 2008년 7월부터 1/3 수준으로 조정되었다.

2007년 개혁에서 실업급여 수급기간은 최대 300일로, 55세 이상은 기존 450일에서 최대 300일을 유지하되 450일로 연장 가능한 조건을 연령 대신 18세 미만 자녀 보유로 변경했다. 한편, 수급기간 실업급여의 임금총액 대비 소득대체율은 2006년 전체 수급기간의 80%였는데 2007년 개혁으로 실업 후 최초 200수급일은 80%를 유지하되, 201~300수급일은 70%, 300일 이후는 65%로 인하했다. 실업급여의 상한도 최초 200수급일 850SEK, 201일 이후 680SEK로 설정하는 한편 급여 산정을 위한 기준 소득의 상한도 실업 직전 6개월 기준 2만 700SEK에서 1만 8,700SEK로 인하했다.

보수당 정부의 2007년 실업보험제 개혁의 즉각적인 결과는 실업보험제 가입자 및 실업급여 수급자 급감이었다. 각종 실업보험기금 가입자 숫자는 2007년 1월 1일 실업보험제 개혁 이후 19개월 사이 48만 명이 감소했는데, 이는 전체 가입자의 12.7%에 해당하는 숫자였으며, 상대적으로 청년, 노인, 생산직에서 감소폭이 크게 나타났다. 한편, 전체 실업자 가운데 실업급여 수급자의 비중은 1990년대 말 70% 수준에서 2006년 60% 수준으로 점진적으로 하락해왔는데, 2007년 실업보험제 개혁 직후 50%로 급락한 이래 하락세를 지속하여 2012년에는 36%를 기록했다. 하지만 기초실업부조제 수급자 비율은 10% 수준에서 정체하고 있어, 실업보험제에서 이탈한 실업자들이 공적 실업자 소득보장제도로부터 완전히 벗어난 것으로 나타났다. 이처럼 실업보험 수급자가 급감한 원인은 근로요건 등 실업급여 수급 자격을 보다 엄격히 했고, 실업급여 수급 자격에서 학업기간 수급 가능성 인정 규정을 폐지하여 수급 대상자를 축소했기 때문이다. 그리고 실업보험제의 보험료 부담은 커졌지만 소득대체율은 하락하여 보험료 부담 인센티브가 약화되었으며, 실업자 가운데 비중이 크게 증가하고 있는 청년층과 이민자 집단의 실업보험 가입률

이 상대적으로 낮은 탓으로 분석되고 있다.[17]

2007년 실업보험제 개혁의 결과는 소극적 노동시장정책에 대한 정부지출 비중 변화 추이에서도 확인할 수 있다(〈표 4-4〉 참조). 실업자 소득지원 정부지출은 2004년과 2005년 각각 GDP의 1.39%와 1.28%를 기록했으나, 2007년 보수당 정부의 실업보험제 개혁 이후 2008년에는 0.58%로 급락했다. 2008년 실업률이 6.23%로서 2004년 실업률 6.53%와 비슷한 수준이었다는 점을 고려하면 실업자 소득지원 지출은 사민당 정부 시기의 절반 수준에 불과했던 것이다. 이후 실업률이 상승하여 2009년에서 2012년까지 8% 수준에서 부침하고 있는데, 실업자 소득지원 지출은 1%에도 못 미치면서 그나마도 하락하여 2011~12년에는 0.6% 수준에 머물고 있다.

2) 노동조합의 사적 실업자 소득보장제도

법 규정으로 구축된 공적 실업자 소득보장제도인 자율적 실업보험제와 보편적 기초실업부조제 외에도 노조원들은 별도의 추가적 보상장치들을 활용하고 있는데, 두 가지 대표적인 사적 실업자 소득보장제도는 노사 간 단체협약을 통해 수립된 보상제도와 노동조합이 노조원들에게 집단적으로 제공하는 사적 보험이 있다.[18]

단체협약을 통해 별도의 기금을 수립한 추가적 실업자 보상제

---

17 실업보험 수급률 하락 현상에 대해서는 Murhem(2012: 632-633), Sjöberg(2011: 217-221), Jolivet & Mantz(2010: 150-151)를 참조하도록 한다.

18 사적 실업자 소득보장제도에 대해서는 Sjögren & Wadensjö(2007: 10-18), Wadensjö(2009: 30-32), Sjöberg(2011: 223-224), Thorsén & Brunk(2009: 4-5), Murhem(2012: 630-631)을 참조하도록 한다.

표 4-6 단체협약을 통한 실업자 추가적 보상

구분		수급 자격: 근로요건(기간)	소득대체율 (실업급여 합산)	보험가입자 수	수급 자격자 비율
공적 부문	중앙정부	12개월(임시직 36개월)	80%(1~200일), 70%(201~300일)	24만 명	90%
	지자체	퇴직금 일시불: 36개월	퇴직금 일시불	110만 명	72%
		정기적 보상: 120~210월	80%(1~200일), 70%(201~300일)		40%
사적 부문	사무직	5년	70%(6개월), 50%(이후)	70만 명	46%
	생산직	50개월	퇴직금 일시불	90만 명	39%

자료: Sjögren & Wadensjö(2007: 10-18), Wadensjö(2009: 30-32), Sjöberg(2011: 223-224)

가운데 가장 중요한 네 단위는 공적부문의 중앙정부와 지자체, 사적 부문의 사무직과 생산직 부문들이다(〈표 4-6〉 참조). 중앙정부 노동 자는 일자리 부족 혹은 타 지역 전보 거부로 실업한 노동자로서 1년 이상 고용되었으면 실업보상을 받을 자격이 생기는데, 소득대체율 은 실업급여와 합할 경우 실업 후 최초 200일은 80%, 이후 100일은 70%이다. 지자체 노동자는 일자리 부족으로 실직한 노동자로서 36 개월 이상 고용되었으면 퇴직금을 일시불로 받을 자격을 갖고, 연령 에 따라 120~210월 이상 고용되었으면 정기적 수당 형태의 보상도 받을 수 있는데, 정기적 수당을 받는 경우 실업급여와 합하면 소득 대체율이 최초 200일은 80%, 이후 100일은 70%이다.

LO는 1967년 SAF(Svenska Arbetsgivareföreningen, 스웨덴사용 자단체)와의 단체협약을 통해, 일자리 부족으로 해고되는 노조원들 을 위해 별도의 AGB(Avgångsbidragsförsäkring, 실업자보상보험)를 수립했다. 해고시점에 40세 이상인 노조원으로서 AGB보험 적용 기업(들)에서 직전 5년 동안 50개월 이상 고용되어 있었다면 고용계약 종료 시 일시불로 실업보상을 받는다. PTK(Privattjänstemanna-kartellen, 민간부문사무직노총)도 1974년 SAF와 단체협약을 통해 일자리 부족으로 해고되는 노조원들을 위해 별도의 실업자 보상기금인 AGE를 수립했다. 해고시점에 40세 이상인 노조원으로서 직전 5년 동안 주당 5시간 이상 근무했으면 정기적 수당 형태로 실업보상을 받을 수 있는데, 소득대체율은 실업급여와 합산하여 최초 6개월은 70%, 이후는 50%이다.

또한 대다수 노동조합들이 노조원들을 사적 보험에 집단적으로 가입시켜 보험료를 납입하고 노조원들이 실직 시 보험급여를 받을 수 있도록 하고 있는데, 피보험자 노조원은 이직 시 노동조합을 통해 보험증권을 이관할 수 있다. 이렇게 사적 보험을 제공하는 노조들이 2004년에는 8개 노조에 불과했으나, 2009년에는 32개 노조로 확대되어 노조의 사적 보험 혜택을 받는 노조원 수가 250만 명에 달하여 거의 모든 조직 노동자를 포괄하는 것으로 나타났다. 이러한 노동조합 집단보험은 보상금액 상한이나 수급기간에 일정 정도 편차가 있으나 거의 대동소이한 내용을 지니고 있으며, 실업급여와 합산할 경우 대체로 120~200일 동안 소득대체율이 80%가 되고 61~65세 사이에 보험급여 지급이 종료되도록 설계되어 있다. 일부 노조들은 이러한 집단보험에 더하여 조합원들에게 수급기간이 연장되거나 임금상한을 초과하는 개인 보험들을 제공하기도 하는데, 수급기간은 보통 280~300일에 달한다.

1990년대 초 경제위기 발발 이후 긴축재정정책과 노동우선주의가 결합하며 약화되기 시작한 자율적 실업보험제는 2007년 보수당 정부의 실업보험제 개혁으로 더욱더 크게 위축되었다. 이렇게 법 규정으로 구축된 공적 실업자 소득보장제도가 약화되면서 노동조합이 주도하여 구축한 사적 소득보장제도의 중요성이 더욱더 커지게 되었다.

3) 실업자 소득보장체계와 총선 쟁점

황금삼각형의 세 요소 가운데 2006년과 2010년 총선에서 가장 큰 선거 쟁점은 사회보장체계의 공적 실업자 소득보장제도였다.[19] 2006년 총선에서 우파연합은 사민당 정부가 고용창출을 통한 완전고용 유지에 실패했다고 비판하며 "노동에 대한 보상(making work pay)" 이라는 총선구호와 함께 일련의 정책대안들을 제시했다. 우파연합의 정책대안들로는 실업보험급여 삭감 및 기여금 증대, 강제적 실업보험제 도입, 임시직 등 노동자 고용비용 인하, 소득세 인하, 중소기업 창업 여건 조성 등이 있었다.

보수당 정부는 황금삼각형 관련 선거 공약들 가운데 노동자 고용비용 인하 공약의 경우, 정리해고 시 연공서열제 원칙은 폐기하지 못하고 임시직의 상이한 사용 사유에 따른 사용기간의 누적합산제만 폐지했다. 한편, 실업보험제 관련 공약들 가운데 강제적 실업보험제 도입 공약은 정부지출 증대억제 원칙에 위배되어 유보했다. 하지만 자율적 실업보험제에 대해서는 2007년 실업보험제 개혁에서 피보험자 기여금을 인상하되 실업급여는 삭감하고 수급요건은 강화하

---

19 총선 쟁점에 대해서는 Sjöberg(2011: 209-228), Murhem(2012: 632-633), Wadensjö 면담 (2013)을 참조했다.

는 등 공약 사항들을 철저하게 이행했다.

한편, 2010년 총선에서는 사민당이 실업보험급여를 주요 쟁점 화했는데, 이는 실업급여의 낮은 소득대체율이 노동자들의 실질임금 하락으로 귀결되는 것을 우려한 LO와 TCO(Tjänstemännens Centralorganisation, 사무직노총)의 요구조건을 수용한 것이다. 사민당은 LO-TCO와 함께 실업급여의 낮은 소득대체율은 노조원들이 경제구조 재편을 수용하기 어렵게 하여 장기적으로는 실업률 상승과 실질임금 하락을 가져온다고 주장했다. 사민당은 선거구호 "80/80"을 선언하며 실업보험급여를 인상해 실업자의 80%에게 소득대체율 80%를 보장하겠다고 공약했지만 총선에서 패배했다. 결국 실업보험제를 포함한 황금삼각형 정책요소들은 2007년 이후에도 큰 변화 없이 유지되게 되었다.

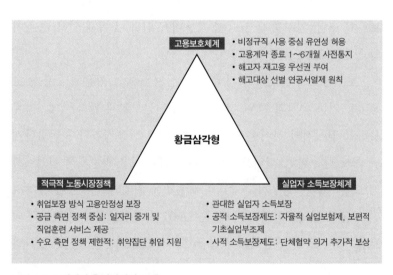

그림 4-1 스웨덴의 유연안정성 모델

5. 토론 및 맺음말

1) 황금삼각형과 이중적 보호체계

위에서 검토한 스웨덴 황금삼각형의 정책요소들은 OECD의 노동시장 지표들과 상당한 차별성을 보여주고 있다.

적극적 노동시장정책은 긴축적 총수요정책과 연대임금정책에서 야기되는 실업문제를 해소하기 위해 스웨덴 모델의 핵심요소로 수립되었는데, 이러한 정책적 중요성은 OECD 노동시장 지표에서 확인된 높은 재정지출 비중 현상과 일치한다. 이처럼 스웨덴이 적극적 노동시장정책을 통해 취업보장 방식의 고용안정성 보장을 제공하고 있다는 평가는 본 연구의 분석 결과와 OECD 지표가 공유하고 있지만, 고용보호체계와 소득안정성 문제에 있어서는 상당한 괴리를 보여준다.

고용보호체계에서 정규직 보호 수준이 높다는 점은 본 연구 결과와 OECD 지표가 일치한다. 하지만 임시직의 경우 OECD 지표는 보호 수준이 낮다고 평가한 반면, 본 연구는 높은 보호 수준을 확인해주었다. 스웨덴은 임시직도 정규직과 동일한 노동관계법규들과 단체협약들로 보호하고 있으며, 법 규정과 단체협약 조항에서 차별처우를 금지하며 동등처우를 보장하고 있고, 임시직은 특정된 사용사유에 부합할 때만 허용하고 있다. 파견노동의 경우 임시직을 위한 보호장치들이 적용될 뿐만 아니라 스웨덴노총 및 사무직노총 산하 산별노조들이 파견업협회와 단체협약을 체결해 파견업체가 파견노동자를 정규직으로 고용하는 원칙을 수립하는 한편 비파견 대기기간에 대해서도 85~90%의 소득보전을 보장하고 있다. 이처럼 법 규정과 추가적인 단체협약의 보호장치를 함께 고려하면, 파견노동자의 고용안정성과 소득안정성의 보호 정도는 세계 최고 수준이라 평가할 수 있다.[20] OECD 고용보호법규제 지수는 스웨덴의 파견노동자 보호 수준이 매우 낮을 뿐만 아니라 한국과 비교해서도 1/3 수준에 불과한 것으로 평가했는데, 이는 OECD 고용보호 평가지표가 법규정 내용들을 단순 비교했을 뿐 단체협약에 의한 보호장치들은 고려하지 않은 결과다.[21]

한편, 실업자 소득보장체계의 경우 OECD의 소극적 노동시장정책 재정지출 지표는 스웨덴이 OECD 평균보다 조금 높은 수준을 보여주고 있는데, 이는 스웨덴의 자율적 실업보험제와 기초실업부조제로 구성된 공적 실업자 소득보장제도의 효과를 반영한다. 하지만 OECD 지표에는 스웨덴이 노동조합 노조원들의 실업기간 소득보전율 80%를 보장하기 위해 단체협약으로 실업 보상기금들을 수립하고 조합원들을 사적 보험에 집단 가입시키는 사적 실업자 소득보장제도의 효과를 포착하지 못한다. 노동조합들이 구축한 사적 실업자 소득보장 장치들은 공적 실업자 소득보장제도와 결합하여 노동자들

20　스웨덴 파견노동자들을 대상으로 직무만족도를 묻는 2011년 12월의 설문조사 결과에 따르면 불만을 표시한 파견노동자들은 8%에 그친 반면 만족한다는 파견노동자들이 81%에 달했다(Bemanningsföretagen, 2012c: 14-19; 조돈문, 2012). 이처럼 파견노동자들의 높은 직무만족도는 높은 고용안정성과 소득안정성에서 비롯된 결과라 할 수 있다.

21　유럽연합 집행위원회는 OECD 지표에 기초하여 스웨덴 등 스칸디나비아 국가들의 노동시장이 고용보호체계에 있어 유연성이 매우 높다고 평가하고 있는데, 이에 대해 유럽노총 측(Janssen, 2006; Janssen 면담, 2012)이 유럽연합 집행위원회가 스칸디나비아 국가들의 노동시장 유연성을 과대평가하고 있다고 지적한 것은 경험적 타당성을 지니고 있음이 확인되었다.

의 소득안정성을 보장해주고 있기 때문에, 스웨덴 노동자들의 소득안정성 보장 수준은 OECD 지표보다 훨씬 더 높다고 할 수 있다.

이처럼 스웨덴의 황금삼각형 정책요소들은 취업보장 방식의 고용안정성 보장 수준이 OECD 지표에 나타난 것처럼 매우 높으며, 직장보장 방식의 고용안정성 보장 수준과 소득안정성 보장 수준은 OECD 지표에 비해 월등히 높다. 그리고 노동시장 유연성 수준은 OCED 지표보다 매우 낮다. 따라서 OECD 지표들에 근거하여 스웨덴 노동시장을 높은 유연성과 높은 안정성의 결합으로 평가하는 것은 경험적 정합성을 결여한 분석이다.

이처럼 스웨덴 황금삼각형 정책요소들이 OECD 지표보다 월등히 높은 안정성을 보여주는 것은 이중적 보호체계의 결과이다. 고용보호체계에 있어 고용보호법 등 법 규정뿐만 아니라, 노동조합은 공동결정제 하에서 단체교섭과 단체협약으로 노동자들을 보호하고 있다. 또한 실업자 소득보장제도에서도 단체협약을 통한 기금 조성과 사적 보험 집단가입을 통한 사적 소득보장제도 수립으로 공적 보장제도 약화를 보완하고 있다. 이러한 전국 수준의 법 규정에 의한 보호 층위와 산업·사업장 수준의 노동조합에 의한 보호 층위로 구성된 이중적 보호체계로 인해 스웨덴 노동자들은 높은 고용안정감을 유지할 수 있다. OECD 지표는 노동조합과 단체협약에 의한 보호 효과를 포착하지 못한 것이다.

2) 유연성-안정성 균형과 '관리된 유연성'

스웨덴의 황금삼각형이 노동자들에게 높은 수준의 고용안정성과 소득안정성을 보장해주고 있지만 노동력 활용의 유연성을 원천적으로 금지하지는 않는다. LO가 수립한 연대임금제와 중앙교섭제도는 생산성과 이윤율에서 경쟁력을 지니지 못한 기업들을 퇴출하고 경쟁력 지닌 부문과 기업들을 강화하는 전략에 기초해 있다. 이처럼 노동력의 이동성을 전제로 한 LO 전략은 직장보장이 아니라 취업보장에 의한 고용안정성 보장 방식이며, "일자리가 아니라 노동자"(Ernerot 면담, 2013)를 보호하는 전략으로 규정된다.[22]

임시직의 경우 사용 사유에 부합할 경우 사용을 허용하고 있어, 실제 스웨덴의 임시직 사용 비중은 OECD 평균 수준을 보이고 있다. 하지만 임시직의 사용 사유를 제한하고 동등처우를 보장하여 노동비용 절감 효과를 위한 임시직 사용 인센티브를 최소화함으로써 임시직 남용의 여지를 없앤다. 따라서 사용자들이 정규직보다 임시직 사용을 통한 수량적 유연성 확보 방식을 선호함에도 비정규직의 남용 혹은 노동시장 분절의 고착화가 억제된다. 한편, 취약한 경쟁력 회복이 불가능한 기업에 대해서는 폐업을 허용하고, 시장 상황 변화로 일시적 어려움에 봉착한 기업들의 경우 인력감축을 수용함으로써 불가피한 정리해고는 막지 않는다. 하지만 연공서열제 원칙과 함께 긴 사전통지기간 규율을 부과하는 한편 공동결정제에 따른 노사교섭 절차를 준수하도록 해 자의적 정리해고를 불가능하게 한다. 따

---

22 스웨덴 모델은 이러한 LO의 전략에 기초하여 사민당 정부가 제도화한 것으로서 노동시장에서는 황금삼각형으로 구현되었다. 보수정당들이 사용자들의 이해관계에 입각하여 정리해고 연공서열제 원칙의 폐기를 공약하고 보수당 정부가 공약의 실천을 시도했지만, 사민당의 강력한 반대로 인해 실패했다. 이는 사민당이 LO 노조원의 핵심을 구성하는 정규직 노동자들의 이해관계를 대변한 결과인데, 이렇게 사민당은 LO와 함께 '관리된 유연성'의 황금삼각형을 재생산하고 있다.

라서 스웨덴 노동시장은 철저한 규제 속에서 유연성이 허용되는 '관리된 유연성(managed flexibility)' 혹은 '규제된 유연성(regulated flexibility)'이라 부를 수 있다.

고용보호체계의 노동력 활용 유연성이 가져오는 부정적 효과는 황금삼각형의 다른 두 정책요소에 의해 해소된다. 실직한 노동자는 적극적 노동시장장책이 제공하는 직업훈련 및 고용서비스로 높은 재취업 가능성이 보장되는 한편, 정리해고의 긴 사전통지기간 규율은 노동자들이 실직에 대비하여 적절한 교육훈련과 구직활동을 미리 시작할 수 있도록 함으로써 재취업 가능성을 높이고 실업기간을 단축한다. 이러한 스웨덴의 직장보장 방식 고용안정성 보장의 효율성은 OECD 국가들 가운데 최저 수준의 장기실업률에서도 확인할 수 있다. 또한, 노동조합이 구축한 사적 실업자 소득보장제도는 공적 소득보장제도와 함께 높은 소득대체율을 확보함으로써 소득안정성을 보장한다.

이렇게 스웨덴 노동시장은 유연성과 안정성의 균형을 실현하고 있다. 효율적인 취업보장 방식의 고용안정성과 함께 높은 소득안정성을 보장함으로써 노동자들이 경제·산업 구조조정을 수용하면서도 높은 고용안정감을 향유할 수 있도록 한다. 따라서 유럽연합의 회원국 여론조사 결과(Eurobarometer, 2011)에서 확인된 스웨덴 시민들의 높은 고용안정감은 황금삼각형 정책요소들의 제도적 상보성이 산출한 결과라 할 수 있다. 한편, 관대한 실업자 소득보장제도가 직장보장 방식의 고용안정성 보장 장치들에 의해 도덕적 해이 문제를 발생시킬 수 있다는 지적이 있다. 그러나 적극적 노동시장정책은 실업보험 수급 자격과 연계되어 취업 가능성과 함께 구직 압박을 강화하고, 실업보험제는 이직을 촉진하기 위한 단기적 재정 보조금 기능을 수행하도록 해 이를 해결하고 있다. 이 또한 황금삼각형 정책요소들의 또 다른 제도적 상보성 효과라고 할 수 있다.[23]

3) 황금삼각형 정책요소들의 변화와 입장 대립

황금삼각형 정책요소들은 스웨덴 정치의 우파연합과 적록연합 사이의 협의와 대립 과정을 거치며 변화해왔다(〈표 4-7〉 참조).

고용보호체계는 핵심적 요소인 정리해고 연공서열제 원칙에 대해 보수당 정부가 폐지를 시도했었으나 실패하고, 10인 이하 사업장의 경우 2인에 한해 예외를 적용할 수 있도록 하는 수준에서 타협했다. 그 결과 고용보호체계를 둘러싼 양대 블록 사이의 갈등은 크게 완화되었고, 보수당 정부의 2007년 개혁도 임시직의 경우 유형 제한 없는 기간 누적합산 방식을 동일유형 한정 방식으로 변경하는 데 그쳤다.

사민당 정부의 경우 적극적 노동시장정책을 스웨덴 모델의 핵심적 요소로 수립하여 상당한 재정지출 수준을 유지해온 반면, 보수당 정부의 경우 경제위기 시기에만 증액했을 뿐 일관된 감축 입장을 견지해왔다. 사민당 집권 시기 이루어진 감액 조치는 1990년대 초 경제위기 발발 이래 누적되어온 공공부채와 재정적자 문제를 해소하기 위해 긴축재정정책을 펼친 결과이며, 경제위기 시기를 제외하

---

23 이처럼 관리된 유연성에 기초하여 유연성-안정성 균형을 이루는 황금삼각형 정책요소들은 덴마크와 대동소이한데, 스웨덴의 가장 큰 차별성은 연공서열제 원칙으로 정규직 활용의 유연성을 추가적으로 억제하는 방식이라 할 수 있다.

표 4-7 황금삼각형 정책요소 변화와 정당연합

구분		기존 정책	보수당 정부	사민당 정부
〈고용보호체계〉				
정리해고 시 연공서열제		연공서열제	폐지 시도 실패(1993), 포기(2006)	
연공서열제 예외 규정		예외 없음	10인 이하 사업장 2인 예외제 도입(2000)	2인 예외제 폐지 시도 실패(2005)
기간제 사용기간 누적합산		유형 제한 없는 누적 합산	동일유형 한정 누적합산(2007)	
〈적극적 노동시장정책〉				
활성화정책		실업수당 수급권 무관		실업수당 수급권 연계(2000)
중점정책		수요-공급 균형	수요 측면 정책(고용지원금) 중시	공급 측면 정책(직업훈련) 중시
예산규모		긴축재정	증액(1992, 2009~2010)/ 감축(1993, 2007~2009)	증액(1990~1991, 1998, 2005~2006)/ 감축(1995~1997, 1999~2004)
〈실업자 소득보장체계〉				
자율적 실업보험제	적극적 노동시장정책 참여를 통한 갱신 무제한		갱신 1회 한정(1994. 7)	1회 한정 규정 삭제(1994.10), 갱신 규정 자체 폐지(2000)
	최초 100일 제안 일자리 거부권		거부권 폐지(2007)	
	수급요건 근로요건		근로기간 및 근로시간 기준 강화(2007)	
	기여금 산정 실업률 무관		직종 실업률 반영, 기여금 인상(2007)	기여금 인상 반대(2006)
	소득대체율		소득대체율 인하(1993, 1996, 2007)	소득대체율 인상(1997), 인상 시도 실패(2010)
기초실업부조제	자율적 실업보험의 낮은 수급률 문제			기초실업부조제 도입(1974)
	수급기간 150일			300일로 배가(1997)
	수급액 일액			수급액 인상(2001, 2002)

면 적극적 노동시장정책 재정 증액은 모두 사민당 정부에 의해 이루어졌다. 한편, 적극적 노동시장정책의 내용에 있어서도 사민당은 직업훈련을 위시한 공급 측면 정책을 우선시한 반면, 우파연합은 고용 인센티브 등 수요 측면 정책을 우선시했다. 하지만 우파연합 집권 시기인 1990년대 초나 2000년대 말 경제위기 발발로 적극적 노동시장정책 재정지출을 전반적으로 증액하게 되어, 양대 블록 사이의 입장 차이가 정치적 대립으로 비화되지 않을 수 있었다.

황금삼각형 정책요소들 가운데 가장 논란이 많은 데다 가장 큰 변화를 겪은 것은 실업자 소득보장체계다. 논란과 변화는 사적 실업자 소득보장제도가 아니라 공적 실업자 소득보장제도의 자율적 실업보험제에 집중되었다. 기초실업부조제는 사민당 정부에 의해 도입되어 수급기간 연장과 수급액 인상을 통해 크게 강화되었지만 이는 우파연합의 동의 아래 진행되었다.

자율적 실업보험제의 경우 기존에는 적극적 노동시장정책 프로그램 참여를 통한 실업급여 수급 자격의 갱신 횟수를 제한하지 않았는데, 적극적 노동시장정책 프로그램이 실업급여 수급 자격 갱신을 위한 수단으로 악용되는 등 도덕적 해이 현상이 발생하고 있다는 문제의식을 양대 블록이 공유하여 갱신 횟수를 한정한 데 이어 사민당 정부 시기에는 갱신 규정 자체를 폐지했다. 이는 노동우선주의에 입각하여 양대 블록의 합의 하에 자율적 실업보험제를 개혁한 것이다. 하지만 다른 변화들은 양대 블록의 대립·갈등 속에서 진행되었다. 특히 양대 블록이 첨예하게 대립한 부분은 실업보험의 기여금과 실업급여의 소득대체율이었다. 우파연합이 기여금 인상과 소득대체율 인하 입장을 견지한 반면, 사민당은 기여금 인상을 반대하고 소득대체율 인상을 지지하는 입장을 지키면서 꾸준히 대립해왔다.

이처럼 황금삼각형 정책요소들 가운데 실업자 소득보장체계가 가장 큰 논란과 변화를 겪어왔다. 가장 최근에 발생한 황금삼각형 정책요소의 주요한 변화는 2007년 보수당 정부의 노동시장 개혁조치였고, 그 핵심도 자율적 실업보험제였다. 그뿐만 아니라 자율적 실업보험제는 2006년 총선부터 시작하여 총선 시기마다 여타 황금삼각형 정책요소들과는 달리 주요한 선거 쟁점으로 부상되어왔는데, 이는 향후에도 황금삼각형 정책요소들의 논란과 변화는 공적 실업자 소득보장제도의 자율적 실업보험제를 중심으로 전개될 것임을 의미한다.

4) 스웨덴 모델의 변화

황금삼각형 정책요소들은 2007년 보수당 정부의 노동시장 개혁 이후 경제위기가 발발했음에도 불구하고 큰 변화를 겪지 않았는데, 그 의미는 두 가지로 해석할 수 있다. 첫째, 2000년대 후반 스웨덴 황금삼각형 정책요소들의 변화는 경제위기의 효과가 아니라 정권 교체의 효과이다. 둘째, 보수당 정부가 경제위기에도 노동시장의 유연화를 포함한 황금삼각형 정책요소들의 개혁을 더 이상 추진하지 않은 것은 사회적 합의를 벗어날 뿐만 아니라 개혁의 성공을 담보하기도 어려웠기 때문이라 할 수 있다.

그런 점에서 향후 가능한 변화는 사민당의 재집권에 따른 황금삼각형 정책요소들의 전통적 성격 강화 방향이 될 것이라는 점에서 2007년 노동시장 개혁이 변화의 최대치라 할 수 있다. 그렇다면

2007년 보수당 정부의 노동시장 개혁은 스웨덴 모델을 훼손하는 수준의 변화를 가져왔는가? 2007년 노동시장 개혁이 표방한 핵심 원칙은 긴축재정정책과 노동우선주의였는데, 이는 일정 정도 보수당 정부가 출범하기 훨씬 전부터 진행된 변화의 흐름을 반영한다.

긴축재정정책은 1990년대 초 경제위기 시 누적된 공공부채와 재정적자로 인해 집권 정당의 성격과는 관계없이 일관되게 추진되어왔는데, 소극적 노동시장정책뿐만 아니라 적극적 노동시장정책을 포함한 노동시장정책 전반의 재정지출 감축 추세로 나타났다. 긴축적 총수요정책은 스웨덴 모델을 구성하는 핵심요소인데, 세계화와 자본주의 금융화에 따른 경제적 불안정성 심화로 인해 경제위기가 반복적으로 발발하고 있는 여건 속에서 경제위기 시기에 예상되는 공공부채와 재정적자의 확대에 대비하기 위해서도 긴축재정정책은 향후에도 지속될 것으로 예측된다.

한편, 노동우선주의는 보수당 정부뿐만 아니라 사민당 정부에 의해서도 집행되어왔다. 실업자들의 구직활동을 촉구·압박하기 위해 실업급여 수급 자격에 적극적 노동시장정책 참여 의무를 규정하고, 적극적 노동시장정책 프로그램 참여를 통한 실업급여 수급 자격 반복 갱신 허용제를 폐지한 것은 사민당 정부에서였다. 적극적 노동시장정책을 스웨덴 모델의 핵심요소로 구축한 것은 노동우선주의가 스웨덴 모델의 기본 원칙임을 의미하며, 양대 블록이 동의하고 있다는 점에서 노동우선주의는 향후에도 주요한 노동시장정책의 원칙으로 작동할 것으로 전망된다.

이와 같이 2007년 보수당 정부의 노동시장 개혁은 스웨덴 모델을 훼손하는 수준의 변화가 아니라 긴축재정정책과 노동우선주의에 입각한 장기적인 점진적 변화의 연장선상에서 진행된 것이다. 따라서 지난 20여 년 이상의 기간 동안 진행된 황금삼각형 정책요소들의 변화는 여건 변화 속에서도 유연성-안정성의 균형을 유지하며 스웨덴 모델을 조정하는 과정이었다는 점에서 스웨덴 모델 조정론이 스웨덴 모델 훼손론보다 경험적 정합성이 더 크다고 할 수 있다.

이처럼 보수당 정부와 사민당 정부가 긴축재정정책과 노동우선주의의 원칙을 대체로 공유하는 가운데 노동우선주의에서 일정한 차이를 보이기도 한다. 보수당 정부는 일자리의 질은 고려하지 않고 노동 의무만 강조하는 노동연계 복지 입장에 가까운 반면, 사민당 정부는 일자리의 질과 함께 노동의 권리도 중시하며 노동 의무와 균형을 유지한다. 실제 보수당 정부는 적극적 노동시장정책의 중요성을 과소평가하며 재정지출을 감축하고, 실업급여를 낭비로 간주하여 기여금을 인상하고 실업급여를 감액했다. 반면, 2014년 총선 과정에서 사민당과 LO는 보수당 정부 8년 동안 스웨덴 모델이 크게 훼손되었다고 주장했다. 사민당 대표 스테판 뢰벤은 좋은 일자리(decent work)와 완전고용에 기초한 진정한 의미(riktiga innebörd)의 '노동우선주의(Arbetslinjen)'를 복원하겠다고 선언했는데, 이는 노동우선주의에 대한 보수당 정부와 사민당 정부의 개념 정의 차이와 그에 따른 입장 차이를 확연히 보여준다(Aftonbladet, 2014; Dagens Arena, 2015).

제5장

스웨덴 비정규직의 사용 실태와 행위주체들의 전략
— 임시직 사용 방식을 중심으로[1]

1. 문제의 제기

1) 노동시장의 유연성-안정성 균형

유럽연합은 노동시장의 효율적 작동을 담보하기 위해 유연성-안정성의 균형을 추진했는데, 스웨덴 등 스칸디나비아 국가들이 그 경험적 준거가 되었다. 이를 구현하기 위한 제도적 장치가 황금삼각형으로, 이는 고용계약제도, 적극적 노동시장정책, 실업자 소득보장제도 등 세 정책요소로 구성되어 있다. 자본의 유연성 요구와 노동의 안정성 요구는 황금삼각형의 모든 정책요소에서 각축하고 있는데, 그

---

[1] 이 장은 『산업노동연구』 제23권 1호에 게재된 필자의 논문을 수정·보완한 것이다. 수정 게재를 허락해준 한국산업노동학회에 감사드린다.

표 5-1 노동시장 고용계약제도 경직성의 국제 비교,* 2013년

구분	스웨덴	덴마크	네덜란드	독일	프랑스	스페인	영국	미국	OECD 평균
〈정규직 해고규제〉									
개별해고	1.80	1.50	2.03	1.94	1.86	1.39	0.80	0.35	
집단해고	0.71	0.82	0.91	1.04	0.96	0.89	0.82	0.82	
합계	2.52	2.32	2.94	2.98	2.82	2.28	1.62	1.17	2.29
〈비정규직 사용규제〉									
기간제	0.38	1.13	0.50	0.38	2.00	1.38	0.13	0.00	
파견노동	0.79	0.67	0.67	1.38	1.75	1.79	0.42	0.33	
합계	1.17	1.79	1.17	1.75	3.75	3.17	0.54	0.33	2.08
〈노동시장 전체 규제〉**									
정규직-비정규직 합계	3.69	4.11	4.11	4.73	6.57	5.45	2.16	1.50	4.37

* 높은 값은 노동자 보호 경직성, 낮은 값은 유연성을 의미함.
** 정규직 해고규제 지수와 비정규직 사용규제 지수를 단순 합계한 것임.
자료: OECD(2014), OECD(http://stats.oecd.org/)

중에서도 노동과 자본의 이해관계가 가장 첨예하게 대립하는 부분은 바로 노동력 사용 방식을 규제하는 고용계약제도의 유연성 수준이다.

스웨덴 노동시장의 유연성 정도는 OECD 평균 수준을 넘어서는 것으로 알려져 있다. OECD 고용보호법 규제 지수를 보면, 스웨덴은 노동시장 전체 규제 지수가 3.69로서 OECD 회원국들 평균 4.37에 못 미치며 영미형 자유시장경제 국가들 다음으로 유연성이 높게 나타난다(〈표 5-1〉 참조).

노동력 활용의 유연성을 확보하는 방식은 정규직의 정리해고와 비정규직 활용으로 대별되는데, 스웨덴은 후자에 우선순위를 두고 있다. 스웨덴의 정규직 해고규제 지수는 2.52로서 OECD 평균 2.29를 조금 상회하는 반면, 비정규직 사용규제 지수는 1.17로서 OECD 평균 2.08의 절반 수준에 불과한 것으로 나타났다. 이처럼 스웨덴 노동시장은 비정규직 사용을 중심으로 높은 수준의 노동력 활용 유연성을 확보하고 있는데, 비정규직 사용의 유연성 수준이 영미형 자유시장경제모델 국가들보다는 낮지만 대륙형 혹은 지중해형 조정시장경제모델 국가들보다는 높다. 그런 점에서 스웨덴 등 스칸디나비아 국가들은 영미형 자유시장경제 국가들과 함께 비정규직 사용규제에서 상대적으로 높은 유연성 수준을 보이며 높은 경직성의 대륙형 및 지중해형 국가들과 좋은 대조를 이룬다.

2) 스웨덴 임시직 연구의 미흡

스웨덴의 비정규직과 노동시장에 대한 연구는 주제 영역별로 심하게 불균등해서 임시직과 비정규직에 관한 연구는 흔치 않으며, 연구현황은 다음과 같다.

첫째, 낮은 실업률과 높은 취업률로 표상되는 스웨덴 노동시장의 효율성으로 인해 유연성과 안정성의 균형을 제도화한 황금삼각형 정책요소에 대한 관심은 높아졌지만, 선행연구들은 주로 효율적인 적극적 노동시장정책과 관대한 사회보장체계에 초점이 맞춰져 있다. 반면, 노동력 사용 유연성의 핵심인 비정규직에 대한 연구는 상대적으로 희소하다(Arbetsförmedlingen, 2012; SO, 2010; Jolivet & Mantz, 2010; Wadensjö, 2009; Kluve et al, 2007). 고용보호법과 차별금지법(Lag om förbud mot diskriminering av deltidsarbetande arbetstagare och arbetstagare med tidsbegränsad anställning)뿐만 아니라 단체협약들도 비정규직과 정규직의 동등처우를 강제하고 있음에도, 노동시장 고용계약의 경직성-유연성 척도에서 고용보호 수준은 정규직과 비정규직 사이에 양극화되어 있다. 선행연구들은 스웨덴 노동시장의 유연성-안정성 균형은 확인했지만, 이러한 모순적 현상의 부정적 효과를 상쇄하기 위한 적극적 노동시장정책과 사회보장체계에 주목할 뿐 모순 자체를 설명하기 위한 비정규직 연구를 체계적으로 수행하는 수준까지는 나아가지 못했다.

둘째, 제한적으로 수행된 비정규직 노동자 연구는 비정규직 내 다양한 고용형태 가운데 주로 파견노동에 집중된 반면, 임시직에 대한 연구는 상대적으로 희귀하다(Coe et al, 2009; Storrie, 2003; FI, 2015; IPSOS, 2014; Silva & Hylander, 2012; Bemanningsföretagen, 2012c; Bergström & Styhre, 2010). 파견노동 연구들은 자본의 유연성 요구와 노동의 안정성 요구가 각축하는 가운데 비정규직 사용을 통한 유연성을 허용하되 사회적으로 규제하는 '관리된 유연성(managed flexibility)'의 노동시장 특성을 확인해주고 있다. 이처럼 파견노동이 작은 규모에도 불구하고 주목을 받은 것은 파견업체들이 중간착취와 인력거래 같은 부정적 이미지에 시달리는 한편, LO(Landsorganisationen i Sverige, 스웨덴노총)가 파견업체들의 단체교섭 요구를 10년 이상 거부하며 파견업의 정당성을 부정하는 과정에서 파견노동의 사용 자체가 사회적 쟁점화되어 있었기 때문이다. 반면 임시직은 사용업체가 직접고용하고 있고 법제도와 단체협약으로 동등처우가 강제되고 있어 임시직 문제의 심각성이 덜 부각되었기 때문에 상대적으로 연구 진전이 더뎠다고 할 수 있다.

셋째, 소수에 불과한 임시직 노동 연구들조차 주로 법적 규제 방식과 법제도 변화에 집중되었다(Engblom, 2008; Storrie, 2003; Jonsson & Nyberg, 2009). 스웨덴 등 스칸디나비아 국가들은 법 규정보다 단체협약을 중심으로 비정규직 사용을 포함한 노동시장 작동을 규제하고 있는데, 산업부문과 사업장 단위의 단체협약에 의한 규제 방식에 대해 거의 연구가 이루어지지 않았다는 사실은 임시직 사용 실태와 관련 동학에 대한 유의미한 설명을 어렵게 한다. 또한, 2000년대 후반 보수당 정부 출범과 경제위기 발발은 임시직 사용을 통한 노동시장 유연화를 크게 진전시켰을 것으로 추정되는데도 불구하고, 이에 대한 분석적 연구도 제대로 수행되지 않았다. 그 이유는 보수당 정부 집권과 경제위기가 최근에 일어난 현상으로서 학술적 연구가 축적되기 어려웠다는 점도 있지만, 보수당 정부의 2007년 노동시장 개혁과 지난 세 차례 총선에서의 핵심적 쟁점이 실업자 소득보장제도 개혁이었기 때문이기도 하다. 이처럼 임시직 사용을 둘러싼 자본과 노동의 전략 내용, 이해관계의 갈등 및 타협의 동학, 생산현장의 임시직 사용규제 방식 및 오·남용 여부를 포함한 사용 실태 및 노동조건의 변화에 대해서는 체계적 연구가 수행되지 않았다.

한편, 국내의 스웨덴 임시직 연구는 전무하고, 스웨덴 비정규직 노동을 다룬 학술연구도 찾기 쉽지 않다. 손혜경(2010)의 연구는 학술적 성격이라기보다 파견노동 관련 정책에 대해 간략하게 소개한 정책보고이고, 김영미(2011)는 시간제노동을 성평등적 관점에서 분석했으며, 조돈문(2012)도 파견노동 사용에 대한 사회적 규제와 파견노동자들의 노동조건 및 직무 만족도에 대해 분석했다.

3) 임시직 사용 실태와 연구 과제

스웨덴의 유연성 활용 방식은 자본의 유연성이 일방적으로 관철되는 영미형 자유시장경제 국가들과는 달리, 사회적 규제 하에서 제한적으로 유연성이 사용되는 '관리된 유연성'으로 규정되고 있다. 이러한 관리된 유연성 명제는 주로 파견노동 등 간접고용 비정규직 연구들에서 제기된다(Coe et al, 2009; Storrie, 2003; 조돈문, 2012). 스웨덴 노동시장에서 간접고용 파견노동은 전체 피고용자의 2% 수준으로 추정되는 반면(조돈문, 2016: 327-329; Bemanningsföretagen, 2014: 2-4), 직접고용 임시직은 전체 피고용자의 15%를 점하고 있어, 비정규직의 절대다수는 임시직이라 할 수 있다.[2] 따라서 파견노동 사용에서 확인된 관리된 유연성 명제가 임시직을 중심으로 한 전체 비정규직에도 타당한지는 아직 규명되어야 할 연구 과제로 남아 있다.

비정규직 사용규제 지표들에서도 파견노동에 비해 기간제 등 임시직의 유연성이 상대적으로 더 높게 나타나고 있다는 점에서(〈표 5-1〉 참조), 임시직의 경우 파견노동과는 달리 유연성에 대한 사회적 규제의 효율성이 관리된 유연성 수준에 못 미칠 수 있다. 그뿐만 아니라 2000년대 후반 임시직 사용 실태는 상당한 변화를 거치게 되었는데, 이 또한 임시직의 경우 유연성의 사회적 규제 방식이 큰 변화를 겪었을 수 있음을 의미한다.

---

2   간접고용은 파견노동과 용역노동으로 구분되는데, 스웨덴의 경우 용역노동도 대체로 사용업체의 지시·통제 하에서 노무를 제공하고 있어 파견노동과 다르지 않다. 파견노동은 현재 전체 피고용자의 2% 정도로 추산되는데, 대부분 파견업체의 정규직으로 고용되어 있어 고용형태 분류에서 임시직에 포함되지 않는다. 스웨덴 파견노동 등 간접고용에 대해서는 조돈문(2012)을 참조하도록 한다.

임시직의 규모는 꾸준히 증대되어왔는데, 2007년 약 62만 2천 명으로 전체 피고용자의 15.9%를 점하며 절대적 규모와 상대적 비율 모두 최고치를 기록한 다음 하락하며 부침을 보였다(〈표 5-2〉 참조). 임시직 규모가 부침하던 2000년대 후반은 외적 요인들에 의해 스웨덴 노동시장이 큰 변화를 겪은 시기다. 친자본 성향의 보수당이 2006년 말 총선에서 사민당을 이기고 집권하여 이듬해 임시직 사용 기간 연장을 골자로 고용보호법(Lag om anställningsskydd, LAS)을 개정했고, 2008년 후반 스웨덴 경제는 세계금융위기의 여파로 위기를 맞으며 대대적 인력감축 과정을 거치게 되었다.

2000년대 후반 정치 상황과 시장 상황의 변화가 노동시장 유연성 관련 법제도 개정을 넘어 생산현장의 임시직 등 비정규직 사용규제 방식에도 영향을 주었을 것임은 자명하다. 스웨덴 노동시장이 비정규직을 통해 노동력 활용의 유연성을 확보하고 있는 가운데 2000년대 후반 고용보호법 개정으로 임시직 사용은 보다 더 용이하게 되었다. 또한, 경제위기 발발 이후 노동시장의 역학관계는 보수당 집권으로 자본의 우위를 더 강화하는 방향으로 변화하게 되었다. 그런 점에서 사용업체들은 OECD 평균 이상의 유연성을 허용하는 스웨덴의 법제도를 활용하여, 임시직을 대폭 증대할 수 있는 조건이 조성된 것이다. 그러나 2007년과 2016년을 비교하면, 임시직 규모의 증가율은 2.56%에 불과한 반면, 전체 피고용자 규모와 정규직 규모는 각각 7.87%와 8.87%로 임시직 규모 증가율의 3배 속도로 크게 증대된 것으로 나타났다.[3]

---

3   LO는 2014년까지 비정규직 관련 통계치는 체계적으로 제공해왔으나 2015년부터는 비율만 간헐적으로 제공하고 있어 심층적 분석을 실시하기 어렵다.

표 5-2 고용형태별 분포 변화, 1990~2016년

연도	실질 GDP 성장률(%)	총 피고용자 (명)	정규직 (명)	임시직 (명)	임시직 (%)
1990	0.8	4,020,000	3,642,000	378,000	9.4
1991	- 1.1	4,001,000	3,643,000	358,000	8.9
1992	- 1.2	3,811,000	3,451,000	360,000	9.4
1993	- 2.1	3,557,000	3,204,000	353,000	9.9
1994	4.1	3,411,000	3,031,000	380,000	11.1
1995	4.0	3,456,000	3,008,000	448,000	13.0
1996	1.5	3,488,000	3,050,000	438,000	12.6
1997	2.9	3,434,000	2,999,000	435,000	12.7
1998	4.2	3,463,000	2,987,000	476,000	13.7
1999	4.5	3,556,000	3,037,000	519,000	14.6
2000	4.7	3,618,000	3,107,000	511,000	14.1
2001	1.6	3,748,000	3,221,000	527,000	14.1
2002	2.1	3,766,000	3,271,000	495,000	13.1
2003	2.4	3,760,000	3,249,000	511,000	13.6
2004	4.3	3,731,000	3,229,000	502,000	13.5
2005	2.8	3,720,000	3,194,000	526,000	14.1
2006	4.7	3,794,300	3,226,000	568,300	15.0
2007	3.4	3,911,800	3,290,000	621,800	15.9
2008	- 0.6	3,993,700	3,390,000	603,800	15.1
2009	- 5.2	3,929,400	3,391,500	537,900	13.7
2010	6.0	3,874,000	3,328,700	545,400	14.1
2011	2.7	4,005,300	3,424,900	580,400	14.5
2012	- 0.3	4,025,280	3,460,370	564,901	14.0
2013	1.2	4,022,200	3,435,600	586,600	14.6
2014	2.6	4,072,300	3,454,200	618,200	15.2
2015	4.5	-	-	-	-
2016	2.7	4,219,500	3,581,800	637,700	15.1
2007~2016 증감(%)		7.87%	8.87%	2.56%	

자료: LO(2014c: 27; 2017: 7), OECD(http://stats.oecd.org/)

이러한 역설적 현상을 설명하기 위해서는 자본의 유연성 요구와 노동의 안정성 요구가 상호작용하며 어떻게 노동시장의 임시직 등 노동력 활용 방식을 결정하며 관리된 유연성을 실현하는지가 규명되어야 한다. 하지만 선행연구들은 이러한 동학에 대한 체계적 분석을 제시하지 못하고 있는데, 본 연구의 문제의식은 여기에서 시작된다.

이 장에서는 임시직의 사용 실태와 사용 방식 변화를 분석하며 법 개정 효과와 경제위기 효과의 설명력을 검토하고, 임시직 등 비정규직 사용을 둘러싼 자본의 유연성 확보 전략과 노동의 유연성 규제 전략이 어떤 내용으로 추진되며, 어떻게 서로 각축하고 타협하며 경제위기 이후 비정규직 사용의 새로운 평형점을 형성하게 되었는지를 설명하고자 한다.

2. 임시직 사용의 사회적 규제

스웨덴은 임시직 노동의 사용을 포함한 노동시장 작동에 대해 사회적으로 규제할 때 법 규정에 의한 규제와 단체협약을 통한 자율적 규제 방식을 병행하고 있는데, 여타 스칸디나비아 국가들과 마찬가지로 후자가 중심이 되고 있다.

1) 임시직 사용의 법적 규제: 내용 및 변화

임시직 사용을 규제하는 법제도의 핵심은 1974년 제정된 고용보호법이다.[4] 고용보호법은 1996년과 2007년 두 차례 크게 개정되었는데, 모두 임시직 사용규제를 완화하는 방향으로 이루어졌다.

고용보호법은 정규직 고용을 원칙으로 하되 임시직을 사용할 수 있는 사유를 명시함으로써 주로 사용 사유 제한 방식으로 임시직 사용을 규제하되 사용기간 제한 방식도 병용하고 있다. 고용보호법은 임시직 사용 사유를 8가지로 한정했는데, 사용 빈도는 휴가 대체가 가장 많았고 다음으로는 한시적 프로젝트 직무, 수습노동, 노동력 수요의 일시적 증대 순으로 뒤를 이었다. 1996년 10월 개정된 법은 임시직 사용 사유 제한을 크게 완화하여, 노동자의 자발적 동의만 있으면 임시직으로 사용할 수 있도록 했다. 이러한 일반기간제(allmän visstidsanställning) 도입으로, 특별한 사유가 없더라도 사업체당 5명 이하의 일반기간제를 3년 기간 동안 총 12개월 이내로 사용할 수 있게 되었다. 이후 2006년 5월 사민당 정부가 개정했으나, 같은 해 9월 총선 승리로 출범한 보수당 정부가 2007년 5월 재개정하여 7월 1일부터 발효되도록 했다.[5]

보수당의 2007년 재개정 법안은 임시직 사용규제를 다음과 같이 크게 완화했다. 첫째, 노동자 동의로 사용하는 일반기간제 사용 조항을 존치하되 사용기간을 연장하고, 사업체당 5명으로 제한하는 규정은 삭제했다. 둘째, 임시직 사용기간 산정 방식을 모든 유형을 망라하는 누적합산 방식에서 동일유형에 한정된 누적합산 방식으로

---

4   임시직 사용규제와 임시직 노동자 보호 관련 법 규정 내용 및 개정 내역에 대해서는 http://data.riksdagen.se/, https://lagen.nu/, http://www.lo.se/, SKr(1999/2000), Murhem(2012), Englblom(2008), Storrie(2003)를 참조하도록 한다.
5   사민당 개정안과 보수당 재개정안의 차이점에 대해서는 이 책의 제4장을 참조하도록 한다.

수정함으로써 임시직 사용기간을 실질적으로 연장하는 결과를 가져왔다. 셋째, 임시직 사용과 관련하여, 노사 교섭주체들은 전국 수준의 산별협약을 통해 고용보호법의 규정보다 후퇴한 내용으로 단체협약을 체결할 수 있도록 허용하였는데, 사업장 수준에서도 체결될 수 있도록 허용 범위를 확대했다.[6]

고용보호법은 2007년 개정 이래 유의미한 개정 없이 유지되고 있는데, 현행 고용보호법 제5조와 제6조에 적시된 임시직 사용 사유는 첫째, 특별한 사유 없이 노동자의 동의만으로 사용할 수 있는 일반기간제 고용, 둘째, 정규직의 법정 휴가 등의 일시적 대체 고용, 셋째, 계절적 고용, 넷째, 피고용자가 67세에 도달한 경우, 다섯째, 수습노동이다.

고용보호법은 임시직 노동자들의 사용에 대해 사용 사유와 사용기간을 규제하고 있으며, 사용기간은 사용 사유에 따라 차별화하고 있다. 일반기간제와 대체고용 임시직의 경우 총 5년의 기간 동안 2년 이상 사용할 수 없게 제한하는 한편, 수습고용 임시직의 경우 6개월을 초과할 수 없도록 하고 있다. 일반기간제와 대체고용 임시직의 경우 사용기간을 초과하여 사용할 경우 정규직으로 전환하고, 수습고용 임시직의 경우 수습기간 만료 전에 통지하도록 하되 통지하지 않으면 정규직으로 전환하도록 했다.

고용보호법은 임시직 노동의 사용을 규제하는 한편 임시직 노

---

6   LO와 산하 노조들은 2007년 보수당 정부 주도 고용보호법 개정에 대해 강력하게 반대했다. 주요한 개정 내용은 임시직 사용기간 산정 방식 변경과 후퇴한 내용의 단체협약을 사업장 수준까지 허용한 것이다(http://www.lo.se/; Murhem, 2012; Danielsson 면담, 2012).

동자를 보호하는 장치들도 구비하고 있는데, 계약 종료의 사전통지제[7]와 재고용 우선권 보장제가 좋은 예이다.

고용보호법(제15조)은 고용주가 임시직 노동자들에 대해 고용계약 만료와 함께 더 이상 고용하지 않을 경우 늦어도 고용계약 만료 1개월 전까지는 통지하도록 하고 있는데, 이러한 통지 수령 자격은 해당 고용형태의 고용기간 조건을 충족하는 임시직 노동자에 한정하여 주어진다. 임시직 노동자들은 고용계약 만료 시점 기준으로 지난 3년 기간 동안 12개월 이상 고용된 경우로 한정되며, 고용기간이 너무 짧아서 한 달 내 통지하기 어려운 경우 고용 시작과 동시에 통지해야 한다. 또한 계절적 고용 임시직의 경우 고용계약 만료 시점 기준으로 지난 2년 동안 6개월 이상 특정 계절에 고용되었다면 새로운 계절이 시작되기 한 달 전까지는 통지해야 한다.

정규직 노동자들의 경우 최소한 한 달의 사전통지기간이 주어지며, 근속연수 2년 이상 4년 미만인 정규직의 경우 2개월이고, 근속연수가 증가할수록 사전통지기간도 비례하는데 최장 사전통지기간은 6개월로서 10년 이상 근속한 정규직의 경우에 해당된다.

또한 고용보호법(제25조)은 일거리 부족으로 고용계약이 종료된 노동자들에게 해당 고용주의 사업에 대해 재고용 우선권을 부여하고 있는데, 정규직뿐만 아니라 임시직 노동자들에게도 재고용 우선권을 보장한다. 다만 임시직 노동자들은 이전 3년 기간 동안 12개월 이상 고용되었던 경우에 한정하여 재고용 우선권이 주어지며, 계

---

7   정리해고의 경우 근속연수에 비례한 사전통지제와 함께 연공서열제에 기초한 대상자 선별 등 정리해고 절차에 대한 규제 장치들은 있지만 해고수당 지급을 의무화한 법 규정이나 단체협약 규정은 없다.

절고용 임시직의 경우 지난 2년 동안 6개월 이상 고용되었던 경우에 한정하여 주어진다.

한편, 차별금지법은 고용형태에 따른 차별처우를 금지하고 동등 처우를 강제하고 있는데, 제3조와 제4조에서 임시직과 단시간 노동자들을 특정하여 비슷한 상황에 있는 상근 정규직 노동자들에 비해 더 불리한 임금 및 고용조건으로 차별하지 못하도록 했다. 차별금지법은 이러한 직접적 차별처우에 더하여 외견상 중립적으로 보이더라도 내용적으로 더 불리한 임금 및 고용조건을 부과하는 간접적 차별처우도 금지하고 있다.

일반 노동관계법들과 사회보장 관련법들도 정규직과 비정규직 노동자를 차별하지 않기 때문에 작업장 안팎에서 임시직 노동자를 포함한 비정규직 노동자들이 정규직과 동등한 법적 권리를 누리고 있다. 그러나 임시직 노동자의 경우 정규직 같은 무기계약이 아니라 기간의 정함이 있는 한시적 고용계약을 맺고 있어 고용안정성을 결여하고 있다. 그뿐만 아니라 실업보험 등 사회보장제도에서도 제도적으로 차별받는 것은 아니지만 정규직에 비해 실직 전 근속기간 관련 수급조건을 충족시키기가 더 어렵고, 실업급여 산정 기준이 되는 실직 전 일정 기간 월평균 임금의 차이로 인해 수령액수가 더 작아진다는 문제점이 있다(Engblom, 2008: 137-138).

2) 생산현장의 규제 방식: 제조업 단체협약의 내용 및 변화

법 규정 외에 노동력 활용을 규제하고 노동자를 보호하는 장치로는 단체협약이 있다. 단체협약 체계는 제조업을 대표하는 금속노조(IF

Metall, Industrifacket Metall)[8]와 제조업사용자협회(Tekniföretagen)가 산업 수준에서 체결한 산별 단체협약과, 단위 사업장 수준에서 사측과 단위 노동조합이 체결한 사업장 단체협약으로 구성되어 있다.

금속산업 단체협약은 제9조 1항에서 임시직의 사용규제 방식을 적시하며, 고용보호법의 관련 조항들을 대체한다고 명시하고 있다.[9] 임시직 사용규제 조항은 1970년대에 처음 도입된 이래 주요한 내용의 변화 없이 갱신되어왔는데, 2007년 4월 1일 발효된 단체협약의 수정안이 현재까지 유지되고 있다. 고용보호법의 기간제 사용기간 연장 관련 법 개정안이 2007년 5월에 통과되어 7월에 발효했다는 점을 고려하면 2007년 법 개정은 금속산업 단체협약의 기간제 사용규제 규정 변화에 전혀 영향을 미치지 못했다고 할 수 있다.

금속산업 단체협약은 사업장에 노동조합은 있으나 사업장 단체협약에 별도의 관련 규정이 없을 경우, 기업 측과 노동자는 12개월 이하의 임시직 계약에 합의할 수 있도록 허용하되 노동조합에 임시직 고용을 통고하도록 했다. 단, 사업장 단체협약이 허용할 경우에 한해 기업 측과 노동자는 3년 기간 동안 12개월을 초과하는 임시직 계약을 체결할 수 있도록 했다. 따라서 12개월을 초과하는 임시직 계약은 반드시 사업장 단체협약의 허용 규정이 있어야 체결될 수 있

---

8   금속노조는 금속산업과 광산업의 노동조합으로 출범했다. 이후 여타 제조업 노조들을 통합하여 현재 금속과 광산업 외에도 화학, 의약, 플라스틱, 건설자재, 유리 등 제조업을 망라하고 있지만, 명칭은 여전히 금속노조를 사용하고 있다. 금속노조는 제조업사용자협회와 함께 노사관계의 유형설정자 역할을 수행하고 있어 본 연구에서도 금속노조의 단체협약을 주요 준거로 분석한다.

9   금속산업 단체협약의 내용과 변화에 대해서는 IF Metall(2004, 2007, 2013, 2016j), Whalstedt 면담(2016), NilssonR 면담(2013, 2016)을 참조하도록 한다.

었고, 12개월을 초과하는 임시직 계약 체결은 2008년 4월 단체협약에서 처음으로 허용되었다.

한편, 사업장에 노동조합이 없을 경우, 기업 측과 노동자는 사업장 단체협약이 없어도 12개월 이내의 임시직 계약 체결을 허용하되, 반드시 노동조합에 통보하도록 했다. 노동조합은 이 임시직 계약 허용 조항이 남용된다고 판단할 경우, 해당 사안과 관련하여 사업장 교섭 혹은 중앙교섭을 요청할 수 있으며, 그래도 문제가 해결되지 않으면 사측은 노조 사업장과 동일한 규칙의 적용을 받게 된다.

사업장 수준 단체협약은 산별 단체협약에 기초하여 체결하는데, 볼보노동조합(Volvo Verkstadsklubb, VVK)의 경우 볼보승용차가 볼보그룹에서 분리되어 소유주가 바뀐 뒤부터는 볼보승용차와 볼보그룹과 각각 별도의 단체협약을 체결하고 있다.[10] 볼보그룹과 볼보승용차의 사업장 단체협약을 보면 주로 임금인상, 기업별 연금, 노동시간과 교대제 관련 규정들이 중심이 되는 반면, 임시직과 관련해서는 별도의 규정을 두지 않거나 금속산업 단체협약을 조금 보완하는 수준에 그치고 있다. 2008년 금속산업 단체협약에서 12개월을 초과하는 임시직 고용계약을 체결할 수 있도록 허용하기는 했지만, 사업장 단체협약들의 임시직 관련 규정은 거의 수정되지 않았고, 따라서 12개월을 초과하는 임시직 고용계약은 별로 없었음을 확인할 수 있다.

금속산업 단체협약 체결 당사자인 금속노조와 제조업사용자협회 관계자들은 고용보호법 임시직 관련 규제 조항들의 영향력이 제

---

10 볼보그룹과 볼보승용차의 사업장 단체협약들에 대해서는 VVK(2010, 2013a, 2013b, 2016), BergströmG 면담(2016), Sällström 면담(2016)을 참조하도록 한다.

한적이며, 생산현장의 임시직 사용 방식 규제는 고용보호법 조항이 아니라 주로 단체협약 규정에 따라 이루어진다고 증언한다(Whalst-edt 면담, 2016; NilssonR 면담, 2016). 고용보호법은 제5조와 제6조의 임시직 사용규제 조항들에 대해 단체협약을 통해 다른 내용으로 수정되거나 대체할 수 있도록 허용하고 있는데, 금속산업 단체협약은 단체협약 제9조 1항에 명시된 임시직 사용규제 방식이 고용보호법의 임시직 관련 규제 조항들을 완전히 대체한다고 밝히고 있다. 따라서 1997년 고용보호법 개정과 마찬가지로 2007년 고용보호법 개정도 임시직 규제 방식을 완화했지만 금속산업 단체협약에는 별다른 영향을 미치지 못했다.[11]

금속산업 단체협약이 사업장 단체협약에 의거해 1년 이상의 임시직 고용계약도 체결될 수 있도록 허용하고 있지만, 실제 1년 이상의 임시직 고용계약을 허용한 사업장 단체협약은 흔치 않다고 한다. 이는 사업장 단위 노동조합이 금속산업 단체협약이 허용하는 수준보다 더 엄격하게 임시직 사용을 규제하고 있음을 의미한다. 고용보호법이 일반기간제와 대체고용 임시직의 고용계약 기간을 2년까지 허용하고 있다는 점을 고려하면 산별과 사업장의 단체협약이 고용보호법보다 임시직 사용을 훨씬 더 엄격하게 규제하고 있음을 확인할 수 있다.

한편, 사업장에 노동조합이 없는 경우 사업장 수준 단체협약에 임시직 고용 규정이 없어도 계약을 체결할 수 있도록 하되 임시직

---

11   금속노조의 단체교섭 책임 역할을 수행해온 NilssonR(면담, 2016)은 임시직 사용규제와 관련하여 "금속산업 단체협약 제9조로 규제하기 때문에 고용보호법 제5조와 제6조의 개정 과정 및 내용에 대해서는 별로 신경을 쓰지 않는다"고 증언했다.

고용이 남용될 경우 사업장 혹은 산별 수준의 단체교섭을 요구할 수 있도록 규제 장치를 마련해두고 있다. 하지만 금속노조 단체교섭 책임자(NilssonR 면담, 2016)는 그러한 남용 사례는 거의 없다고 증언했다. 이처럼 무노조 사업장에서도 임시직 고용 계약을 남발하지 않는 것은 스웨덴 노동시장의 단체협약 적용률이 90% 수준으로 노조 조직률 70% 수준을 크게 상회할 뿐만 아니라, 적용률이 꾸준히 상승하고 있어 무노조 사업장도 산별노조의 간접적 보호를 받고 있기 때문이라고 제조업사용자협회 단체교섭 책임자(Whalstedt 면담, 2016)는 증언했다.

이처럼 단체협약이 임시직 사용규제에 있어 고용보호법을 대체하고 있지만, 고용보호법과 차별금지법의 차별처우 금지, 계약 종료의 사전통지, 재고용 우선권 보장 등 임시직 노동자 보호장치들의 효력은 침해하지 않는다.

3. 생산현장의 임시직 사용: 노동·자본의 전략과 각축

1) 임시직 사용 실태 및 변화 추세

스웨덴 노동시장의 임시직 규모는 1990년 이래 일시적 부침은 있었지만 꾸준한 증가세를 보이다가 2007년 약 62만 2천 명으로 전체 피고용자의 15.9%를 점하며 절대적 규모와 상대적 규모 모두 최고치를 기록했다(〈표 5-2〉 참조).

고용보호법은 1996년 말과 2007년 중반 임시직 노동자 사용을 더 용이하게 하는 방향으로 개정되었는데, 1997년은 임시직 규모가 도리어 경미하게나마 감축했고, 2007년은 소폭 증가했지만 증가율은 전년도의 증가율과 비슷한 정도라서 고용보호법 개정 효과라고 보기 어렵다. 이처럼 임시직 사용 유연화의 고용보호법 개정은 유의미한 효과를 수반하지 않은 반면, 경제위기의 효과는 괄목할 만하다. 실질 GDP 성장률이 마이너스를 기록한 1991~93년 기간은 전체 피고용자 규모와 함께 임시직 규모도 크게 감축되어 1994년에 가서 비로소 1990년 수준을 회복하게 되었다. 또한 세계금융위기의 발발로 2008년과 2009년 연이어 실질 GDP가 마이너스 성장을 기록하는 가운데 총 피고용자 규모와 함께 임시직 규모도 감소했다. 임시직 규모는 2010년부터 증가하기 시작했지만 2014년 61만 8천 명으로 아직 2007년의 62만 2천 명 수준도 회복하지 못했다. 경제위기는 임시직 규모를 크게 감축시켰고, 2008~09년 경제위기의 영향은 1990년대 초반 경제위기에 비해 훨씬 더 컸다.

2008~09년 경제위기 하에서 임시직 규모가 급감했지만, 정규직 규모는 2009~10년 일시적 정체 현상을 보인 다음 꾸준한 증가 추세를 보여주고 있다. 이는 경제위기 하의 인력조정이 주로 임시직의 대량 계약해지 방식으로 진행되었음을 의미한다. 스웨덴은 경제위기 발발 직후 임시직과 파견노동자 등 비정규직을 중심으로 인력 감축을 실시했는데, 이러한 현상은 경제위기의 피해가 컸던 제조업과 건설업에서 강도 높게 진행되었다.[12]

한편, 2007년과 2014년 사이 전체 피고용자가 4.10% 증가하는

---

12 경제위기 하 비정규직 중심 구조조정 과정과 그 효과에 대해서는 Anxo(2012: 32-37), Wadensjo 면담(2013), MajaMalin & Erica 면담(2016. 1)을 참조하도록 한다.

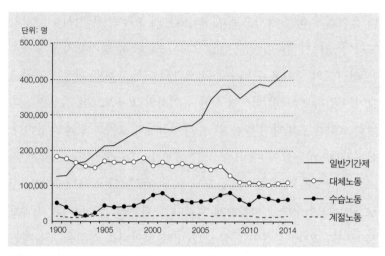

그림 5-1 임시직 유형별 증감 추세, 1990~2014년
자료: LO(2014a: 28)

가운데, 정규직은 4.99%로 전체 평균 이상으로 크게 증가한 반면, 임시직은 0.58% 감소한 것으로 나타났다(〈표 5-2〉 참조). 사용업체들이 경제위기를 통해 노동력 활용 유연성 확보의 필요성을 절감하며 임시직 비율을 높였을 것으로 추정되었으나 결과는 정반대로 나타났는데, 이 부분에 대한 설명이 필요하다.

　　고용보호법에서 허용한 임시직 사용 사유별 구성을 보면 일반기간제, 대체노동, 수습노동, 계절노동 순으로 나타났는데(〈그림 5-1〉 참조), 일반기간제는 일시적 수요 증대, 시간제, 특정 프로젝트 수행 중심으로 구성되어 있다. 임시직의 유형별 변화 추이를 보면, 1990년대 초반까지는 대체노동이 가장 비중이 컸으나 이후 정체 혹은 경미한 감소 추세를 보이는 가운데, 일반기간제는 꾸준한 증가 추세를 보여주며 여타 유형들보다 월등히 더 큰 규모로 성장했다. 이처럼 일반기간제의 확산은 1996년과 2007년 일반기간제 사용규제를 완화한 고용보호법 개정 효과인 한편, 금속산업처럼 사용 사유를 특정하지 않고 사용기간과 노동자 동의로 규제하는 단체협약이 산업과 작업장 수준에서 확산된 결과이기도 하다.[13]

2) 자본의 유연성 확보 전략: 임시직 vs 간접고용

사용자들의 인터뷰 조사 결과(IPSOS, 2014: 2-3, 10-14)에 따르면, 사용업체들이 정규직만 사용하지 않고 임시직이나 간접고용 같은 비정규직 노동자들을 사용하는 주된 이유는 수요 변동에 상응하여 인력을 유연하게 증감하기 위함이라고 한다. 사용자들이 경제위기 발발 이후 정규직에 비해 비정규직의 해고가 월등히 수월함을 직접 경험한 결과이다.

정규직의 경우 수요 변동에 따른 인력감축이 필요할 때 엄격한 절차를 거쳐야 하므로 시간과 비용이 많이 소요되고, 기업의 이미지에 부정적 영향을 끼치는 문제점이 있다. 반면 비정규직의 경우 평생 고용의 부담이 없어 신속하게 채용할 수 있고, 기업에 필요한 적절한 인력인지 시험 사용할 수 있다. 또한 계약 갱신 포기 등 인력감축이 용이하고, 정규직의 고용안정을 위한 완충재로 사용함으로써 정규직 노동자들에게 심리적 안정감을 제공하는 장점이 있다. 하지만 비정규직은 정규직에 비해 기업에 대한 충성심이 약하고, 교육·훈련에 투자해도 사용업체를 이탈할 가능성이 높다는 문제점도 지닌다.

13 임시직 유형별 비중 변화의 과정과 내용에 대해서는 LO(2005: 22-26; 2012a: 15-17; 2014a: 28-29, 36-37), Jonsson & Nyberg(2009: 8-11)를 참조하도록 한다.

임시직과 간접고용은 모두 사무직보다는 생산직, 중소기업보다는 대기업에서 더 많이 사용하는 것으로 나타났다. 생산직은 직접 생산업무를 담당하고 있기 때문에 시장 수요 변동에 따라 한 번에 인력을 대량 채용 혹은 해고할 필요성이 발생하지만, 사무직은 업무 내용이 생산 증감에 의한 영향을 작게 받고 효과도 더디게 오기 때문이다. 그래서 사무직은 한 번에 대량 채용·해고를 하는 것이 아니라 자격 조건을 고려한 소수 인력의 채용·해고 방식으로 진행된다. 또한 생산직이 상대적으로 대체 가능성이 높지만, 사무직의 경우 전문성 수준이 높을수록 대체 가능성이 낮기 때문에 생산직에 비해 경제위기 상황에서도 해고를 꺼리게 된다는 것이다. 이처럼 사용자 측이 생산직과 사무직에 대해 상이한 관점에 기초하여 차별처우를 하지만, 이에 대해 노동조합 측은 생산직도 직무에 따라 전문성이 높고 대체 가능성이 낮은 일들이 있다는 점에서 사무직과 다르지 않다는 반론을 제기하기도 한다(IPSOS, 2014: 19-22; Whalstedt 면담, 2016). 한편, 대기업은 경제위기 등 급격한 수요감축 시기에 인력감축 규모가 커서, 정리해고를 둘러싼 단체교섭은 오랜 기간이 소요되고 그 과정에서 해고 비용도 크게 증대되기 때문에 중소기업에 비해 비정규직을 더 선호하게 되었다. 이 점에 대해서는 사용자 측과 노동조합 측 모두 인정하고 있다(LO, 2014a; Whalstedt 면담, 2016; NilssonJ 면담, 2016. 2).

임시직과 간접고용은 상호 대체재로서 모두 인력활용의 유연성을 확보하기 위한 수단으로 사용하는데, 2008~09년 경제위기 이후 상대적 선호도에서 일정한 변화가 감지되고 있다. 임시직은 경제위기 하에서 급감한 다음 증가 추세를 재개했지만 2014년까지도 2007

표 5-3 임시직·파견노동자의 규모 및 비율 변화 추이, 2002~2014년

연도	총 피고용자 (명)	임시직		전체 파견업체 조사		35대 업체 파견		전체	임시직/파견	
		임시직노동자 (명)	총 피고용자 대비(%)	파견노동자 (명)	총 피고용자 대비(%)	파견노동자 (명)	총 피고용자 대비 비율(%)	파견/35대 업체 파견(%)	전체파견업체 (%)	35대 업체 (%)
2002	3,766,000	495,000	13.1			36,900	0.98			13.4
2003	3,760,000	511,000	13.6			28,700	0.76			17.8
2004	3,731,000	502,000	13.5			31,500	0.84			15.9
2005	3,720,000	526,000	14.1			30,500	0.82			17.2
2006	3,794,300	568,300	15.0			35,000	0.92			16.2
2007	3,911,800	621,800	15.9	59,400	1.52	42,715	1.09	1.39	10.5	14.6
2008	3,993,700	603,800	15.1	58,850	1.47	47,450	1.19	1.24	10.3	12.7
2009	3,929,400	537,900	13.7	46,100	1.17	38,300	0.97	1.20	11.7	14.0
2010	3,874,000	545,400	14.1	60,100	1.55	48,300	1.25	1.24	9.1	11.3
2011	4,005,300	580,400	14.5	62,863	1.57	53,251	1.33	1.18	9.2	10.9
2012	4,025,280	564,901	14.0	61,127	1.52	49,259	1.22	1.24	9.2	11.5
2013	4,022,200	586,600	14.6			69,900	1.74			8.4
2014	4,072,300	618,200	15.2			65,500	1.61			9.4

자료: 총 피고용자 및 임시직 통계치는 LO(2014a: 27), 파견노동자 통계치는 Bemanningsföretagen(2012b: 2-5; 2013: 2-4; 2014: 2-4)

년 수준을 회복하지 못했다. 반면 간접고용의 파견노동자는 2009년 숫자가 감소했지만 2010년에 회복되어 2007~08년 수준을 넘어섰고, 이후 큰 폭으로 증가했다(〈표 5-3〉참조). 파견노동자 대비 임시직 노동자의 상대적 규모를 보면 전체 파견업체 기준 2009년 11.7%에서 2011~12년 9.2% 수준으로 하락했고, 35대 파견업체 기준으로는 2009년 14.0%에서 2013~14년 9% 수준으로 크게 감소했는데, 이는 사용업체의 상대적 선호도가 임시직에서 간접고용으로 옮겨가고 있음을 의미한다.

사용업체의 간접고용에 대한 상대적 선호도가 상승하는 추세는 단위 사업체 수준에서도 확인된다.[14] 자동차 부품업체 존슨콘트롤스(Johnson Controls)의 경우 경제위기 전인 2007년 임시직과 간접고용이 각각 5% 안팎의 수준으로 임시직의 숫자가 조금 더 많았으나, 2016년 현재 임시직은 없고 비정규직은 모두 파견노동자라고 한다. 볼보승용차도 2007년에는 간접고용이 거의 없었으나, 2016년 현재 신규 채용 비정규직을 모두 간접고용의 파견노동자로 채용하고 있다. 이처럼 고텐버그 지역의 금속산업 사업장들에서도 사용업체의 유연성 수단 선호도가 임시직에서 간접고용으로 이행하는 변화가 확인되고 있다.

사용업체들이 평가하는 임시직과 간접고용의 사용 장단점을 보면 임시직의 비교열위는 확연하다(〈표 5-4〉참조). 임시직은 상대적으로 충성심이 높고 인건비가 저렴하지만, 부적합한 인력이라도 계

---

14 임시직과 간접고용에 대한 고텐버그 지역 사용업체들의 상대적 선호도 변화에 대해서는 Sälström 면담(2016), BergströmG 면담(2016), NilssonJ 면담(2016), Wessman 면담(2016)을 참조했다.

표 5-4 임시직과 간접고용 사용의 장단점에 대한 사용업체 측 평가

구분	임시직 고용	간접고용 사용
장점	• 일정 정도 충성심 있음 • 간접고용보다 인건비 저렴함	• 신속하게 인력을 증가 혹은 감축할 수 있음 • 인력 채용을 위해 사용업체 인력관리 담당부서의 자원 사용이 적음 • 해당 직무에 맞지 않거나 사용업체의 요구 자격요건을 갖추지 못한 부적절한 인력을 능력이 보장된 인력으로 대체할 수 있음 • 송출업체가 고용주로서의 책임을 덜어줌 • 풍부한 경험을 지닌 간접고용 노동자를 사용할 수 있음 • 조직에 경험을 추가하고 새로운 활력을 불어넣을 수 있음 • 송출업체는 점점 더 전문성을 강화하고 있음 • 고용의무 없이 장기간 사용할 수 있음
단점	• 언제든 이직할 수 있음 • 사용기간 지나면 정규직으로 고용해야 하는 의무 있음 • 해고 일정 기간 전 사전통지해야 함 • 부적합한 인력이라도 계약기간 동안 고용 유지해야 하는 부담 있음 • 사용업체 인력관리 담당부서의 자체적인 채용 노력이 필요함	• 임시직보다 인건비가 더 비쌈 • 충성심이 매우 낮음

자료: IPSOS(2014: 2-21)

약기간 중 고용을 보장해야 하고, 사용기간 제한과 사전 해고통지 의무가 있고, 인력채용을 위한 인력관리 담당부서의 노력을 필요로 하는 단점이 지적된다.

사용업체들이 설문조사를 통해 밝힌 생산직 간접고용 노동자 사용 사유를 보면, 2011년에 이어 2015년에도 신속한 인력조정이 가장 높은 비중을 차지하고 있고, 장기적 완충재 역할이 그 뒤를 잇고 있다(〈표 5-5〉 참조). 이들 두 가지 사유는 모두 미래에 있을지 모

표 5-5 생산직 간접고용 사용 사유로 지적한 제조업 사용업체들의 비율 변화(단위: %)

구분	전체 제조업 사용업체			대기업
	2011년	2015년	증감	2011년
신속한 인력조정	62	75	13	79
장기적 완충재	27	57	30	54
향후 정규직 채용 목적	30	39	9	29
한시적 프로젝트	25	22	- 3	21
정규직 고용보호 경직성	18	22	4	14
질병·결근 노동자 대체	19	21	2	14
자체적 채용업무 경감	13	15	2	7
적합한 기술·기능의 획득	19	15	- 4	14
비핵심 사업부문	5	5	0	7

자료: Teknikföretagen(2011: 17-23; 2015: 19-23)

를 시장 수요 변동에 따른 인력조정에 대비하기 위해, 노동력 활용의 외적 수량적 유연성을 확보하려는 것이다. 비율을 보면 2011년 89%에서 2015년에는 132%로 43%나 증가했다. 대기업의 2011년 응답 분포를 보면, 외적 수량적 유연성 확보의 두 가지 사유를 합하면 133%로서 2011년 전체 사용업체 89%의 1.5배에 달한다. 이는 인력조정 유연성의 필요성을 중소기업보다 대기업이 훨씬 더 절감하고 있음을 의미한다. 한편, 사무직의 경우 외적 수량적 유연성 사유는 2011년과 2015년 모두 54%로 정체하여 2015년 생산직의 외적 수량적 유연성 사유 132%의 절반에도 못 미친다(Teknikföretagen, 2011, 2015). 반면, 적합한 기술 획득과 한시적 프로젝트는 2015년 각각 62%와 55%로 생산직의 15%와 22%의 3배를 넘는다.

간접고용 노동자들은 모두 송출업체에 고용되어 있으나, 사용업체에 노무를 제공하는 비정규직이다. 한편, 용역업체는 자신의 고

유사업을 갖고 있다는 점에서 인력송출 업무만 수행하는 파견업체와 구분된다.[15] 파견업체는 주로 생산직 노동자를 송출하는 반면, 용역업체의 경우 과거에는 주로 고임금 전문 기술직·사무직을 송출해 왔으나, 최근에는 저임금 비전문 사무직 송출을 크게 확대하고 있다. 그리고 용역업체 전문기술직도 사용업체의 지시·통제 하에서 노무를 제공하고 있어,[16] 법적으로 파견노동과 차이는 없다. 적용되는 단체협약은 파견업체 혹은 용역업체 여부와 무관하게 송출업체가 소속된 상위 조직체에 따라 결정된다. 예컨대 Manpower, Adeco 등 파견업체들은 대부분 스웨덴 서비스부문 사용자연합체(Almega)에 소속되어 해당 기업체의 노동자들은 파견업협회(Bemanningsföretagen)[17]와 체결된 단체협약의 적용을 받는다. 한편, 용역업체들의 경우, ÅF는 제조업사용자협회에 소속되어, 이 업체의 노동자들은 제조업사용자협회와 체결된 단체협약의 적용을 받는 받는다. 하지만 또 다른 용역업체 Sweco는 Almega에 소속되어, 해당 업체의 노동자들은 파견업협회와 체결한 단체협약의 적용을 받는다. 이처럼 용역노동자들은 적용되는 단체협약에 따라 임금 등 노동조건의 내적 차이가 발생한다는 점에서 동일한 단체협약을 적용받아 노동조건도 동

---

15 파견업체와 용역업체의 차이와 사용업체의 전략에 대해서는 FI(2015: 8-11), NilssonR 면담(2016), Whalstedt 면담(2016), Tenselius 면담(2016)을 참조하도록 한다.

16 사용업체가 해당 직무 관련 지시·통제를 수행할 전문성을 결여하고 있는 경우는 예외적으로 용역업체 전문기술직이 상대적으로 자율성을 많이 부여받을 수 있다(NilssonR 면담, 2016).

17 파견업협회는 2003년 10월 대형 파견업체 협회 SPUR와 중소 파견·소개업체들로 구성된 Almega 서비스업협회가 합병하며 출범했고, 현재 Almega의 7개 소속 단체들 가운데 하나이다. 파견업협회에 대해서는 동 협회의 홈페이지(http://www.bemanningsforetagen.se/)를 참조하도록 한다.

질적인 파견노동자들와는 대조를 이룬다. 그런데 제조업사용자협회가 2015년 용역업체 단체교섭을 위한 별도의 부문위원회를 설치하여 파견업협회와 단체협약 내용을 조율함으로써 전체 간접고용 노동자들의 업체 간 노동조건 격차는 급격하게 줄어들기 시작했다.

2008~09년 경제위기 이후 〈표 5-3〉처럼 임시직 대비 간접고용의 상대적 규모가 크게 확대되었는데, 이러한 간접고용 사용 확대 추세는 대기업들이 주도하고 있다.[18] 경제위기 이후 사용업체들이 임시직에 비해 간접고용을 사용하는 비중이 커지는 동시에, 사용기간이 장기화되어 간접고용 가운데 3개월 이상 사용기간의 비율이 72%에 달하게 되었다. 이러한 사용기간 장기화가 가능한 것은 임시직의 경우 고용보호법과 단체협약들이 사용기간을 제한하는 반면, 간접고용의 경우 사용업체의 사용기간을 제한하는 법 규정이나 단체협약 규정이 존재하지 않기 때문이다. 경제위기 이전에는 사용업체들이 일시적 경제 호황기 혹은 불황기에 신축성 있게 노동력 규모를 증감하기 위해 비정규직을 사용했다면, 경제위기 이후에는 노동력 활용 유연성을 확보하기 위해 인력조정이 수월한 비정규직 비율을 일정 수준 유지하는 전략을 추진하게 되었고, 정규직-비정규직 비율 80-20이 보편화되는 추세라고 한다.

임시직은 사용기간을 초과할 경우 정규직으로 전환하거나 다른 임시직으로 교체해야 하기 때문에 동일 노동력을 계속적으로 사용할 수 없다. 그래서 사용업체들은 동일 노동력을 장기간 사용할 수 있는 간접고용을 선호하게 되었다. 간접고용 비정규직은 사용업

---

18 대기업의 높은 간접고용 비율과 노동력 유연성 전략에 대해서는 Tekniföretagen(2015: 10-12), FI(2015: 10-11), Bemanningsföretagen(2014: 2-4)을 참조하도록 한다.

체의 완충재로 무기한 사용된다는 의미에서 '항구적 임시직(perma-nent temporary worker)'으로 불리며 새로운 노동력 유연성 확보 수단으로 자리를 잡게 되었다. 송출업체는 장기적으로 노동력을 공급할 수 있는 사용업체들이 확보되어 사용업체와 안정적 거래관계를 수행할 수 있게 되었고, 그 결과 인력 송출업은 급성장하게 되었다.

경제위기는 간접고용 중심 유연성 확보 전략을 정착시키는 동시에, 직접고용 사용 전략으로 복귀하기 어렵게 만들었다. 2008~09년 경제위기 하에서 기업들은 대대적 인력감축을 실시했는데, 신규채용 담당부서 인력들도 예외가 아니었다. 중소기업들은 물론 볼보승용차 같은 대기업들도 재정 부담 때문에 인사 담당자들까지 해고한 경우가 많았는데, 그 결과 경기회복과 함께 신규채용 필요성이 대두되었을 때 자체적으로 신규채용을 수행하기 어렵게 되었다.[19] 결국, 볼보승용차도 직접 구직자들을 선발하기보다 파견업체로부터 노동력을 공급받는 선택을 하게 되었는데, 이후 직접고용 정규직을 채용할 때도 파견노동자를 공급하는 파견업체 레르니아(Lernia)에 신규채용을 의뢰하게 되었다. 이 과정에서 레르니아가 자신들이 고용한 노동력을 볼보승용차에서 파견노동자로 6개월, 볼보승용차의 임시직으로 6개월 일하게 한 다음 정규직으로 채용하게 하는 사례들이 빈발했다. 점차 중간단계가 생략되며 임시직을 통한 정규직 채용 경로대신 파견노동을 통한 정규직 채용 경로가 파견노동자의 장기간 사용 방식과 병존하게 되었다.

---

19 Sälström 면담(2016), Wessman 면담(2016), NilssonJ 면담(2016)을 참조하도록 한다.

3) 노동조합의 대응전략과 관리된 유연성

사무직보다 생산직에서 임시직 비율이 높은 가운데 미조직부문에 비해 노조조직부문에서는 비율이 월등히 낮게 나타났다(〈표 5-6〉 참조). 생산직의 경우 임시직 비율이 LO 노조원은 11%에 불과하지만, 미조직부문은 36~37%로 조직부문의 3.3배에 달한다. 한편, 사무직의 경우 TCO(Tjänstemännens Centralorganisation, 사무직노총) 노조원은 7~8%, SACO(Sveriges akademikers centralorganisation, 스웨덴 전문직노총) 노조원은 10~11%인 반면 미조직부문은 18~19%로서 조직노동부문의 2배 수준이다. 이처럼 노동조합은 단체협약으로 임시직 사용을 규제할 뿐만 아니라 일상적으로 이를 감시하기 때문에 노조조직 사업장에서는 임시직의 오남용이 흔치 않다. 전반적으로 생산직의 경우 사무직에 비해 임시직 고용 비율이 2배에 달하지만, LO 노조원 중 임시직 비율이 사무직 노조원 임시직 비율과 비슷하게 나타나는 것은 노동조합의 역할, 특히 LO 노조의 임시직 사용규제와 임시직 노동자 보호 역할이 유의미한 결과를 가져오고 있음을 확인해준다.

임시직 노동자들은 정규직과 동일한 단체협약의 동등처우 원칙을 적용받고 있지만, 담당하는 직무의 차이가 있거나, 같은 직무를 수행하더라도 정규직에 비해 사용기간이 짧아서 근속연수에 따른 숙련수준 상향조정 및 그에 따른 임금인상의 혜택을 받을 수 없다. 볼보승용차 생산직 노동자들의 경우 3범주의 직무군별로 차별화된 임금체계가 운영되고 있는데, 모든 직무군에 공통된 것은 입사 후 15년 동안 매년 월 100SEK씩 인상하며 숙련향상을 보상하는 점이다.

표 5-6 생산직·사무직 조직형태별 임시직 비율(단위: %)

구분		2003	2007	2008	2009	2010	2011	2012	2013	2014
생산직	LO			11			11			11
	미조직			-			36			37
	전체	17.0	20.7	19.7	18.1	19.0	19.9	19.3	19.2	20.4
사무직	TCO			8			7			8
	SACO			11			10			10
	미조직			-			18			19
	전체	10.6	11.9	11.2	10.2	10.3	10.4	10.9	11.4	11.6
전체		13.6	15.9	15.1	13.7	14.1	14.5	14.0	14.6	15.2

자료: LO(2012a: 15; 2014a: 17, 27)

그러나 임시직의 경우 이러한 근속 년에 따른 임금인상 혜택을 받지 못함으로써 15년 근속 정규직에 비해 월 1500SEK만큼 임금을 덜 받게 된다. 한시적 고용계약으로 인한 고용불안정은 물론 이러한 저임금의 불이익까지 겪기 때문에 임시직 노동자들의 직무 불만족은 높은 수준이다.[20]

실제 임시직 노동자들의 고용형태 선호도를 보면 2014년 조사에서 생산직과 사무직 모두 70%가 정규직을 선호한다고 응답함으로써 현재의 임시직 고용형태는 정규직 구직 실패에 따른 비자발적 선택임을 확인해준다(〈표 5-7〉 참조). 2011년에 비해 2014년 정규직 선호도가 하락한 것은 낮은 정규직 취업 가능성을 반영하는 것이며, 노조원에 비해 비노조원의 정규직 선호도가 낮은 것과 같은 맥락에

---

20 임시직과 파견노동자의 노동조건과 직무만족도에 대해서는 LO(2014a: 31-35), Beman-ningsföretagen(2012c: 14-19; 2015a), BergströmG 면담(2016), Sjölander 면담(2016), Ekelöf 면담(2016), Wessman 면담(2016), 조돈문(2016: 314-317, 327-330)을 참조했다.

표 5-7 임시직 노동자들의 고용형태 선호도(단위: %)

연도	구분	정규직 선호	임시직 선호
2011년	LO	86	13
	미조직 생산직	73	25
	TCO	84	15
	SACO	81	19
	미조직 사무직	70	28
	전체	78	21
2014년	생산직	70	29
	사무직	70	28
	전체	70	29

자료: LO(2012a: 25-26; 2014a: 31-35)

서 해석될 수 있다.

임시직 노동자들이 정규직과 함께 사용업체 단체협약의 적용을 받는 반면, 파견노동자들은 파견업체 단체협약의 보호를 받는다. 하지만 파견기간에는 사용업체 단체협약의 보호도 받는다. 파견업이 1993년 합법화된 이래 파견업협회는 LO에 단체교섭을 요청해왔지만, LO는 파견노동 허용에 대한 반대 입장을 견지하며 계속 거부하다가 2000년 비로소 파견업협회와 단체협약을 체결하게 되었다. 파견업협회의 단체협약이 동일 직무를 수행하는 직접고용 노동자들의 평균 임금을 지급하도록 규정하고 있어, 파견노동자는 임시직은 물론 근속연수가 짧은 정규직 노동자들보다도 높은 임금을 받는다. 그뿐만 아니라 동 단체협약은 파견업체가 파견노동자를 정규직으로 고용하는 것을 원칙으로 하는 한편 비파견 대기기간의 임금도 직전 3개월 평균 임금의 90%를 보장하도록 했으며, 2012년 단체협약에서는 비파견 대기기간 임금보상 수준의 산정 방식을 백분율(%)에서 시간당 임금 기준으로 전환하여 임금수준 보장 방식을 더 엄격하게 만들었다.

이처럼 파견노동자는 임시직에 비해 고용안정성과 소득안정성뿐만 아니라 임금수준도 월등히 높은데, 그 결과 직무만족도도 높게 나타나고 있다. 2011년 실시된 설문조사 결과(Bemanningsföre-tagen, 2012c: 14-19)에 따르면 파견노동자의 81%가 만족한다는 응답을 한 반면, 불만을 표시한 비율은 8%에 불과한 것으로 나타났다. 또한 동 조사에서 "친지들에게 파견노동을 추천하겠는가"라는 물음에 대해 "추천하겠다"는 응답이 67%로서 "추천하지 않겠다"는 응답 18%의 3.7배에 달하고 있어 파견노동자들의 높은 만족도를 확인할 수 있다. 실제 존슨콘트롤스의 경우 수년 동안 파견노동으로 근무하는 노동자들의 경우 정규직 전환을 원하지 않는 경우도 많은데, 이는 "사용업체의 정규직이 되어봐야 임금이 인상되는 것도 아닌데, 경제위기가 와서 정리해고가 실시되면 연공서열제 때문에 기존 정규직보다 먼저 해고될 것"(Wessman 면담, 2016)이라는 우려 때문이라고 한다.

LO뿐만 아니라 금속노조 등 산하 노동조합들은 사용업체들이 사용자의 책임을 회피하기 위해 파견노동을 악용하고 파견업체들은 파견업무 수요가 떨어지면 파견노동자들을 해고하는 등 노동인권 유린 가능성이 높다고 본다.[21] 또한 파견노동자의 임금 수준이 낮으면 파견노동은 남용되고 직접고용 정규직 임금수준에 대한 하락 압

---

21   파견노동 사용 관련 노동조합의 전략에 대해서는 FI(2015: 7-13), BergströmG 면담 (2016), NilssonR 면담(2016), NilssonJ 면담(2016)을 참조하도록 한다.

박으로 작용할 수 있다고 보기 때문에 노동조합들은 파견노동 사용을 엄격하게 규제하고 파견노동자들을 임시직보다 더 강력하게 보호하는 전략을 취하고 있다. 그뿐만 아니라 단위사업장 노동조합들은 파견노동자 채용 과정에도 개입하는데, 사용업체는 법적 의무가 없어도 파견노동자를 고용하는 목적, 규모, 기간 등을 사전에 노조에 설명하고 교섭하며, 이 과정에서 노동조합은 사용 목적과 내용이 정당화될 수 없거나 파견업체에 문제가 있으면 거부권을 행사한다. 이처럼 노동조합은 여타 고용형태보다 파견노동 사용을 더 철저하게 규제하고 있으며, 파견노동자들의 높은 임금수준에 대한 정규직 노동자들의 항의에도 불구하고 이러한 전략을 견지하고 있다. 제조업 사용자협회 관계자(Tenselius 면담, 2016)에 따르면 사용업체는 임금 외에도 파견업체에 수수료와 사회보장세 부담분 등 20% 수준의 간접비용을 더 지불하고 있어, 파견노동자 사용이 인건비 부담을 가중시키기 때문에 외적 수량적 유연성을 확보하기 위한 목적에서 제한적으로만 사용한다고 한다.

이렇게 자본 측의 외적 수량적 유연성 확보 전략과 노동조합의 대응전략이 각축하는 가운데 타협된 평형점의 위치는 힘의 역학관계에 따라 결정된다. 2008~09년 경제위기 이후 형성된 평형점은 정규직 대신 비정규직 중심의 유연성을 허용하되, 임시직 대비 간접고용 사용비율이 일정 정도 증가한 지점에서 평형점이 형성되었다. 사용업체들은 현재 비정규직으로 정규직을 보완하는 비율과 내용에 대체로 만족한다는 입장을 밝히고 있다(IPSOS, 2014: 3, 21-22).

노동력 활용 유연성과 노동자 고용안정성 관련 법제도가 마지막으로 유의미한 법 개정을 거친 것은 경제위기 전 2007년 보수당 정부에 의해서다. 자본 측의 일관된 법 개정 요구는 정리해고 시 연공서열제 원칙 폐지를 통한 정규직 해고규제 완화와 기간제 사용기간 연장이었다. 보수당은 2006년 총선 과정에서 연공서열제 폐지를 선거 공약으로 선언했으나 노동 측의 강력한 저항을 우려해 2007년 법 개정 대상에서 제외하고 기간제 기간 연장만 법 개정으로 관철시켰다. 물론 이러한 법 개정에도 불구하고 그에 상응하는 단체협약 내용 수정이 수반되지 않음으로써 법 개정 효과는 제한적 수준에 그치게 되었다.

2006년 출범한 보수당 정부가 2007년 법 개정 이후 남은 7년 집권기간 동안 더 이상 유의미한 고용보호법 개정을 시도조차 하지 않았다는 사실은 경제위기 이후 형성된 평형점이 안정화되었음을 의미한다. 경제위기 이후 자본 측의 유연성 확보 전략은 법 개정 대신 정규직-비정규직 비율을 80-20으로 유지하는 것으로 모아지고 있다. 2014년 현재 임시직이 15%, 파견업협회의 파견노동이 2%인데, 파견업협회에 포괄되지 않은 파견노동과 용역노동을 합하면 전체 비정규직 비율은 18~20% 정도가 될 것으로 추산되어 80-20 비율은 현재 노동력 활용 상황과 크게 다르지 않다.[22]

사용업체들이 80-20 비율로 수렴하고 있지만 사업체들에는 일정한 편차가 존재하며 비율의 미세조정은 여전히 진행 중이다.[23] 예

---

22 제위기 이후 형성된 평형점의 내용과 동학에 관해서는 IPSOS(2014: 21-22), FI(2015: 3-6), Engblom(2008: 133-135), Anxo & Niklasson(2009: 89-91), Bergh(2014b: 93-95), Ekelöf 면담(2016)을 참조하도록 한다.

23 사용업체별 편차에 관해서는 Rydell & Wigblad(2011: 551-556), Kjellberg(2007: 282-284), Ekelöf 면담(2016), BergströmG 면담(2016), Sälström 면담(2016)을 참조하도록 한다.

컨대 스카니아(Scania)는 볼보에 비해 비정규직 고용 비율이 높다. 스카니아 쇠데르텔리에(Södertälje) 공장의 경우 생산설비 국외 이전 협박 하에서 1996년에 사측의 노동시간과 임시직 사용 유연성 요구를 골자로 하는 유연성 협약을 체결하기 시작했다. 이후 임시직 비율 상한 15% 규칙의 협약이 여러 공장에 확산되었다. 2005년부터 시작된 시브훌트(Sibbhult) 공장과 팔루나(Faluna) 공장의 구조조정 과정에서 노조가 임시직 비율 15% 상한 규칙을 철회하여 공장 폐쇄 직전에는 임시직 비율이 50%, 파견노동 비율이 10%에 이르기도 했다. 이후 스카니아 공장들에서는 경제위기 발발 전에 이미 비정규직 비율을 20% 수준으로 낮추기 위한 노력들을 시작했고, 현재 10% 수준으로 감축하기로 합의된 상태다.

스카니아와는 달리 볼보승용차는 임시직 사용비율 관련 규정도 없었고 비정규직 비율도 낮았기 때문에 경제위기가 발발하자 비정규직에 이어 정규직도 대량해고를 겪게 되었다. 볼보승용차는 경제위기 이후 임시직은 고용하지 않고 주로 파견노동만 사용하면서, 2013~14년 3교대 복원 시에는 파견노동이 일시적으로 30% 수준에 달하기도 했다. 볼보승용차 경영진은 노조가 비정규직 20% 비율을 수용할 것을 요구하기도 했었지만, 이후 비정규직 비율 5% 입장으로 선회하게 되었다. 경영진은 2013~14년 파견노동 대량 사용으로 인해 인건비 상승과 품질 불량 문제를 경험하면서, 파견노동에 대한 과도한 의존 전략을 폐기하고 유연성 완충재로서 최소한으로만 사용한다는 전략으로 후퇴한 것이다.

4. 맺음말

1) 임시직 규모의 부침: 경제위기 효과 vs 법 개정 효과

비정규직의 중심을 구성하는 임시직은 꾸준한 증가 추세 속에서 2007년 상대적 비중과 절대적 규모에서 최고치를 기록한 이래 부침하는 현상을 보여주었다. 이러한 부침의 계기는 보수정당 집권과 뒤이은 고용보호법 개정, 그리고 세계금융위기에 따른 경제위기였는데, 법 개정에 비해 경제위기 영향이 더 두드러진 것으로 나타났다.

2007년 보수당 정부의 고용보호법 개정은 임시직 사용기간 연장 등 비정규직 사용규제를 유연화했지만, 임시직 규모 증대로 이어지지는 않았다. 법 개정에 따른 단체협약의 임시직 사용규제 완화조치가 수반되지 않았기 때문이다. 산별 단체협약은 자체적 규정을 중심으로 임시직 사용 방식을 규제하고 있는데, 법 개정 내용을 반영하는 내용 수정을 하지 않았다. 그리고 사업장 단체협약들은 대체로 산별 단체협약이 허용하는 임시직 사용 관련 유연성 규정을 활용하지 않고 있었고, 별도의 내용 수정도 하지 않은 것이다. 이처럼 고용보호법이 허용하는 수준의 유연성도 산별과 사업장 수준의 단체협약들에 의해 추가적으로 규제됨으로써 임시직이 남용될 수 없었던 것이다. 이는 관리된 유연성 명제가 파견노동은 물론 임시직 사용에도 유효함을 의미한다.

2008~09년 경제위기 속에서 인력감축이 비정규직 해고 방식으로 진행되면서, 임시직 규모가 크게 축소되었다가 경제가 회복되면서 다시 증가하기 시작했지만 경제위기 이전 수준을 완전히 회복하

지는 못했다. 이는 사용자들이 경제위기 이후 비정규직 노동력을 다시 증대시키는 과정에서 임시직보다 파견노동 등 간접고용 중심으로 인력을 보강했기 때문이다. 그 결과 2007년과 비교하면 현재 노동력 구성에서 정규직과 간접고용의 규모는 증가한 반면, 2007년 유연화 법 개정에도 임시직이 상대적 비율은 물론 절대적 규모에서도 축소되는 역설적 현상이 나타나게 된 것이다.

2) 관리된 유연성: 자본의 유연성 전략 vs 노동의 규제 전략

스웨덴 노동시장은 유연성을 확보하기 위해 정규직의 정리해고 방식보다 비정규직 사용 방식을 더 적극적으로 활용하고 있는데, 이는 자본의 유연성 요구와 노동의 안정성 요구가 타협한 결과물이라 할 수 있다.

사용업체는 정규직의 정리해고가 상당한 시간과 비용을 필요로 하고 기업의 이미지에 타격을 주는 반면, 비정규직의 사용은 채용과 해고가 용이하여 신속하게 대규모 인력을 증감할 수 있고 정규직 노동자들에게 심리적 안정감을 줄 수 있다는 장점을 지니고 있기 때문에 고용조정의 완충재로서 비정규직을 사용한다.

비정규직도 고용형태별 장단점이 다른데, 사용업체들은 직접고용 임시직보다 간접고용을 더 선호한다. 그것은 간접고용이 인건비가 비싸다는 단점에도 불구하고 사용자로서의 책임을 회피할 수 있고, 적절한 자격요건과 경험을 구비한 인력을 신속하게 대규모로 공급받을 수 있고, 사용기간 제한규정이 없어 정규직으로 전환하지 않고도 무기한 사용할 수 있는 등 많은 장점을 지니기 때문이다.

자본의 간접고용 편향 유연성 전략에 LO는 임시직보다 간접고용을 더 엄격하게 규제하는 전략으로 대응한다. LO는 임시직 사용과 관련해서는 고용보호법과 차별금지법의 수준을 넘어서는 특별한 사용규제나 노동자 보호 전략을 추진하지 않는다. 반면, 파견노동 등 간접고용의 경우에는 단체협약을 통해 파견업체가 파견노동자를 정규직으로 채용하도록 하는 원칙을 수립하는 한편, 비파견 대기기간에도 임금을 보장하도록 하고 있다.

이처럼 자본이 임시직보다 간접고용을 선호하기 때문에, LO는 도리어 임시직보다 간접고용을 더 강력하게 규제하는 전략을 취한다. 그 결과 사용업체들은 추가적 인건비 부담을 수반하는 간접고용 사용을 자제하게 되어 간접고용을 남용하지 않고 외적 수량적 유연성을 확보하기 위한 용도로 최소한의 수준에서만 사용하게 된다. 이처럼 유연성에 대한 사회적 규제가 비정규직 개별고용 형태의 사용방식 조절은 물론 고용형태를 선별할 때도 효율적으로 작동하고 있다는 점에서, 관리된 유연성 명제는 파견노동 범주를 넘어 임시직을 포함한 전체 비정규직 사용에서도 타당성을 지니는 것으로 확인되었다.

3) 노동-자본의 역학관계와 노동시장 평형점 형성의 동학

자본은 항상 더 많은 유연성을 확보하고자 하는 반면 노동은 유연성을 규제하고자 하며 서로 각축하는데, 유연성에 대한 사회적 규제 방식과 유연성 허용 수준은 노동과 자본 사이 힘의 역학관계에 의해 결정된다.

자본은 오랜 기간 동안 노동시장의 유연성 증대를 위해 다양한 법 개정 요구를 제출해왔는데, 최우선순위는 정리해고 연공서열제 폐지와 기간제 사용기간 연장이었다. 보수당은 이 두 가지 유연성 요구를 선거 공약화했고, 2006년 총선 승리로 집권하자 이듬해 고용보호법을 개정했다. 법 개정안은 정리해고 연공서열제 폐지를 배제한 채 기간제 사용기간 연장만 포함하고 있었다. 이는 보수당 정부가 역학관계 변화로 자본의 유연성 증대 요구에 호응하는 고용보호법 개정을 추진하지만, 두 가지를 모두 관철할 수 있는 정도의 일방적 지배 상황은 아니라고 판단한 것이다. 결국 보수당 정부는 두 가지 유연화 조치 가운데 사민당과 노동 측의 저항이 상대적으로 강력할 것으로 예측되는 정리해고 연공서열제 폐지를 포기한 것이다. 사민당과 노동 측도 기간제 사용기간 연장까지 저지하기 어렵다는 판단에서 정리해고 연공서열제만 지키는 수준에서 타협한 것이다. 이처럼 2007년 법 개정은 노동시장 유연성을 정규직 정리해고 대신 비정규직, 특히 임시직 사용에서 확보하는 방식에 노동과 자본이 타협한 것으로서 법제도에서 관리된 유연성의 새로운 평형점을 형성했다.

한편, 2008~09년 경제위기 이후 노동력 활용 유연성을 둘러싼 생산현장에서의 평형점 형성 과정은 사용업체가 먼저 노동력 사용방식을 선택하여 추진하면, 노동조합이 단체협약 규정과 직접 개입을 통해 유연성 규제를 시도하는 방식으로 진행되었다. 사용업체들은 비정규직 활용을 통해 유연성을 확보하는 방식을 견지하되, 직접고용 임시직보다 간접고용을 더 우선적으로 사용하는 전략으로 선회하게 되었다. 이는 비정규직을 일정 비율로 유지하면서 동일 인력을 교체하지 않고 안정적으로 사용하기 위해서는 사용기간이 제한된 임시직보다 사용기간 제한 규정이 없는 간접고용 비정규직이 더 적합하다고 판단했기 때문이다.

이렇게 자본은 정규직 대 비정규직 비율을 80-20으로 유지하며 개별 비정규직 노동자들을 일시적 용도가 아니라 장기적으로 사용하는 '항구적 임시직'으로 사용하는 전략을 선택한 것이다. 하지만 노동조합은 파견노동 등 간접고용 사용에 대해 단체협약과 직접적 개입을 통해 강력하게 규제해왔으며 비파견 대기기간의 임금보장 방식을 보다 더 강화했다. 그 결과 간접고용 남용은 효과적으로 제어되고 있다. 이처럼 스웨덴 노동시장의 유연성은 제어되지 않는 과도한 유연성이 아니라 사회적 규제 하의 관리된 유연성이라 할 수 있다.

사용업체들이 현재의 정규직-비정규직 비율과 사용 방식에 대해 대체로 만족하는 것은 간접고용 등 비정규직 사용에 대한 사회적 규제의 방식과 수준을 노동-자본 간 역학관계에 기초한 평형점으로 수용한 것임을 의미한다.

제6장

스웨덴의 간접고용 사회적 규제와 '관리된 유연성'
— 파견업 단체협약을 중심으로[1]

1. 들어가는 말

스칸디나비아 국가들은 여타 시장경제모델 국가들에 비해 사회보장 제도 및 평등분배 등 사회적 지표뿐만 아니라 경제성장과 노동시장 취업률 등 거시경제 지표에서도 우수한 성과를 보이는 것으로 나타 났다. 특히 사회적 지표에서 취약함을 보이는 영미형 자유시장경제 모델에 비해 스칸디나비아 모델은 상대적으로 더 우월한 모습을 보 여주고 있다.

경제정책과 사회정책이 교차하는 노동시장 영역에서도 스칸디 나비아 모델 국가들은 자본의 유연성 요구와 노동의 안정성 요구를

1   이 장은 『노동시장의 유연성-안정성 균형을 위한 유럽의 실험: 유럽연합의 유연안정성 모델과 비정규직 지침』(후마니타스, 2016) 제8장을 수정·보완한 것이다. 수정 게재를 허 락해준 후마니타스에 감사드린다.

결합한 유연안정성 모델을 실현하고 있다고 평가된다. 이러한 유연안정성 모델의 핵심은 시장 변동에 조응할 수 있는 유연한 노동시장, 관대한 실업보험제도를 중심으로 하는 잘 발달된 보편적 복지제도, 그리고 실업기간을 최소화하고 재취업 가능성을 제고하는 적극적 노동시장정책으로 구성된 '황금삼각형'이다. 스칸디나비아 국가들 가운데, 스웨덴은 황금삼각형의 한 축을 구성하는 노동시장 유연성에서 덴마크 등 여타 스칸디나비아 국가들에 비해 상대적으로 더 높은 고용안정성을 보인다는 차별성을 지니고 있다.

LO(Landsorganisationen i Sverige, 스웨덴노총)는 파견노동 금지 입장을 고수하다가 파견노동을 허용하되 강력하게 규제하는 전략으로 전환했다. 선행연구들(Coe et al, 2009; Brunk, 2008; Koene & Driel, 2007; Storrie, 2003)은 LO가 파견노동 사용을 엄격하게 규제하며 파견노동자를 보호함으로써, 파견노동의 남용 가능성을 효과적으로 차단하고 있는 것으로 평가한다. 이러한 스웨덴의 효과적 파견노동 규제 방식은 노동시장의 '관리된 유연성(managed flexibility)'으로 지칭되고 있다.

2000년 LO가 파견업협회와 단체협약을 체결하면서 파견업에 대한 사회적 규제체계가 구축되기 시작했다는 점을 고려하면 스웨덴 파견업을 관리된 유연성으로 평가하는 선행연구들의 판단 준거는 2000년대 전반 5년에 불과하다. LO와 파견업협회의 최초 단체협약 체결 이래 10년 이상의 기간이 경과했다는 점에서 스웨덴 파견업의 관리된 유연성 작동 방식을 분석·평가하기에 적절한 시점이 되었다고 할 수 있다. 하지만 현재 유효한 법제도와 단체협약 하에서 어떻게 파견노동 사용이 규제되고, 사회적 행위주체들은 관리된 유연성에 어떻게 대응하는가에 대한 체계적 분석은 이루어지지 않았다.

우리 사회에 불법파견 등 간접고용의 폐해가 극심함에도 불구하고 스웨덴의 간접고용 규제 방식에 대한 학술적 연구는 수행되지 않았고, 국내의 스웨덴 연구는 주로 복지제도를 중심으로 진행되어 왔다.

이 장의 목적은 파견노동을 중심으로 스웨덴의 간접고용 규제 방식을 분석하며, 관리된 유연성의 실체를 확인하는 것이다. 그리고 관리된 유연성의 규제체계가 어떻게 작동하며, 왜 사회적 행위주체들에 의해 수용되어 재생산될 수 있는지를 분석한다. 이를 위해 법제도와 함께 파견업의 단체협약을 심층 분석하는데, 단체협약은 2010년 11월 1일부터 발효하여 2012년 4월 30일로 만료된 단체협약을 중심으로 분석한다.

2. 간접고용 비정규직 사용과 법적 규제

1) 고용보호법과 정규직 고용 원칙

스웨덴은 고용보호법(Lag om anställningsskydd, LAS)을 중심으로 정규직 노동자들의 고용안정과 비정규직 사용을 규제하고 있다. 고용보호법은 1974년에 제정되었으며[2] 제정 당시부터 고용계약은 무기

---

2 고용보호법의 정규직 고용 원칙 수립과 개정 과정에 대해서는 Storrie(2003b), Engb-lom(2008)을 참조하도록 한다.

계약으로 간주하고 특정한 사용 사유에 해당할 경우 다음 조항과 같이 예외적으로 임시직 계약을 허용하고 있다. "고용계약들은 기간의 정함이 없이 유효하다. 그러나 제5조와 제6조에 명시된 사례들의 경우 기간의 정함이 있는 고용계약이 체결될 수 있다"(제4조).

이처럼 고용보호법이 정규직 고용 원칙을 분명히 함으로써, 고용계약 유형이 불분명할 경우 노동자가 무기계약임을 증명하기보다 고용주가 무기계약이 아님을 증명하도록 한 것이다. 현재 고용보호법은 정규직 고용 원칙의 기초 위에 제5조와 제6조에서 임시직 사용 사유를 제한하고 있다. 임시직 사용이 허용되는 사유는 다섯 가지로 제한되어 있는데, 첫째, 노동자의 동의로 한시적으로 사용하는 일반기간제, 둘째, 일시적 대체고용, 셋째, 계절적 고용, 넷째, 67세 이상의 피고용자, 다섯째, 수습노동 등이다.

임시직 노동자들의 경우 사용 사유와 함께 사용기간을 제한하고 있으며, 사용기간은 사용 사유별로 차별화하고 있다. 일반기간제와 대체고용의 경우 총 5년에 걸쳐 누적 사용기간 2년 한도로 사용하도록 하는 한편, 수습노동의 경우 6개월을 상한으로 설정하고 있다.

고용보호법은 임시직 계약을 사용 사유와 사용기간으로 규제하는 한편 임시직 노동자들을 보호하는 장치들도 마련해두고 있다.[3]

첫째, 고용보호법은 고용주가 임시직 노동자들에 대해서도 계약 종료 1개월 전까지 통고하도록 하고 있다.

둘째, 고용보호법은 정규직 노동자들과 마찬가지로 임시직 노동자들에게도 해고 뒤 재고용 우선권을 보장하고 있다.

---

3   임시직 노동자들에 대한 보호장치들에 대해서는 고용보호법 제15조에서 제25조까지 조항들을 참조하도록 한다.

한편, 고용보호법과는 별도로 차별금지법(Lag om förbud mot diskriminering av deltidsarbetande arbetstagare och arbetstagare med tidsbegränsad anställning)을 제정하여, 임시직에 대한 차별을 금지하는 한편 포괄적 동등처우를 명문화하고 있다. 차별금지법 제3조와 제4조는 고용형태에 따른 임금 등 노동조건의 차별처우를 금지하고 임시직 노동자를 포함한 비정규직 노동자들과 정규직 노동자들을 동등하게 처우하도록 하고 있다.

2) 사적고용중개법과 간접고용 및 직업소개업 규제

스웨덴은 공동결정법이 노동자들의 노동조건에 영향을 미치는 거의 모든 사안을 공동결정의 대상으로 규정하여 노사가 교섭하도록 하고 있다. 따라서 간접고용 노동자들의 사용 및 노동조건에 대해서도, 담당하는 직무가 해당 사업장의 직무들과 연계성·통합성의 정도가 높을수록 해당 사업장의 단체협약 적용을 받으며 단체교섭의 대상이 된다. 그러므로 간접고용 노동자들도 직간접적으로 노동조합의 개입력과 그 성과에 의해 보호된다고 볼 수 있다.[4]

노동관계법 규정들의 상당 부분은 간접고용 노동자들을 포함한 모든 노동자들에게 적용되지만, 간접고용 사용에 대한 노동관계법과 단체교섭의 규제들은 주로 파견업에 초점을 맞추고 있다. 스웨덴은 1935년 이윤을 위한 사적부문의 파견사업을 금지하는 법을 제정하여 동법을 1992년까지 유지해왔다.[5] 파견사업을 법적으로 금지하

4   Koene & Driel(2007: 14-15), Danielsson 면담(2012)을 참조하도록 한다.
5   파견사업 및 노동력 중개업에 대한 법적 규제 변천에 대해서는 Koene & Driel(2007:

는 가운데 1950년에는 이윤을 목적으로 하는 사적 고용교환을 금지하는 ILO(International Labor Organization, 국제노동기구) 협약(convention) #96을 추인함으로써 이윤 추구를 위한 노동력 파견을 금지하는 한편, 공적 취업 알선 중심의 적극적 노동시장정책을 통해 노동시장의 중개 기능을 활성화한다는 입장을 재확인했다.

영리목적의 파견사업이 법적으로 금지되던 시기에도 파견노동은 화이트칼라 직무들을 중심으로 확산되고 있었다. 사민당 정부는 1991년 파견사업 금지에 대한 예외조항들을 도입하며 최대 4개월로 파견기간을 제한했으나 뒤이어 출범한 우파 정부가 1992년 들어 ILO 협약 추인을 철회하고 고용교환에 대한 공적 독점을 폐지한다고 선언하며 사적고용중개법(Lag om privat arbetsförmedling)을 제정했는데, 동법은 1993년 7월 1일 발효되었다.

사적고용중개법은 공공 고용기구를 제외한 사적부문의 파견업과 고용중개업에 대한 규제 내용들을 포함하고 있다. 사적고용중개법(제4조)은 사적부문 파견업체의 경우 파견노동자가 직무를 수행하던 사용업체에 직접고용되는 것을 방해할 수 없도록 하며 파견노동자의 직접고용 정규직 전환에 대한 제약을 금지했다. 또한, 동법(제4조)은 노동자가 자신을 고용했던 직전 고용업체와의 고용계약이 종료된 이후 6개월이 경과하기 전에는 파견업체에 의해 직전 고용업체에 파견될 수 없도록 하여 사용업체가 직접고용 정규직을 파견노동자로 전환하는 것을 규제하고 있다.

11-18), Coe et al(2009: 70-74), Storrie(2003b: 87-89)를 참조하도록 한다.

3) 수수료 규제와 적극적 노동시장정책

사적고용중개법(제6조)은 파견업이나 고용중개업을 수행하는 업체가 구직자나 취업자로부터 일자리 제공의 대가로 보수를 요구하거나 동의하거나 수령할 수 없도록 하여 직간접적 수수료 수취를 금지하고 있다.

파견업과 고용중개업을 수행하는 주체가 일자리 제공의 대가로 구직자나 취업자로부터 대가를 수취하지 못하게 한 것은 간접적 착취와 그로 인한 파견노동자의 임금 등 노동조건 악화를 방지하는 데 일차적 목적이 있다. 하지만 고용중개행위에 대해 수수료 수취를 금지한 것은 영리를 목적으로 하는 사적부문의 직업알선 사업을 억제하고 구직자가 공적 기구의 직업알선 서비스를 적극적으로 활용하도록 유도하려는 의도도 포함하고 있다. 그것이 적극적 노동시장정책이다.

적극적 노동시장정책은 긴축적 총수요관리 중심의 거시경제정책과 중앙집중화된 교섭체계에 기초한 연대임금정책과 함께 렌-마이드너 모델을 구성하며 1950년대 사민당 정부에 의해 채택되어 스웨덴 모델의 핵심요소로 자리 잡게 되었다.[6] 스웨덴 모델의 다른 두 요소는 상대적으로 높은 실업률을 가져올 가능성이 높기 때문에 이를 보완하기 위해 적극적 노동시장정책이 도입되었으며, 노동시장 훈련 제공과 구직자 취업 알선이 핵심 역할이다. 적극적 노동시장정책은 우파 정부 하에서 상대적으로 약화된 것은 사실이지만, 여전히

---

6   적극적 노동시장정책의 부침에 대해서는 Wadensjö(2009: 34-39), Anxo(2012: 32-39)를 참조하도록 한다.

스웨덴 노동시장 안정화정책의 핵심을 구성하고 있다.

스웨덴의 적극적 노동시장정책은 주로 공공직업소개기구(Ar-betsförmedlingen)에 의해 수행되고 있다. 공공직업소개기구에 등록된 구직자 숫자는 지난 5년 동안 100만 명과 110만 명 사이에서 머물고 있는데, 2013년 이래 소폭 감소하여 2015년 현재 101만 1천 명을 기록하고 있다. 공공직업소개기구의 노동시장 점유율, 즉 사용업체들이 공공직업소개기구에 구인 등록을 하는 비율은 2000년대 초부터 현재까지 30%~50%에서 부침하고 있는데, 2007년 최고치를 기록했다가 경제위기를 계기로 하락하여 2013년 현재 44%에 머물고 있다. 공공직업소개기구의 점유율은 경제 상황과 함께 공변하는데, 이는 기업들이 경기활황 시 상대적 구인난 속에서 노동력 확보경쟁을 할 때 공공직업소개기구를 적극적으로 활용하기 때문이다. 공공직업소개기구에 일자리를 등록한 고용주들 가운데 제공 서비스에 대해 만족하는 비율이 2011년 조사에서 90%로 나타났다는 사실은 동 기구의 효율성을 확인해준다.[7] 이는 스웨덴 정부가 적극적 노동시장정책을 강화하고 효율적으로 운영할수록 영리를 목적으로 하는 사적부문의 영리법인에 의한 직업알선 기능은 최소화될 수 있음을 의미한다.

---

7   공공직업소개기구의 역할에 대해서는 Arbetsförmedlingen(2012a, 2012b, 2012c, 2014a, 2014b, 2015a, 2016b)을 참조하도록 한다.

3. 단체협약에 의한 파견업 규제

1) 사무직 노동조합의 적극적 개입 전략

사무직 노동조합들은 파견노동이 합법화되기 전부터 이미 서비스산업의 하급 사무직 파견노동자들을 위한 단체교섭을 실시하고 있었다. 파견업 관련 최초의 단체협약은 HTF(Handelstjänstemannaför-bundet, 서비스사무직연맹)가 1979년에 타자수 사무업체 세 군데를 대상으로 HAO(Handelns Arbetsgivarorganisation, 상업서비스업체협회)와 체결한 단체협약이다.

1979년 HTF-HAO 단체협약은 파견노동자들을 직접적으로 다루기보다는 해당 업체에서 취업 알선 및 배치를 담당하는 행정직원들에 초점을 맞추었지만, 1984년에 갱신된 단체협약은 파견노동자들에 대해 비파견기간 동안의 임금을 보장하도록 했고, 1988년에 갱신된 단체협약은 파견노동자들의 비파견기간 임금보장 수준을 50%로 설정했다. 이처럼 사무직 파견노동자들을 위한 HTF-HAO의 단체협약은 파견노동자들을 실질적으로 보호할 수 있었는데, 파견노동이 합법화된 뒤 체결된 1994년 단체협약에서는 비파견기간 50% 임금보장 외에도 파견업체의 파견노동자 고용계약은 기간의 정함이 없는 무기계약이 되어야 한다고 못 박는 수준으로 발전했다.[8]

한편, 파견업 전반에 걸친 단체협약은 파견노동이 합법화된 뒤 1998년에 체결되었다. 이 단체협약은 TCO(Tjänstemännens Cen-

---

8   사무직 노조들의 파견노동자 관련 단체협약 추이에 대해서는 Koene & Driel(2007: 13-5), Coe et al(2009: 70-74)을 참조하도록 한다.

tralorganisation, 사무직노총)의 HTF가 SACO(Sveriges akademikers centralorganisation, 스웨덴전문직노총)과 함께 사무전문직 파견노동자들을 대상으로 파견업체협회와 체결한 것이다. 이 단체협약 역시 사무직 노동조합들이 주도한 것이며, 사무직 노동조합들은 이처럼 단체교섭을 통해 파견노동자 문제에 적극적으로 개입하여 파견노동자들을 보호하는 전략을 일관되게 추진해왔다.

2) LO와 파견노동 관련 전략 전환

생산직 노동조합들 가운데 파견노동의 존재를 노동조합에 대한 위협으로 보며 파견노동 허용에 반대하는 입장이 많았기 때문에, LO(Landsorganisationen i Sverige, 스웨덴노총)는 파견업이 합법화된 뒤에도 파견노동자 조직화에 나서지 않으며 단체교섭도 거부하고 있었다.

LO가 최초로 파견노동자 문제로 단체교섭을 전개하여 단체협약을 체결한 것은 2000년 9월이었다. 이 단체협약은 LO가 파견업체협회와 단체교섭을 진행했지만 서명은 LO 소속 18개 산별노조와 파견업체협회가 했으며, 파견노동자들에게 사용업체 노동자들과 동등한 임금 등 노동조건을 제공하고, 비파견기간에 대해 이전 3개월 월평균 임금의 85%를 보장하도록 했다.[9]

LO가 파견업의 존재를 인정하고 단체교섭을 추진한 일차적 동기는 파견노동자의 보호보다는 파견노동이 확산되고 있는 현실 속

---

9   LO의 전략 전환 과정 및 결과에 대해서는 Storrie(2003b: 87-99), Bergström & Styhre(2010: 477-479)를 참조하도록 한다.

에서 파견노동자와 직접고용 노동자들 사이의 임금 등 노동조건 격차가 직접고용 노동자들의 임금 등 노동조건을 악화하는 부정적 영향을 미칠 수 있다는 우려였다. 물론, LO 산하 노동조합들은 단체교섭을 통해 단체협약을 체결함으로써 노동력 수요 부침으로부터 직접고용 정규직 노동자들을 보호하는 완충재로 파견노동자를 활용할 수 있게 되었다.

LO의 전략 전환으로 인해 사용업체의 경우 파견노동자 사용 인센티브가 크게 약화되는 한편, 파견노동자들의 경우는 비파견기간 임금보장 및 직접고용 노동자들과의 동등처우를 통해 임금 등 노동조건을 보호받을 수 있게 되었다. 이후 파견노동자들은 노동조합에 적극적으로 가입하게 되었는데, 이는 LO의 파견노동자 보호 및 사용·파견 업체 규제 전략을 채택한 효과도 반영하지만 노동조합이 실업보험제도를 맡아서 운영하는 겐트체계에 의해서도 영향을 받은 결과다.

3) LO의 단체협약과 파견노동자 보호

LO는 스웨덴 서비스부문 사용자연합체인 Almega와 단체교섭을 진행하며, 합의된 단체협약은 Almega 산하 파견업협회(Bemmanings-företagen)와 LO 산하 금속노조(IF Metall, Industrifacket Metall), 지방자치단체노조(Svenska Kommunalarbetareförbundet, Kommunal) 등 14개 산별노조들이 서명한다. 이 단체협약의 핵심 내용은 파견업체의 파견노동자 정규직 고용 원칙, 사용업체의 직접고용 노동자와 파견노동자의 동등처우, 비파견기간 임금보장이다(Bemanningsföretagen, 2015a).[10] TCO와 SACO가 파견업협회와 체결한 파견업 단체협약도 동등처우 조항이 빠져 있고, 비파견기간 임금보장률이 85%로 차이를 보일 뿐 협약 내용은 대체적으로 대동소이하다.[11]

파견노동자 정규직 고용 원칙

단체협약은 고용형태를 다루는 제3조 제1항에서 별도의 합의가 없는 한 "고용은 기간의 정함이 없다"고 규정함으로써 정규직 고용 원칙을 명시하고 있다. 제3조 제1항은 고용보호법의 제5조와 제6조를 적용하지 못하게 함으로써 파견업체가 파견노동자를 일반기간제, 대체고용 임시직, 수습고용 임시직, 고령자 임시직 형태로 고용할 수 없게 했다.

그 대신 단체협약은 세 가지 경우에 한하여 파견업체와 노동자가 한시적 고용에 합의할 수 있도록 했다.

첫째, 파견업체와 노동자는 6개월을 초과하지 않는 한시적 고용에 합의할 수 있고, 반드시 서면 협약에 근거해야 하며, 노조가 승인할 경우 12개월까지 연장할 수 있다. 새로운 한시적 고용은 가장 최

---

10 2012년 4월 30일로 만료된 단체협약은 비파견 대기기간에도 파견노동자에게 직전 3개월 기간의 월평균 임금총액의 90%를 월임금으로 보장했는데, 월평균 임금총액의 90% 보장은 최저 수준의 보장으로서 노동시간당 임금과 상여금을 포함한 액수이며, 초과시간 혹은 야간·휴일 근무 등 불편한 시간대 노동에 대한 수당은 제외한 것이다(LO, 2011g). 2012년 진행된 단체교섭은 7개월여에 걸친 협상 끝에 LO와 파견업협회가 새로운 단체협약 체결에 합의하고 유효기간은 2012년 5월 1일부터 2015년 4월 30일까지였다. 이 새로운 단체협약에서 비파견 대기기간의 90% 임금보장 규정이 LO의 강력한 요구로 시간당 임금보장 규정으로 대체되었는데, 숙련노동자의 경우 시간당 108SEK, 나머지는 100SEK로 설정되었다(LO, 2012b).

11 TCO-SACO의 단체협약 내용에 대해서는 Brunk(2008), Coe et al(2009), Storrie(2003b)를 참조하도록 한다.

근의 한시적 고용이 종료된 시점으로부터 12개월의 휴지기간이 경과한 후에야 합의할 수 있으며, 이 휴지기간은 단위사업장 협약으로 단축될 수 있다.

둘째, 학생이거나, 계약에 의해 퇴직했거나, 고령연금 수령자인 경우 파견업체와 노동자는 한시적 고용에 합의할 수 있다.

셋째, 노동자의 요청이 있을 경우 파견업체와 노동자는 반복적 단기간 고용의 가능성을 전제하는 한시적 고용에 합의할 수 있다.

이렇게 예외적으로 한시적 고용을 허용하고 있지만, 동 조항은 노동조합이 사측에 의해 이러한 규칙들이 남용되고 있다고 판단할 경우 단위사업장 수준의 단체교섭 혹은 산별 수준의 중앙교섭을 요구할 수 있도록 단서를 붙이고 있다.

직접고용 노동자와 동등처우

단체협약은 제1조 전문에서 적용 범위를 서명 노조들의 업종 내에서 사업을 영위하는 업체들로 한정하되, 제1항에서 인력을 파견하는 업체 및 그 직원들과, 파견업체에 고용되어 LO 산하 노조들의 교섭 상대 업체를 위해 일하는 파견노동자에게 적용된다고 규정했다. 이로써 파견업체가 노조조직 사업장에 한정하여 인력을 파견하도록 간접적으로 규제하고 있다. 또한 제1조 제1항과 제4조 제1항은 파견노동자가 파견기간 동안 해당 사용업체의 직접고용 노동자와 그 직무에 적용되는 임금 등 고용조건들을 규제하는 전국 단체협약의 적용을 받는다고 명시하고 있다.

이처럼 노동조합이 조직되어 있는 업체에 한정하여 노동자를 파견하고 해당 사용업체 단체협약의 보호를 받을 수 있도록 함으로써, 사용업체 직접고용 노동자들과의 동등처우를 강제하고 있다. 이처럼 노조조직 사업장 파견 및 단체협약 적용이라는 이중규제를 통해, 파견노동자들이 직접고용 노동자들 가운데서도 노동조합과 단체협약으로 보호받는 비교적 양호한 조건의 직접고용 노동자들과 동등처우를 받을 수 있도록 보장하고 있다.

비파견기간 임금보장

단체협약은 제5조에서 파견노동자가 파견되지 않고 파견업체에서 일을 하거나 훈련프로그램에 참여하고 있는 비파견 대기기간에도 임금이 지불되어야 한다고 규정한다. 비파견기간의 임금수준은 2012년 단체교섭에서 직전 3개월 평균임금의 90% 보장 규정이 시간당 임금보장 규정으로 바뀌었는데, 2015년 체결된 단체협약에서는 숙련노동자의 경우 시간당 110SEK, 기타 시간당 103SEK로 설정되었다(Bemanningsföretagen, 2015a).

또한 제5조 제3항은 노동자가 임금 등 물질적 보상의 수급 자격을 상실하지 않으면서도 특정 파견 제안에 대해 거부할 수 있게 했다. 이러한 거부권은 교통수단 결여 등 노동자에게 귀책사유가 있지 않은 장시간의 통근시간, 알레르기와 같은 심각한 건강상의 문제, 혹은 이전 사용업체에 의한 괴롭힘 경험과 같은 예외적 사유들이 있을 경우 행사할 수 있다.[12]

---

12 그뿐만 아니라 파견노동자는 LO의 14개 산하조직 사업장이 아닌 경우에도 해당 사업장의 파견을 거부할 수 있는 거부권도 지니고 있다(LO, 2011b; Bemanningsföretagen, 2015a).

4. 행위주체들의 전략적 선택과 관리된 유연성

1) LO의 선택과 사회적 규제

LO는 파견노동 반대 입장에서 2000년 '허용과 규제' 입장으로 선회하며 단체교섭을 추진한 이유로 두 가지를 들고 있다(LO, 2011a, 2011b). 첫째는 파견노동자들이 노동시장의 다른 노동자들과 마찬가지로 단체협약에 의해 보호되어야 한다는 것, 둘째는 생산현장에서 고용형태가 다른 노동자들 간 임금 및 기타 고용조건들에서의 경쟁을 통한 사회적 덤핑의 위험을 감축하는 것이었다.

파견업의 단체협약 체결을 통해 이전에는 비파견기간 동안 임금을 수령하지 못하고, 사용업체의 정규직 노동자들에 비해 임금 등 노동조건에서 차별을 겪었으나, 단체협약 체결 이후 이러한 문제점들이 해소되는 한편 파견업체의 정규직 채용 원칙이 수립될 수 있었다. 이와 같이 LO가 파견노동을 허용하되 적극적으로 규제하는 전략으로 전환한 의도는 파견노동자를 보호하는 동시에 사용업체들이 사용하는 노동자를 직접고용하지 않고 파견업체를 통해 간접고용함으로써 인건비 절감 등 재정적 편익을 취하려는 시도를 차단하려는 것이었다.

LO는 2000년 단체협약을 추진하며 비로소 파견노동자들의 조직화를 적극적으로 추진하기 시작했다. LO의 파견노동자 조직 원칙은 파견노동자들이 노동조합 조직단위를 사용업체와 파견업체 가운데 선택할 수 있게 하고, 노동조합이 조직되어 있는 경우 사용업체 노동조합과 파견업체 노동조합 가운데 가입 노동조합을 선택할 수 있도록 하는 것이다. 단, 파견업에 진입하기 전에 이미 노동조합에 가입해 있었으면 그 노조원 자격을 유지할 수 있도록 하고 있다.[13]

LO는 파견노동자가 특정 사용업체에 상대적으로 장기간 파견되어 노동할 경우 해당 사용업체의 노동조합으로 소속을 바꿀 것을 권고한다. 또한 파견업체에 노동조합이 조직되어 있지 않은 경우가 많고, 파견노동자들은 사용업체 직접고용 노동자들과 동등처우를 보장받기 위해 사용업체 노동조합에 가입하는 것이 더 유리할 뿐만 아니라 사용업체 노동조합들이 상대적으로 강한 조직력을 갖추고 있기 때문에 주로 사용업체 노동조합에 가입하고 있다.[14]

LO는 신규 파견노동자들의 경우 노조가 주관하는 노조 안내 교육의 참여를 위해 1시간 유급 교육시간을 보장하고, 모든 파견노동자와 노조 간부를 위해 온라인 교육 프로그램도 사용하고 있다(LO, 2011c, 2011f). 이러한 교육프로그램을 통해 파견노동자들은 파견노동의 특수성, 노동기본권 및 파견노동자 권리, 임금 안정성보장 및 사회보험 혜택 등에 대해서 배우는 한편, LO 노동조합이 조직되어 있지 않은 사업장의 일자리를 거부하고 알레르기, 장시간 통근 혹은 괴롭힘 경험 등의 사유가 있을 때 특정 사업장 파견을 거부할 수 있는 권리에 대해서도 배운다.

LO의 전략 전환과 조직화 활동의 결과 현재 파견노동자들 대다수는 파견업체의 정규직으로 고용되어 있으며 파견업 단체협약

---

13 LO의 파견노동자 조직화 원칙 및 권고 사항에 대해서는 LO(2011d, 2011e)를 참조하도록 한다.

14 파견노동자의 노조 조직률은 2008년 기준 사무직의 경우 17% 정도, LO의 조직 대상이 되는 생산직의 경우 50~60% 수준인 것으로 알려졌는데(Brunk, 2008), 현재는 더 증가한 것으로 추정할 수 있다.

의 보호를 받을 수 있게 되었는데, 파견노동자의 단체협약 적용률은 2012년 6월 현재 97%에 달하여 전체 피고용자 노조 조직률 87%를 크게 상회하고 있다(Silva & Hylander, 2012).

이러한 LO의 단체협약 체결 및 파견업 규제 전략은 파견노동자만 보호하기 위한 것이 아니라 사용업체의 직접고용 정규직 노동자들도 동시에 보호하기 위한 것이다. LO는 파견노동자와 직접고용 정규직 노동자 사이의 임금 등 노동조건의 격차를 최소화함으로써 파견노동자 고용을 통한 인건비 절감 효과를 차단하는 한편 정규직 노동자들의 노동조건 하락 위험, 즉 사회적 덤핑 위험을 해소할 수 있게 된 것이다. 무엇보다도 중요한 것은 사용업체가 파견노동자를 시장 수요 변화에 대응하는 인력조정의 완충재로 사용함으로써 정규직 노동자들의 고용안정을 보다 더 확실하게 보장할 수 있게 된 것이다. 노동조합들이 이미 공동결정제와 LO의 조직력에 의해 사용업체의 인력사용정책에 실질적으로 개입할 수 있는 조건 속에서 이처럼 파견업 단체협약을 통한 추가적 규제장치를 도입함으로써 정규직 노동자들의 고용안정성 및 노동조건의 악화를 철저히 차단할 수 있게 된 것이다.

LO는 이러한 파견노동의 규제 효과를 "모두에게 혜택(fördelar för alla)"이 되고 있다고 평가한다(LO, 2011b). 단, 질병 등으로 인한 일시적 결원, 업무부담의 일시적 증가 혹은 특별한 기술의 한시적 필요성 등의 경우에 사용업체들이 파견노동자를 완충재로 제한적으로 사용해야만 '모두에게 혜택'이 되는 방식의 파견노동 사용이 가능하며, LO의 단체협약을 통한 개입이 그러한 조건을 충족시키고 있는 것으로 분석한다.

따라서 LO의 개입을 통해 수립된 파견노동 사용의 규제체계가 사용업체에는 노동력 사용의 유연성을, 직접고용 정규직 노동자에게는 고용안정성을, 파견노동자에게는 고용안정성과 소득안정성을 동시에 보장할 수 있게 된 것이다.

2) 파견업체의 선택과 자기규제

파견업체가 파견노동자로부터 수수료 등 보상을 요구하는 행위가 사적고용중개법에 의해 금지되는 등 노동관계법들에 의해 규제되고 있는데, 파견업체에 대한 사회적 규제의 정도는 법적 규제보다 단체협약에 의한 규제가 더 강하다. LO가 체결한 단체협약은 파견업체가 예외적 경우를 제외하면 파견노동자를 정규직으로 채용해야 하고, 파견노동자를 LO 조직 사업장에 파견하되 사용업체의 직접고용 노동자들과 동등하게 처우해야 하며, 파견기간 동안 사용업체 단체협약의 보호를 받을 수 있도록 하고, 비파견기간에도 90% 수준의 월평균임금을 보장하도록 강제하고 있다.

이처럼 스웨덴의 파견업체들은 다른 국가에 비해 매우 강도 높은 사회적 규제를 받고 있는데, 그 핵심을 구성하는 단체협약은 파견업협회가 LO와 자발적으로 합의한 것이다. 더 나아가서 스웨덴의 파견업체들은 추가적 자기규제도 자발적으로 실시하고 있다.

영리 목적 파견업은 1993년 법적으로 허용되기 이전부터 이미 서비스산업 사무직 중심으로 확산되고 있었으며, 합법화 이후 급격히 성장하기 시작했다. 파견업체들은 주로 파견, 용역, 채용, 전환배치 등 네 부문의 사업을 수행하고 있으며, 2009년부터 2015년에 이르는 기간 동안 전체 수입의 90% 정도를 파견업에서 창출하고 있는 것으로 나타났다(Bemanningsföretagen, 2011a, 2015b).

파견업이 여타 유럽 국가들에 비해 뒤늦게 허용되면서 세계시장에서 파견업의 경험과 지식을 축적한 초국적 파견업체들이 진입하며 스웨덴 파견업은 업체의 대형화와 함께 시장의 독과점적 양상을 보이게 되었다. 2005년 Manpower가 파견업 시장의 41.4%를 점하고 있었고, Proffice와 Adecco를 합하면 3개 업체의 시장점유율은 70%에 달했으며, 10대 업체의 시장점유율은 88%에 달했다(Coe et al, 2009: 75).

합법화와 함께 급성장하던 파견업이 직면한 최대의 장애물은 파견업에 대한 부정적 이미지였다. 이러한 문제의식은 파견업 시장을 독과점적으로 지배하던 초대형 업체들을 중심으로 형성되었고, 초대형 파견업체들은 연합체를 조직하여 윤리강령을 만드는 한편 연합체를 통한 파견업의 자기규제 장치를 수립하기 시작했다. 2007년 11월 파견업협회는 1년 이상 된 모든 기존의 회원업체들에 대해 2009년 2월까지 재승인을 받도록 했고, 신규업체들은 협회 가입신청 시 파견업 승인을 요청하도록 했다.[15]

파견업 개업은 허가제가 아니고 파견업협회 가입도 강제 사항이 아니지만, 파견업협회에 가입하기 위해서는 협회의 승인을 받아야 하며 이후 매년 승인심사위원회의 심사 평가를 통해 갱신해야 한다. 협회의 승인을 받고 협회 회원 자격을 유지하기 위해 파견업체는 협회의 규칙과 윤리헌장을 준수하고, 단체협약을 이행하며, 양성

---

15 초대형 파견업체들이 주도한 자기규제 추진 과정에 대해서는 Storrie(2003: 98-99), Brunk(2008)를 참조하도록 한다.

평등 실현 계획을 수립·제출하고, 업체 경영진 가운데 1명 이상이 협회의 승인교육을 이수해야 한다. 또한 파견업체들은 파견업협회에 매년 사업보고를 제출하고, 협회의 파견업 승인심사위원회의 평가를 받아야 하는데, 승인심사위원회는 파견업체 및 파견업협회 대표들뿐만 아니라 LO와 사무전문직 노총 대표들도 참여하고 위원장은 제3자가 맡도록 되어 있다.[16]

파견업협회는 단체협약 준수를 특히 강조하는데, 단체협약이 준수되지 않는다는 문제제기가 있으면, 해당 파견업체는 사업장 단위에서 노조와 교섭을 시작해야 하고, 노사 양측 가운데 일방이 원하면 중앙교섭을 시작하도록 하고 있다. 노사 간 교섭을 통해 합의에 이르지 못하면 중앙조정위원회(Medlingsinstitutet)와 노동법정(Arbetsdomstolen)을 단계적으로 거치도록 되어 있으며, 패소한 측이 벌금을 물어야 하고 벌금 액수는 사안별로 산정된다. 이러한 절차 가운데 하나라도 준수하지 않으면 파견업협회는 해당 파견업체에 대해 승인을 철회한다.

파견업이 강도 높은 사회적 규제에 합의하고 추가적으로 자기규제를 실시하는 것은 파견업체들이 부정적 이미지를 극복하고 사회적 정당성을 획득하기 위한 의도에서 비롯되었음은 의심할 여지가 없다.[17] LO와 산하노조들이 사무직 노동조합들에 비해 파견업 관련 단체교섭을 뒤늦게 시작한 것은 파견업체들이 단체교섭을 기피한 것이 아니라 LO가 파견업의 정당성을 부정하며 단체교섭을 거부

---

16 파견업의 승인 및 갱신 제도의 내용에 대해서는 Bemanningsföretagen(2011a, 2012a)을 참조하도록 한다.

17 Storrie(2003b: 98-99), Koene & Driel(2007: 18-19), Brunk(2008)를 참조하도록 한다.

했기 때문이다. 노동조합의 조직력과 사회적 영향력이 강하고, 우파 정당들에 비해 사민당의 집권기간이 훨씬 더 긴 스웨덴 사회에서 파견업이 LO에 의해 정당성을 인정받지 못하면 부정적 낙인을 벗기 어렵다는 판단을 했을 것은 자명하다.

그뿐만 아니라 상대적으로 뒤늦은 파견업 합법화로 인해 야기된 초대형 초국적업체들에 의한 파견업의 독과점체제도 파견업의 자기규제 추진에 기여한 것으로 판단되며, 실제 파견업의 부정적 이미지를 극복하기 위해 자기규제 장치 수립을 추진하기 시작한 주체들은 초대형 초국적업체들이었다. 파견업에 대한 강도 높은 규제 하에서 파견업을 통해 수익성을 유지하기 위해서는 규모의 경제가 요구되기 때문에 중소영세 업체들이 수익성을 내기는 쉽지 않다. 이처럼 파견업에 대한 사회적 규제와 자기규제는 파견업에 대한 진입장벽을 구축하여 초대형 초국적업체들의 독과점적 상황을 재생산하는 결과를 가져온다.

파견업협회(Bemanningsföretagen, 2012a)가 강조하듯이 초국적기업들이 주도하는 파견업협회의 자기규제 제도가 파견업의 사회적 평판을 제고하는 데 크게 기여했을 뿐만 아니라, 사용업체들에게는 인력 공급의 안정성을 제공하고 파견노동자들에게는 노동조건과 소득안정성을 보장하는 긍정적 효과를 낳은 것은 사실이다. 또한, 파견업의 독과점적 상황은 노동조합들이 파견업체들을 감시·감독하고 사회적 규제를 압박하기 쉽게 만들기 때문에, 파견업을 효율적으로 규제하고 파견노동자들을 보호하는 동시에 정규직 노동자들의 고용안정성을 보장하고 노동조건 하락 압박을 해소할 수 있게 된 것이다.

파견업협회는 강력한 사회적 규제를 수용하고 자기규제까지 시행하고 있지만 파견업의 부정적 이미지가 여전히 남아 있다고 지적하고 있다. 파견업협회는 좌익당과 사회민주당이 파견업에 대한 불신을 거두지 않고 파견업 폐지 혹은 규제 강화를 요구하고 있고, LO와 노동조합들은 사용업체들이 노동법적 의무와 책임을 회피 혹은 경감하기 위해 파견노동을 활용한다고 주장하는데 특히 파견업 단체교섭 기간 동안 이러한 공세가 심화된다고 지적하고 있다. 파견업협회는 이러한 부정적 이미지가 현재의 파견업에 대한 정당한 평가를 넘어서는 것이고, 파견업은 노동시장의 유연성과 스웨덴 단체교섭 모델을 결합함으로써 노동자의 안정성과 사용업체의 유연성을 보장하고 있다고 주장하며 스웨덴 노동시장의 미래에 대한 토론을 환영하며 노동조합을 포함한 모든 이해당사자들과 건설적 대화를 기대한다는 입장을 재확인해주고 있다(Bemanningsföretagen, 2011b: 3-8, 20). 이처럼 파견업의 부정적 이미지는 여전히 LO가 파견노동 사용의 사회적 규제를 강화하고 파견업이 강력한 사회적 규제를 수용하게 하는 메커니즘으로 작동하고 있다.

3) 사용업체의 선택과 파견노동 사용

강력한 사회적 규제에도 불구하고 파견업이 합법화와 함께 성장할 수 있었던 것은 파견노동에 대한 사용업체들의 수요가 존재하기 때문이다. 사용업체들이 파견노동자를 사용하는 핵심적 사유로는 주로 네 가지가 지적되어왔다.[18]

---

18 Brunk(2008), 손혜경(2010: 66-68)을 참조하도록 한다.

첫째, 기업의 핵심적 역량은 안정적으로 유지하면서 시장수요에 따른 업무 부담의 변동에 맞추어 인력규모를 조절하기 위해 파견노동자를 완충재로 사용한다.

둘째, 다양한 사유의 결근, 육아휴가 등 정당한 법정휴가 중인 정규직 인력을 대체하기 위해 파견노동자를 한시적으로 사용한다.

셋째, 우수한 능력을 지닌 적임자를 찾는 어려움과 비용을 덜기 위해 신뢰할 수 있는 파견업체로부터 파견노동자를 공급받는다.

넷째, 한시적 프로젝트를 수행하거나, 일주일에 몇 시간 정도 간헐적으로 필요할 때 거래비용을 줄이기 위해 파견노동자를 사용한다.

다섯째, 추후 정규직으로 채용하기 위한 인력의 수습과 검증을 위해 파견노동자를 시험적으로 사용한다.

이처럼 사용업체들은 인건비 절감이 아니라 주로 시장 변동에 대응할 수량적 유연성을 확보하거나 한시적 사용을 위한 거래비용을 절감하기 위해 파견노동을 사용하고 있다. 이는 파견노동 사용에 대한 강력한 규제로 인해 파견노동자 사용을 통한 인건비 절감 인센티브가 최소화되었기 때문이라 할 수 있다.

이러한 파견노동 사용 사유는 최근 파견업협회가 자체적으로 실시한 조사결과에서도 확인되고 있다(Bemanningsföretagen, 2011b: 11, 14). 파견노동자를 사용하는 사용업체 500개의 인사담당 경영진을 대상으로 파견노동자 사용 사유를 조사한 결과 복수응답 합계 총 236% 가운데 일시적 대체고용과 임시적 작업중단이 각각 49%로 가장 높은 빈도를 기록했다. 다음으로 43%의 신속한 인력조정과 38%의 행정능력 부족이 그 뒤를 이었고, 충원의 어려움과 특별한 전문성이 각각 25%와 23%를 기록했다.

기업규모에 따라 파견노동 사용의 핵심적 사유에서 차이를 보였는데, 대기업들은 수요 변동에 따른 인력조정을 꼽은 반면 중소기업들은 행정능력 부족을 꼽았다. 또한 파견노동 사용의 중요성을 평가하는 데서도 대기업들은 중소기업들에 비해 그 중요성을 상대적으로 높게 평가하고 있다. 이처럼 대기업들은 시장 변화에 대응하는 수량적 유연성 확보를 위해 파견노동을 절실히 필요로 하는 반면, 중소기업들은 능력과 비용의 제약으로 인해 정규직 대신 상대적으로 부담이 적은 파견노동을 활용하고 있다. 따라서 파견노동자 사용을 통한 인건비 절감 효과가 최소화될수록 중소기업의 파견노동 사용 인센티브는 약화되지만, 대기업의 경우 인센티브 약화 효과는 상대적으로 경미하다고 할 수 있다.

동 조사(Bemanningsföretagen, 2011b: 15)에서 파견노동자 사용업체의 71%는 미래에도 현재 수준의 파견노동자를 필요로 할 것이라고 응답하여, 파견노동자 수요가 지속될 것으로 전망한다. 또한 미래의 수요가 현재 수준보다 커질 것이라는 응답이 13%로 현재보다 작아질 것이라는 응답 9%보다 다소 높게 나타난 것은 파견노동자 수요가 소폭이나마 증가할 수 있음을 의미한다. 한편, 파견노동자를 사용할 수 없을 경우 미래의 인력수요 발생 시 대응 방안에 대해 응답업체의 71%가 임시직을 고용할 것이라고 응답했다(Bemannings-företagen, 2011b: 12-14). 반면, 정규직을 고용하겠다는 응답은 19%로, 물량을 외주하청으로 넘기겠다는 응답 20%와 같은 수준에 불과했다.

물론 사용업체들의 응답 자체가 파견노동의 지속적 사용을 위한 전략적 고려에 의해 영향을 받을 수 있었다는 점을 고려하더라도, 파견노동에 대한 수요가 현 수준을 유지하는 가운데 파견노동의 사용이 금지된다면 파견노동은 정규직 대신 임시직으로 대체될 가능성이 상대적으로 더 높다고 할 수 있다. 이렇게 파견노동을 임시직이 대체한다면 파견업체의 파견노동자 정규직 고용 원칙 하에서 정규직 대비 임시직 비율의 상승을 가져올 수 있다. 그런 점에서, 파견노동의 규제된 사용은 임시직 비율 상승을 일정 정도 억제하는 효과를 발휘하고 있다고 할 수 있다.

4) 파견노동자의 선택과 만족도

파견노동자는 1990년대 합법화 이후 급격하게 증가하여 2000년 4만 명을 정점으로 하락했다. 2005년경 다시 상승세를 시작한 다음, 2000년대 말 세계금융위기 속에서 부침하고 있다(LO, 2012a: 24). 세계금융위기 직후인 2009년 파견노동자 규모가 크게 하락했지만, 이듬해 곧바로 경제위기 이전 규모를 회복한 이래 전반적인 증가 추세를 보여주고 있다(〈그림 6-1〉 참조).

파견노동자는 2014년 35대 파견업체 고용 기준 6만 5,500명으로 전체 피고용자의 1.61%를 점하는 것으로 나타났다(〈표 6-1〉 참조). 전체 파견노동자 규모는 전체 피고용자의 2.01% 정도로 추정되는데, 이는 명백한 과소추정치라 할 수 있다.

파견노동자들은 파견업 단체협약에 의해 보호되며 전체 산업 평균보다 더 높은 단체협약 적용률을 보이고 있고, 파견기간에는 사용업체에 적용되는 단체협약의 보호를 받을 수 있다. 따라서 파견노

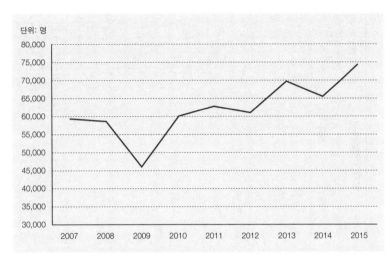

그림 6-1 파견노동자 규모 변화 추이, 2007~2015년

자료: Bemanningsföretagen(2015b: 2)

동자는 임금 등 노동조건에 있어 직접고용 정규직 노동자들에 비해 크게 뒤떨어지지 않으며, 실제 청년 노동자들의 경우 파견노동자들이 사용업체의 직접고용 노동자들보다 더 높은 임금을 받는 경우도 많은 것으로 보고되고 있다(Silva & Hylander, 2012).

2011년 12월 실시된 파견노동자 대상 직무만족도 설문조사에서 3,854명 응답자 가운데 81%가 만족한다는 응답을 한 반면, 불만을 표시한 비율은 8%에 불과한 것으로 나타났다(Bemanningsföretagen, 2012c: 14-19). 또한 "친지들에게 파견노동을 추천하겠는가"라는 물음에 대해 "추천하겠다"는 응답이 67%로 "추천하지 않겠다"는 응답 18%의 3.7배에 달하고 있어 파견노동자들의 높은 만족도를 확인해 주었다.

동 조사에서 파견노동자들의 파견노동 선택 이유를 물어본 결

표 6-1 파견노동자 규모 및 비율 변화 추이, 2002~2014년

연도	총 피고용자 (명)	임시직		전체 파견업체 조사		35대 파견업체		전체 파견노동자/35대 파견노동자
		임시직노동자 (명)	총 피고용자 대비 비율(%)	파견노동자 (명)	총 피고용자 대비 비율(%)	파견노동자 (명)	총 피고용자 대비 비율(%)	
2002	3,766,000	495,000	13.1			36,900	0.98	
2003	3,760,000	511,000	13.6			28,700	0.76	
2004	3,731,000	502,000	13.5			31,500	0.84	
2005	3,720,000	526,000	14.1			30,500	0.82	
2006	3,794,300	568,300	15.0			35,000	0.92	
2007	3,911,800	621,800	15.9	59,400	1.52	42,715	1.09	1.39
2008	3,993,700	603,800	15.1	58,850	1.47	47,450	1.19	1.24
2009	3,929,400	537,900	13.7	46,100	1.17	38,300	0.97	1.20
2010	3,874,000	545,400	14.1	60,100	1.55	48,300	1.25	1.24
2011	4,005,300	580,400	14.5	62,863	1.57	53,251	1.33	1.18
2012	4,025,280	564,901	14.0	61,127	1.52	49,259	1.22	1.24
2013	4,022,200	586,600	14.6			69,900	1.74	
2014	4,072,300	618,200	15.2			65,500	1.61	

자료: 총 피고용자 및 임시직 통계치는 LO(2014: 27), 파견노동자 통계치는 Bemanningsföretagen(2012b: 2-5; 2013: 2-4; 2014: 2-4).

과, 복수응답 합계 236% 가운데 파견업체가 흥미 있는 직무를 제공하거나, 다양한 직무수행을 통해 전문적 경험을 획득하거나, 담당하게 될 직무 자체에 관심이 있어서 선택했다는 응답이 100%로 가장 높게 나타났다(Bemanningsföretagen, 2012c: 12-13). 다음으로 파견업체의 정규직 노동자로서 대기기간 임금을 보장받거나, 추가적 수입을 확보하거나, 임금 수준이 높고 교육과 주거 등 다른 혜택들이 주어지기 때문에 선택했다는 응답이 39%에 달했다. 또한 노동시간과 작업장을 선택할 수 있거나, 장기간의 휴가를 즐길 수 있거나, 상근 직무를 원하지 않기 때문에 선택했다는 응답은 29%로 나타났다.

자신의 관심과 자기개발에 적합한 직무이기 때문에 선택했거나, 임금과 자유로운 시간활용 등 유리한 노동조건 때문에 선택했다는 응답을 합하면 168%에 달한다. 이처럼 파견노동의 긍정적 측면을 활용하기 위해 적극적 의미에서 자발적으로 선택한 경우가 전체 복수응답 합계 236%의 7할을 넘어선다는 것은 파견노동의 노동조건이 열악하지 않음을 의미한다. 그런 점에서 파견업에 대한 강력한 규제 장치들을 통해 파견노동자들을 보호하는 LO의 전략이 성과를 거두었다고 할 수 있다.

5) 행위주체들의 선택과 관리된 유연성

파견업에 대한 강도 높은 규제체계는 LO의 '허용과 규제' 전략과 파견업체들의 자기규제 전략에 기초하여 수립되었다. 강력한 규제체계 하에서 파견노동자들은 정규직 고용 원칙 등으로 철저히 보호됨으로써 파견노동은 임시직 고용의 한 유형이 아니라 임시직 고용에 대한 또 다른 대안으로 간주되고 있다. LO는 실제 파견노동의 제한적 허용이 임시직 비율의 증가를 억제하는 데 기여한 것으로 평가하고 있다(LO, 2012a: 24).

이와 같이 파견노동의 제한적 사용은 파견노동자 보호와 임시직 남용 억제라는 결과를 가져오고 있다. 이처럼 관리된 유연성의 규제체계가 재생산되는 것은 파견노동 사용의 사회적 규제가 LO가 대변하는 파견노동자와 정규직 노동자뿐만 아니라 파견업체와 사용업체를 포함한 모든 이해 당사자들에게 혜택을 주기 때문이다.

파견노동자들은 직접고용 정규직과 실업의 대안으로서 파견노동을 선택하는데, 정규직 고용 원칙에 따른 고용안정성과 대기기간 임금보장에 의해 소득안정성을 보장받을 수 있게 되었다. 그 결과 노동자들은 자기계발 등 적극적 동기와 직접고용 정규직에 대한 차선책으로 파견노동을 선택하며, 직무와 관련하여 매우 높은 만족도를 보이고 있다.

정규직 노동자들은 파견노동을 인력조정의 완충재로 사용함으로써 고용안정성을 실질적으로 보장받을 수 있다. 또한 동등처우 및 임금 등 노동조건 보장 장치들은 정규직과 파견노동 사이의 임금 등 노동조건 격차를 최소화하여, 파견노동자를 보호하는 동시에 파견노동자 사용에 따른 직접고용 노동자의 노동조건 하락 가능성을 차단하는 간접적 효과도 가져오므로 사회적 덤핑으로부터 자유롭게 해준다.

사용업체들은 파견노동자에 대한 강력한 보호장치와 사용 사유 제한으로 인해 파견노동을 남용하거나 파견노동 사용으로 인건비를 절감하는 전략은 포기하게 되었다. 하지만 파견노동자를 인력조정의 완충재로 사용해 시장 수요 변동에 대응할 수 있는 수량적 유연성을 확보함으로써 상시적 업무를 담당하는 핵심인력의 고용안정성을 실질적으로 보장해주고, 이들을 내부노동시장으로 통합해 숙련형성을 위한 인적자본 투자를 안정적으로 수행할 수 있게 되었다.

파견업체들은 강력한 사회적 규제를 수용함으로써 파견업의 높은 이윤율은 포기하되, 파견업의 부정적 이미지를 극복하고 정상적 사업으로 인정받을 수 있게 하는 성과를 거둘 수 있었다. 또한 파견업의 낮은 이윤율은 규모의 경제를 압박하며 진입장벽을 높이는 간접적 효과를 수반함으로써 파견업체들의 자기규제를 보다 더 용이하게 하는 한편, 시장의 독과점체제를 재생산하는 결과도 가져오게 되었다.

이처럼 LO는 파견노동의 허용을 통해 사용업체들에게 노동시장의 유연성을 허용하는 한편 강력한 사회적 규제를 부과함으로써 노동자들에게는 고용안정성과 소득안정성을 보장하고 있다. 그런 점에서 파견노동의 사회적 규제를 통해 "모두에게 혜택"을 준다는 LO의 전략은 성공한 것으로 평가할 수 있으며, 그러한 상호호혜 관계로 인해 관리된 유연성의 규제체계가 재생산될 수 있는 것이다.

5. 맺음말

스웨덴의 간접고용 규제는 파견노동을 중심으로 실시되고 있으며, LO가 2000년 파견업협회와 단체협약을 체결하면서 파견노동을 허용하되 파견노동자를 보호하며 파견노동 사용을 제한하는 강력한 사회적 규제체계가 구축되었다. 파견노동 사용의 물질적 인센티브가 최소화되면서 사용업체는 주로 수량적 유연성 확보를 위해 제한적으로 파견노동을 사용하게 되었다. 이처럼 강력한 사회적 규제 속에서 스웨덴 파견노동은 '관리된 유연성'으로 사회적 행위주체들 '모두에게 혜택'을 주는 방식으로 제한적으로 사용되고 있다.

1) 단체협약에 의한 간접고용의 사회적 규제

간접고용 사용에 대한 사회적 규제는 법 규정보다 단체협약에 더 크게 의존하고 있다. 파견노동과 사적고용중개업을 규제하기 위해 제정된 사적고용중개법이 파견업 규제를 위해 도입한 장치들은 소극적 규제 수준을 넘어서지 못하고 있다. 반면, LO가 주도하여 체결한 파견업 전국 단체협약은 파견업체의 파견노동자 정규직 고용 원칙, 파견기간 사용업체의 단체협약 적용 및 동등처우, 비파견 대기기간의 90% 임금수준 보장 등으로 파견노동 사용을 강도 높게 규제하고 있다.

단체협약에 의한 사회적 규제는 노사자율적 규제의 성격을 지니고 있는데, 이러한 노사자율적 규제 방식의 선택과 그 효율성은 상보성 관계에 있는 두 가지 제도적 요소에 의해 보강된다. 첫째는 공동결정제로, 간접고용 노동력 사용은 공동결정법에 따라 사용업체 경영진과 노동조합 간의 단체교섭 대상이 된다는 점이다. 사적고용중개법 같은 간접고용 사용에 특정화된 법제도의 존재 여부와 상관없이, 노동조합은 자본의 부적절한 간접고용 사용에 제동을 걸며 직접고용 노동자들의 고용안정성과 간접고용 노동자들의 노동조건을 동시에 보호할 수 있는 것이다. 두 번째 요소는 노동조합의 조직력에 기초한 대등한 노사관계이다. 공동결정법이 보장한 노동조합의 개입이 실질적으로 사용업체의 간접고용 오·남용을 제어할 수 있는 것은 80%를 넘는 노동조합 조직률과 90% 수준에 달하는 단체협약 적용률로 대변되는 스웨덴 노동조합의 조직력 덕분이다.

2) 계급타협과 관리된 유연성의 재생산

단체협약에 기초한 파견노동 규제체계는 그 자체가 노동과 자본의 타협으로 구축되었다. LO는 파견노동 금지 입장을 버리고 규제를 통한 노동자 보호 전략으로 전환했고, 파견업체들은 사회적 정당성을 획득하기 위해 강도 높은 사회적 규제를 수용했다. 그런 점에서 파견노동을 포함한 간접고용의 사회적 규제와 그 결과로서 관리된 유연성은 계급타협의 산물이라 할 수 있다.

파견노동자 사용에 수반되는 사회적 책임은 파견업체와 사용업체가 분담하고 있다. 파견업체는 파견노동자를 정규직으로 고용하여 복수의 사용업체 직무들과 조합하여 파견노동자의 고용안정성을 보장하고, 사용업체는 직접고용 노동자들과의 동등처우와 대기기간 임금보장이 실현될 수 있도록 파견노동자 사용에 대한 대가를 지불함으로써 간접적 방식으로 파견노동자의 소득안정성을 보장한다.

파견업체와 사용업체의 공정한 책임 분담을 통해 파견노동자 사용은 이해당사자들의 이해관계에 상응할 수 있게 되었다. 파견업체는 파견노동자의 고용을 보장함으로써 사회적 정당성과 시장의 독과점적 지위를 유지할 수 있고, 사용업체는 자기규제를 수행하는 파견업체로부터 적합한 인적자원을 적소에 안정적으로 공급받아 사용하면서 수량적 유연성을 확보할 수 있다. 한편, 사용업체 정규직 노동자들은 임금 등 노동조건의 악화 위험 없이 파견노동자를 고용안정의 완충재로 활용할 수 있고, 파견노동자는 고용안정성과 함께 소득안정성을 보장받는다.

이러한 상호호혜 관계로 인하여 간접고용의 사용규제체계는 평형 상태 속에서 관리된 유연성을 지속할 수 있는 것이다.

제3부

노동시장 효율성과
적극적 노동시장정책

제7장

스웨덴 적극적 노동시장정책의 효율성과 일자리 중개의 선순환[1]

1. 들어가는 말

한국은 구직자들의 공적·비영리 고용 중개 서비스 이용률이 10% 수준에 불과하여 공적 일자리 중개 서비스가 제 역할을 못하는 것으로 나타나고 있다(조돈문 외, 2013). 공적 중개기구들은 양질의 구인 일자리 정보를 충분히 확보하지 못하고 상담 인력 부족으로 구직자들에게 맞춤형 서비스로 신속하게 양질의 일자리를 중개해주기 어렵기 때문에 구직자들이 이용을 기피하는 것으로 확인되고 있다. 이러한 취약한 적극적 노동시장정책으로 인해 '고용주 기피 ⇒ 좋은 일자리 부재 ⇒ 구직자 기피 ⇒ 양질의 일자리 중개 불가 ⇒ 고용주 기

---

1   이 장은 『해외 사례를 중심으로 본 지역 일자리·노동시장정책』(매일노동뉴스, 2018) 제3장을 수정·보완한 것이다. 수정 게재를 허락해준 매일노동뉴스에 감사드린다.

피 심화'의 악순환이 반복되고 있다.

잘 발달된 적극적 노동시장정책이 노동시장의 효율적 작동을 담보한다는 사실은 스웨덴 등 스칸디나비아 국가들에서 잘 확인할 수 있다. 스웨덴은 전통적으로 완전고용에 가까운 낮은 실업률을 유지해왔으나 경제정책의 최우선 목표가 완전고용에서 물가안정으로 바뀌며 2000년대 중반부터 7% 안팎의 높은 실업률을 보이고 있다. 그럼에도 고용률은 82.5%로서 OECD 최고 수준을, 장기실업자 비율은 16.8%로 OECD 최저 수준을 기록하며 노동시장의 효율적 작동을 확인해주는데(〈표 7-1〉 참조), 이러한 스웨덴 노동시장의 효율성은 적극적 노동시장정책의 성과로 설명되고 있다.

스웨덴의 적극적 노동시장정책이 노동시장의 효율적 작동을 담보하고 있다면, 스웨덴에서는 한국과는 달리 '고용주 양질의 일자리 등록 ⇒ 구직자 적극 이용 ⇒ 효율적 일자리 중개 ⇒ 고용주 양질의 일자리 등록'의 선순환이 가능하지 않을까? 이러한 선순환이 가능하기 위해서는 구인업체들이 양질의 구인 일자리를 공적 일자리 중개기구에 등록해야 하는데, 그것은 적극적 노동시장정책이 발달한 국가들이 아니라면 불가능할 것이기 때문이다. 본 연구는 이러한 문제의식에서 시작되었으며, 그 해답을 적극적 노동시장정책에서 찾고자 한다.

스웨덴 적극적 노동시장정책에 대한 선행연구들은 주로 개별 정책요소들의 효과 평가에 집중하는 가운데 일자리중개청의 노동시장 취약집단 우선적 재취업이라는 정책목표로 인한 구인업체들의 공적 중개기구 기피 가능성을 언급하며 적극적 노동시장정책의 한계를 지적하고 있다. 이러한 분석은 일자리 중개의 선순환 가능성을

표 7-1 노동시장 지표들의 국제 비교, 2017년(단위: %)

구분	스웨덴	독일	스페인	미국	한국	OECD 평균	비고
고용률	82.5	78.2	75.1	73.3	69.2	72.1	취업연령(15-64세) 인구 대비
실업률	6.7	3.8	17.2	4.4	3.7	5.8	취업연령(15-64세) 노동력 대비
장기실업률	16.8	41.9	44.5	15.1	–	31.0	15세 이상 실업자 가운데 1년 이상 비율

자료: OECD(2018), OECD(http://stats.oecd.org/)

스웨덴에서도 찾기 어렵다는 전망을 갖게 한다. 이 장은 스웨덴의 적극적 노동시장정책이 어떤 정책 프로그램들로 구성되어 집행되는 지 분석하고, 어떻게 노동시장의 효율적 작동을 실현하며 양질의 일 자리 정보들을 공적 중개기구에 집적하여 구직자들과 중개함으로써 효율적인 일자리 중개를 성사시키는 일자리 중개의 선순환을 담보 하는지를 설명하고자 한다.

2. 스웨덴 적극적 노동시장정책의 효과와 쟁점들: 선행연구 검토

적극적 노동시장정책은 노동시장뿐만 아니라 거시경제운영을 위한 스웨덴 모델, 즉 렌-마이드너 모델의 세 요소 가운데 하나로서 긴축 적 총수요정책과 연대임금정책이라는 다른 두 요소로 인해 발생되 는 고실업률문제를 재취업으로 해결하며 완전고용을 실현하는 역 할을 수행해왔다(Anxo & Niklasson, 2009; Wadensjö, 2009). 또한 적극적 노동시장정책은 노동시장 효율성을 담보하는 황금삼각형의 한 요소로서, 유연한 고용계약제도로 인해 발생되는 실업자 문제를 취업보장 방식으로 해결할 뿐만 아니라, 관대한 실업자 소득보장제도[2]로 인한 취업 인센티브 약화라는 부정적 효과를 상쇄하는 활성화 기능도 수행하는 것으로 평가되고 있다.

적극적 노동시장정책의 중요성에 대해서는 이론의 여지가 없으나, 정책요소별 효과 평가는 상당한 편차를 보여준다. 1990년대 초반 경제위기 아래 높은 실업률에 맞서 스웨덴 정부는 예산 배분을 배가하며 GDP 3% 수준의 재정자원으로 적극적 노동시장정책을 강화했으며, 그 뒤부터 정책효과 평가가 본격적으로 진행되기 시작했다(Ackum, 1995; Forslund & Krueger, 1994; Kluve et al, 2007). 공공부문 재정적자 상황과 긴축재정 정책기조로 인해 공공부문 고용확대정책도 지속가능성이 없는 상황에서 공공부문의 직접일자리 취로사업이 기대된 정책효과를 창출하지 못하자, 적극적 노동시장정책은 공공부문에서 사적부문으로 핵심 정책 표적을 이동했다. 반면, 정규직 휴가 등의 결원을 보충하는 대체고용지원제도, 구직자들에게 생산현장에서 정규직 일자리의 직무 경험 기회를 제공하는 현장실습제, 실업자 혹은 적극적 노동시장정책 프로그램 참여자 채용을 지원하는 고용지원금제도는 긍정적 정책효과를 지닌 것으로 평가되었다. 그 결과 대체고용지원제도와 현장실습제는 현장의 직무수행 경험을 쌓게 하는 공급중심정책의 핵심수단으로, 고용지원금제도는 구인업체의 추가적 인건비 부담을 경감하는 수요중심정책의 핵심수

---

2   스웨덴의 관대한 실업자 소득보장제도에 대해서는 SO(2010), Sjöberg(2011), 조돈문(2015)을 참조하도록 한다.

단으로 지속될 수 있었다. 이처럼 선행연구들은 개별 적극적 노동시장정책 수단들의 효율성과 성과에 대해 긍정적 평가와 부정적 평가 모두 가능함을 보여주면서, 개별 정책요소들의 효과가 아니라 정책요소들 간의 상호작용 효과까지 고려하여 전체 적극적 노동시장정책의 효과를 종합적으로 평가할 것을 요구하고 있다.

적극적 노동시장정책의 전반적인 긍정적 효과를 인정하더라도 외적 요인들에 의해 긍정적 효과가 상쇄될 수 있다는 점도 지적되었는데, 대표적 카운터 메커니즘으로 경제위기와 보수당 집권의 부정적 효과가 꼽히고 있다(Forslund & Krueger, 1994; Ackum et al, 1995; Hägglund, 2014; Kruse & Ståhlberg, 2013). 집중적인 예산 투입에도 불구하고 노동시장이 이전의 완전고용 상황으로 복원되지 않고 높은 실업률을 유지하자 적극적 노동시장정책의 효과에 대한 비판이 많이 제기되었는데, 논란의 핵심에 직업훈련의 효과에 대한 의구심이 있었다. 경제위기 시에는 해고자들이 꾸준히 발생하는 가운데 노동시장의 신규 일자리 창출 경향이 둔화되어 취업 기회가 축소되기 때문에, 숙련형성이 진전되더라도 취업 가능성은 높아지기 어렵다. 또한 사민당에 비해 보수당이 집권하면 전반적인 작은 정부 기조 하에서 소극적 노동시장정책에 비해 적극적 노동시장정책의 재정지출을 더 삭감함으로써 적극적 노동시장정책의 정책효과를 크게 약화시키는 것으로 평가되고 있다.

경제위기와 보수당 집권 등 외적 요인들은 적극적 노동시장정책 자체에 책임이 있는 것은 아닌데, 일련의 연구들(Ackum, 1995: 90-91; Wadensjö, 2009: 38; Larsen & Vesan, 2012; IF Metall, 2015: 51; LO, 2015a: 10-12; Kruse & Ståhlberg, 2013: 99-103; Murhem, 2012:

631-632)은 적극적 노동시장정책의 정책목표 자체가 정책효과를 약화하는 동시에 구인업체들의 일자리 등록을 기피하게 만들 수 있다는 점을 지적하고 있다. 적극적 노동시장정책이 노동시장 통합을 위해 정책역량을 집중하는 집단은 실업자들 가운데서도 상대적으로 자격조건이 열악하여 재취업에 어려움을 겪는 취약집단이기 때문에 일자리 중개를 통한 재취업 성과를 거두기 어렵다는 것이다.

적극적 노동시장정책은 노동시장 취약집단 가운데서도 자격조건이 상대적으로 더 열악한 장기실업자집단에 정책 우선순위를 두는 반면, 구인업체들은 실업자나 프로그램 참여자들보다 실업의 경험이 없는 양질의 구직자들을 선호한다. 따라서 적극적 노동시장정책 담당 정부기구들은 가장 매력적인 노동력 보유집단 대신 스스로 취업 기회를 확보하기 어려운 취약집단을 우선적으로 추천할 것으로 예상하기 때문에, 구인업체들도 가장 양질의 일자리보다 덜 매력적인 일자리를 등록할 수 있다는 것이다. 외적 요인들에 의해 야기되는 부정적 정책효과들과는 달리, 이러한 저숙련 매칭 평형(low skill matching equilibrium) 현상은 높은 고용률과 낮은 장기실업률이라는 적극적 노동시장정책의 양대 목표 사이의 모순관계를 표출한 것으로서 피하기 어려운 딜레마라 할 수 있다.

선행연구들은 적극적 노동시장정책이 이러한 딜레마로 인해 취약한 구직자들과 열악한 일자리들을 중개하게 되는 악순환을 피하기 어렵다는 점을 지적하고 있지만 충분한 경험적 근거를 제시하지 못했다는 점에서 일자리 중개의 선순환 혹은 악순환 여부는 여전히 규명되어야 할 쟁점이다. 이러한 작업은 이 장의 4절에서 본격적으로 시도한다. 한편, 스웨덴의 적극적 노동시장정책은 정책수단들의 구체적 내용이 지닌 중요성에도 불구하고 국내 연구들(장선화, 2011; 손혜경, 2012; 조돈문, 2015)에서는 단편적으로만 소개되었다는 점을 고려하여, 3절에서는 적극적 노동시장정책들을 공급중심정책들과 수요중심정책들로 나누어 체계적으로 설명한다.

3. 일자리중개청의 적극적 노동시장정책

스웨덴 정부의 적극적 노동시장정책에 대한 재정지출 규모는 1990년대 초 경제위기 하에서 GDP의 3% 수준까지 상승했으나, 경제위기가 극복되자 하락하기 시작하여 2004년에는 1.03%까지 떨어졌다(〈표 7-2〉 참조). 적극적 노동시장정책의 재정지출 규모는 전반적 긴축재정 기조 속에서 사민당 정부보다 보수당 정부 하에서 지출 감축이 더 두드러진 것으로 확인되었다. 사민당 정부는 2005~2006년 GDP의 1.17% 수준까지 예산을 증액하면서 감소 추세를 역전시켰다. 그러나 보수당 정부가 출범하며 1.0% 이하 수준으로 감액했다가, 경제위기가 발발하자 2009년부터 증액하기 시작하여 경제위기 이전 수준을 회복할 수 있었다.[3]

적극적 노동시장정책은 경제위기와 집권 정당의 영향을 받으며 크게 변화해왔다. 특히 2006년 말 보수당 정부 출범, 2008~09년 경

---

3 소극적 노동시장정책 재정지출도 적극적 노동시장정책 지출처럼 1990년대 초반 경제 위기 하에서 크게 증가했다가 이후 경제가 회복되고 실업률이 하락하면서 감축했다가, 2007년 보수당 정부 하에서 실업급여 수급요건 강화와 소득대체율 인하로 크게 감축했다. 적극적 노동시장정책과 소극적 노동시장정책의 변화 및 그에 수반하는 재정지출 변화의 의미에 대해서는 조돈문(2015: 112-130), Huo(2009: 113-118)를 참조하도록 한다.

표 7-2 적극적 노동시장정책 재정지출 규모 변화, 1990~2014년(단위: GDP 대비 %)

연도*	적극적 노동시장정책 지출									소극적 노동시장 정책	전체 노동시장 정책 합계
	공급중심정책				수요중심정책				합계		
	공적 고용 서비스	직업 훈련	창업 지원	합계	고용 지원금	취약자보호 고용	직접고용 창출	합계			
1990	0.24	0.54	0.01	0.79	0.39	0.39	0.11	0.89	1.68	0.88	2.56
1991	0.26	0.99	0.02	1.27	0.6	0.41	0.15	1.16	2.43	1.65	4.08
1992	0.3	1.06	0.04	1.4	0.84	0.45	0.35	1.64	3.04	2.71	5.76
1993	0.29	0.74	0.06	1.09	0.88	0.4	0.58	1.86	2.95	2.76	5.71
1994	0.31	0.76	0.09	1.16	0.87	0.41	0.54	1.82	2.97	2.53	5.5
1995	0.3	0.55	0.07	0.92	0.67	0.34	0.43	1.44	2.35	2.27	4.62
1996	0.28	0.56	0.08	0.92	0.59	0.32	0.43	1.34	2.26	2.14	4.4
1997	0.27	0.57	0.07	0.91	0.51	0.29	0.41	1.21	2.12	1.98	4.1
1998	0.24	0.9	0.07	1.21	0.51	0.27	0.34	1.12	2.33	1.69	4.03
1999	0.24	0.85	0.06	1.15	0.52	0.25	0.18	0.95	2.11	1.56	3.67
2000	0.23	0.61	0.05	0.89	0.46	0.23	0.06	0.75	1.64	1.28	2.92
2001	0.23	0.55	0.04	0.82	0.44	0.22	0	0.66	1.48	1.06	2.54
2002	0.23	0.46	0.04	0.73	0.43	0.22	0	0.65	1.38	1.07	2.44
2003	0.22	0.23	0.03	0.48	0.38	0.2	0	0.58	1.07	1.22	2.28
2004	0.22	0.19	0.03	0.44	0.39	0.2	0	0.59	1.03	1.32	2.35
2005	0.21	0.19	0.03	0.43	0.47	0.19	0	0.66	1.1	1.22	2.32

2006	0.21	0.2	0.03	0.44	0.54	0.18	0	0.72	1.17	1.01	2.17
2007	0.2	0.1	0.02	0.32	0.48	0.17	0	0.65	0.97	0.7	1.67
2008	0.19	0.06	0.01	0.26	0.38	0.18	0	0.56	0.83	0.55	1.37
2009	0.24	0.06	0.01	0.31	0.39	0.21	0	0.6	0.92	0.86	1.78
2010	0.27	0.1	0.02	0.39	0.5	0.22	0	0.72	1.11	0.76	1.87
2011	0.25	0.09	0.01	0.35	0.56	0.24	0	0.8	1.16	0.6	1.76
2012	0.27	0.1	0.01	0.38	0.64	0.25	0	0.89	1.28	0.63	1.91
2013	0.29	0.13	0.01	0.43	0.64	0.28	0	0.92	1.35	0.68	2.03
2014	0.26	0.14	0.01	0.41	0.65	0.28	0	0.93	1.33	0.61	1.94
2015	0.26	0.15	0.01	0.42	0.60	0.26	0	0.86	1.27	0.55	1.82
2016	0.27	0.13	0.01	0.41	0.50	0.26	0	0.76	1.17	0.55	1.73
〈사민당 집권 시기〉											
1995~2006	0.24	0.49	0.05	0.78	0.49	0.24	0.15	0.88	1.67	1.49	3.15
1995~1999	0.27	0.69	0.07	1.03	0.56	0.29	0.36	1.21	2.23	1.93	4.16
2000~2006	0.22	0.35	0.04	0.61	0.44	0.21	0.01	0.66	1.27	1.17	2.43
2015~2016	0.265	0.14	0.01	0.42	0.55	0.26	0	0.81	1.22	0.55	1.78
〈보수당 집권 시기〉											
2007~2014	0.25	0.10	0.01	0.36	0.53	0.23	0	0.76	1.12	0.67	1.79
2007~2009	0.21	0.07	0.01	0.30	0.42	0.19	0	0.60	0.91	0.70	1.61
2010~2014	0.27	0.11	0.01	0.39	0.60	0.25	0	0.85	1.25	0.66	1.90

* 1990~1994년은 보수당과 사민당 집권 혼재하여 시기별 합산에서 제외했음.
자료: OECD(http://stats.oecd.org/)

제위기의 발발과 2014년 말 사민당 정부 출범은 주요한 변화 계기가 되었는데, 전체 적극적 노동시장정책의 재정지출은 물론 수요중심 정책과 공급중심정책의 상대적 비중도 부침을 겪었지만, 적극적 노동시장정책은 전반적으로 변화보다는 연속성을 보여주었다.

1) 일자리중개청과 적극적 노동시장정책 집행

적극적 노동시장정책은 주로 일자리중개청(Arbetsförmedlingen)을 중심으로 추진되는데, 일자리중개청은 1만 4천 명 정도의 직원으로 전국본부 산하에 북부, 중부, 남부의 3개 지역본부를 두고 10대 광역으로 대별하여 280개 지역 고용센터를 운영하고 있다(Arbetsförmedlingen, 2012a: 18-22; 2016c: 5-10). 직원 가운데 80% 정도는 구직자들과 구인업체들을 직접 접촉하는 업무를 수행하고 있고, 심리학자 등 전문가들도 15% 정도 포함되어 있다.

일자리중개청의 서비스 제공으로 취업하는 구직자들은 한 해 100만 명 정도에 달하는데, 이들 가운데 노동시장에 처음 진입하는 인력도 상당한 규모를 점하지만, 일자리를 이동하는 인력도 50만 명 정도에 달하는 것으로 나타났다. 일자리 이동은 주로 35세까지 이루어지는 반면, 35세를 지나면 일자리 이동 의향과 능력 모두 감퇴하는 것으로 확인되었다. 실업자들 가운데 일자리중개청에 등록하는 비율은 70% 수준이다. 일자리중개청에 등록해야 구직자들이 일자리 중개는 물론 다양한 복지서비스도 받을 수 있기 때문에, 경제가 어려울수록 노동시장 취약집단을 중심으로 등록률이 높아지는 것으로 나타나고 있다. 일자리중개청에 등록한 비율을 보면 실업자들 가운데 중등교육 이하 학력자, 55세 이상 고령인, 노동능력에 장애가 있는 인력, 외국인(특히 유럽연합 이외 지역 출생자) 등 전통적인 노동시장 취약집단의 비중이 높은데, 최근 들어 난민 등 신규 이주민의 비중이 급격하게 증가하고 있는 것으로 나타났다(Arbetsförmedlingen, 2016a: 27-28; 2016b: 58-61; 2016c: 15-16; 2016d: 7; LO, 2015a: 12-15; IF Metall, 2015: 3).

일자리중개청은 주요 사업 방향을 구직자와 구인업체를 효과적으로 중개하는 것, 노동시장으로부터 멀리 격리된 취약집단들을 노동시장에 통합하는 것, 고용률을 항구적으로 높이는 것으로 규정하고 있다(Arbetsförmedlingen, 2016c: 11, 24). 이러한 일자리중개청의 활동성과는 높은 고용률과 낮은 장기실업률로 평가될 수 있으며, 주요 정책자원을 투입하는 표적집단은 청년, 신규 이주민, 장기실업자 등 노동시장 취약집단들이다.

현재 수행되고 있는 일자리중개청의 정책수단들은 정책집행 내용과 성과의 평가 과정을 통해 검증된 것들이라 할 수 있는데, 세 가지로 대별할 수 있다. 첫째는 일자리중개청의 기본 서비스로서 상담과 일자리 중개로 구성되며, 구직자들이 일자리중개청에 등록하고 나면 대면적 접촉을 통해 구직자들의 취업희망 직종, 직무 경험과 노동능력을 평가하고 필요한 취업준비활동을 코칭하며 적절한 직업을 소개한다. 둘째는 노동력 공급중심정책들로서 전통적으로 적극적 노동시장정책의 핵심을 구성해왔는데, 구직자의 취업 자격요건과 직무수행역량을 강화하는 한편 숙련형성을 위한 직업훈련과 직무 경험 기회를 제공하여 실업자·구직자들의 취업 가능성을 높이는 정책들로 구성되어 있다. 셋째는 노동력 수요중심정책들로서 실업자·구직자들을 위해 일자리를 창출하거나 실업자를 채용할 경우 재정지원을 제공하는 정책으로서, 일시적으로 혹은 항구적으로 정규 노동시장에 접근하는 데 어려움을 겪고 있는 노동시장 취약집단을 주된 표적집단으로 설정하고 있으며, 특히 단기적 정책효과가 높은 것으로 평가되고 있다.

1990년대 초 경제위기 극복을 위한 팽창예산 운영으로 재정적자와 공공부채가 증가하여 전반적인 긴축예산 기조가 수립되었고, 노동시장정책의 재정지출 규모도 감축 추세를 면할 수 없었다. 소극적 노동시장정책은 물론 적극적 노동시장정책에서도 재정지출 규모는 사민당 집권 시기에 비해 보수당 집권 시기에 더 크게 감축되었다. 또한 적극적 노동시장정책의 정책요소별 지출에 있어서도, 사민당 정부는 공급중심정책과 수요중심정책의 지출규모를 거의 대등하게 유지한 반면, 보수당 정부는 공급중심정책에 비해 수요중심정책에 2배 수준의 재정을 지출해왔다(〈표 7-2〉 참조).

2006년 말 보수당 연정이 출범하며 2007~09년 3년 동안은 직전 사민당 집권 2000~06년 시기에 비해 수요중심정책의 재정지출을 경미하게 감액한 반면, 공급중심정책의 재정지출은 반감했다. 경제위기가 발발하자 2010년부터 적극적 노동시장정책의 재정지출은 2000~06년 사민당 집권 시기 수준으로 증가했는데, 훈련 재정지출은 여전히 사민당 시기의 1/3 수준에도 못 미쳤다. 대신 보수당 연정은 재정자원을 주로 고용지원금에 집중하며 실업문제 해결의 단기적 성과를 거두기 위한 전략을 추진했다.

2) 공급중심 구직자 역량강화정책

공급중심정책은 구직자의 취업 준비와 역량강화를 통해 구인업체들의 채용 의향을 제고함으로써 구직 실업자들의 취업 가능성을 높여주는 정책이다. 공급중심정책은 취업준비활동, 직업훈련, 현장실습, 창업지원 서비스로 대별되며, 정책성과는 스웨덴 노동시장의 높은 고용률을 겨냥하고 있다.[4]

구직자들은 일자리중개청에 등록하지 않으면 실업급여를 신청할 수 없기 때문에 실업 즉시 등록하는 경우가 많은데, 취업준비활동(förberedande insatser)은 구직자들이 일자리중개청에 등록하면 가장 먼저 제공되는 기본적 서비스다(Arbetsförmedlingen, 2013b: 23-35; 2016c: 51-56; Ander 면담, 2016). 담당 직원이 면담을 진행하며 구직자의 현재 상황, 노동시장 직무수행 경험·경력과 자격요건, 취업 희망 직종과 숙련 수준, 숙련형성 의향과 직종변경 수용 여부 등을 파악하고, 구직자와 함께 일자리중개청의 프로그램들을 검토하고, 노동시장의 일자리 분포를 파악한 뒤에, 취업을 위한 전략을 상담하고 지도하는 것이 취업준비활동 서비스의 핵심이다. 상담직원은 구직자에게 일자리 제안서를 제공하고 함께 상의하는데, 제안서는 특정 일자리에 대한 응모 권고와 특정 일자리에 반드시 응모하도록 하는 응모 지시로 나뉜다. 직업훈련과 현장실습 서비스는 이러한 취업준비활동을 거친 다음 구직을 위해 역량강화가 필요하다고 판

---

4 공급중심정책과 수요중심정책을 구성하는 개별 정책 프로그램들에 대해서는 일자리중개청 웹페이지(https://www.arbetsformedlingen.se/)에 소개된 내용들을 중심으로 정리했으며, 이하에서는 추가적 자료 출처만 밝히도록 한다.

단될 경우 제공된다.

구직자들 가운데 현재 일자리를 보유하고 있거나 건강하고 교육수준이 높고 자격요건이 양호하면 스스로 일자리를 찾도록 하되, 구직에 실패할 경우 본격적 역량강화 혹은 일자리 중개 서비스를 제공한다. 반면, 스스로 일자리를 찾기 어려운 경우 일자리중개청은 우선적으로 취업준비 서비스의 기회를 제공하는데, 기능저하자와 장기실업자 등이 우선적으로 배려된다. 일자리중개청에 등록하는 사람들은 대부분 실업자이지만, 취업자도 등록할 수 있다. 그런데 구인업체들이 실업자보다 취업자를 더 선호하기 때문에 일자리중개청은 구직 취업자에 비해 구직 실업자에게 우선적으로 서비스를 제공하되, 구직 취업자에게는 주로 자율적 구직에 실패할 경우 일자리 중개 서비스를 제공하는 데 그치는 반면, 구직 실업자에게는 상담 과정을 통해 맞춤형 프로그램을 개발하여 이수토록 한 다음 일자리 중개 서비스를 제공한다.

직업훈련 서비스(arbetsmarknadsutbildning)는 1960년대 초 실업자와 실업 위험에 처한 피고용자들을 대상으로 제공되기 시작했으며, 훈련기간은 통상 최장 6개월로 설정되어 있지만 훈련 목적에 따라 필요하면 보다 장기간으로 연장될 수 있다(Kluve et al, 2007: 62-64; IF Metall, 2015: 16-17; Clase 면담, 2016; Ander 면담, 2016). 프로그램 참여자들은 훈련기간 동안 활동지원금 혹은 역량개발 수당을 사회보험기금(Försäkringskassan)으로부터 제공받는다.

직업훈련 서비스는 2014년 사민당 정부 출범 이후 일자리 중개 서비스와 밀접하게 연계되어 프로그램 참여자의 자격조건과 희망 경력에 맞추어 더욱더 개인 맞춤형으로 전환되어 실시되고 있다. 일자리중개청은 개별 구직자에 필요한 직업훈련 서비스를 지자체 기구들, 대학 혹은 직업전문학교 혹은 민간 훈련회사로부터 주문하여 제공한다. 어떤 직업훈련을 제공할 것인지는 구직자의 역량과 희망 직종은 물론 노동시장 상황도 함께 고려하여 결정하는데, 최근 몇 년 동안은 주로 제조업, 보건과 사회적 돌봄, 운수부문의 직업훈련 프로그램이 많이 제공된 것으로 확인되었다. 일자리중개청은 응모자들의 노동시장 상황을 평가하여 특정 직업훈련 서비스를 제공할 것인지를 판정하는데, 주로 응모자의 근무 직종 영역, 직무수행 경험, 현재의 노동시장 상황이 고려된다.

현장실습(praktik)은 구직자들이 새로운 영역의 직무 경험을 얻거나 기존의 직무능력을 유지·강화할 수 있도록 생산현장에서 직무를 직접 수행하는 기회를 제공하는 서비스다(IF Metall, 2015: 16-17; OECD, 2015d: 45-47). 현장실습은 직업훈련과 함께 구직자의 역량강화를 위해 제공되는 대표적 공급중심정책 프로그램인데, 직업훈련보다 더 개인 맞춤형으로 제공한다. 현장실습 기간은 최장 6개월까지 가능하며, 기간이 종료되면 자격증을 수여받게 된다. 프로그램 참여자들은 참여기간 동안 사회보험기관으로부터 보수를 받기 때문에 사기업들도 인건비 부담 없이 인력을 활용할 수 있다는 인센티브를 갖게 된다.

실업 상태 혹은 실업 위험에 처해 있는 일자리중개청에 등록된 25세 이상의 구직자이거나, 기능저하를 겪은 청년이거나, 18세 이상으로서 특별한 이유로 노동시장으로부터 격리되어 있거나, 이주민법에 따른 정착지원사업의 적용을 받거나, 청년 일자리 프로그램 등에 참여하고 있는 사람들이 현장실습의 응모자격을 지닌다. 일자리

중개청직원은 응모자의 기능장애 등 취업 어려움을 우선적으로 평가하여 선발하는데, 이때 응모자의 경험과 취업 희망 영역을 고려하되 경제적 여건도 함께 고려한다.

창업지원(stöd till start av näringsverksamhet)은 창업하기에 적절한 여건을 지닌 구직자에게 창업과 창업 초기 생활비용을 지원하는 서비스다(손혜경, 2012: 54). 창업지원 프로그램 참여자들은 참여기간 동안 활동지원금 혹은 역량개발 수당을 사회보험기금으로부터 제공받는데, 최장 6개월간 지원받을 수 있으며, 참여자가 질병에 걸리거나 공공기관으로부터 승인을 기다려야 할 경우에만 지원기간이 연장될 수 있다.

창업지원 응모 자격은 일자리중개청에 등록된 25세 이상의 구직자로서, 지원이 필요하거나 노동능력에 영향을 주는 기능저하자 청년이거나 20세 이상으로서 청년 일자리 프로그램에 참여할 조건을 충족시키거나, 기타 지정된 구직자 일자리 프로그램에 참여하는 사람들에게 주어진다. 일자리중개청은 응모자의 직무수행 경험과 직종 영역은 물론 현재의 시장 상황도 검토하여 지원 대상을 선별하는데, 사업이 충분한 수익성을 지니고 지속가능한 고용을 창출할 수 있어야 한다.

공급중심정책 참가자 규모는 사민당 집권 시기인 2000년대 전반에 비해 보수당 집권 이후 2006년 말 급락했다가, 2008년 말 경제위기 발발 후 증가하게 되었다. 하지만 여전히 보수당 집권 이전 수준에는 달하지 못하고 있다(Arbetsförmedlingen, 2016a: 7-8, 49-65; JohanssonE 면담, 2016; Syrén 면담, 2016). 취업준비활동이 전체 참가자의 절반 이상을 점하고 있고, 다음은 직업훈련과 현장실습이 비슷

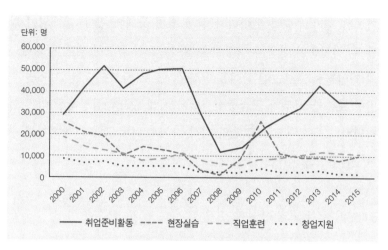

단위: 명

그림 7-1 일자리중개청 등록 구직자들의 월평균 프로그램 참가자 분포, 2000～2015년
자료: Arbetsförmedlingen(2016a: 50)

한 규모를 보이는 가운데 창업지원이 가장 적은 것으로 나타났다(〈그림 7-1〉 참조).

취업준비활동 참가자 숫자가 가장 많은데, 경제위기 이전인 2000년대 전반 사민당 정부 하에서 월평균 5만 명 수준에서 부침하다가 2006년 말 보수당 집권 후 하락하기 시작하여 2008년 1만 명 수준으로 급락했다. 이후 회복되어 현재 3~4만 명 수준을 유지하고 있다. 현장실습 프로그램도 보수당 집권 이후 참여자가 크게 줄었다가 경제위기 발발 후 급증하게 되었는데, 이는 경제위기라서 당장 취업하기는 어렵지만 미래 취업을 대비하려는 참여자가 증가했고, 또 정부 정책지원 영향도 있는 것으로 해석할 수 있다.

한편, 직업훈련 참여자 규모는 2000년대 초중반 사민당 집권 하에서도 완만한 하락세를 보여왔는데, 2008년 말 경제위기 발발 후

완만한 증가 추세를 보이다가 현재 정체 상태에 있다. 경제위기 발발 후 취업준비 활동과 현장실습 참여자들이 급증한 반면 구직자들의 직업훈련 프로그램 참여율이 상대적으로 저조한 것은 2006년 출범한 보수당 정부가 공급중심정책에 비해 수요중심정책을 더 강화하면서 교육훈련 프로그램의 인적 자원과 프로그램 효율성이 많이 훼손된 탓으로 지적된다.

3) 수요중심 고용지원금 정책

수요중심 고용지원금 정책은 노동시장 취약집단 구직자를 채용하는 고용주에게 지원금을 제공하여 고용주의 비용 및 위험 부담을 경감하고 노동시장 취약집단 구직자들에게 취업을 통한 숙련형성과 직무수행 경험 축적의 기회를 제공하는 정책이다. 대표적인 정책으로는 기능저하로 노동능력이 훼손된 구직 희망자를 지원하는 기능저하자 고용지원금제도, 그리고 장기실업자와 신규 입국 이주민의 취업을 지원하는 새출발일자리제도로 대별되며, 정책성과는 스웨덴 노동시장의 낮은 장기실업률을 겨냥하고 있다.

　기능저하자 고용지원금제도(Subventionerade anställningar för personer med funktionsnedsättning)는 기능저하자들의 장기실업 탈출을 위해 설계된 정책이다(Arbetsförmedlingen, 2016a: 73-74; Lindén 면담, 2016; Swanson 면담, 2016). 지원금 액수가 고정되어 있지 않고 장애의 노동능력 훼손 정도에 따라 지원금 액수가 조정되며, 여타의 고용지원금제도들에 비해 지급기간이 길다는 특성을 지니고 있는데, 이는 기능저하자의 경우 해당 직무의 수행능력을 획득하여 다른 노동자들과 같은 수준에 도달하는 데 오랜 시간이 소요되는 현실을 반영한 것이다.

기능저하자 고용장려금제도(Anställning med lönebidrag)는 대표적인 고용지원금제도로서 고용주가 기능저하로 노동능력이 감퇴된 구직자를 고용할 경우 장려금을 지급한다. 국세청에 등록해서 납세 의무를 성실히 이행하는 사업주라면 공적·사적 부문을 불문하고 기능저하자 고용장려금을 받을 수 있다. 기능저하로 노동능력이 감퇴된 구직자들 가운데 새로운 직업을 시작하거나, 질병급여를 받은 다음 직무에 복귀하거나, 장기 질병요양 이후 기능저하로 인해 원직에 복귀할 수 없어 새로운 일자리 취업을 희망할 직업을 시작하기를 원하는 등의 경우에 신청할 수 있다.

기능저하자 고용장려금제도로 취업할 경우 취업자는 해당 업종 부문의 단체협약에 근거한 임금과 각종 수당들을 받을 권리를 지니게 되며, 고용형태는 정규직, 기간제와 단시간 모두 해당된다. 일자리중개청은 월 1만 6,700SEK의 상한 이내에서 기능저하로 인한 노동능력 훼손 정도에 따라 고용장려금 액수를 산정한다. 고용주는 최장 4년까지 고용장려금을 수령할 수 있으며, 사기업은 물론 비영리단체도 지원받을 수 있다. 다만, 취업 전에 고용장려금 수급 승인을 받아야 하며, 일자리중개청은 수급 승인 직후 취업자, 고용주, 노동조합과 협약을 체결하는데, 협약에는 어떻게 취업자의 노동능력을 향상시킬 것인지, 어떻게 고용장려금을 수령할 필요가 없는 상태를 달성할지에 관한 내용을 포함해야 한다.

기능저하자 고용지원금제도의 다른 한 유형인 기능저하자 맞춤형 고용제도(trygghetsanställning)는 기능저하로 노동능력이 감퇴된 구직자의 특수한 필요성에 맞추어 설계된 직무가 있는 경우 고용주에게 지원금을 제공하는 제도다. 고용주에게 지급할 액수 결정 방식, 지급기간, 지급전 승인 원칙, 취업자의 임금수준과 고용형태는 모두 기능저하자 고용장려금제도와 동일한데, 다만 취업자의 조건에서 기능저하로 노동능력이 감퇴된 개별 구직자의 필요성에 맞추어 직무와 작업조건이 설계되어야 한다는 점이다.

새출발일자리제도(nystartsjobb)는 장기실업자나 신규 입국 이주민을 고용하는 고용주에게 지원금을 제공하는 제도로, 2006년에 법제화되어 이듬해부터 시행되었다.[5] 지원 대상 구직자는 장기실업자와 신규 입국 이주민 가운데 일정 조건을 충족시켜야 한다. 장기실업자의 경우 일자리중개청에 실업자로 등록되어 있었거나, 노동시장 프로그램에 참여했거나, 질병급여, 재활급여, 질병보상 혹은 활동보상을 수령하고 있었거나, 사회서비스법에 의거하여 실업기간 재정지원을 수령하고 있었거나, 공동체기업(Samhall)에 의해 고용되어 있었어야 한다. 신규 입국 이주민의 경우 3년 이내에 스웨덴에 도착하여 보호 대상 난민 혹은 유럽연합 시민의 친척으로 영주권을 받았거나, 신규 이주민으로서 관련법의 일자리중개청과 정착프로그램을 진행하고 있거나, 1년 이상의 실형을 받고 가석방되었지만 1년의 집행유예 기간을 완료하지 않았거나, 일자리·훈련보장프로그램

---

5   사민당 정부는 공공부문 확대와 증세를 통해 실업문제를 해결하는 전략을 취했는데, 플러스일자리제도(plusjobb)는 공공부문이 일자리중개청에 등록된 지 2년 이상된 장기실업자를 고용할 경우 임금의 상당 부분을 프로그램 참여자에게 직접 지급하는 제도였는데, 보수당 정부에 의해 새출발일자리제도로 대체되었다. 새출발일자리제도와 플러스일자리제도는 Arbetsförmedlingen(2016a: 69-73), IF Metall(2015: 16), 장선화(2011: 122-126)를 참조했다.

(jobb-och utvecklingsgarantin)에 참여하고 있어야 한다.

취업자는 해당 산업의 단체협약으로 설정된 임금을 받을 권리가 있으며, 고용형태는 정규직, 기간제와 단시간 모두 해당된다. 고용주가 수령하는 지원금 금액은 21~26세 취업자의 경우 고용주 부담금(31.42%)에 해당하는 금액, 취업자가 12개월간 비취업 상태에 있었거나 27세 이상일 경우 수령 금액은 고용주 부담금의 2배가 된다. 지원금 수령기간은 상한이 설정되어 있는데, 취업자의 조건에 따라 장기실업자의 경우 1년부터 10년까지, 신규 입국 이주민의 경우 6개월부터 3년까지 다양하다. 장기실업자의 경우, 고용주는 통상 취업자가 비취업 상태에 있었던 기간만큼 지원금을 수령할 수 있는데, 상한은 21~26세의 경우 1년, 질병급여나 재활급여 등을 수령하고 있거나 27~55세인 경우 5년으로 설정되어 있고, 56세 이상이면 수령기간은 비취업기간의 2배로 연장되는데 10년 상한제가 적용되고 있다.

기타 고용지원금제에는 신규 입국자들의 노동시장 진입을 촉진하기 위한 신입일자리지원금제도(instegsjobb)와 장기실업자를 채용하는 고용주에게 고용지원금을 제공하는 특별고용지원금제(särskilt anställningsstöd)가 있다. 새출발일자리제도가 2007년부터 장기실업자와 신규 입국자들을 위한 종합적 정책프로그램으로 실시되면서 이들 기타 고용지원금제의 정책기능들이 새출발일자리제도로 통합되며 유명무실화되었다.

수요중심 고용지원금 정책의 참여자 숫자는 2000년대 초반 사민당 정부 하에서 증가 추세를 유지하다가, 2006년 보수당 집권 후 적극적 노동시장정책의 전반적 예산 삭감으로 감소했으며, 경제위

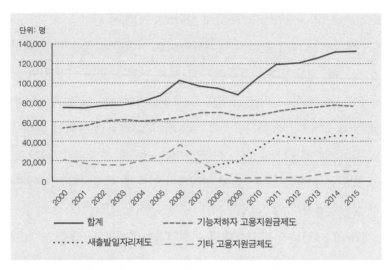

단위: 명

범례
—— 합계
- - - - 기능저하자 고용지원금제도
· · · · · · 새출발일자리제도
– – – 기타 고용지원금제도

그림 7-2 등록 구직자들의 월평균 각종 지원 프로그램 참여자 분포, 2000~2015년
자료: Arbetsförmedlingen(2016a: 67)

기 발발 후 노동시장정책의 재정지출을 증대하며 2010년부터 급증했다(〈그림 7-2〉 참조). 이처럼 수요중심 고용지원금정책 참여자 규모 변화도 공급중심정책 참여자 변화와 비슷한 추세를 보여주고 있는데, 수요중심 고용지원금정책 참여자는 2015년 현재 월평균 13만 명 정도로 2000년대 초에 비해 거의 배가된 수준이다(Arbetsförmedlingen, 2016a: 66-74; Swanson 면담, 2016).

수요중심 고용지원금 정책 가운데 가장 큰 규모는 전체 참가자의 60% 정도를 점하는 기능저하자 고용지원금제도로서 완만하고 꾸준한 증가 추세를 보이고 있으며 2015년 현재 월평균 8만 명 정도가 참여하고 있다. 한편, 가장 급격하게 팽창한 것은 새출발일자리제도로서 2007년부터 시행되기 시작하여 신입일자리지원금제도와 특별고용지원금제도 등 기타 고용지원금제도를 대체하여 현재 월평균

5만 명 정도가 참여하고 있다. 새출발일자리제도는 외국 출생자의 비율이 꾸준히 증가하여 2015년 현재 40%에 달하고 있는데, 이들은 장기실업자에 비해 실업기간은 짧은 반면 학력수준이 높아서 구인 일자리들에 비해 과잉훈련된 경우가 많은 것으로 확인되고 있다.

구인업체는 직무수행능력이 검증된 인력을 원하기 때문에 노동 시장 진입·재진입에 어려움을 겪는 기능저하자, 장기실업자, 신규 입국 이주민을 고용하는 것은 상당한 생산성 전망의 위험을 부담하 게 되는데, 이러한 직무수행능력과 생산성 전망의 불확실성을 고용 지원금 제공에 따른 인건비 절감으로 상쇄하려는 것이 수요중심정 책의 취지다. 수요중심 고용지원금정책은 인건비 부담을 감수하며 불확실성을 부담하는 선택을 하는 구인업체들이 항존한다는 점에서 공급중심 구직자 역량강화정책에 비해 정책효과가 신속하게 발생한 다. 특히 장기실업자나 기능저하자의 경우 교육훈련 서비스가 숙련 형성을 통해 취업에 이르게 하는 성과를 내기 어렵다는 점에서 고용 지원금제도가 상대적으로 더 우월한 정책효과를 수반하게 된다.

수요중심 고용지원금 정책은 몇 가지 부정적 효과도 지적되 고 있다. 우선, 구인업체가 고용지원금 대상이 아닌 노동력을 고용 지원금제 적용 대상의 구직자들로 대체하는 대체효과(substitution effect)가 지적되고 있다. 스스로 노동시장의 취업 기회를 찾기 어려 운 노동시장 취약집단을 우선적으로 지원하여 노동시장으로부터 완 전히 배제되는 현상을 막는다는 정책목표를 고려하면 대체효과는 피하기 어렵다. 그 밖에도 고용주가 고용지원금이 없어도 고용했을 인력의 경우 고용지원금은 불필요한 지출이 된다는 사중효과(dead-weight effect)와, 고용지원금을 통한 손쉬운 취업 가능성으로 인해 구직자들이 고용지원금 없는 통상적 일자리의 구직활동을 게을리하게 된다는 잠금효과(lock-in effect)도 지적되고 있다. 이러한 사중효과와 잠금효과는 수요중심 고용지원금정책의 지원 대상을 노동시장 취업 가능성이 가장 낮은 집단들을 표적으로 삼음으로써 최소화될 수 있는 것으로 평가된다. 무엇보다도 수요중심 고용지원금제도의 본질적 한계는 수급자의 실질적 숙련형성과 직무수행능력 강화가 수반되기 어렵기 때문에 고용지원금 제공이 중단되면 고용주들이 이들을 해고하는 경우가 빈발한다는 점이다. 해고당한 수급자들은 일자리중개청으로 돌아와서 다시 고용지원금을 지원받는 일자리를 찾는 악순환이 반복되기 쉽다. 이러한 악순환 고리를 깨기 위해서는 공급중심 구직자 역량강화정책이 절실하게 요청된다고 할 수 있다.

4. 적극적 노동시장정책의 효율성과 일자리 중개의 선순환

일자리중개청을 중심으로 한 일자리 중개 선순환의 핵심은 구인업체의 양질의 일자리 등록과 구직자의 적극적 활용이며, 그 가운데서도 구인업체 등록 일자리의 질과 양은 일자리 중개 선순환을 촉발하는 마중물 역할을 한다. 스웨덴의 적극적 노동시장정책은 취약집단의 노동시장 통합을 우선시하기 때문에 구인업체들이 일자리중개청을 통해서는 양질의 구직자 확보가 어렵다고 판단하여 양질의 일자리 등록을 기피하게 되며, 그 결과 저숙련 일자리 매칭 평형 상황이

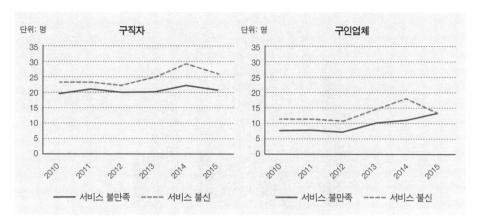

그림 7-3 구직자와 구인업체의 일자리중개청에 대한 불만족과 신뢰 결여 비율
자료: Arbetsförmedlingen(2016a: 40)

조성될 수 있다는 비판을 받아왔다.[6]

이러한 비판의 타당성과 일자리 중개 선순환 여부를 확인하기 위해 구인업체와 구직자의 일자리중개청 서비스 만족도와 구인업체 등록 일자리의 질부터 분석하고자 한다.

1) 구인업체와 구직자의 서비스 만족도

일자리중개청이 제공하는 서비스에 대한 구인업체들과 구직자들의 만족도를 보면 양자 모두 높은 만족도를 보이는 가운데 구인업체들이 구직자들에 비해 좀 더 긍정적으로 평가하는 것으로 나타났다(〈그림 7-3〉 참조). 일자리중개청 서비스에 대해 불만족을 표현한 비중이 구직자들은 20% 수준인 반면, 구인업체들은 13% 수준으로 나타났

---

6   적극적 노동시장정책의 정책목표와 일자리 중개 선순환의 어려움을 지적한 선행연구
     들에 대해서는 본 장의 2절을 참조하도록 한다.

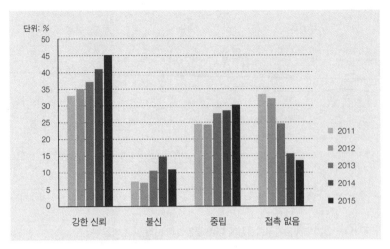

단위: %

그림 7-4 구인업체들의 일자리중개청 신뢰도 추이, 2011~2015년
자료: Arbetsförmedlingen(2016b: 37)

다. 또한 일자리중개청에 대한 신뢰도를 보면, 구직자들은 25%가 불신을 표현한 반면 구인업체들의 불신 수준은 13%에 불과했다. 일자리중개청 본부의 마델렌 쉬렌(Madelene Syrén 면담, 2016)은 "구직자들은 결코 만족할 수 없어요. 기대 수준이 너무 높기 때문이죠"라며 구직자들이 구인업체들보다 평가에 더 인색하다는 점을 고려해야 한다고 지적한다.

구인업체들의 일자리중개청에 대한 평가의 2011~15년 변화 추이를 보면, 강한 신뢰의 비율은 매년 증가한 반면, 불신의 비율은 증가 추세를 보여오다가 2015년은 하락했다(〈그림 7-4〉 참조). 한편, 접촉 없음의 비율이 매년 하락한 것은 일자리중개청 활동에 대해 구인업체들의 긍정적 평가가 누적되면서 점점 더 적극적으로 활용하게 된 결과로 해석될 수 있다.[7] 또한, 일자리중개청 서비스가 2014년보다 2015년에 모든 측면에서 더 긍정적 평가를 받았다는 사실은 사민

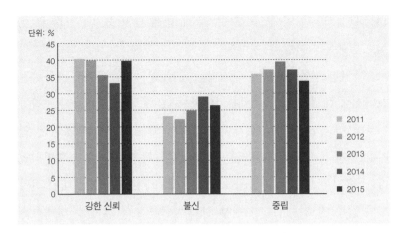

단위: %

그림 7-5 구직자들의 일자리중개청 신뢰도 추이, 2011~2015년
자료: Arbetsförmedlingen(2016b: 38)

당 정부 출범에 따른 정책 변화를 긍정적으로 평가하고 있음을 의미
한다.

구직자들의 일자리중개청에 대한 평가의 변화 추이를 보면, 강
한 신뢰 응답은 하락 추세를 보이다가 2015년 상승했으며, 불신 응
답의 경우 증가 추세를 보이다가 2015년 하락했는데, 이는 2015년
사민당 정부의 정책 변화에 대한 긍정적 평가를 반영하는 것으로 해
석할 수 있다(〈그림 7-5〉 참조). 일자리중개청에 대한 구인업체와 구
직자의 신뢰도 평가를 비교하면, 2015년의 경우 구인업체들은 강한
신뢰 45%와 불신 11%로 긍정적 평가가 34%의 우위를 보인 반면,
구직자들의 경우 강한 신뢰 40%와 불신 27%로 긍정적 평가 우위는

---

7   구입업체들은 일자리중개청 직원들이 구인 일자리 직업들, 고용주의 산업 및 사업체 자
    체에 대해 충분한 지식을 갖고 있는가라는 질문에 대해서도 40% 정도가 그렇다고 답
    변하여 일자리중개청의 직원들과 제공 서비스에 대한 긍정적 평가를 확인해주고 있다
    (Arbetsförmedlingen, 2016c: 51).

13%에 그쳐 구인업체들이 구직자들에 비해 훨씬 더 높은 신뢰를 보이고 있음을 확인할 수 있다.[8]

이처럼 구인업체들과 구직자들 모두 일자리중개청이 제공하는 서비스에 대해 높은 만족도를 보이는 가운데, 구인업체들이 구직자들보다 더 높은 만족도를 보이면서 구인업체들의 일자리중개청 일자리 중개 서비스 기피 우려는 경험적 근거가 없는 것으로 확인되었다. 그뿐만 아니라 구인업체들의 일자리중개청 서비스에 대한 신뢰도와 접촉 정도는 보수당 정부 시기는 물론 사민당 정부 하에서도 꾸준한 증가 추세를 보여주었다는 점에서 일자리중개청 서비스의 긍정적 평가는 집권 정당의 성향과 무관하게 지속되고 있음을 확인해준다.

2) 구인업체 등록 일자리의 질

구인업체들의 일자리중개청 서비스에 대한 높은 만족도는 구인업체들이 일자리중개청에 양질의 일자리를 적극적으로 등록할 개연성을 높여줄 것으로 추정되는데, 이를 확인하기 위해서는 구인업체들이 일자리중개청에 등록한 일자리들의 구성을 전체 취업자들의 분포와 비교해봐야 한다.

일자리중개청에 등록된 구인 일자리의 구성을 보면, 전체 노동

---

8   구직자들의 일자리중개청 평가가 일자리중개청의 실질적 기여도에 대한 과소평가를 반영할 수 있다는 점도 지적되고 있다. 개별 구직자들은 고용주의 고용창출 유인은 물론 구인 일자리 정보 제공과 직·간접적 일자리 중개 등 일자리중개청이 어떻게 직접·간접적으로 구직자들의 취업 과정에 개입·기여했는지 제대로 파악하기 어렵다는 것이다(Arbetsförmedlingen, 2016c: 59-60).

표 7-3 일자리중개청 등록 구인 일자리와 고용구조 변화 비교(단위: %)

구분	구인 일자리			전체 취업자			증감 비교	구인/취업자	
	2003 ~2005	2010 ~2012	증감	2003 ~2005	2010 ~2012	증감		2003 ~2005	2010 ~2012
〈학력 요건〉									
1수준: 고졸 미만	5.4	3.4	- 2.0	6.5	6.3	- 0.2	- 1.8	0.83	0.54
2수준: 고졸 후 2년 미만	44.1	35.2	- 8.9	52.8	51.0	- 1.8	- 7.1	0.84	0.69
3수준: 고졸 후 직업교육 2~3년	22.8	28.4	5.7	17.9	18.4	0.5	5.1	1.27	1.54
4수준: 고졸 후 이론교육 3년 이상	27.8	32.9	5.2	22.9	24.3	1.4	3.7	1.21	1.35
〈직업 영역(SSYK1*)〉									
경영관리직	3.6	4.5	0.9	6.0	6.5	0.6	0.3	0.60	0.69
고등교육 이수 이상 요건	24.2	28.5	4.3	16.9	17.7	0.9	3.4	1.43	1.61
고등교육 이수 수준	22.8	28.4	5.7	17.9	18.4	0.5	5.1	1.27	1.54
행정과 고객 서비스	8.0	6.7	- 1.3	10.1	8.7	- 1.4	0.1	0.79	0.77
서비스와 판매직	22.9	17.7	- 5.3	21.0	21.7	0.7	- 6.0	1.09	0.82
농림수산업	0.9	0.5	- 0.4	0.8	0.9	0.1	- 0.5	1.13	0.56
건설·제조업	6.8	5.8	- 1.0	9.7	9.7	0.0	- 1.0	0.70	0.60
기계제조업 및 수송	5.4	4.5	- 0.9	11.2	10.1	- 1.1	0.3	0.48	0.45
단기훈련 혹은 초보 요건	5.4	3.4	- 2.0	6.5	6.3	- 0.2	- 1.8	0.83	0.54

* 스웨덴 표준직업분류.
자료: LO(2015a: 39)

시장 취업자에 비해 학력 요건에서 고졸 후 직업교육 2~3년 이상 혹은 고졸 후 이론교육 3년 이상 등 고학력 범주들은 1.21~1.54배 과다 대표되는 반면, 고졸 미만과 고졸 후 2년 미만 등 저학력 범주들의 경우 0.54~0.84배 과소 대표되고 있다(〈표 7-3〉 참조). 직업 영역 기준으로 보면, 고등교육 이수 혹은 그 이상의 요건을 요구하는 직업들의 경우 1.27~1.61배 과다 대표되는 반면, 기계제조업 및 수송, 단기훈련 혹은 초보 요건 범주의 경우 0.45~0.83배 과소 대표되는 것으로 나타났다. 이처럼 일자리중개청에 등록된 구인 일자리는 스웨덴 노동시장의 평균적 일자리보다 자격요건, 직업 영역, 상병휴가, 직무 만족도, 임금수준 등에서 조건이 더 좋은 양질의 일자리들이라는 사실을 확인할 수 있다(LO, 2015a: 11-12, 38-42).

2003~05년 시기와 2010~12년 시기 사이의 노동시장 변화 추세를 보면, 전체 취업자의 구성은 학력 요건에서 저학력 일자리가 감소 추세를 보인 반면, 고학력 일자리는 증가 추세를 보여 일자리 고급화 추세가 확인되고 있다. 일자리중개청에 등록된 구인 일자리들도 자격요건에서 저학력 일자리들이 감소 추세를 보인 반면 고학력 일자리는 증가 추세를 보여주었다. 이러한 일자리 고급화 추세는 전체 노동시장보다 등록 구인 일자리들에서 더 강하게 나타나고 있는데, 고학력 일자리 증감 추세를 보면, 전체 취업자의 경우 두 시기 사이 0.5~1.4%의 증가율을 보인 반면, 등록 구인 일자리의 경우 증가율이 5.2~5.7%로 월등히 높다는 사실에서도 확인할 수 있다. 이러한 일자리중개청 등록 구인 일자리 고급화 현상은 직업 영역 기준에서도 확인되고 있다. 선행연구들은 일자리중개청이 구직 실업자들 가운데서도 노동시장 취약집단의 재취업에 정책적 우선순위를 부여하기 때문에 구인업체들이 양질의 일자리 대신 저급한 일자리를 등록할 수 있다고 지적했지만, 경험적 근거가 없는 것으로 나타났다.

그렇다면 일자리중개청이 노동시장 취약집단의 노동시장 통합 우선정책을 포기한 것인가?

일자리중개청에 등록된 구직자들을 보면, 학력 요건에서 전체 노동시장 취업자 분포에 비해 고학력자는 38%에서 61%까지 적게

표 7-4 일자리중개청 등록 구직자와 고용구조 변화 비교(단위: %)

구분	등록 구직자			전체 취업자			증감 비교	구직/취업자	
	2003 ~2005	2010 ~2012	증감	2003 ~2005	2010 ~2012	증감		2003 ~2005	2010 ~2012
〈학력 요건〉									
1수준: 고졸 미만	14.0	20.7	6.7	6.5	6.3	- 0.2	6.9	2.15	3.29
2수준: 고졸 후 2년 미만	61.4	60.1	- 1.3	52.8	51.0	- 1.8	0.5	1.16	1.18
3수준: 고졸 후 직업교육 2~3년	10.6	9.8	- 0.7	17.9	18.4	0.5	- 1.2	0.59	0.53
4수준: 고졸 후 이론교육 3년 이상	14.0	9.3	- 4.6	22.9	24.3	1.4	- 6.0	0.61	0.38
〈직업 영역(SSYK1)〉									
경영관리직	1.7	1.3	- 0.4	6.0	6.5	0.5	- 0.9	0.28	0.20
고등교육 이수 이상 요건	12.3	8.0	- 4.2	16.9	17.7	0.8	- 5.0	0.73	0.45
고등교육 이수 수준	10.6	9.8	- 0.7	17.9	18.4	0.5	- 1.2	0.59	0.53
행정과 고객 서비스	12.8	11.2	- 1.5	10.1	8.7	- 1.4	- 0.1	1.27	1.29
서비스와 판매직	25.5	25.7	0.2	21.0	21.7	0.7	- 0.5	1.21	1.18
농림수산업	2.4	2.6	0.2	0.8	0.9	0.1	0.1	3.00	2.89
건설·제조업	10.8	9.5	- 1.3	9.7	9.7	0.0	- 1.3	1.11	0.98
기계제조업 및 수송	10.0	11.0	1.1	11.2	10.1	- 1.1	2.2	0.89	1.09
단기훈련 혹은 초보 요건	9.4	13.9	4.6	6.5	6.3	- 0.2	4.8	1.45	2.21

자료: LO(2015a: 80-81)

등록된 반면, 저학력자들은 더 높은 비율로 등록되어 있는데 고졸 미만 학력자의 경우 고학력자의 2.15배에서 3.29배에 달하는 것으로 나타났다(〈표 7-4〉 참조). 직업 영역에서도 일자리중개청 등록 구직 자들은 전체 노동시장 취업자 분포에 비해 경영관리직과 고등교육 이수 이상 요건 직종의 경우 비중이 더 낮은 반면, 농림수산업은 3배 수준으로, 단기훈련 혹은 초보적 요건 직종의 경우 1.5배에서 2.2배 정도로 더 높게 나타났다. 이처럼 학력수준과 직업 영역에서 일자리

중개청 등록 구직자들은 전체 노동시장 평균보다 학력·기술 수준이 훨씬 더 열악한 노동력임을 확인할 수 있다. 노동력 구성 변화 경향성을 보면, 전체 노동시장 취업자들의 고급화 추세와는 상반되게 일자리중개청 등록 구직자는 저학력, 단기훈련 혹은 초보적 요건 직종 등 상대적으로 학력·기술·숙련 수준이 낮은 인력 부분이 큰 폭으로 증가하는 것으로 나타났다.

이렇게 전체 구직자들 가운데서도 노동시장 경쟁력이 상대적으로 취약한 집단들이 일자리중개청을 적극적으로 활용하는 것은 노동시장 취약집단의 노동시장 통합을 통해 노동시장으로부터 완전히 배제되는 장기실업자 비율을 최소화한다는 적극적 노동시장정책의 정책목표와 부합하는 결과라 할 수 있다. 이처럼 노동시장 취약집단이 일자리중개청 등록 구직자에서 과다 대변되는 것은 저숙련 일자리 매칭 가능성 우려가 현실화될 수 있음을 의미한다. 그럼에도 구인업체들은 일자리중개청 서비스에 높은 만족도를 보이며 일자리중개청에 양질의 구인 일자리들을 노동시장 평균보다 더 많이 등록하면서 그러한 우려를 불식시키고 있다. 물론, 기업들 간에 일정한 편차도 존재한다. 일자리중개청 관계자들(Swanson 면담, 2016; Wettermark 면담, 2016)은 대기업에 비해 중소기업들의 일자리중개청 서비스 만족도가 더 높은데 그것은 중소기업들이 자체적 충원 역량 부족으로 인해 일자리중개청의 중개 서비스에 대한 의존도가 더 높기 때문이라는 점을 지적한다.

이와 같이 구인업체들이 일자리중개청에 양질의 일자리를 적극적으로 등록하는 것은 일자리중개청이 다양한 자격요건과 직업 영역의 적절한 인력을 충분히 확보·공급해줄 수 있다고 평가하기 때문이다. 구인업체들이 일자리중개청의 서비스 결과에 크게 만족하면서 더 많은 양질의 일자리들을 일자리중개청에 등록하고, 구직자들은 그러한 양질의 일자리를 찾기 위해 일자리중개청 서비스를 활용함으로써 일자리 중개의 선순환이 가능해진다.

3) 일자리중개청과 양질의 일자리 등록 과정

구인업체들의 일자리중개청 서비스 만족도가 높았는데, 이는 일자리중개청으로부터 구인 일자리들에 적합한 구직자들을 공급받은 경험이 누적된 결과임은 자명하다. 구인업체들은 일자리중개청의 인력 중개 서비스에 대한 높은 만족도로 인해 양질의 구인 일자리들을 적극적으로 등록한다. 이는 구인업체의 입장에서 보면 양질의 인력을 확보하기 위한 적극적 노력으로, 일자리중개청의 성공적인 인력 중개 경력에 대한 높은 신뢰에서 발로한다. 실제 구인업체들은 신규 인력 수요가 발생하여 인력채용 절차를 시작하게 되면 일자리중개청에 구인 일자리 정보를 알려주는 한편 직접 일자리중개청 웹사이트의 일자리은행(Platsbanken) 데이터베이스에 등록하여 무료로 광고를 하거나 직접 구직자들을 검색하기도 한다.

　일자리중개청은 구인업체들의 일자리 정보 등록을 접수하는 소극적 역할만 하지 않고, 적극적으로 사용업체들의 구인 일자리를 등록하도록 함은 물론 미래의 구인 계획 정보까지 확보하려는 노력을 경주한다. 얼마나 많은 양질의 일자리 정보를 얼마나 빨리 확보하는가가 일자리 중개 선순환의 전제일 뿐만 아니라, 적극적 노동시장정책의 정책 효율성을 좌우하는 관건으로서 일자리중개청의 존재 이

유이기 때문이다. 그래서 일자리중개청은 고용주, 특히 구인업체들과의 접촉을 통한 구인 일자리 정보 수집 활동을 일상적 활동의 최우선순위에 둔다.[9]

　일자리중개청은 전국본부·지역본부·광역지부의 지휘 아래 지역 고용센터들을 중심으로 직원들이 한 해 두 차례씩 전국의 1만여 개 사업체를 접촉하여 향후 6~12개월 이내에 인력 충원이 필요한 일자리의 규모, 업종 영역, 직무의 성격, 요구되는 숙련 수준과 자격 요건 등의 구인 정보를 정기적으로 수집하는데, 향후 3~5년의 장기적 전망 관련 정보도 함께 수집한다. 한편, 고용 규모가 큰 대기업들에 대해서는 일자리중개청에 전담 직원을 배치하여 지속적으로 접촉하도록 함으로써 해당 업체에서 감축·소멸되는 직종들과 신규로 발생하거나 확대되는 직종들, 요구되는 숙련수준과 자격요건, 충원 상황 등 중단기적 구인 일자리 정보와 함께 장기적 전망 관련 정보·지식도 축적한다.

　2014년 말 총선 승리로 출범한 사민당 정부가 2015년부터 적극적 노동시장정책 배당 예산을 증액하면서 직원 규모가 증가하며 유능한 상담 인력들이 재충원되어 보수당 정부 하에서 훼손된 인적자원과 인프라가 복원·강화되면서 일자리중개청의 구인 정보 수집 활동이 보다 활기를 띨 수 있게 되었다. 일자리중개청은 양적·질적으로 제고된 수준의 고용주 접촉을 통해 일자리 정보 수집과 일자리 중개 활동의 효율성을 높이는 노력을 경주했는데, 고용주들과 접촉

9　구인 정보 수집 방식에 대해서는 Arbetsförmedlingen(2012a: 6-7; 2016c: 25, 48-50); Centerhorn 면담(2016), Wettermark 면담(2016), Swanson 면담(2016), JohanssonE 면담(2016); Clase 면담(2016)을 참조했다.

하는 일자리중개청 직원들의 숫자와 시간을 크게 증대하고, 일자리 중개청이 보다 많은 네트워크들에 적극적으로 참여하고 개별기업들은 물론 다양한 사용자단체들과의 협력도 강화하게 되었다. 이 과정에서 일자리중개청 직원들이 일자리 정보 수집과 일자리 중개 활동의 능력을 향상하는 한편 고용주들과 보다 장기적이고 안정적인 관계를 수립하며 고용주들의 입장을 더 잘 이해하게 되어 구인업체들의 인력충원 과정을 지원하고 고용창출을 견인하는 성과를 기대할 수 있게 되었다.

일자리중개청의 구직 일자리 정보 수집 활동은 독자적 활동이 아니라 구인업체들과의 소통·협력 과정이기도 하며, 때로는 일자리 정보 수집 활동이 즉각적인 구직자 중개로 이어지기도 하기 때문에 일자리중개청 상담사와 구인업체의 신뢰 관계는 매우 중요하다. 이러한 사실은 일자리중개청 예블레 지역 상담원 스완슨(Swanson 면담, 2016)의 증언에서 잘 확인될 수 있다: "매칭은 그렇게 쉽게 되지 않아요. 우리는 회사의 얘기를 들어야 해요. 회사들이 우리가 제안한 사람들을 채용할 수 없다고 하면, 언어 능력이 더 필요한지, 교육수준이 더 필요한지, 이유를 들어요. 이처럼 우리는 항상 회사가 하는 얘기를 듣고, 적합한 구직자가 그 일자리를 취할 수 있게 도와줘요."

중소기업은 대기업에 비해 시장 상황에 의해 더 크게 영향을 받을 뿐만 아니라 시장 전망의 분석·예측 능력도 취약하기 때문에 자체적으로 인력 수요를 예측하기 어렵다. 일자리중개청은 지역 고용센터를 중심으로 수집된 구인 일자리 정보를 종합·집계하는 작업을 수행하면서 스웨덴 경제 전반은 물론 세계경제 추세도 분석하여 산업구조 변화나 산업별 시장 상황의 전망을 전국 수준과 지역 수준으로 분석하여 결과를 공유하므로, 중소기업들이 인력 수요를 예측하여 수급계획을 수립하는 데 도움이 된다. 그뿐만 아니라 전국과 지역 수준으로 조직되어 있는 산업부문협의회(Branschråd)에 참여하는 고용주 단체, 노동자 조직체와 개별 고용주들은 산업·업종별로 시장 전망과 함께 기업들의 인력과 숙련 수요에 대한 정보를 공유한다(Arbetsförmedlingen, 2016c: 49-50; JohanssonE 면담, 2016; Syrén 면담, 2016; Wettermark 면담, 2016; Swanson 면담, 2016).

일자리중개청은 구인 일자리 정보뿐만 아니라 여유·유휴 인력 발생 정보도 함께 수집하여, 인력감축과 실업자 발생에 앞서 시간 여유를 갖고 잠재적 희생자들을 대상으로 교육훈련과 일자리 중개 서비스를 계획할 수 있게 한다. 기업들은 피고용자들의 고용계약을 종료·해지할 경우 근속연수에 따라 1~6개월 전에 해당 피고용자와 일자리고용청에 사전통고하도록 의무화되어 있다. 2008~09년 볼보 사례를 보면, 세계금융위기로 인한 경제위기 하에서 제조업 전반에 걸쳐 인력감축이 진행될 때, 일자리중개청 지역 고용센터는 볼보로부터 해고 계획 통보를 받은 다음 해고 예정 노동자들을 일자리중개청에 등록하도록 했다. 그리고 볼보에 임시 사무소를 설치하고 직원 30명을 파견하여 대상 노동자들과 개별 상담을 통해 교육훈련, 현장실습, 직업 소개 등 맞춤형 서비스를 제공하여 성공적으로 재취업할 수 있도록 했다(Wettermark 면담, 2016; Centerhorn 면담, 2016; Drummond 면담, 2016; Sällström 면담, 2016).

이처럼 구인업체의 자발적인 구인 일자리 정보 등록과 일자리중개청의 적극적인 구인 정보 수집 활동이 시너지 효과를 발생하여, 상호 신뢰를 축적·강화하는 동시에 일자리중개청에 양질의 구인 일자리 정보가 집적될 수 있게 한다.

4) 구직자의 일자리중개청 서비스 활용 정도

일자리중개청에 양질의 일자리 정보가 집중될수록 구직자들이 재취업을 위해 일자리중개청을 적극적으로 활용하게 될 것으로 예측되는데, 실제로 일자리중개청은 가장 영향력 있는 일자리 중개 서비스 기구임이 확인되었다.

구직자들은 자신에게 적합한 양질의 일자리를 찾기 위해 일자리중개청의 중개 서비스를 포함하여 다양한 구직 채널들을 활용하는 것으로 나타났다.[10] 구직 실업자는 1인당 2.9개의 채널을 이용하는 반면 구직 취업자는 1인당 2.1개의 채널을 이용하는 것으로 확인되었다(〈표 7-5〉 참조). 이는 구직 실업자에 비해 상대적으로 약한 구직 취업자의 절박성을 반영한다.

구직 실업자들의 경우 일자리은행 등 일자리중개청의 서비스를 직접 활용하는 비율이 71.3%로 가장 높았는데, 그 밖에도 일자리중개청 직원을 직접 접촉하여 상담 및 일자리 중개 서비스를 받는 비율이 35.1%, 일자리중개청에 등록하고 상담 등 서비스를 대기하는 비율이 11.5%로 나타났다. 이러한 세 가지 유형을 합산하면 구직자의 일자리중개청 활용 비율은 117.9%에 달한다.[11] 이는 거의 모

---

10 일자리중개청의 구직활동 지원 서비스에 대해서는 LO(2015a: 15-16, 79-84, 116-119), Arbetsförmedlingen(2016c: 24-26, 33-34, 59-61; 2013b: 8-11, 19-23)를 참조했다.

11 한국은 공적 비영리 중개기구 이용률이 10%에 불과하여 공적 고용기구 효율성 면에서 스웨덴과 극단적 대조를 보인다(조돈문 외, 2013).

표 7-5 구직 취업·실업자 활용 구직 채널 분포, 2010년 4/4분기

구분	구직 취업자		구직 실업자	
	인원(명)	비율(%)	인원(명)	비율(%)
일자리중개청 접촉	29,000	8.2	130,400	35.1
일자리중개청 직접 활용(일자리은행 등)	150,200	42.5	264,900	71.3
다른 일자리 데이터베이스 활용	121,200	34.3	160,400	43.2
사적 직업소개기구	24,600	7.0	34,200	9.2
직접 고용주 접촉	154,900	43.8	167,500	45.1
광고 응답	68,600	19.4	71,100	19.1
광고 읽기	91,700	25.9	105,900	28.5
친구 및 가족	63,600	18.0	95,000	25.6
학교, 인터뷰, 창업	14,200	4.0	18,500	5.0
일자리중개청 등록 후 대기	26,200	7.4	42,900	11.5
전체 합계	353,500		371,500	
1인당 활용 구직 채널 숫자	2.1		2.9	

자료: LO(2015a: 83)

든 구직 실업자가 구직활동을 위해 일자리중개청을 이용하며 다른 구직 채널들을 병용하되 일자리중개청이 일자리 중개 서비스 시장에서 지배적 위치를 차지하고 있음을 의미한다. 또한 구직 실업자의 경우 스스로 취업 기회를 만들기 어렵다는 노동시장 취약성뿐만 아니라, 활성화정책에 따라 강화된 실업급여 수급 자격요건을 확보·유지하기 위한 동기도 반영하고 있다. 구직 취업자의 경우 일자리중개청 활용 유형 세 가지를 합산하면 58.1%로 구직 실업자에 비해 월등히 낮게 나타났는데, 이는 구직 취업자의 경우 일자리중개청 등록을 통한 실업급여 수급의 필요성이 없고 일자리중개청이 기취업자의 이직보다 실업자의 취업에 역량을 집중하는 정책적 우선순위를 견지한 결과이기도 하다.

일자리중개청은 구직자들에게 구인 정보를 제공하고 일자리를 중개하기 위해 다양한 취업 설명회와 채용 박람회를 전국 수준은 물론 각 지역 단위에서 오프라인으로 진행하는 한편, 2015년 활동 목표를 디지털 개발에 두는 등 디지털화에 박차를 가해 인터넷을 활용하는 서비스도 적극적으로 개발·실행하고 있다. 일자리중개청은 다양한 온라인 서비스를 개발하여 구직자들이 직접 일자리중개청 담당자들과 최초 면담을 예약할 수 있게 했고, 웹세미나(webinars)와 개별 웹상담 서비스도 도입했다. 생방송으로 진행하는 웹세미나는 이력서 작성, 인터뷰 준비, 일자리중개청 소셜미디어를 통한 구직활동 등의 주제로 열렸다. 구직자들이 강사들의 강의를 들으며 개별 채팅 창을 이용하여 강사에게 직접 질문하여 답변을 들을 수 있도록 했는데, 2015년 한해 웹세미나 시청 건수는 4만 3천 회에 달했다. 개별 웹상담은 일자리중개청을 방문하거나 전화할 필요 없이 온라인으로 도움을 받을 수 있도록 하는 서비스로, 2015년 한 해에 6만 건의 웹상담이 진행되었다. 이러한 일자리중개청의 디지털화 노력으로 인해 일자리중개청 웹페이지는 2015년 월평균 사용자 180만 명, 방문 건수 440만 건을 기록하는 성과를 거둘 수 있었다.[12]

한편, 구직자가 직접 고용주를 접촉하거나 구인업체의 광고를 통해 구직하는 비중은 구직 실업자의 경우 92.7%, 구직 취업자의 경우 89.1%로 높게 나타났다(〈표 7-5〉 참조). 구직 취업자의 수치가 일

---

12 개별 웹상담의 경우 서비스 이용자의 만족도가 95%에 달한다는 사실은 일자리중개청의 디지털화를 통한 구직지원 서비스가 양적인 성과는 물론 질적으로도 높은 효율성을 확보하고 있음을 의미한다(Arbetsförmedlingen, 2016c: 33-34).

자리중개청 서비스 활용도 비율인 58.1%보다 월등히 높게 나타난 것은 상대적으로 안정적인 조건 속에서 차분히 양질의 일자리를 찾는 채널로 직접 접촉 방식을 활용하고 있음을 의미한다. 반면, 사적 직업소개기구의 이용 비율은 구직 실업자의 9.2%, 구직 취업자의 7.0%에 불과하다. 스웨덴 노동시장의 일자리 중개 기능은 일자리중개청의 공적 중개 서비스가 지배하는 가운데, 구직자와 구인업체의 직접적 접촉을 통한 일자리 매칭 방식이 공적 중개 서비스를 보완하고 있다고 할 수 있다. 이처럼 사적 중개기구의 역할이 유명무실한 것은 규모가 영세하여 일자리중개청처럼 많은 인력을 투입하여 사용업체들의 구인 일자리 정보를 수집·축적할 수 없을 뿐만 아니라 대형 파견업체들이 직접 인력을 고용하여 구인업체들에 파견함으로써 일자리 중개 기능을 간접적으로 대행하고 있기 때문이라 하겠다.[13]

이러한 일자리중개청의 선도적 일자리 중개 활동은 구직자들의 적극적 노동시장정책 참여율에서도 확인할 수 있다. 적극적 노동시장정책의 참여자 숫자는 보수당 정부가 출범한 직후 급감하기도 했는데, 실제 2007년은 8만 8천 명으로 전년도의 13만 9천 명에서 37%나 감소하여 전체 실업자 가운데 참여자 비율은 42.1%에서 30.1%로 하락했고, 2008년에는 참여자 8만 7천 명, 참여율 29.6%로 최저수준을 기록했다(〈표 7-6〉 참조). 하지만 적극적 노동시장정책 참여율은 경제위기 발발 이후 예산 증대와 함께 증가하기 시작하여 2010년에 44.4%을 기록했고 이후에도 증가 추세를 지속하며 현재

---

13 파견노동자는 전체 임금노동자의 2% 수준으로 추산되고 있으며, 스웨덴의 파견노동 사용규제 및 파견노동자 보호 방식에 대해서는 조돈문(2012)을 참조하도록 한다.

표 7-6 노동시장 핵심 지표들, 16~64세(단위: 1천 명)

구분	2006	2007	2008	2009	2010	2011	2012	2013	2014	2015
경제활동인구	4671	4736	4778	4782	4812	4873	4895	4948	4988	5028
취업자	4341	4445	4484	4381	4395	4491	4502	4545	4588	4651
실업자	330	292	294	401	417	383	394	403	400	377
실업률(%)	7.1	6.2	6.1	8.4	8.4	7.9	8.0	8.1	8.0	7.5
고용률(%)			75.7	73.5	73.4	74.8	74.9	75.5	76.0	76.7
ALMP 참여자	139	88	87	127	185	178	187	201	191	191
ALMP 참여율(%)*	42.1	30.1	29.6	31.7	44.4	46.5	47.5	49.9	47.8	50.7

* 실업자 대비 ALMP(Active Labor Market Policy, 적극적 노동시장정책) 참여자 비율로 산정했음
(ALMP는 취업자보다 실업자를 우선시하므로 취업자 ALMP 참여자 숫자는 경미한 수준임).
자료: Arbetsförmedlingen(2010, 2011, 2013a, 2015b, 2016d)

50% 수준에서 부침하고 있다. 이처럼 적극적 노동시장정책 참여자의 절대적 규모와 참여율의 변화는 보수당 정부 출범 후 적극적 노동시장정책 예산 축소와 경제위기 발발 후 예산 증대라는 정책 변화에서 비롯된 바가 크다.

적극적 노동시장정책의 참여자 규모는 고용률·실업률과 공변하는 양상을 보여준다. 적극적 노동시장정책 참여자 규모가 최저 수준을 기록한 것은 2007~09년 기간이며 2010년부터 급격하게 증가했는데, 고용률은 2009~10년 최저치를 기록한 다음 2011년부터 상승 추세를 시작했고, 실업률은 고용률과 공변하되 부(-)의 상관관계를 보여주었다. 이처럼 적극적 노동시장정책 참여율이 하락한 것은 보수당 정부가 적극적 노동시장정책 비중을 약화한 정책 변화의 결과인 반면, 참여율이 상승하기 시작한 것은 고용률 하락과 실업률 상승이라는 노동시장 위기 상황을 극복하기 위한 정책 변화에서 비롯

했다. 한편, 이러한 적극적 노동시장정책 참여율 상승은 고용률 상승과 실업률 하락이라는 노동시장 상황 개선에 기여했다고 할 수 있다. 물론 이러한 노동시장 상황 개선은 스웨덴이 상대적으로 경제위기를 신속하게 극복한 결과를 반영하기도 한다.

결국 보수당 집권은 적극적 노동시장정책에 부정적 영향을 미쳤지만, 경제위기가 긍정적 영향을 미치면서 적극적 노동시장정책은 구직자들의 만족도를 다시 높일 수 있었다. 그런 점에서 보수당 집권과 경제위기의 부정적 효과를 설명한 선행연구들이 보수당 집권 효과는 제대로 예측했지만 경제위기 효과 예측에는 실패했다고 할 수 있다. 결국 경제위기의 긍정적 효과는 보수당 집권의 부정적 효과를 상쇄했고, 적극적 노동시장정책이 다시 강화된 후 구인업체와 구직자들의 만족도는 높은 수준으로 유지될 수 있었다.

이처럼 구직자들이 구인업체들에 비해 일자리중개청 서비스에 대한 만족도가 상대적으로 낮긴 하지만 여전히 높은 수준을 유지하면서 핵심적 구직 채널로 일자리중개청의 일자리 중개 서비스를 이용하면서 높은 적극적 노동시장정책 참여율을 기록하고 있다. 이는 양질의 일자리가 사적 중개기구에 비해 일자리중개청에 많이 등록되기 때문에 구직자들도 일자리중개청 서비스를 적극적으로 이용하는 현상을 확인해준다. 그 결과 일자리 중개의 선순환이 구인업체의 양질의 일자리 등록으로 시작되어, 구직자들의 적극적 서비스 이용을 통해 일자리중개청에 의한 양질의 일자리 매칭으로 지속되고 있는 것이다.

5. 맺음말

이 장에서 확인된 스웨덴의 적극적 노동시장정책과 일자리중개청 활동의 특징적 현상은 세 가지로 축약될 수 있다.

첫째, 일자리중개청은 구인업체들의 자발적 등록활동과 자체적인 일자리 정보 수집 활동을 통해 양질의 일자리 정보를 집적하여 구직자들이 활용할 수 있도록 함으로써 일자리 중개 시장을 지배하며 "고용주 양질의 일자리 등록 ⇒ 구직자 적극 이용 ⇒ 효율적 일자리 중개 ⇒ 고용주 양질의 일자리 등록"의 선순환을 가능하게 한다.

일자리중개청은 모든 기업을 연 2회 정기적으로 접촉하는 한편 대기업들의 경우 기업별로 전담자를 배치하여 상시적으로 접촉하면서 구인 일자리 정보를 수집하는데, 구인업체들의 높은 만족도는 이러한 일자리 정보 수집 활동의 성공 가능성을 더 높여준다. 이렇게 양질의 일자리 정보가 일자리중개청에 집중되면서 구직자들이 일자리중개청의 서비스를 적극 활용하게 되는데, 구직 실업자들의 경우 일자리중개청 서비스 이용도는 118%에 달한다. 사적 중개기구의 이용도가 10%에도 못 미친다는 점을 고려하면 일자리중개청이 일자리 중개 기능을 성공적으로 수행하며 일자리 중개 시장을 지배하고 있음을 확인할 수 있다.

이러한 가운데 구인업체-구직자의 직접 접촉이 공적 중개 서비스를 보완하고 있는데, 직접 접촉은 구직 실업자보다 상대적으로 노동시장 경쟁력이 높은 구직 취업자가 더 많이 이용한다. 이처럼 구인업체의 자발적 등록과 일자리중개청의 효율적인 일자리 정보 수집 활동이 일자리 중개 선순환의 시발점이 되고 있으며, 일자리중개청은 시장 전망과 노동력 수요 예측에 어려움을 겪는 중소기업들을 위해 전국, 지역, 산업·업종 단위의 정보를 제공하여 노동력 수요 예측을 돕는다.

둘째, 일자리중개청의 적극적 노동시장정책은 효율적으로 작동하여 구인업체와 구직자의 높은 신뢰도와 만족도를 확보함으로써 효율적인 일자리 중개 서비스를 통해 일자리 중개의 선순환을 지속 가능하게 한다.

공급중심정책은 취업준비활동, 직업훈련과 현장실습의 맞춤형 서비스로 구직자의 취업가능성을 높여주는 반면, 수요중심정책은 자율적 취업이 어려운 노동시장 취약집단들, 특히 기능저하자, 장기실업자, 신규 입국 이주민들의 취업을 돕기 위해 채용 고용주에게 고용지원금을 지원하여 인건비 부담과 직무수행능력의 불확실성을 보상해준다. 이렇게 공급중심정책은 효율적 매칭을 통해 고용률을 제고하고 수요중심정책은 취약집단을 노동시장으로 통합하여 장기실업률을 낮춘다.

이러한 적극적 노동시장정책의 성과로 구인업체와 구직자는 일자리중개청의 서비스에 높은 신뢰도와 만족도를 표현하게 되었다. 특히 구인업체들의 만족도가 구직자들보다 상대적으로 더 높은 가운데 꾸준한 상승 추세를 지속하면서 구인업체들의 일자리중개청 서비스 활용도도 점점 더 커지고 있다. 이러한 구인업체들의 높은 만족도는 구인업체들이 일자리중개청에 구인 일자리들을 자발적으로 등록하거나 일자리중개청의 정보 수집에 적극 협력하도록 하는 효과를 가져오고 있다. 이렇게 높은 만족도가 구인업체들과 구직자들이 일자리중개청 서비스를 적극적으로 활용하도록 함으로써 일자리 중개의 선순환과 적극적 노동시장정책의 효율성이 지속되게 한다.

셋째, 일자리중개청의 효율적 매칭과 취약집단 통합이라는 두 가지 정책목표는 서로 상충하지 않고 동시에 실현되는 것으로 확인되었다.

실제 일자리중개청에 등록된 구직자들 중에는 구인업체들에 매력이 작은 노동시장 취약집단들이 과다 대표되고 있다. 이는 취약집단의 노동시장 통합에 우선순위를 두는 정책 집행의 결과를 반영하는 한편, 낮은 자격요건의 구직자들이 높은 자격요건의 구직자들에 비해 재취업에 더 어려움을 겪으며 실업기간이 길어져서 적체된 때문이기도 하다. 그런 점에서 실업급여 수급 자격의 획득·유지를 위한 일자리중개청 등록 인센티브는 주로 이들 낮은 자격요건의 구직자들에 해당된다.

한편, 일자리중개청에 등록된 구인 일자리에는 전체 노동시장 취업자 분포보다 양질의 일자리가 과다 대표되고 있으며, 이러한 현상은 더욱더 강화되는 추세다. 이는 일자리중개청이 낮은 자격요건의 인력뿐만 아니라 높은 자격요건의 인력도 충분히 확보하면서 모든 자격요건의 일자리에 적절한 인력을 공급할 수 있는 정책역량을 지닌다고 구인업체들이 인정함을 의미한다. 따라서 저숙련 매칭 평형 비판은 경험적 근거를 지니지 못하며, 일자리중개청은 높은 고용률과 낮은 장기실업률이라는 일견 상반된 것으로 보이는 두 가지 정책목표를 동시에 성공적으로 실현하고 있음을 확인할 수 있다.

사민당의 재집권으로 일자리중개청 중심의 적극적 노동시장정책은 긍정적 변화를 겪으며 더욱더 좋은 평가를 받게 되었다. 사민당 정부는 적극적 노동시장정책에 대한 예산을 증액하여 일자리중개청의 인력을 보강하고 상담, 중개, 직업훈련 등 공급중심정책을 강화했다. 그 결과 일자리중개청은 고용주들로부터 보다 신속하고 정확한 구인 일자리 정보를 수집하는 한편 구직자들에게 더 효율적인 상담과 훈련 서비스를 제공할 수 있게 되었다. 이러한 정책 변화는 구직자들의 적극적 노동시장정책 참여자 비율을 증대하고 구인업체와 구직자의 만족도와 신뢰도를 제고하는 결과를 가져왔다. 하지만 사민당 정부가 이러한 적극적 노동시장정책의 긍정적 변화를 지속하며 노동시장의 효율성을 제고하고 있는지, 아랍계 난민 수용으로 인한 노동시장 충격과 고실업률 시기 인력난이라는 미스매치 등 새로운 도전들에 효율적으로 대응하고 있는지를 규명하는 것은 향후 연구 과제라 할 수 있다.

제8장

스웨덴 비정부 고용안정기금의
적극적 노동시장정책
— TSL의 실험을 중심으로[1]

1. 들어가는 말

우리 사회에서 경험하는 정리해고는 노동과 자본의 이해관계가 첨예하게 대립하는 쟁점으로, 경영진은 기업 회생을 위해 인건비 절감을 관철하고자 하는 반면, 노동조합은 해고에 맞서 결사항전의 자세로 맞선다. 노사가 합심하여 위기 상태에 처한 기업을 살리기 위한 생존 전략을 모색·집행하기보다 정리해고 여부를 둘러싼 공방에 매몰된다. 결국 기업의 회생은 더욱더 어렵게 되는데, 우리는 1998년 현대자동차와 2009년 쌍용자동차 사례에서 경험한 바 있다.

반면, 스웨덴의 정리해고 과정은 노동조합의 극단적 파업투쟁

---

1   이 장은 『현상과 인식』 제43권 1호에 게재된 필자의 논문을 수정·보완한 것이다. 수정 게재를 허락해준 한국인문사회과학회에 감사드린다.

없이 노사협의로 평화롭게 진행된다. 경영진은 소모적 노사갈등 없이 기업의 회생 전략 수립에 전념할 수 있기 때문에 기업의 위기극복 가능성이 크게 높아진다. 노동조합 조직률 70%, 단체협약 적용률 90%인 세계 최강 스웨덴 노동조합들은 왜 단호한 저지투쟁 없이 정리해고를 수용할까? 본 연구의 문제의식은 여기에서 출발한다.

적극적 노동시장정책(Active labor market policy, ALMP)은 구직자들에게 적절한 구직 상담과 일자리 중개 및 교육훈련 서비스 등을 제공함으로써 쉽게 새로운 일자리를 찾을 수 있게 하며 고용안정성을 보장한다. 그래서 스웨덴을 포함한 스칸디나비아 국가들의 노동조합들은 막강한 조직력에도 극단적 투쟁 없이 정리해고를 수용한다는 것이다.

적극적 노동시장정책 재정지출 수준은 스칸디나비아 국가들이 월등히 높은데, 그 가운데서도 덴마크는 GDP의 2.07%로 가장 많은 예산을 투입하고 있으며, 스웨덴 1.17%의 2배에 가깝다(〈표 8-1〉 참조). 스웨덴과 덴마크가 세계 최고 수준의 고용률과 최저 수준의 장기실업률로 여타 국가들보다 수월한 노동시장 효율성을 보여주는 것은 이러한 적극적 노동시장정책 덕분이라 할 수 있다.

사업장 폐쇄 혹은 구조조정으로 정리해고된 노동자들의 경우 다른 구직 실직자들보다 재취업에 훨씬 더 큰 어려움을 겪는데, 이는 정리해고가 경기 하강·침체 국면에 수요부족으로 발생하거나 산업구조 혹은 생산방식 변화로 직업능력 수요-공급의 미스매치로 발생하는 경우가 많기 때문이다(OECD, 2015c: 86-87; IF Metall, 2015: 12-13). 2000~08년 시기 정리해고자들의 1년 내 재취업 비율은 스웨덴의 경우 89%로 독일, 영국 등 여타 유럽연합 국가들은 물론 덴

표 8-1 노동시장 효율성 지표 국제 비교(단위: %)

구분	스웨덴	덴마크	독일	스페인**	미국	한국	OECD 평균
〈노동시장 지표〉(2017년)							
고용률(15~64세)	82.5	78.8	78.2	75.1	73.3	69.2	72.1
실업률	6.7	5.7	3.8	17.2	4.4	3.7	5.8
장기실업률 (1년 이상, 15세 이상)	16.8	22.9	41.9	44.5	15.1	-	31.0
ALMP/GDP(2016년)	1.17	2.07	0.63	0.60	0.11	0.37	0.54
〈정리해고자 1년 내 재취업률〉*							
2000~2008년	88.79	68.29	57.04	35.74	72.24	(47.81) (57.67)	-
2009~2010년	82.80	45.01	-	23.40	-	(34.09)	-

* 정리해고자 1년 내 재취업비율은 기업 보고 기준, (   ) 수치는 개인 보고 기준이며, 스페인 재취업 비율은 포르투갈 통계치다.
** 스페인 ALMP/GDP은 2015년 기준.
자료: OECD(2018), OECD(http://stats.oecd.org/)

마크보다도 21%p나 더 높은 것으로 나타났다.[2] 재취업을 더 어렵게 했던 2008~09년 세계금융위기는 거의 모든 국가에서 정리해고자 재취업 비율을 대폭 하락시켰는데, 덴마크도 23%p나 하락했지만 스웨덴은 하락폭이 6%에 불과하여 덴마크와의 격차는 38%p로 거의 2배로 커졌다.

덴마크는 스웨덴과 함께 정리해고자 재취업 비율이 평상시나 경제위기 시나 여타 국가들보다 더 높은 것은 사실이며, 이는 적극적 노동시장정책의 정책효과로 설명될 수 있다. 하지만 스웨덴이 덴

---

2   스웨덴은 고용계약제도의 유연성으로 정당한 정리해고는 노사협의 과정을 통해 일상적으로 수행되어 호황기에도 3~5만 명의 정리해고가 실시되고 있는데, 정리해고자 발생 비율은 OECD 평균치보다는 낮은 것으로 확인되고 있다(SCB, 2014; OECD, 2015c: 21-37).

마크보다 적극적 노동시장정책 재정지출이 훨씬 더 적음에도 불구하고 정리해고자의 재취업에서 월등한 수월성을 보이는 현상을 어떻게 설명할 수 있을까?

이를 설명하기 위해 본 연구는 덴마크 등 다른 스칸디나비아 국가들은 물론 세계적으로도 유례를 찾을 수 없는 스웨덴의 독특한 노사자율 고용안정기금(Job security council)제도를 분석하여, 고용안정기금이 어떻게 정리해고자의 재취업을 효율적으로 지원하고, 정부기구와 어떻게 역할분담하며 적극적 노동시장정책 기능을 수행하는지를 설명하고자 한다. 이를 위해 이 장은 TSL(Trygghetsfonden, 고용안정기금)을 중심으로 심층 분석을 실시하는데, TSL은 스웨덴의 여타 고용안정기금들과 마찬가지로 정부기구가 아니라 단체협약에 의해 설립된 기금으로서 사무직보다 정리해고 빈도가 높은 생산직 노동자들을 대상으로 구직 상담, 일자리 중개·알선, 교육훈련 서비스를 제공하며 정부의 일자리중개청(Arbetsförmedlingen)과 유사한 적극적 노동시장정책을 자율적으로 집행하고 있다.

2. 고용안정기금과 TSL의 적극적 노동시장정책

1) 적극적 노동시장정책과 고용안정기금

스웨덴 등 스칸디나비아 국가들의 노동시장 효율적 작동은 '황금삼각형'을 구성하는 세 정책요소의 상보적 역할이 가져온 결과로 잘 알려져 있다. 고용계약제도의 유연성으로 인해 발생하는 실업자 문제는 적극적 노동시장정책에 의한 고용안정성으로 해소한다. 그리고 관대한 실업자 소득보장제도는 재취업기간의 소득안정성을 보장하는 보완 역할을 하되, 노동시장정책의 최우선 목표는 재취업을 통한 실업기간 최소화다. 따라서 스웨덴을 포함한 스칸디나비아 국가들의 노동시장 효율성에 대한 학술적 연구는 주로 적극적 노동시장정책을 중심으로 진행되어왔다.

적극적 노동시장정책 연구(Wadensjö, 2009; Kruse & Ståhlberg, 2013; Anxo & Niklasson, 2009; Sjöberg, 2011; Hägglund, 2014; LO, 2015a; IF Metall, 2015; 조돈문, 2017)는 주로 두 가지 주제를 중심으로 진행되었다.

첫째는 스칸디나비아 모델이 노동력 사용의 유연성을 전제함으로써 포드주의와 대륙형 조정시장경제모델의 노동력 사용 경직성에 기초한 사업체 수준의 직장보장(job security) 방식 대신 적극적 노동시장정책을 통해 노동시장 수준에서 고용을 보장하는 취업보장(employment security) 방식으로 고용안정성을 보장하는 메커니즘을 설명하는 연구다.

둘째는 황금삼각형을 구성하는 유연한 고용계약제도의 부정적 효과와 관대한 실업자 소득보장제도에 따른 취업동기 약화 효과를 상쇄하는 적극적 노동시장정책 자체의 정책효과는 물론 고용계약제도 및 실업자 소득보장제도와 함께 창출하는 상호작용효과 등 황금삼각형 차원의 정책효과를 분석·평가하는 연구다.

스웨덴의 적극적 노동시장정책에 대한 연구는 전적으로 정부기구인 일자리중개청의 역할을 중심으로 분석했다. 적극적 노동시장정책이 스웨덴을 포함한 스칸디나비아 국가들의 특성으로 부각되어 스칸디나비아 국가들에서 발견되는 공통점을 규명하기 위한 노력으로 진행되었다. 이 과정에서 정부 차원에서 적극적 노동시장정책을 가장 과감하게 전개하는 덴마크를 정점으로 스웨덴을 포함한 여타 스칸디나비아 국가들은 덴마크를 주요 준거로 분석했다. 결국 스웨덴의 고용안정기금 같은 비정부기구들이 수행하는 적극적 노동시장정책의 기능은 분석 대상에서 배제되었다.

스웨덴의 고용안정기금을 전 세계적으로 주목받게 한 것은 OECD(2015c)의 보고서였다. OECD 보고서는 스웨덴의 정리해고자 조기 재취업 비율이 여타 국가에 비해 월등히 높은 원인으로 다른 나라에서 발견할 수 없는 스웨덴의 독특한 고용안정기금제도에 주목했다. 동 보고서는 정리해고자 조기 재취업 비율 등 객관적 지표들로 고용안정기금제도의 긍정적 성과를 추론하는 수준을 넘어 고용안정기금제도가 정리해고자 조기 재취업과 스웨덴 노동시장의 효율적 작동을 가져오는 인과적 메커니즘을 체계적으로 규명하는 수준에는 이르지 못했다.

OECD 보고서는 스웨덴 고용안정기금제도를 소개하고, 고용안정기금의 적용 범위 확대 및 모든 해고 노동자에 대한 적절한 소득 지원 등 스웨덴 고용안정기금제도의 개선을 위한 정책권고안을 제시했다. 동 보고서는 스웨덴의 고용안정기금제도를 세계적으로 알리는 데 크게 기여하여 스웨덴 안팎에서 스웨덴 고용안정기금제도를 홍보하고 적극적 벤치마킹을 촉구하는 분석물들이 나오게 되었다(Swedish Institute, 2017; Apolitical, 2017; Semuels, 2017). 하지만 분석적인 학술연구는 수반되지 않아서, 스웨덴 고용안정기금제도에 대한 체계적 학술연구는 여전히 부재한 상태다.

이처럼 스웨덴의 적극적 노동시장정책 관련 학술적 연구는 정부 정책에 집중되어 진행되었다. 분석적 전문 학술연구의 부재로 고용안정기금이 노동시장 효율성을 증대하는 인과적 메커니즘이 과학적으로 규명하지 않음으로써 스칸디나비아 국가들의 차별성만 확인되고 내적 편차는 설명될 수 없었다. 결국 스웨덴의 적극적 노동시장정책에 의한 고용안정성 보장에 대한 설명은 불완전한 상태로 남게 되었다.

본 연구는 고용안정기금들 가운데 LO(Landsorganisationen i Sverige, 스웨덴노총)와 SN(Svenskt Näringsliv, 스웨덴사용자협회)이 체결한 단체협약에 기초한 생산직 노동자들의 TSL을 중심으로 분석한다. 생산직 노동자들, 특히 제조업의 경우 수출 비중이 높기 때문에 세계시장 변화와 기술 변화에 민감하여 서비스업 사무직 노동자들에 비해 더 큰 정리해고 폐해를 겪어왔다. 그런 점에서 생산직 노동자들에게 적용되는 TSL이 다른 고용안정기금보다 고용안정기금제도의 강점과 한계를 더 잘 보여줄 수 있다.

2) 고용안정기금과 TSL

스웨덴의 고용안정기금제도는 스웨덴의 독특한 제도로서 다른 유럽연합이나 OECD 국가들에서 그 유례를 찾을 수 없다(OECD, 2015c: 49-52; Swedish Institute, 2017: 2-6; Walter, 2015a, 2015b; Apolitical, 2017: 1). 이는 사업장 폐쇄나 구조조정 등 고용업체 측 경제적 사정에 의한 일자리 부족으로 정리해고된 노동자들이 재취업하는 과정을 지원하는 제도다. 현재 스웨덴에는 15개 정도의 고용안정기금이

표 8-2 스웨덴의 5대 고용안정기금

구분	설립연도	업종	가입자 수	고용주 수	연평균 수혜자
TRS	1972	문화·예술·비영리부문	4.3만	5750개 업체	500명
TRR	1974	사적부문 사무직	85만	3.2만 개 업체	15,000명
TSN	1990	정부기구 공무원	25만	250개 정부기구	2,500명
TSL	2004	사적부문 생산직	90만	10만 개 업체	22,000명
Omställningsfonden	2012	지자체 피고용자	110만	290개 지자체, 20주, 600개 업체	1,200명

자료: TSL(2018a), Walter(2015a)

가동되고 있으며, 전체 피고용자의 80% 정도가 가입되어 있다.

스웨덴 최초 고용안정기금은 1972년 설립된 문화·예술·비영리부문 종사자들의 TRS(Trygghetsrådet)였다. 이후 다양한 업종에서 고용안정기금이 조직되어 사적부문 생산직의 TSL, 사적부문 사무직의 TRR(Trygghetsrådet), 정부기구 공무원의 TSN(Trygghetsstiftelsen), 지자체 피고용자들의 고용안정기금인 Omställningsfonden 등이 운영되고 있다(〈표 8-2〉 참조). 모든 고용안정기금들은 노사 간 체결된 단체협약으로 설립되어 고용주가 정기적으로 출연하는 기금으로 운영되며, 납입액은 일반적으로 연간 임금총액의 0.3% 수준으로서, 구직자들을 대상으로 구직 상담, 개인적 지도, 교육훈련 서비스 등을 제공한다. 고용안정기금은 실직하기 전 정리해고 등 고용계약 해지 통고를 받은 시점부터 해당 노동자들을 대상으로 재취업지원 서비스를 제공한다는 점에서 실직 후 재취업지원 서비스를 제공하는 스웨덴 정부 일자리중개청과 대조된다.

TSL은 실업자가 되기 전에는 정부 일자리중개청의 상담과 구직 알선 서비스를 받을 수 없기 때문에 정리해고통지를 받은 노동자들의 실직 전 구직활동을 지원하기 위해 LO와 SN이 2004년 9월 1일 설립했다(TSL, 2015a). TSL에 가입된 업체는 10만여 개에 달하며 가입된 피고용자 숫자는 90만 명 정도에 이른다. TSL의 기금은 단체협약 적용 대상 10만 개 업체들이 매년 임금총액의 0.3%를 납입하여 운영되며, SN에 가입하지 않은 업체들의 경우 납입액은 SN 가입업체 납입액의 2배인 0.6%인데, 납입액에 대해서는 세금이 면제된다.

3. TSL의 적극적 노동시장정책과 노동시장 효율성

1) TSL 서비스 수혜자 규모 및 구성

사업장 폐쇄나 구조조정 등 경제적 사유로 정리해고된 노동자들을 위한 LO와 SN의 보호 방식은 여타의 고용안정기금제들과 마찬가지로 소득지원과 재취업지원의 양축으로 구성되어 있다(OECD, 2015c: 49-51). 퇴직금(avgångsbidrag, AGB)을 일시불로 지급하는 소득지원 서비스는 AFA보험사(AFA Försäkring)가 담당하고,[3] 재취업지원 서비스는 TSL이 담당한다.

  TSL에는 LO 노조원을 포함하여 LO-SN의 단체협약이 적용되

---

3   퇴직금은 경제적 사유로 해고된 40세 이상 65세 미만의 노동자들에게 지급하되, 수급
     요건은 지난 5년간 AGB보험에 가입된 한 명 혹은 그 이상의 고용주들에 고용된 기간
     이 50개월 이상 고용된 노동자들로 제한한다. 1인당 지급 액수는 2018년 기준으로 하
     한 3만 4,865SEK와 상한 5만 705SEK 사이에서 연령과 노동시간을 기준으로 산정된다
     (TSL, 2018a: 21; 2018h, 2018i).

는 모든 업체의 피고용자들이 가입되어 있어 노동조합 가입 여부와 무관하게 서비스를 받을 수 있다. TSL 서비스 수혜 자격요건은 하나 혹은 그 이상의 LO-SN 단체협약 적용 사업체들에서 주당 16시간 이상 12개월 이상 근속한 65세 미만 노동자다(TSL, 2018j; Söder 면담, 2018a). LO-SN 단체협약 비적용 사업체 노동자들도 '확장 단체협약 (hängavtal)'을 통해 TSL 서비스를 받을 수 있으나 고용주의 납입액은 임금총액의 0.6%로 LO-SN 사업체의 2배를 부담해야 한다. TSL의 수혜 자격요건은 퇴직금 수급요건에 비해 덜 엄격하지만 상용직 노동자들에 한정되며 기간제 계약 노동자들은 12개월 이상 고용되었어도 적용 대상에서 제외된다.

수혜자 1인당 배정금액은 균등하며, 매년 LO 측 6명과 SN 측 6명으로 구성된 TSL 이사회가 1인당 배정금액을 결정하는데, 통상 1.9~2.2만 SEK 사이에서 노동시장 상황에 따라 결정되어왔다. 10년간 지원금 총액은 46.6억 SEK로서 총 수혜자 연인원 22만 명에게 1인당 평균 2만 1,182SEK가 지급되었다(TSL, 2015a: 15, 36-40; 2018a: 20). 수혜자들의 92%는 10년 기간 동안 1회의 TSL 서비스를 받았고, 7.6%는 2회, 나머지 0.4%는 3회 이상 서비스를 받은 것으로 확인되었다.

연도별 총 수혜자 규모는 노동시장 상황에 의해 좌우된다. 경제 호황기에 비해 불황기에 사업장 폐쇄와 구조조정에 따른 정리해고자가 많이 발생하여 수혜자가 훨씬 더 많아지는데, 수혜자에게 제공되는 서비스는 경제 상황과 무관하게 동일하다. 세계금융위기의 타격을 입은 2008년 4/4분기에서 2009년 2/4분기까지 수혜 인원은 6만 1,618명으로서 10년 누적 총 수혜자의 28%에 달했다. 한편, 경제

상황이 호전된 다음 수혜자 숫자는 2016년에 1만 4,134명으로 감축하며 2004년 창립 이래 최저치를 기록했으며, 이후 매년 사상 최저치 기록을 갱신하고 있다. 경제호황기는 노동시장의 취업률 상승과 실업률 하락 등 노동시장 상황이 호전되면서 수혜자 숫자가 감축하는 한편 재취업률은 상승하고 재취업 서비스 수혜기간은 단축한다(TSL, 2016a, 2017a, 2018e, 2018f, 2018g; Söder 면담, 2018a; Wessman 면담, 2016).

TSL 서비스 수혜자의 분포를 보면 소속 노동조합은 금속노조(IF Metall, Industrifacket Metall)이 가장 많으며 총 수혜자의 절반 정도를 점하고 있는데, 이는 금속산업 등 제조업부문이 수출시장 의존도가 높아서 세계시장 상황 변화에 민감한 고용불안정성을 반영한다(TSL, 2015a: 14-41, 2018e; Sjöquist, 2018a). 수혜자의 기업규모별 분포를 보면 250인 이상 대기업은 20%, 50인 이상 249인 이하 중기업은 35%, 10인 이상 49인 이하 소기업은 31%, 9인 이하 영세기업은 14%로 고르게 분포되어 있다. 한편, TSL 서비스 신청 건수를 보면 소기업과 영세기업이 78%를 점하며 건당 수혜 인원은 3명 정도인데, 이들은 업체의 독자적 인력관리 자원을 지니고 있지 못하기 때문에 기업의 재정상황 악화와 구조조정 상황에서 구조조정 인력의 보호 기능을 TSL제도에 위임하고 기업의 생존 전략에 집중할 수 있다.

2) TSL의 2017년 11월 개혁과 서비스 강화

취업자를 지원하는 공급중심 일자리정책은 일자리 중개 기능과 구

표 8-3 사무직 TRR과 생산직 TSL 비교, 2018년 말

구분	TRR(Trygghetsrådet)	TSL(Trygghetsfonden)
운영 주체	SN & PTK	SN & LO
적용 대상	사무직	생산직
기금 출범	1974	2004
직원 수	250명	45명(개혁 이전 14명)
지역사무소	40여 개 지역 (본부: 스톡홀름)	6개 지역 (본부: 스톡홀름)
참여 기업	32,000개 기업 (85만 피고용자)	100,000개 기업 (90만 피고용자)
취업지원 인원(누적)	50만여 명	30만여 명
재취업지원 서비스	직접 제공	외주화(알선업체 담당)

직자 역량강화 기능으로 구성되어 있는데, TSL은 전자를 중심으로 설계되었고 후자는 정부기구인 일자리중개청이 담당해왔다. 이러한 TSL과 일자리중개청의 역할분업 구도는 2017년 11월 TSL이 대대적으로 조직개혁을 단행하면서 무너지고, TSL이 구직자 역량강화 역할도 수행하게 되었다(TSL, 2015a: 20-22; Swedish Institute, 2017: 2-3; OECD, 2015c: 84-86). TRR은 TSL에 비해 30년 먼저 수립되어 상당한 재정적 자원을 축적하여 일자리 중개 기능뿐만 아니라 교육훈련 서비스 제공 등 구직자 역량강화 기능까지 수행해왔다(〈표 8-3〉 참조). TRR은 구직자 재취업지원 성과와 구직자 만족도에서 TSL을 크게 앞서는 것으로 평가되고 있다.

TSL은 지역 지부 없이 중앙본부에 14명의 직원을 두고 별도의 전문 상담사를 고용하지 않고 재취업 알선업체에 사업체별 해고자 재취업지원 서비스를 제공하는 방식으로 운영해왔다. TRR에 비해

TSL이 상대적으로 효율성이 떨어진다는 비판에 2017년 11월 TSL은 조직체계와 재취업지원 사업을 대대적으로 재편했다. 2017년 11월 개혁으로 TSL은 스톡홀름 본부 외에 6개 지역에 지역사무소를 설치하고 인력도 45명으로 대폭 증원하며 행정능력을 강화했다.[4]

TSL이 고용업체의 기여금 납입액과 예산을 증액하지 않고 이처럼 행정역량을 강화할 수 있었던 것은 경영합리화에 따른 행정비용 절감 덕분이었다. 사업장 폐쇄나 구조조정으로 정리해고를 추진하는 사업체는 경영진과 노조가 직접 알선업체를 접촉하여 선별하고 노동자들에게 알선 서비스를 제공하도록 했다. TSL본부는 고용업체 노사가 요구하면 알선업체들에 구직 노동자 규모에 따른 배당금액을 지불했다. 2017년 개혁 이후 TSL 지역사무소 직원이 직접 해고 노동자들을 면담한 다음 적절한 알선업체에 재취업지원 서비스 제공을 요청하고 직접 서비스 비용을 지불하는 방식으로 전환했다. 이러한 행정간소화로 고용업체 노사가 알선업체를 접촉·선별·관리하고 비용 지불을 요청함으로써 발생했던 불필요한 추가적 행정비용 15~20% 정도를 절감할 수 있게 되었다. 또한 TSL 직원이 직접 해고 노동자들을 면담하여 해고 노동자들의 20% 정도는 별도의 TSL 서비스를 필요로 하지 않는다는 사실을 확인하고 알선업체의 서비스 수혜 대상에서 제외함으로써 알선업체에 지불하던 서비스 대금의 20%를 절약할 수 있게 되었다. 또한 TSL 서비스 수령자들 가운데서도 10% 정도는 이력서 작성 등 간단한 서비스만 받아서 5시간 서비스에 해당되는 1인당 5천 SEK만 지불하는 등 제공 서비스에 따라

---

4   2017년 11월 TSL개혁을 통한 행정능력 강화와 재원확보 방식에 대해서는 TSL(2017f, 2018a: 10), Söder 면담(2018a, 2018b), Sjöquist 면담(2016)을 참조하도록 한다.

추가적 비용 절감도 발생했다.

　　TSL은 경영합리화를 통해 재정자원을 절감하고 이렇게 확보된 재원으로 행정역량을 강화하는 한편 TSL의 서비스를 다양화하고 효율성을 강화하는 조치도 취할 수 있게 되었다. TSL은 2017년 개혁조치에서 구직 해고자에게 제공하는 서비스를 단순한 일자리 중개 서비스에 더하여 교육훈련과 인증 서비스도 제공하도록 했고, 알선업체들을 소수정예화하며 중앙통제 수준을 강화했다.

3) 구직자 지원 서비스와 2017년 TSL 개혁

TSL의 구직자 지원 서비스 제공 프로그램은 다음과 같은 6단계로 진행된다(TSL, 2017c, 2018a: 13-19, 2018k; Apolitical, 2017)

　　① 고용주가 사업장 폐쇄 혹은 구조조정을 결정하면 노조와 협의하여 정리해고 대상자를 선별한 다음, 해고 대상 노동자에게 해고통지를 하는 동시에 TSL에도 대상자 명단과 관련 정보를 제출하면서, TSL 서비스가 시작된다. 이때 고용주 혹은 노조가 직접 TSL을 방문하거나 웹, 전화, 이메일을 활용하여 TSL 서비스를 신청할 수 있는데, 신청자가 스스로 신청서를 작성할 수도 있고 TSL의 안내를 받으며 신청서를 작성할 수도 있다.

　　② 신청서를 접수하면, TSL은 고용주와 노조를 접촉하여 특별한 상황 여부 등을 확인하며 필요한 정보를 추가적으로 수집한다.

③ 충분한 정보를 확보 검토한 다음, TSL 상담사는 해고(예정)자들을 직접 개별적으로 면담하여 일자리 코칭, 교육훈련, 기술훈련 인증 등의 도움이 필요한지에 대해 논의한다.

④ TSL이 지정한 재취업 알선업체가 해고(예정)자를 코칭하기 시작하는데, 이것이 본격적인 TSL 서비스로서, 해고통지 시점부터 시작할 수 있다.

⑤ 알선업체가 구직자 지원 서비스를 종료한 다음 TSL에 대금 청구서를 보내면 TSL이 대금을 결제하도록 함으로써 2017년 11월 개혁조치 이후 고용주에게는 별도의 경제적 부담이 부과되지 않게 되었다.

⑥ TSL은 구직자 지원 서비스 결과를 고용주와 노조에 피드백해주는데, 이때 서비스 품질에 대한 조사 결과, TSL의 월별 통계와 보고서들, 알선업체들의 임무와 성과 등 관련 정보도 함께 제공한다.

제4단계에서 제공되는 TSL 서비스는 구직자의 개인별 조건과 필요에 따라 2~12개월 동안 지속되며, 주로 다섯 가지 유형의 서비스 가운데 개인별 맞춤형으로 선별되어 설계된다. 첫째, 일자리 응모를 지원하는 코칭 서비스, 둘째, 이력서, 자기소개서, 입사원서 작성을 코치가 도와주며 팁과 조언을 제공해주는 서비스, 셋째, 구직자의 숙련기술·지식을 측정하고 선호도를 고려하여 적절한 일자리와 구직 전략을 설정하는 서비스, 넷째, 일자리 코칭에 더하여 단기 직업훈련과 인증을 제공하는 서비스, 다섯째, 퇴직금제, 실업보험급여, 일자리중개청, 지자체 교육훈련센터 등 여타 관련 제도에 대한 정보 제공 서비스로 구성되어 있다.

TSL 서비스들 가운데 직업훈련과 인증제는 고용주, 노조대표, 구직자 모두 동의하여 2017년 11월 개혁조치로 새로 도입되었다 (TSL, 2016c, 2018e; Svenskt Näringsliv, 2017a, 2017b; Arbetet, 2017). 이러한 제도개혁의 취지는 TSL이 구직자가 새로운 일자리를 구하는 수준을 넘어 직업능력 강화를 통해 재취업 가능성을 높일 뿐 아니라 자격요건이 상향된 보다 양질의 일자리로 재취업할 수 있도록 돕자는 것이다. TRR에 비해 교육훈련 기능 부재라는 취약점을 지니고 있어 제도개혁의 필요성을 절감하고 있었지만 재원 부족으로 시도하지 못했었는데, 2017년 11월 TSL은 경영합리화를 통해 재원을 확보함으로써 기금 예산의 20%를 직업훈련과 인증제에 투입할 수 있게 되었다.

교육훈련과 인증제는 기존의 12개월 일자리 코칭 중심 TSL 서비스에도 재취업에 어려움을 겪는 열등한 자격요건과 직무능력의 구직자들을 핵심적 정책 표적으로 삼고 있는데, 이들은 중등교육을 이수하지 못한 경우가 많다(TSL, 2015b, 2017b, 2018e, 2018l; Arbetet, 2017). 그뿐만 아니라 산업구조 및 생산기술의 급격한 변화 속에서 노동시장에서 요구되는 자격요건과 직무능력도 급변하기 때문에 구직자들이 자신의 지식과 역량을 꾸준히 현실에 맞게 갱신하고 자격요건 향상을 보증할 필요성도 있다. 교육훈련 서비스는 최대 3주간 진행되는 단기적 직업훈련으로, 고용주의 수요와 구직자의 자격요건·직무능력 사이의 매칭을 원활하기 위한 조치다. 그러나 추가적 재정부담 없이 교육훈련 서비스를 받을 수 있는 기회를 증진하자고 거듭 요청했지만 정부가 관심을 보이지 않아서 TSL이 자체적으로 추진하게 되었다. 인증제는 구직자들이 보유하고 있는 전문 지식과 숙련·기능을 평가하고 공인인증서를 발행하여 TSL이 구직자의 자격요건을 공식적으로 보증해주는 제도이다. TSL은 2018년 현재 트럭운전면허, 도로노동, 고온 환경의 노동, 위험물질 수송 등 50여 개 영역의 인증서를 발행하고 있다.

4) 알선업체 활용 방식과 2017년 TSL 개혁

TSL은 고용주와 노동조합이 어떤 재취업 알선업체에 TSL 서비스 제공을 의뢰할지 협의하여 경쟁을 거쳐 알선업체를 선별하고 해고(대상) 노동자들을 위한 서비스 제공 프로그램을 주문하는 방식으로 운영해왔다(TSL, 2015a: 48-49, 2019b; OECD, 2015c: 17-19, 47-51, 83). 이런 절차를 거쳐 TSL 창립 이래 10년 동안 TSL 서비스를 한 번이라도 제공한 알선업체는 259개에 달했다. 이 알선업체 가운데 국유기업 레르니아(Lernia), TRR 소유업체 스타트크라프트(Startkraft)도 포함되어 있지만 거의 모두 사기업체들이다.

창립 후 10년간 TSL서비스를 제공한 알선업체는 259개로 많지만 총 수혜자 22만 명 가운데 가장 많은 구직자에게 서비스를 제공한 스타트크라프트, 안텐(Antenn), 아르베스립스레수르스(Arbet-slivsresurs), 레르니아, 아벤투스(Aventus) 등 5대 알선업체는 전체 수혜자의 71.0%를 점하고, 20대 알선업체는 수혜자의 89.3%를 점하고 있어 재취업 알선시장의 소수 대형 알선업체에 의한 독과점 현상을 확인해주고 있다(TSL, 2015a: 46-47).

TSL은 알선업체들이 재취업지원 서비스 시작 후 12개월 이내에 재취업지원 프로그램의 결과를 보고하도록 했다. 알선업체들은 서비스 수령 구직자들에게 제공한 서비스의 질, 재취업에 성공한 비율 등 프로그램 성과에서 상당한 편차를 보여주면서 TSL의 효율성이 TRR에 뒤처지는 결과를 가져온 것으로 평가되고 있다. 물론 구직자의 연령, 자격요건과 직무능력도 영향을 미치지만 아래와 같은 점들을 고려할 때 알선업체 활용 방식이 TSL의 열등한 효율성의 핵심적 요인이라는 점은 부인하기 어렵다(TSL, 2015a: 17-19, 2017a, 2017d, 2017f).

첫째, 알선업체들이 TSL과의 사업 계약에 따라 TSL이 제시하는 기본 원칙들과 조건들을 이행하도록 하지만 제대로 이해하고 집행하는지는 확인하기 어렵다(TSL, 2015a: 14-15; OECD, 2015c: 16-17; Walter, 2015a: 86-88). 매년 TSL 서비스를 제공하는 알선업체가 100여 개에 달하여 TSL이 개별 알선업체들과 빈번하고 긴밀하게 소통하며 서비스 수행 과정과 결과를 모니터링하기는 어렵다.

둘째, TSL 서비스를 신청하는 사업체들에는 사업장 폐쇄나 구조조정에 따른 정리해고를 처음 추진하는 사업체들이 많은데 알선업체 성과 자료가 축적·공유되지 않기 때문에 서비스 효율성이 저조한 알선업체들을 배제하기 어렵다(TSL, 2015a: 23-24; OECD, 2015c: 83).

셋째, TSL은 서비스 품질관리를 위해 서비스 제공 기본 원칙과 요구조건을 충족시키지 못하는 알선업체들에 대해서는 협약을 취소할 수 있는 권한을 확보하고 있으나 제대로 행사하기 어렵다(TSL, 2015a: 24, 2017f). 그것은 알선업체들과 사업 계약을 체결하는 사업체들과 중소영세업체 노동자들을 대변하는 지역노조지부 옴부즈만들이 알선업체들과의 사업관계나 지역사회 네트워크로 얽혀 있는 경우가 많기 때문이다.

넷째, TSL은 TSL 사업으로부터 수입의 절반 이상을 확보하는 알선업체들로 제한하지만, 선별 알선업체들이 파견업을 겸업하며 자신들이 고용한 노동자들에게 구직 알선과 교육훈련 서비스를 제공하거나 유령업체를 설립하여 해고 노동자들을 고용하고 TSL 지원금을 수령하는 등 불법비리행위 가능성을 차단하지 못한다(TSL, 2015a: 17-19; NilssonJ 면담, 2016; Wessman 면담, 2016).

이러한 문제점들을 해소하기 위해 TSL은 2017년 11월 개혁을 통해 알선업체 활용 방식을 전면적으로 변경했다. 먼저 재취업지원 서비스를 제공하겠다고 응모한 384개 알선업체들 가운데 재취업지원 서비스의 품질, 구직자 만족도 등을 기준으로 35개 업체들을 선별하여 2년 계약을 체결하고, 향후 2년 동안 이들 업체들을 대상으로 재취업 알선 서비스를 요청하기로 했다. 이러한 개혁조치의 일차적 목적은 TSL 서비스의 품질을 관리하고 서비스 성과가 저조한 업체들을 배제함으로써 알선업체 간의 편차를 최소화하고 재취업지원 서비스의 품질과 성과를 제고하고자 함이었다(Svenskt Näringsliv, 2017a; Söder 면담, 2018a, 2018b).

개별 알선업체 선정 방식도 바꿔, 과거에는 정리해고 추진 사업체의 노사가 알선업체를 선정했으나 TSL이 사업체 노사를 면담하고 해고(예정) 노동자들을 1차 상담한 다음 적절한 알선업체를 직접 선정하도록 하고 서비스가 종료되면 알선업체로부터 결과 보고를 받고 직접 비용을 지불하도록 했다. 이렇게 TSL이 알선업체 활용 과정에 대한 중앙통제 정도를 강화함으로써 불필요한 관리 비용을 절감할 뿐만 아니라 업체 선정 시간도 크게 단축하여 신속하게 서비스 지원을 시작할 수 있게 되었다.

4. TSL 서비스의 효율성과 성과 평가

1) TSL 서비스의 재취업 성과

TSL 서비스를 받은 해고(예정) 노동자들의 서비스 시작 12개월 후 취업 여부를 조사한 결과를 보면, 연평균 재취업자 비율은 64.8%에 달하는 것으로 나타났다. 재취업자 비율은 경제위기 시기인 2009년과 2010년에 53.3%와 52.5%로 최저 수준을 기록했다가 이후 경기회복과 함께 상승하여 2018년에는 81%로 최고치를 기록했다(〈표 8-4〉 참조).

정규학교에서 적어도 1학기 이상을 반상근 혹은 전일제로 학업을 수행하거나 적극적 노동시장정책 프로그램에 참여하고 있는 비율은 연평균 16.2%로서 경제위기 시기인 2009년 28.2%로 최고치를 기록한 뒤 하락하여 2018년에는 7%로 최저치를 기록했다. 정규학교에서 학업을 수행하는 비율은 연평균 14.3%로서 적극적 노동시장정책으로 편입된 비율 2.4%의 6배로 높은데, 이들이 학업 시작 후 3년 경과 시점에 취업해 있는 비율은 73%에 달하여 교육훈련의 재취업 효과를 확인해준다(TSL, 2015a: 55). 한편, 고령연금 및 기타 지원금 수령 등으로 노동시장 경제활동인구에서 벗어난 비율이 연평균 15.7%였고, 경제위기 이후 상승하여 2014년과 2016년에는 19.7%

표 8-4 TSL 서비스 시작 12개월 후 상황, 2006~2018년(단위: %)

유형*＼연도	2006	2007	2008	2009	2010	2011	2012	2013	2014	2015	2016	2017	2018	평균
〈취업〉														
정규직	30.9	30.2	26.1	11.7	12.8	25.5	26.1	25.7	26.0	30.2	31.1	33.6	51	27.7
장기기간제	9.9	19.2	17.7	9.4	9.3	11.6	11.1	10.6	9.9	10.5	11.1	12.5	11	11.8
단기기간제	17.9	15.0	17.9	27.8	26.0	24.0	25.6	27.0	22.4	22.1	17.9	17.1	10	20.8
호출노동	-	0.0	0.5	3.6	3.6	3.5	3.6	4.3	5.4	5.0	4.6	3.8	7	3.7
창업	1.0	1.1	1.0	0.8	0.8	0.7	0.7	0.8	0.7	0.8	0.8	0.8	2	0.9
소계	59.7	65.5	63.2	53.3	52.5	65.3	67.1	68.4	64.4	68.6	65.5	67.8	81	64.8
〈교육훈련〉														
학업	21.1	17.7	19.7	28.2	19.5	11.9	12.1	11.6	9.9	10.0	9.9	10.2	4	14.3
ALMP	-	-	-	0.0	1.5	2.1	3.4	2.9	2.5	2.4	3.1	3.3	3	2.4
소계	21.1	17.7	19.7	28.2	21	14	15.5	14.5	12.4	12.4	13	13.5	7	16.2
〈구직 상태〉														
구직활동	3.4	4.8	4.6	2.6	9.0	3.4	2.3	2.2	3.5	2.0	1.8	1.3	3	3.4
〈연금 등〉														
연금·지원	-	-	2.2	7.2	9.8	8.8	8.3	8.3	10.5	9.5	12.1	11.2	6	8.5
조기종료	-	0.1	1.6	8.7	7.8	8.6	6.9	6.7	9.2	7.4	7.6	6.2	-	6.4
기타	15.7	12.0	8.8	0.0	-	-	-	-	-	-	-	-	3	7.9
소계	15.7	12.1	12.6	15.9	17.6	17.4	15.2	15	19.7	16.9	19.7	17.4	9	15.7
〈합계〉														
전체 합계	100	100	100	100	100	100	100	100	100	100	100	100	100	100

* 고용계약 기간이 6개월 미만이면 단기기간제, 6개월 초과이면 장기기간제. 연금·지원은 고령연금, 상병휴가. 활동지원금 포함. 해당연도 응답지에 포함되지 않았으면 빈 칸.
자료: TSL(2019a)

까지 기록했으나 2018년에는 크게 하락하여 최저치 9%를 기록했는데, 이는 재취업률 상승의 효과라 할 수 있다.

전체 해고(예정) 노동자들 가운데 12개월의 TSL 서비스를 완료

표 8-5 재취업자 고용형태별 구성, 2006~2018년(단위: %)

유형 \ 연도	2006	2007	2008	2009	2010	2011	2012	2013	2014	2015	2016	2017	2018	평균
정규직	51.8	46.1	41.3	22.0	24.4	39.1	38.9	37.6	40.4	44.0	47.5	49.6	63.0	42.0
장기기간제	16.6	29.3	28.0	17.6	17.7	17.8	16.5	15.5	15.4	15.3	16.9	18.4	13.6	18.4
단기기간제	30.0	22.9	28.3	52.2	49.5	36.8	38.2	39.5	34.8	32.2	27.3	25.2	12.3	33.0
호출노동	-	0	0.8	6.8	6.9	5.4	5.4	6.3	8.4	7.3	7.0	5.6	8.6	5.7
창업	1.7	1.7	1.6	1.5	1.5	1.1	1.0	1.2	1.1	1.2	1.2	1.2	2.5	1.4
합계	100	100	100	100	100	100	100	100	100	100	100	100	100	100

자료: TSL(2019a)

한 시점에도 여전히 구직 중인 사람들은 연평균 3.4%로 나타났는데, 경제위기 시기인 2010년에는 9.0%로 최고치를 기록했으나 이듬해부터 하락하여 1~3% 수준에 머물고 있다. TSL 서비스가 통상 해고 이전부터 시작된다는 점을 고려하면 TSL 서비스 수혜자들이 실업기간 1년 이상의 장기실업자가 되는 비율은 거의 제로에 가깝다고 할 수 있다.

재취업자들의 고용형태 구성을 보면 기간제가 51.4%로 정규직 42.0%보다 더 많은데 그 가운데서도 고용 계약 6개월 이하인 단기기간제가 33.0%로 장기기간제의 2배 가까이 된다(〈표 8-5〉 참조). 기간제로 채용된 노동자들도 TSL 서비스 종료 후 3년 시점에 장기기간제의 65%, 단기기간제의 62%가 정규직으로 전환되어 있는 것으로 나타났는데, 이는 사용자가 기간제 사용기간을 노동자의 직무수행능력과 적성을 평가하는 기회로 활용하고 있음을 의미한다(TSL, 2015a: 53-55).

재취업자의 고용형태 구성은 재취업률과 함께 시기별로 부침하는데, 주로 정규직 비율과 단기기간제 비율의 변화폭이 큰 반면 장기기간제 비율의 변화폭은 작은 것으로 나타났다. 재취업률이 53.3%와 52.5%로 가장 낮았던 2009년과 2010년은 재취업자 가운데 정규직 비율도 22.0%와 24.4%로 가장 낮았던 반면 단기기간제 비율은 52.2%와 49.5%로 가장 높았다. 반면 재취업률이 81%로 가장 높았던 2018년은 재취업자 가운데 정규직 비율도 63.0%로 가장 높았고 단기기간제 비율은 12.3%로 가장 낮은 것으로 나타났다. 이처럼 재취업률과 정규직 채용 비율은 동반 부침하는데 노동시장 상황이 안 좋으면 정규직 채용 비율이 하락하고 단기기간제 채용 비율은 상승했다. 이는 사용업체가 미래 시장 전망이 어둡거나 불확실할 경우 신규 인력 채용을 기피하고 채용하더라도 정규직보다 기간제 등 비정규직 채용을 선호하기 때문이다.

재취업자들 가운데 자신을 해고했던 사업체에 재취업한 비율은 27%에 달했는데, 이처럼 동일 고용주의 재고용 비율이 높은 것은 사업체들도 불확실한 미래 전망 속에서 어려움을 겪었음을 의미한다. TSL(2015a: 23-24)의 분석에 따르면, 사업장 폐쇄는 물론 구조조정을 위한 정리해고를 추진하는 사업체들도 집단해고 이외의 다른 대안을 찾기 어려운 상황에 처해 있고, 해당 사업체 고용주들이 탐욕적이나 냉소적으로 정리해고제를 오·남용하는 사례는 거의 없다고 한다. 따라서 피고용자들도 사업체와 고용주들에 대한 신뢰와 충성심을 잃지 않으며 고용주들의 피고용자에 대한 배려와 친밀감은 기업 규모가 작은 사업체일수록 더 확연하다고 한다. 이러한 상호 신뢰관계는 동일 고용주에 의한 재고용 현상으로 확인되며 재생산된다는 것이다.

2) 재취업자의 재취업 소요기간 및 일자리의 질

재취업자가 TSL 서비스 시작 후 재취업하기까지 소요된 시간은 연 평균 116.9일로서 경제위기 타격을 받은 2010년 184일로 최장기간 을 보여준 다음 점차로 부침과 함께 단축되어 2018년에는 100일까 지 하락했으나, 여전히 경제위기 이전 수준보다는 길다(〈표 8-6〉 참 조). 경제 상황이 좋지 않으면 사업장 폐쇄와 구조조정에 따른 정리 해고가 빈발하게 되기 때문에 노동시장의 일자리 부족 현상이 심화 되어 실직자의 재취업이 더욱더 어려워진다.

총 재취업 소요기간 116.9일은 해고 전 59.6일과 해고 후 57.3 일로 나뉜다. TSL 서비스는 해고통지를 받는 시점부터 시작될 수 있 다는 점에서 해고 이후에 작동하기 시작하는 일자리중개청의 공적 일자리 중개 서비스 프로그램보다 효과적이다. 해고통고기간에 재 취업지원 서비스를 받으면 실직 이후 서비스를 받는 것보다 재취업 률은 14%나 높아지고, 실제 해고(예정)자들 가운데 해고 날짜 이전 에 재취업하는 비율도 16.5%에 달하는 것으로 평가되고 있다(TSL, 2015a: 14-15; TSL, 2014a).

TSL 서비스 수혜자들이 재취업하는 데 소요되는 117일 가운데 해고 후 서비스 기간은 57.3일로 두 달에도 못 미친다. 일자리중개청 이 일정한 직무능력을 지닌 직무 경험 있는 구직자들에게 최초 3개 월 기간은 자율적으로 구직할 수 있도록 지원한다는 점을 고려하면,[5] TSL 서비스를 받은 평균적 재취업자들의 경우 해고 후 재취업도 일

5　일자리중개청의 취업지원 서비스 방식에 대해서는 조돈문(2017)을 참조하도록 한다.

표 8-6 TSL 서비스 수혜자의 재취업 소요기간 변화, 2006~2018년(단위: 일)

연도	해고 전	해고 후	총 소요기간
2006	51	31	82
2007	58	29	87
2008	45	23	68
2009	37	60	97
2010	53	131	184
2011	74	54	128
2012	66	42	108
2013	53	66	119
2014	62	72	134
2015	72	65	137
2016	82	58	140
2017	87	49	136
2018	35	65	100
평균	59.6	57.3	116.9

자료: TSL(2019a)

자리중개청의 지원보다는 TSL 서비스의 성과라 할 수 있다.

한편, 재취업 일자리를 해고 전 일자리와 비교하면 일자리의 질과 자격요건이 동급이거나 고급으로 높아진 비율이 약 80%로서 저급으로 낮아졌다는 응답 약 13%의 6배에 달한다(〈표 8-7〉 참조). TSL 서비스가 해고 노동자들의 재취업 과정에서 하향이동보다 상승이동 가능성이 더 높다는 사실은 해고통지 시점부터 TSL 서비스가 시작되어 구직활동을 지원하고 소득안정성이 보장되기 때문에 경제적 어려움으로 저급한 일자리에 강제로 배치되는 것이 아님을 의미한다.[6]

재취업 일자리가 해고 전 일자리에 비해 동급 혹은 고급이라는

표 8-7 해고 전 일자리 대비 재취업 일자리의 자격요건 수준, 2015~2018년(단위: %)

연도	고급	동급	저급	모르겠다	고급+동급
2015	28	49	15	8	77
2016	26	53	13	7	79
2017	31	50	12	7	81
2018	27	55	13	5	82
평균	28	51.75	13.25	6.75	79.75

자료: TSL(2019a)

응답 비율은 2015년 77%에서부터 경미하게나마 조금씩 상승하여 2018년에는 82%로 2015년보다 5%나 더 높은 것으로 나타났다.[7] 이러한 상향이동 추세 강화 현상은 한편으로는 경제상황과 노동시장 여건 호전의 결과를 반영하지만, 다른 한편으로는 2017년 11월 개혁조치의 효과를 반영하기도 한다. 2017년 TSL 개혁조치는 교육훈련과 인증제 서비스를 도입함으로써 직무능력 및 자격조건 향상을 통해 재취업 가능성은 물론 일자리의 질 상승이동의 계기를 제공하자는 정책의도도 지니고 있었다. 실제 2018년 TSL 프로그램 참여자들의 20% 정도가 교육훈련 혹은 인증제 서비스를 받았다는 사실은 2017년 TSL 개혁조치가 유의미한 효과를 창출하고 있으며 일자리 상향이동 추세를 더욱 강화할 것으로 예측하게 한다(Command 면

---

6   해고 대상자는 해고 전에는 고용업체로부터 임금을 지급받고, 해고 후에는 해고자로 신분이 바뀌어 공적 실업자 소득보장제의 자율적 실업보험은 물론 단체협약에 기초한 일시불 퇴직금으로 소득안정성을 보장받는다(조돈문, 2015).

7   실직 후 첫 취업 일자리가 통상 이후 취업 혹은 전직하게 될 일자리보다 더 자격요건 수준이 낮은 경우가 많다는 점에서 취업 후 재취업을 통한 일자리 상향이동 정도는 〈표 8-7〉의 수치보다 더 높은 것으로 평가되고 있다(Command 면담, 2019).

담, 2019).

한편, 일자리의 질 상승이동이 곧바로 임금인상을 수반하지는 않는 것으로 나타났다. TSL에 따르면(TSL, 2018a: 26-28), 2015년 중반부터 향후 2년 동안 재취업 일자리가 해고 전 일자리에 비해 일자리의 자격요건이 24%는 상승하고 52%는 동일한 반면 17%만 하락했는데, 같은 기간 임금수준은 하락 40%로 상승 22%보다 월등히 높게 나타났다. 이는 일자리 이동으로 인해 일자리의 자격요건이 상승했음에도 불구하고 근속연수에 기초한 숙련형성 보상을 충분히 받지 못한 결과로 해석된다.

3) 서비스 만족도와 2017년 TSL 개혁의 효과

해고(예정) 노동자들을 위한 TSL의 재취업지원 서비스는 LO와 SN이 합의하여 수립한 고용안정기금에서 제공되며, TSL 이사회에는 노사 양측 대표들이 참여하여 공동지배하고 있으며, 개별 사용업체 단위의 노사가 알선업체를 선별해왔고, 2017년 11월 개혁조치도 노사 합의에 기초하여 추진되었다(TSL, 2018a: 4-6; Apolitical, 2017; Semuels, 2017; Söder 면담, 2018b). TSL은 다른 고용안정기금들과 마찬가지로 정리해고되는 노동자들에게 상담과 코칭을 통해 새로운 일자리를 알선해주는 등 재취업 과정을 지원함으로써 노동자들의 고용안정성을 강화하는 역할을 한다. 이처럼 TSL은 일자리보다 노동자들을 보호하며 기업 측이 원만하게 구조조정을 진행할 수 있도록 함으로써 기업 측엔 정리해고의 유연성을, 노동자들에겐 취업보장의 안정성을 담보해준다.

TSL은 노사합의로 수립·운영되는 노사 상생의 제도적 장치로서 노사 모두 TSL 서비스에 만족하고 있다(TSL, 2015a: 72-75, 2016a, 2017a; Walter, 2015a: 14-16; Söder 면담, 2018b). 2015~16년 조사에서 노동조합 대표들의 만족도는 80~90% 수준으로 50~70% 수준의 사용자 측 만족도보다 훨씬 더 높게 나타났는데, 이는 알선업체 선정 과정에서 노동조합이 사용자 측보다 더 큰 영향력을 행사하기 때문인 것으로 해석되고 있다. 특히 중소영세 사업체들의 경우 사업장 폐쇄는 물론 구조조정에 따른 정리해고 경험이 거의 없고 인력관리 전담부서나 전문 인력들을 보유하지 못해서 노동조합의 개입력이 더 높게 나타나고 있다. 하지만 TSL이 해고(예정) 노동자들의 재취업 지원 과정을 책임지기 때문에 기업 측은 노사갈등 없이 정리해고 과정을 원만하게 진행하면서 생선성이 취약하거나 미래 전망이 밝지 않은 부분들을 구조조정하면서 기업의 경쟁력 회복을 위해 진력할 수 있다는 점에서 TSL 제도를 유지할 인센티브를 지니고 있다.

TSL 서비스를 받은 노동자들의 만족도를 보면 참여자 만족도 조사를 처음 실시한 2013년도부터 꾸준히 만족도가 상승하는 추세를 보여준다(〈표 8-8〉 참조). TSL 서비스에 만족하는 노동자들의 비율은 2013년 64.2%에서 2018년 88%로 크게 증가했는데, 만족하는 사람들의 비율이 불만족하는 사람들의 비율보다 2013년에는 46.9%나 더 많았는데, 이러한 격차는 더욱더 커져서 2018년에는 83%까지 상승했다.

노동자들의 TSL 서비스 만족도가 꾸준히 상승했지만 60~70% 수준을 넘지 못했으나 2018년에는 88%로 크게 증가했다. 2017년의 서비스 만족도는 연평균 77.3%였는데, 만족도의 급상승은 2017년

표 8-8 TSL 서비스에 대한 참여자의 만족도, 2013~2018년(단위: %)

연도	만족	중립	불만족	모르겠다	만족-불만족
2013	64.2	14.7	17.3	3.8	46.9
2014	67.8	14.4	14.3	3.4	53.5
2015	72.3	13.0	12.0	2.7	60.3
2016	75.5	11.3	10.5	2.8	65.0
2017	77.3	10.7	9.7	2.3	67.6
2018	88.0	7.0	5.0	–	83.0
평균	**74.2**	**11.9**	**11.5**	**3.0**	**62.7**

자료: TSL(2019a)

11월부터 시작되었다. 2017년 9월과 10월의 참여자 TSL 서비스 만족도는 각각 74.7%와 78.2%였는데 2017년 11월과 12월에는 각각 84.3%와 88.5%로 크게 상승한 다음 2018년에는 연평균 88%를 유지했다(TSL, 2018b). TSL의 대대적 개혁조치가 2017년 11월 1일 실시되면서 TSL 서비스의 내용이 크게 강화되었다는 점에서 2017년 11월부터 만족도가 급상승한 것은 TSL의 2017년 개혁조치의 성과를 보여주는 간접적 지표로 해석될 수 있다.

TSL은 2017년 11월 개혁조치에서 재취업 성과와 구직자 만족도를 기준으로 계약 가능 알선업체 숫자를 제한했는데 상대적으로 규모가 큰 알선업체들이 많이 선정되고 주로 영세한 알선업체들이 배제되었다. 2018년에 재취업지원 서비스를 제공한 38개 업체들의 재취업자 비율과 만족도를 5대 업체와 기타 업체들로 범주화하여 비교해보면 5대 업체의 성과가 더 수월함을 확인할 수 있다(〈표 8-9〉 참조). 따라서 2017년 개혁조치로 선정된 알선업체들은 상대적으로

표 8-9 38개 알선업체의 성과 및 구직자 만족도

구분	프로그램 이수 노동자 수(명)	재취업자 비율(%)	만족한 구직자 비율(%)
5대 업체	1027.0	81.0	78.3
6~38위 업체	97.3	78.4	77.0
전체 38업체	223.0	78.8	77.1

자료: TSL(2018c)

재취업자 비율과 구직자 만족도에서 우수성이 입증되었다는 점에서 성과가 더 열등한 알선업체들도 서비스를 제공했던 시기보다 2017년 11월 개혁조치 이후 구직자들의 만족도가 더 높아진 것은 당연한 귀결이다.

4) TSL의 적극적 노동시장정책 역할과 향후 과제

TSL을 포함한 고용안정기금들은 해고통지 후 실직 전까지 해고 예정 노동자들이 일자리중개청으로부터 재취업지원 서비스를 받지 못하고 방치되는 문제를 해결하기 위해 조성되었다. 고용안정기금들의 숫자가 증대하며 점점 더 많은 노동자들을 포괄하게 되면서 일자리중개청의 적극적 노동시장정책은 구직자 지원 서비스의 핵심 표적집단에서 정리해고 노동자들을 배제하고 장애인, 장기실업자, 신규 이주민과 난민 등 노동시장에서 가장 취약한 집단들에 집중하게 되었다(Söder 면담, 2018b; NilssonR 면담, 2016; OECD, 2015c: 42-46).

구직 실업자들은 재취업지원 서비스는 물론 실업급여를 수령하기 위해서도 일자리중개청에 등록해야 한다. 따라서 TSL 서비스를

받는 노동자들도 해고되면서 일자리중개청에 등록하게 되는데 TSL 의 재취업지원 서비스는 계속 받으면서 일자리중개청의 구직지원 서비스를 받을 수 있다. 이때 TSL은 구직자들이 상담사와 함께 검토한 적성과 직무능력 점검표, 개인별 맞춤형 프로그램의 세부 내용과 집행 과정 및 결과를 일자리중개청 담당자에게 전달하도록 권고한다(TSL, 2019b; Söder 면담, 2018b).

TSL 출범 초기에는 구직 상담과 일자리 중개 기능 중심으로 서비스를 제공해왔으나 2017년 11월 개혁조치 이후 교육훈련 기능을 추가함으로써 일자리중개청과 유사하게 적극적 노동시장정책의 공급중심정책 프로그램들을 집행하게 되었다(〈표 8-10〉 참조). 하지만 일자리중개청이 해고자 개인에 대한 충분한 정보 없이 해고 후부터 서비스를 시작하는 반면, TSL은 해고(예정) 노동자의 적성 등 개인적 특성, 직무수행 경험, 자격요건, 교육훈련 이수 경력 등 충분한 개인적 정보를 보유하고 해고 전부터 구직자 지원 서비스를 시작한다는 점에서 차별성이 있다. 그 결과 동일한 재취업지원 서비스를 제공하더라도 TSL이 상대적으로 더 효율적이라는 평가를 받게 되고, 사업체들은 일자리중개청보다 TSL을 더 신뢰하게 되어 TSL 같은 고용안정기금의 민간부문 적극적 노동시장정책 서비스가 정부기구 일자리중개청의 공적 서비스를 보완하는 것이 아니라 대체하고 있다는 주장까지 제기되고 있다(Walter, 2015a: 14-16; Whalstedt 면담, 2016; Sjöquist 면담, 2016).[8]

---

8   일자리중개청의 서비스에 대해 사무직 노동자의 TCO와 TRR 측 관계자들은 생산직 노동자의 LO와 TSL보다 훨씬 더 부정적으로 평가하는데, 일자리중개청이 해고자에서 노동시장 취약집단들로 표적집단을 변경하면서 해고자들이 일자리중개청으로부터 유의

표 8-10 TSL과 일자리중개청: 적극적 노동시장정책의 공공·민간 주체 비교

구분	일자리중개청	TSL
〈운영체계〉		
설립 주체	중앙정부	민간부문 단체협약
재정 자원	세금	사용자 기여금
〈지원 활동〉		
지원 대상	정리해고자 우선순위 배제	정리해고자
개입 시점	해고 직후(취업경험자는 3개월간 자율적 구직 권고)	정리해고 통고 시점
지원 서비스	공급 중심 & 수요 중심 (취약집단 지원)	공급 중심(구직 상담, 일자리 중개, 직업훈련)
교육훈련 서비스	중시함	2017 개혁으로 강화함(개혁 전: 일자리중개청의 책임을 전제함)
〈활동 성과〉		
성과 상대평가	상대적 효율성 열위	상대적 효율성 우위
(비)효율성 원인	개인정보 부족, 사후적 개입	조기 개입, 개인정보 충분

생산직 노동자들을 위한 TSL이 일자리중개청보다 더 효율적이지만 사무직 노동자들을 위한 TRR의 효율성에는 못 미치는 것으로 평가되고 있다(TRR, 2015b; OECD, 2015c: 80-83; Whalstedt 면담, 2016). 재취업지원 서비스를 받은 구직자들이 6개월 이내에 새로운 정규직 일자리를 찾는 비율이 2013년의 경우 TRR은 65%인 반면 TSL은 38%에 불과했고, 구직자들의 서비스 만족도에서도 TRR은 88%였던 반면 TSL은 64%에 불과했다.

TRR 구직 서비스의 상대적 효율성은 다양한 요인들의 결과로서

미한 재취업지원 서비스를 받기가 더욱더 어려워졌고, 특히 TCO 노동자들의 재취업에는 거의 전혀 도움이 되지 않는다고 비판한다(Essemyr 면담, 2018; Sjöberg 면담, 2018).

TSL의 2017년 11월 개혁을 촉발하게 되었는데, TRR의 특성은 다음과 같이 정리될 수 있다.

첫째, TRR은 TSL보다 30년 먼저 출범하여 기금 적립기간이 3배에 달하며, 인건비 0.3%의 기여금 규칙은 동일해도 사무직의 임금이 상대적으로 높기 때문에 고용안정기금의 재정자원 규모 자체가 훨씬 더 크다. 그뿐만 아니라 기금에서 퇴직금 지급분으로 배당되는 비율도 TRR이 더 적어 재취업지원 서비스에 더 많은 자금을 투입할 수 있으며, 사무직은 생산직보다 정리해고 노동자 숫자가 작아서 해고자 1인당 지출할 수 있는 재취업지원 서비스 비용 여유가 더 크다.

둘째, TRR은 40여 개 지역에 250명의 직원을 보유하고 있어 지역사무소가 지역사회 네트워크에 깊게 관여하며 기업들로부터 구인 일자리 정보들을 신속하게 수집하여 구직 실업자에게 알선해줄 수 있다.

셋째, TRR은 구직지원 서비스를 TSL처럼 외주화하지 않고 직접 제공하기 때문에, 구직자 개인별로 전문 상담직원을 배정하여 개인의 업종·직무 선호도와 적성 및 해당 업종·직무의 시장 전망을 고려하여 개인별 맞춤형 서비스를 설계하여 제공할 수 있다.

넷째, TRR의 상담직원들은 노동시장에 대한 전문지식은 물론 평균 20년 이상의 직무 경험을 지니고 80% 이상이 대학교육을 이수하고 인사관리 업무 담당 경험을 보유한 전문가들이며, TRR이 서비스 제공 과정 및 성과에 대해 철저하게 기록·관리하는 자료를 활용함으로써 구직지원 서비스의 품질을 담보할 수 있다.

현재 TRR은 자체적으로 스타트크라프트라는 일자리 중개 및 교육훈련 기능을 수행하는 사업체를 보유하고 있는데, 더 나아가서 해고통고를 받지 않은 노동자들도 교육훈련 서비스를 받을 수 있도록 하기 위해 별도의 고용안정기금 수립을 추진하고 있다. 예컨대 문화예술부문은 신체조건 제약으로 인해 나이를 먹으면 발레 등의 예술활동을 지속할 수 없어 전직을 위한 재훈련이 필요한데, 이들을 위한 별도의 기구 설립을 추진하고 있다.

TSL은 2017년 11월 개혁조치를 통해 6개 지역사무소를 신설하고 직원 규모를 14명에서 45명으로 확대했지만 여전히 TRR의 규모에는 미치지 못하고 있다(〈표 8-3〉 참조). TSL이 교육훈련 서비스를 제공하기 시작했지만 자체적으로 제공하지 못하고 외주화하여 알선업체들이 제공하도록 하고 있는데, 재정자원의 상대적 취약성으로 인해 극복하기 어려운 구조적 제약이라 할 수 있다.

OECD(2015c)도 스웨덴 고용안정기금제의 독특성과 우수성을 긍정적으로 평가하면서도 고용안정기금제 전반의 문제점과 함께 TRR 대비 TSL의 상대적 비효율성을 지적한바 있다. 스웨덴 고용안정기금들의 공통적 문제점으로 적용 대상 자격요건의 배타성이, TSL에 대해서는 서비스의 품질문제가 지적되었다.

첫째, TSL은 여타 고용안정기금들과 마찬가지로 보호 대상의 자격요건을 노조원으로 한정하지 않고 단협 확대 적용 대상까지 포괄하지만 기간제 등 비정규직을 제외한다(OECD, 2015c: 16-17, 2015b; Walter, 2015a: 14-16). 파견노동자와 주당 16시간 이상의 단시간 노동자는 12개월 이상 근속했으면 TSL 서비스 혜택을 받을 수 있지만, 기간제 노동자는 물론 주당 16시간 미만의 단시간 노동자는 제외된다. 특히 기간제 노동자의 경우 12개월 이상 근속해도 배제하도록 한 것은 지나친 차별처우로 지적되고 있다.

이처럼 노동시장에서 상대적으로 열악한 노동조건에 처해 있는 비정규직 노동자들을 제외하는 것은 TSL 등 고용안정기금들이 노동조건은 물론 재취업 가능성에서 정규직-비정규직의 양극화 현상을 심화·고착시킨다는 비판을 받고 있다. LO는 TSL 서비스를 기간제 노동자와 1년 미만 단기근속자들에게도 확대할 것을 주장하고 있지만 SN은 비용증대로 사용자 부담금이 커질 수 있다는 이유를 들어 반대하고 있다. SN은 정리해고자 선별 과정의 연공서열제를 폐기하면 TSL 적용 대상 확대에 따른 부담금 증액을 수용할 수 있다는 입장을 밝힌 바 있다. LO가 이를 거부하는 가운데 LO의 22개 산하 노조 가운데 일부 노조는 직업훈련 서비스를 강화한다는 조건으로 수용가능하며 정부도 평생교육정책의 일환으로 교육훈련 서비스를 지원해야 한다는 입장을 개진하고 있다(Söder 면담, 2018a, 2018b; Sjöquist 면담, 2016).

둘째, TSL의 재취업지원 서비스의 품질이 TRR에 크게 뒤지는 것으로 평가되고 있으며, 이는 재취업 상담과 일자리 중개 기능은 물론 교육훈련 서비스에도 적용되고 있다. TSL은 2017년 6개 지역 사무소를 개설하고 상담직원 규모도 3배 이상 확대하는 개혁조치를 단행했지만 재취업지원과 교육훈련 서비스는 여전히 알선업체들에 외주화하여 수행토록 하고 있다. TSL은 2017년 개혁조치로 교육훈련 및 인증제 서비스도 제공하기로 했는데, 다수의 알선업체들은 이러한 기능을 효과적으로 수행하기 어렵기 때문에 계약 가능 알선업체들을 교육훈련 기능을 효과적으로 수행할 수 있는 업체들로 제한했다.

알선업체들 가운데 레르니아 같은 공기업을 적극 활용하여 구직자들에게 양질의 상담과 일자리 중개뿐만 아니라 교육훈련 서비스를 제공할 때 책임성과 서비스의 질을 보장하도록 하는 한편 서비스 점유 비중을 확대하거나, 적어도 레르니아가 창출하는 이윤의 사용 방식에 대해 좀 더 적극적으로 개입하여 활용하자는 제안도 있었다. 그러나 TSL은 알선업체들과 사용자단체들, 특히 TSL 이사진으로 참여하고 있는 Almega가 자신들의 시장을 잠식한다는 우려로 반대 입장을 갖고 있기 때문에 레르니아의 적극 활용 방안조차 추진하지 않았다(IF Metall, 2015: 52-53; Sjöquist 면담, 2018; Söder 면담, 2018a, 2018b).

결국 TSL은 2017년 개혁조치로 행정역량을 강화했으나 구직자에 대해 전담 상담사가 맞춤형 서비스를 제공하는 TRR 수준에는 이르지 못했고, 교육훈련 서비스를 도입했으나 외주화 방식을 유지함으로써 교육훈련 서비스를 자체적으로 제공하는 TRR 수준에는 미치지 못하고 있다. 이는 TRR에 비해 TSL의 취약한 물적자원 토대에서 비롯된 것으로서, 단기간에 극복하기는 어려운 과제라 할 수 있다.

5. 토론 및 맺음말

이 장의 발견과 함의는 세 가지로 축약할 수 있다.

첫째, TSL이 정리해고(예정) 노동자들에게 제공하는 재취업지원 서비스의 효율성과 긍정적 효과가 높은 재취업률과 서비스 만족도로 확인되었다.

TSL은 정리해고통고 시점부터 개입하기 시작하고, 재취업지원 서비스는 구직 상담과 일자리 중개·알선에 단기적 교육훈련과 인증제까지 추가되었는데 서비스 수혜자의 1년 내 재취업률은 65%로 높게 나타났다. 재취업 소요기간은 평균 117일로서 해고 전 60일과 해고 후 57일로 나뉘는데, 해고 후 실직기간이 2개월도 안 된다는 것은 일자리중개청의 적극적 구직지원활동이 개시되기 전에 주로 TSL 서비스의 효과로 재취업했음을 의미한다. 일자리의 질과 자격요건에서도 재취업자의 대다수가 해고 전 일자리 대비 수평이동 혹은 상승이동을 경험한 반면 하향이동 비율은 매우 낮게 나타났다. 그 결과 TSL 서비스 수혜자들의 서비스 만족도는 꾸준히 상승하여 2018년 현재 88%를 기록하게 되었다.

관대한 소득보전율의 실업자 소득보장제도에 더하여, TSL이 정리해고(예정)자들에게 효율적으로 취업보장 방식의 고용안정성을 담보하기 때문에 LO 노동조합들과 해고(예정)자들은 정리해고를 포함한 노동력 활용 유연성을 수용하는 것이다. 그 결과 정리해고를 수반하는 사업장 폐쇄와 구조조정 과정이 극렬한 노사격돌 없이 노사협력 속에서 원만하게 진행되는 덕분에 경영진은 재정위기 상황을 극복하고 기업을 회생하는 활동에 전념할 수 있게 된다.

둘째, TSL이 단체협약에 기초한 민간기구로서 적극적 노동시장정책을 자율적으로 집행하며 정부기구인 일자리중개청과 재취업지원 개입 시점, 서비스 제공 대상 집단 등과 관련하여 적절하게 역할분업을 하고 있다.

TSL은 적극적 노동시장정책 가운데 공급중심정책 기능을 수행하는데, 기금 수립 시점부터 교육훈련 기능을 일자리중개청의 역할로 전제했기 때문에 구직 상담과 일자리 중개·알선 역할에 치중해왔다. 하지만 2017년 개혁으로 TSL이 교육훈련과 인증제 서비스를 도입하면서 공급중심정책 영역 내 정부기구와의 역할분업은 사라지고, 일자리중개청이 수요중심정책까지 담당하는 반면 TSL은 공급중심정책에만 한정하는 정도로 양자의 차이점은 축소되었다.

공급중심정책의 내용에서는 TSL과 일자리중개청의 차이가 여전히 유의미하게 남아 있다. TSL 같은 고용안정기금들이 확산되면서 일자리중개청이 우선적 정책대상 집단에서 정리해고자를 배제하고 노동시장 내 입지가 가장 취약한 장애인, 장기실업자, 이주민과 난민 등에 집중하게 되면서, 정리해고자에 한정된 TSL 등 고용안정기금들과는 확연한 대조를 이루게 되었다. 또한 양자의 공통된 정책대상인 정리해고자들에 대해서도, TSL은 해고 후가 아니라 해고 전부터 개입하고, 해고자의 직무 경험과 직무수행능력 등에 대한 충분한 정보를 보유하고 있다는 점에서 그렇지 못한 일자리중개청보다 더 효율적인 맞춤형의 재취업지원 서비스를 제공할 수 있다.

셋째, TSL은 2017년 개혁으로 상당한 성과를 거두었지만 여전히 취약한 물질적 자원으로 인해 충실한 교육훈련 서비스를 제공하지 못하고 있으며, 기간제 등 비정규직을 수혜 대상에서 제외하는 한계를 극복하는 것을 향후 과제로 남겨두고 있다.

TSL은 2017년 개혁조치로 행정간소화를 실시하며 비용을 절감하여 지역사무소들을 신설하고 상담직원을 대폭 확대하는 한편 교육훈련과 인증제 서비스를 도입했다. TSL은 2017년 개혁으로 해고노동자들의 재취업률과 정규직 취업률을 제고하는 한편 재취업 소요기간을 단축하고 일자리 상향이동 가능성을 제고함으로써 서비스 수혜자의 만족도도 크게 높이는 성과를 거두었다. 하지만 이러한 서비스 품질 향상에도 불구하고 구직자들에게 전담 상담사를 배정하여 보다 충실한 개인별 맞춤형 서비스를 설계·제공하는 TRR 수준에는 도달하지 못했다.

TSL의 교육훈련 서비스도 물질적 자원 부족으로 인해 3주간의 단기훈련에 한정되고 있으며, 구직 상담과 교육훈련을 포함한 핵심적 재취업지원 서비스는 모두 외주화하여 알선업체들이 수행토록 하고 있다. TSL은 자체적으로 교육훈련 서비스를 제공할 수 있는 역량을 확보하거나 공기업인 레르니아를 적극적으로 활용하는 시도도 하지 못하고 있다.

TSL은 여타 고용안정기금들과 마찬가지로 기간제 등 비정규직을 수혜 대상에서 제외함으로써 현재 일자리의 직장보장 방식은 물론 새로운 일자리를 취득하는 취업보장 방식에서도 고용안정성의 양극화를 더욱더 심화시키고 있다. OECD의 권고와 LO 노조들의 요구에도 사용자 측은 비용 증대로 인한 부담금 상승을 이유로 수혜 대상 확대를 반대하고 있는데, 노조의 정리해고제 연공서열 원칙 양보와 사용자 측 교육훈련 지출 증대가 타협 조건으로 거론되고 있지만 타결 가능성은 높지 않다.

제9장

스웨덴의 경제위기 대응 방식과 위기협약
— 2009년 노사협약과 2014년 노사정협약을 중심으로[1]

1. 문제의 제기

2008년 미국 등 선진자본주의 국가들에서 촉발된 세계금융위기로 인해 거의 모든 국가는 마이너스 성장의 경제위기를 겪게 되었다. 경제위기는 수요 부족과 그에 따른 인력감축을 수반하게 되는데, 노동시장의 대량해고는 피해자들의 삶의 조건 파괴와 노사갈등을 유발하며 사회불안을 극대화한다. 따라서 개별 국가들은 대량해고의 사회적 비용을 최소화하고 고통분담을 통해 경제위기를 신속하게 극복하기 위해 노동시장의 핵심적 행위주체인 노동조합, 사용자단체, 정부 간 사회협약(social pact)의 체결을 추진하는데, 이것이 위

---

1   이 장은 『스칸디나비아연구』 제22호에 게재된 필자의 논문을 수정·보완한 것이다. 수정 게재를 허락해준 한국 스칸디나비아학회에 감사드린다.

기협약(crisis pact)이다.

경제위기 대응 사회협약은 주로 정부가 제안하고 노동조합과 사용자단체가 호응하면서 노사정 3주체가 대타협을 통해 사회적 합의를 도출하는 방식으로 진행된다. 한국에서는 1997~98년 외환위기 때와 마찬가지로 2008~09년 경제위기 때에도 정부가 주도하여 노사정 협의기구를 통해 사회협약을 체결하고자 했으나, 민주노총이 참여를 거부하면서 명실상부한 노사정 대타협을 통한 위기협약 체결에는 실패했다. 결국 노동계에서는 한국노총만 포함한 채 정부는 시민사회 대표들을 참여시켜 노사민정 형태의 사회협약을 체결하는 데 그쳤다. 이처럼 한국사회의 경우 1997~98년과 마찬가지로 2008~09년 경제위기 하에서도 정부의 사회협약 추진 시도는 노동계의 동의를 확보하지 못함으로써 사회통합과 경제위기 극복의 유의미한 성과를 내는 수준에는 이르지 못했다(노중기, 2008; 김용철, 2010; 김윤태, 2009).

스웨덴의 노사단체들은 1938년 살트쇠바덴협약(Saltsjöbaden Agreement)으로 정부 개입 없는 노사자율의 노사관계 원칙을 수립했고, 이후 적극적 노동시장정책과 관대한 실업자 소득보장제도를 수립하면서 노동시장 유연성을 허용해왔다. 스웨덴 제조업의 노동조합과 사용자단체는 정부의 참여 거부 입장에도 불구하고 2009년 3월 자율적으로 위기 대응 노사협약을 체결하여 노동시간 단축을 통해 고통을 분담함으로써 경제위기 극복에 크게 기여할 수 있었다.[2]

---

2   스웨덴에서는 1990년대 초 경제위기 시 위기 극복을 위한 노사협력이 전국적 수준이 아니라 개별 사업장 차원에서 진행되었으며, 그 구체적인 내용은 볼보자동차 사례에서 잘 확인할 수 있다(조돈문, 1998).

표 9-1 경제위기 전후 연평균 실질 GDP 성장률, 2005~2012년(단위: %)

구분	스웨덴	독일	스페인	미국	OECD 전체
〈기간 연평균〉					
2005/2007 〔위기 이전 3년〕	3.637	2.556	3.889	2.597	2.872
2008/2009 〔위기 시기 2년〕	- 2.871	- 2.269	- 1.229	- 1.534	- 1.603
2010/2012 〔위기 이후 3년〕	2.789	2.715	- 1.202	2.119	2.075
〈기간 증감〉					
2008/09~2005/07	- 6.508	- 4.825	- 5.118	- 4.131	- 4.475
2010/12~2008/09	5.66	4.984	0.027	3.653	3.678

자료: OECD(http://stats.oecd.org/)

스웨덴이 2008~09년 경제위기로 다른 OECD 국가들보다 훨씬 더 심대한 타격을 입었음에도 고용감축을 최소화하고 신속하게 경제위기를 극복할 수 있었던 것은 이러한 위기협약에 힘입은바 큰 것으로 평가된다. 경제위기를 극복한 뒤에도 노사단체들은 미래에 재발할 수 있는 경제위기에 대비하여 2014년 2월 새로운 위기협약을 노사정협약 형태로 체결하여 제도화하는 데 성공했다.

　스웨덴 제조업의 노사단체들은 노사자율 원칙에 역행하며 정부의 개입을 요청했고, 전통적인 외적 수량적 유연성 방식 대신 노동시간 단축이라는 내적 기능적 유연성 방식을 채택했으며, 정부의 참여 거부에도 노사단체들이 자발적으로 위기협약을 체결하여 경제위기 극복에 크게 기여했다. 이처럼 노사관계 관행과 유연성 확보 방식에서 전통적 스웨덴 모델과 일견 모순되는 것으로 보이는 위기협약의 내용과 동학을 분석·설명하는 것이 이 장의 목적이다.

2. 2008년 경제위기와 스웨덴 노동시장

1) 2008~09년 경제위기의 충격과 위기협약

2008~09년 경제위기의 타격 정도는 실질 GDP 성장률 변화에서 잘 나타난다. 스칸디나비아형 사민주의 모델, 대륙형 조정시장경제모델, 지중해형 조정시장경제모델, 영미형 자유시장경제모델 등 시장경제 4유형의 전형을 이루는 네 나라를 비교해보면, 스웨덴은 가장 심각한 경제위기 타격을 받았음에도 가장 성공적으로 경제위기를 극복한 사례임을 확인할 수 있다(〈표 9-1〉 참조).

　스웨덴은 경제위기 전 연평균 3.6%의 높은 실질 GDP 성장률을 기록했지만 2008~09년 −2.9%의 마이너스 성장률을 기록했고, 2005~08년 연평균 성장률이 6.5%p 하락하며 미국과 독일은 물론 스페인보다도 더 심각한 경제위기를 맞았다. 하지만 스웨덴은 경제위기 이후 2010~12년 연평균 성장률 2.8%를 회복하여 다른 국가들에 비해 신속한 경제위기 탈출에 성공했다. 스웨덴은 독일과 함께 조정시장경제모델 국가들 가운데 경제위기를 가장 성공적으로 극복한 사례로 꼽히고 있는데, 경제회복 동력은 독일의 경우 수출증대였던 반면 스웨덴의 경우 내수시장 강화와 노동시장의 효율적 작동에 있었던 것으로 평가되고 있다. 그러한 노동시장 효율성은 유연한 고용계약제도, 적극적 노동시장정책, 관대한 실업자 소득보장제도로 구성된 노동시장의 황금삼각형의 성과를 의미한다(Lehndorff, 2012; Anxo, 2012; Bergh, 2014a; Leschke, 2012; 조돈문, 2015).

제조업의 금속노조(IF Metall, Industrifacket Metall)[3]와 제조업 사용자협회(Teknikföretagen)는 경제위기에 대응하기 위한 노사정 협약 체결을 중앙정부에 요청했지만 친자본 성향의 보수당 연립정부는 위기타개를 위한 재정지원과 노사정 위기협약 체결을 거부했다. 결국 제조업 노사단체들은 정부가 불참한 가운데 경제위기를 극복하기 위해 노동시간 단축을 통해 노동자들이 임금삭감을 감내하는 대가로 추가적 정리해고를 중단한다는 내용의 위기협약을 2009년 3월 2일 기본협약(framework agreement) 형태로 체결했다. 제조업 산별 차원의 위기협약이 기본협약 형태로 체결된 것은 사업장 수준에서 노사 단위들이 정리해고를 회피하기 위한 임금삭감을 수반한 노동시간 단축 방식의 경제위기 대응 방식을 사업장 노사협약으로 체결하여 집행할 수 있는 길을 터주기 위함이었다.

제조업 노사단체들은 2009년 3월 체결된 위기협약의 12개월 유효기간이 만료되자 다시 정규 단체협약으로 포괄하며 유효기간을 연장하여 2010년 12월까지 유지했다. 이후 노사단체들은 2008~09년 경제위기 대응 경험을 검토하면서 향후 경제위기의 반복적 도래 가능성에 대비하여 위기협약의 제도화를 추진했고, 마침내 미래에 경제위기가 발발할 때 활용할 수 있는 위기협약을 업종별로 체결하게 되었는데, 보수당 정부도 2014년 2월 체결된 제2차 위기협약에 참여하여 서명했다.

---

3   금속노조(IF Metall)는 구 금속노조(Metall)를 중심으로 한 일련의 노조 간 통합 합병으로 금속뿐만 아니라 화학, 건설, 의약, 플라스틱을 포함하는 제조업 산별노조로 전환되었으나 명칭은 노조 통합 합병 과정을 주도한 금속노조의 명칭을 사용하고 있다.

2) 위기협약 관련 선행연구의 한계 및 과제

스웨덴의 경제위기 대응을 위한 사회협약과 노동시장정책과 관련된 선행연구들은 세 유형으로 대별될 수 있다.

첫째는 노사정 행위주체들의 사회협약에 대한 다양한 연구다. 주로 유럽연합 국가들을 대상으로 진행된 사례연구들은 정부의 적극적 개입 의지가 경제위기를 성공적으로 극복하기 위한 성패의 관건이라는 경험적 근거들을 제시해주고 있다(European Commission, 2010; Glassner, 2012; Glassner & Keune, 2010; Glassner, Keune & Marginson, 2011; Zagenmeyer, 2011).

경제위기 대응 사회협약은 주로 노동과 자본의 유연성과 안정성의 득실교환(trade-off)으로 이루어져 있는데, 노동이 노동시간과 임금 유연성을 양보하는 대신 자본은 노동의 고용안정성을 보장하는 것이다. 사회협약의 핵심 내용들은 노동시간 단축, 숙련향상, 노동시간 유연화, 임금 유연화 등 노동과 자본이 이해관계를 타협한 노동시장 조치들을 중심으로 구성된다. 여기에 정부의 참여에 따른 실업급여 등 복지제도 개혁조치들과 다양한 재정지원정책들이 추가된다. 정부의 적극적 역할은 이해관계 조정과 재정지원 등을 통해 위기협약을 체결한다. 위기협약은 사회경제적 성과를 거두는 데 결정적 역할을 하는 것으로 평가된다. 따라서 노사관계체계가 중앙교섭 등 초기업적 대화·교섭이 제도화되어 있는 국가의 경우 사업장 단위의 교섭체계 국가보다 사회협약 타결 가능성이 높은 반면, 경제위기의 심각성 등 해당국가의 상황적 요인들은 덜 중요한 것으로 확인되었다.

둘째는 스웨덴 노동시장의 효율적 작동을 담보하는 황금삼각형 정책요소들이 2006년 보수정부 출범과 2008년 경제위기 발발 이후 어떤 변화를 겪었는지에 대한 연구다(Arbetsförmedlingen, 2012a: 19-21; SO, 2010: 15-18; Wadensjö, 2009: 28-39; Sjöberg, 2011: 211-215).

황금삼각형 정책요소들 가운데 적극적 노동시장정책은 보수정부 출범 이후 예산규모가 감축되었으나 경제위기 발발 이후 다시 증액되었다. 반면, 보수정부의 수요 측면 중시 입장으로 인해 교육훈련 부분은 크게 약화되었다. 또한 공적 실업자 소득보장체계의 경우 자율적 실업보험제의 근로기간 및 근로시간 관련 수급요건을 강화하고 직종별 실업률을 반영하여 기여금을 산정하는 방식으로 기여금을 실질적으로 인상하는 한편 소득대체율을 하향조정했다. 이러한 황금삼각형 정책요소들의 변화는 노사관계의 탈중앙집중화와 함께 노동시장의 유연화 추세를 형성하는 것으로 분석되고 있다.

경제위기 하에서 황금삼각형의 유연안정성 모델은 유연성-안정성의 균형을 잃고 유연성 편향으로 바뀐다는 비판을 받아왔다. 경제위기가 발발하면 사용자들은 임시직 등 비정규직 해고와 정규직의 정리해고라는 신속한 비용절감 방안을 강구한다. 그런데 사회협약을 체결하는 경우 경제위기 초기에는 유연성과 안정성의 균형을 이루더라도 경제위기가 진행됨에 따라 고용안정 보장 없이 일방적으로 임금억제와 노동시간 유연성 증대를 실시하는 경향성이 커진다는 것이다(Andersen, 2012: 123-138; Madsen, 2013: 2-13; ETUC, 2012a, 2012b; Glassner, 2012: 369; Campos et al, 2011).

셋째는 경제위기 타격을 입은 스웨덴 산업·기업들의 경제위기 대응 방식에 대한 연구다. 기업들은 경제위기 발발 이후 수요 하락 수준에 맞춰 직접고용 임시직과 파견노동 등 비정규직 노동자들을 먼저 해고한 다음 정규직 노동자들을 해고하며 인력규모를 조정하는데, 스웨덴 기업들은 노동시간 단축이나 일시해고 같은 방식보다는 정리해고라는 외적 수량적 유연성 활용 방식을 주로 선택했다고 한다(Anxo, 2012: 33-39; Leschke, 2012: 5-21; BergströmO, 2014a; Ulku & Muzi, 2015).

한편, 유일한 개별 사업·기업 수준의 심층 분석인 스카니아(Scania) 트럭공장들에 대한 두 편의 사례연구는 외적 수량적 유연성 방식과는 다른 선택을 보여준다(Rydell & Wigblad, 2011: 551-559; Ahlstrand, 2015: 464-473). 스카니아 트럭공장들은 경제위기 발발 이후 2008년에서 2010년에 이르는 기간 동안 처음에는 임금삭감을 수반한 노동시간 단축의 노사협약을 체결했고 이후에는 임금삭감 없는 노동시간 단축의 노사협약을 체결했다. 이 두 차례의 노사협약은 모두 정리해고를 실시하지 않는다는 조건으로 체결되었으며, 노동자들의 교육훈련에 대한 투자를 수반했다. 하지만 스카니아는 경제위기 발발 전 2002년에서 2008년에 이르는 기간 동안 여러 트럭공장들에서 구조조정과 공장 폐쇄를 추진하는 과정에서 선행하는 구조조정과 공장 폐쇄 과정의 노사갈등 혹은 협력 경험이 이후의 구조조정과 공장 폐쇄 과정에서의 노동조합과 사용자의 전략적 선택에 상당한 영향을 준 것으로 확인되었다. 그런 점에서 스카니아의 2008~10년 노동시간 단축 방식의 위기 대응 방식은 스카니아 자체의 경험에서 비롯된 스카니아에 특유한 현상인지 일반화할 수 있는 현상인지 확인하기 어렵다.

마지막으로, 경제위기 대응 사회협약에 대한 국내 연구들은 주로 아일랜드, 네덜란드, 독일, 프랑스, 스페인 등에 집중되어 있고 스웨덴의 위기협약에 대한 분석은 없다. 해외 연구들도 주로 선진자본주의 국가들의 경제위기 대응 사회협약 방식들을 유형화하며 스웨덴 사례를 언급하는 수준에 그치고 있고, 스웨덴 위기협약의 동학에 대한 심층 분석은 찾기 어렵다.

우리 사회의 경제위기 대응 사회협약 관련 연구들은 민주노총 불참 등 노동계의 불신으로 노사정 협의기구들이 효율적으로 작동하지 못하는 가운데, 경제위기 하에서도 정부와 자본의 유연성 편향의 입장 관철로 실효성 있는 사회협약을 체결하는 데 성공하지 못했다고 지적하고 있다(이호근·손동기, 2014; 장선화, 2014; 김용철, 2010; 김윤태, 2009; 노중기, 2008; 허재준, 2009). 따라서 노동계, 특히 민주노총이 정부와 자본은 노사정 협의기구를 유연성-안정성의 균형을 잃고 일방적 유연화 프로젝트를 정당화하는 기제로 악용한다는 판단을 버리지 못하게 되고, 이렇게 상호불신과 갈등의 노사관계가 지속되는 한 정부가 적극적 개입 의지를 지니고 있더라도 사회협약 정치의 성공은 거의 불가능한 것으로 분석되고 있다.

3. 2009년 제조업의 노사 위기협약

1) 제조업의 위기와 금속노조의 전략적 선택: 정부의 위기협약 거부와 노조 안팎의 비판

금속산업의 금속노조와 제조업사용자협회는 보수당 정부에 노사정

위기협약 체결을 제안했지만 정부는 거부했다. 제조업사용자협회의 거듭된 요청에도 보수당 정부는 노동조합뿐만 아니라 사용자단체도 이익집단으로 간주하고 거부 입장을 고수했다.[4]

스웨덴 정부는 경쟁력을 상실한 비효율적 기업에 대해 지원하지 않는다는 정책적 입장을 전통적으로 지켜왔다. 2008~09년 경제위기에 대해 금속산업 노사는 세계적 금융위기의 여파로 인해 모든 기업이 겪는 보편적 경제위기로 규정하면서 "정부는 일시적 위기에 빠진 제조업 살리기에 동참해야 한다"고 주장했다. 반면 보수당 정부는 2008~09년 경제위기가 자본주의 경제 부침의 자연스런 현상으로서 경쟁력이 취약한 업종·기업들은 퇴장하고 새로운 업종·기업들이 성장 발전하는 구조재편의 과정으로 봤다. 이 과정에서 발생하는 해고자들은 실업자 소득보장제도와 적극적 노동시장정책의 보호를 받으며 새로운 일자리로 이동하면 된다는 입장이었다.

보수당 정부의 이러한 입장은 노동시장 유연성 확보 방식과 재정운영 방식에 의해 보강되었다. 외국 정부들이 세계시장 침체로 위기를 맞은 제조업 사업체들의 노동시간 단축 프로그램을 재정지원한 반면, 스웨덴 보수당 정부는 노동시간 단축을 통한 내적 기능적 유연성 대신 외적 수량적 유연성 중심의 노동시장 유연성 확보 관행을 고수한 것이다. 또한 보수당 정부는 작은 정부를 지향하는 긴축정책 기조 속에서 일련의 세금감면정책을 추진한 탓으로 적극적 산업개입정책을 추진할 재정자원의 여유도 없었다.

---

4   정부의 노사정 위기협약 거부에 대해서는 Whalstedt 면담(2016), Sjöquist 면담(2018), NilssonJ 면담(2016), Sjolander 면담(2016), NilssonR 면담(2016), VVK(2010)를 참조했다.

노사정 행위주체들 가운데, 사용자단체가 찬성하고 정부는 반대하는 상황에서 위기협약 체결 여부는 제조업 금속노조의 선택에 달려 있었다. 금속노조는 노조 안팎의 비판에 직면해있었고 스웨덴 노동계는 위기협약 체결을 둘러싸고 극심한 찬반 분열상을 보여주었다.[5]

위기협약을 적극적으로 추진한 볼보노조 위원장 셀스트룀(Sällström 면담, 2016)도 "스웨덴 노조들의 오랜 관행은 임금삭감을 허용하지 않는다는 것이다. 한 번 임금을 삭감하면 그다음부터는 삭감된 임금이 준거가 될 수 있기 때문이다"라고 인정하듯이 노동시간 단축분에 해당하는 임금삭감을 허용하는 것은 스웨덴 노조들에게는 오랜 터부였다. 실제 위기협약을 체결하지 않고도 임금삭감을 수반하는 노동시간 단축을 포함하는 사업장 협약을 체결하는 데 법제도적 제약은 없었다. 금속노조는 임금삭감을 허용하는 임금·단체협약을 체결하지 않는다는 내부 입장을 견지해오고 있었기 때문에 사업장 수준의 임금삭감 단체협약을 허용하는 위기협약 체결을 제조업사용자협회와 추진한 것이다. 경제위기 타격을 크게 입은 제조업의 금속노조 내에서도 위기협약에 대한 비판 의견이 강했는데, 이러한 임금삭감은 실업급여 금액감축 등 여타 물적 보상에도 부정적 영향을 미치기 때문에 위기협약에 대한 반대의견은 금속노조 내에도 널리 확산되어 있었다.

금속노조가 추진했던 위기협약은 LO(Landsorganisationen i Sverige, 스웨덴노총) 안팎의 노조들로부터 엄청난 비판을 받았다. 스

---

5   위기협약을 둘러싼 공방에 대해서는 Kullander & Norlin(2010), Lovén(2009), NilssonR 면담(2013), Sällström 면담(2016), Whalstedt 면담(2016)을 참조했다.

웨덴 경제는 수요 부족의 위기를 겪고 있는데 임금삭감은 경제 상황을 더 악화시킬 수 있다는 점, 임금삭감을 수반한 노동시간 단축은 일시적 위기타개책으로 도입되지만 고착화될 수 있다는 점, 경제위기에 따른 일자리 부족 효과가 그렇게 심각하지 않은데 사측이 인력감축을 위해 경제위기를 악용한다는 점 등이 지적되었다. 이러한 비판적 문제의식 정도는 산업·업종별로 큰 편차를 보이고 있었는데, 세계금융위기는 해외시장을 향한 수출 비중이 높은 자동차산업 등 제조업부문에 큰 타격을 준 반면, 내수시장에 의존하는 산업·업종에는 별다른 타격을 주지 않았다. 따라서 제조업의 금속노조가 위기협약을 추진하는 가운데 위기의 타격을 별로 입지 않은 서비스업의 사무직 노조들이 위기협약을 가장 강도 높게 비판했는데, 그 가운데서도 공개적으로 가장 신랄하게 금속노조의 위기협약을 비판한 세력은 Unionen[6]이었다.

정부의 노사정협약 거부와 노조 안팎의 비판에도 금속노조는 위기협약을 적극적으로 추진하여 2009년 3월 2일 제조업사용자협회와 위기협약을 체결했다.

2008~09년 경제위기 타격을 크게 받은 부문은 해외시장 의존도가 높은 수출부문 제조업으로서 자동차 제조업체들이 포진한 금속산업에서 그 폐해가 가장 심각하게 나타났다. 2008년 하반기 경제위기 발발로 인해 2009년 금속산업의 생산 규모가 30%나 감축하며 인력감축이 수반되었는데, 먼저 파견노동자와 임시직 등 비정규

---

6   Unionen은 사무직노총인 TCO 소속 노조로서, 사적부문의 사무직 노동자들 중심으로
     조직된 노동조합인데 자영업자와 학생들도 가입되어 있으며 노조원 숫자 65만 명의 스
     웨덴 최대 노동조합이다.

직이 일자리를 떠난 다음 정규직의 정리해고로 이어졌다. 2008년과 2010년 사이 금속산업 고용 규모는 35만 명에서 29만 명으로 6만 명 이상 감소하여 감소율은 17%에 달했다.[7]

금속노조는 비정규직의 계약 갱신 중단에 이어 정규직의 정리해고가 진행되며 위기의식이 고조되고 있었다. 스웨덴 자동차산업의 대표적 완성차 사업장인 볼보자동차 토쉬란다 공장의 경우 경제위기 발발 직후 임시직과 파견노동자 등 비정규직의 계약갱신 중단에 이어 2008년 12월에만 2천 명의 정규직을 해고했는데, 전체 감원 규모는 2,800여 명으로서 토쉬란다 공장 전체 8,100명의 1/3에 달했다. 자동차 산업의 전후방 연관효과를 고려하면 스웨덴 제조업의 중심을 이루는 금속산업에 대한 경제위기 타격이 얼마나 심각한 수준이었는가는 쉽게 가늠할 수 있다.

2009년 3월 위기협약 체결 당시 금속노조 노조원 가운데 이미 3만 5천 명이 해고되었고, 추가로 4만 명이 해고통지를 받은 상태였다. 2009년 여름이면 비정규직 포함 전체 노조원의 25% 정도가 실직될 것으로 예상되고 있었다. 금속노조가 노조 안팎의 신랄한 비판에도 불구하고 위기협약 체결을 강행한 것은 임금삭감을 겪더라도 추가적 정리해고를 피하자는 것이었다. 이처럼 금속노조는 고용안정성 보상과 임금삭감 양보 사이의 득실교환이 불리하지 않다는 판단에 기초하여 위기협약을 전략적으로 선택한 것이다.

---

7   경제위기로 인한 인력감축 규모와 전망에 대해서는 Teknikföretagen(2010: 7-11), IF Metall(2009a), VVK(2010: 2), GAF et al(2011), Sjolander 면담(2016), NilssonR 면담(2016)을 참조했다.

2) 2009년 3월 위기협약의 내용

위기협약은 2009년 3월 2일 체결되어 12개월의 유효기간이 경과하자 2010년 3월에 한 차례 연장되어 2010년 12월에 종료되었는데, 이때는 위기협약을 활용하는 사업체들이 거의 없어진 상황이었다.[8] 위기협약은 정리해고에 대한 대안으로 추진된 한시적 해법으로서 그 취지는 노동시간을 단축하여 대규모 정리해고에 따른 인력감축 피해를 최소화하고 스웨덴 산업의 경쟁력을 유지하자는 것이었다.

위기협약은 임금을 실노동시간에 따라 지급하도록 하고, 노동시간은 정규 노동시간의 80% 이하로 단축할 수 있도록 하되, 지급 임금의 최저 기준은 각종 수당을 포함한 통상 임금의 80%로 설정했다. 따라서 노동시간이 80% 미만으로 단축되더라도 노동자들의 임금은 각종 수당을 포함한 통상임금의 80% 이하로 삭감할 수 없다.

금속노조와 제조업사용자협회가 체결한 위기협약은 산별 수준의 기본협약(framework agreement)으로서 사업장 단위에서 후속 협약을 체결하여 집행할 수 있도록 했다. 2009년 3월 2일 위기협약의 산별 기본협약이 체결되자 이에 기초하여 사업장 위기협약들(local crisis agreement: lokala krisöverenskommelsen)이 체결되기 시작했다. 금속노조는 사업체별 미래 생존에 대한 분석을 실시한 다음 모든 다른 대안이 고갈된 뒤에야 사업장 위기협약을 체결할 수 있도록 했다. 사업장 협약으로 노동시간을 단축할 때, 노동시간을 80% 이하로 감축할 경우 임금을 80% 이상 지급할 수는 있지만 80% 미만으

---

8   금속산업 위기협약에 대해서는 IF Metall(2009a), Teknikföretagen(2010: 13-14), Nils-sonR 면담(2016. 2)을 참조하도록 한다.

로 지급할 수는 없도록 했다.

금속노조는 산하 지부들에 사업장 위기협약을 체결하기 전 점검해야 할 체크리스트를 하달하여 준수하도록 했는데 그 핵심적 내용은 다음과 같다(IF Metall, 2009a). 고용주는 사업체의 위기를 해결하기 위해 위기협약이 필요한 이유들을 제시해야 하고, 고용주는 노조 분회가 위기협약 체결이 전적으로 타당하다고 판단할 수 있도록 사업체의 재정상황에 대해 보고해야 한다. 사업장 협약은 훈련 조항을 포함해야 하고, 일자리 복귀가 이루어져야 하는 시한을 설정해야 한다. 그 밖에도 사업장 협약은 노동시간, 질병, 기피시간 보상, 잔업, 휴가, 육아휴가, 해고 등의 내용들을 포함해야 한다. 노조 분회는 이렇게 사업장 위기협약을 체결한 다음 반드시 금속노조 본부에 보고하도록 했다.

3) 사업장 협약과 위기 대응 조치들: 기본협약 후 사업장 위기협약 추진

2009년 3월 2일 금속노조와 제조업사용자협회가 위기협약의 산별 기본협약을 체결하자 사업장 단위에서 경영진과 노동조합이 사업장 위기협약을 체결·집행하기 시작했다. 제조업사용자협회(2010)가 산별 기본협약의 유효기간이 만료되기 직전인 2010년 10~11월 회원 사업체들 가운데 고용 규모 5인 이상 사업체들을 대상으로 조사한 결과에 따르면, 금속산업 사업체들은 위기협약 체결 외에도 노사 합의로 다양한 위기 대응 조치들을 추진한 것으로 나타났다(〈표 9-2〉 참조).

표 9-2 금속산업 사업체 경제위기 대응 비상조치 현황, 2010년 10∼11월

구분	사업체 비율	사업체 숫자
〈① 사업장 위기협약〉		
소기업(5인 이상 25인 미만)	17%	272
중기업(25인 이상 250인 미만)	27%	356
대기업(250인 이상)	32%	45
합계(5인 이상 사업체 전체)	22%	673
〈② 임금인상 연기〉		
소기업(5인 이상 25인 미만)	11%	176
중기업(25인 이상 250인 미만)	20%	270
대기업(250인 이상)	35%	51
합계(5인 이상 사업체 전체)	16%	496
〈③ 기타 비상조치들〉		
소기업(5인 이상 25인 미만)	13%	216
중기업(25인 이상 250인 미만)	34%	447
대기업(250인 이상)	45%	65
합계(5인 이상 사업체 전체)	23%	728
〈종합: 위기 대응 조치 하나 이상 사용〉		
소기업(5인 이상 25인 미만)	26%	415
중기업(25인 이상 250인 미만)	44%	585
대기업(250인 이상)	57%	82
합계(5인 이상 사업체 전체)	35%	1082

자료: Teknikföretagen(2010:8)

제조업사용자협회 소속 사업체들 가운데 사업장 위기협약을 체결한 비율은 22%, 임금인상 시점을 연기한 비율은 16%, 노동시간 계정의 근로시간 채권 사용, 휴가 사용, 조기 퇴근 등 기타 기업 인건비 부담 경감 조치들을 채택한 비율은 23%였다. 이러한 세 유형 가운데 하나 이상의 위기 대응 조치를 시행한 사업체 비율은 35%로 1,082개 업체에 달했는데, 이들은 위기 대응 조치의 시행과 함께 정리해고 정책을 중단했다.

2009년 3월 위기협약 체결 이후 사업장 단위로 위기협약이 체결되기 시작했는데, 위기협약을 통한 노동시간 단축은 핵심적 대응 수단으로 다른 조치들과 결합하여 경제위기에 대응한 경우가 많았다. 사업장 위기협약은 주로 2009년 4월과 12월 사이, 특히 여름과 가을에 집중적으로 체결되었다.

사업장 위기협약은 임금인상 연기나 기타 비상조치들과 마찬가지로 중소기업들보다 대기업이 더 적극적으로 활용했다. 위기협약 유효기간도 대기업의 경우 평균 9개월로 중소기업의 평균치 7개월보다 더 긴 것으로 나타났다. 금속산업 내에서 사업장 위기협약 체결 비율은 업종부문 간 편차를 보여주었는데, 자동차산업 대기업들이 체결률 60% 정도로 가장 높았던 반면, 전기통신, 전자, 기계 산업 부문들은 위기협약 체결 비율이 매우 낮게 나타났다. 이러한 금속산업 내 부문 간 차이는 세계금융위기에 의한 타격 정도의 편차를 반영하는 것으로서 수출시장에 대한 의존도에 의해 좌우되었다.

사업장 위기협약을 체결한 금속산업 사업체는 673개 업체인데, 이 가운데 생산직 협약과 사무직 협약을 동시에 체결한 사업체는 392개 업체였다. 한편, 생산직 협약만 체결한 사업체는 203개에 달하는 반면, 사무직 협약만 체결한 사업체는 78개에 불과한 것으로 나타났다(〈표 9-3〉 참조). 이처럼 사무직 노동자 중심 사업체보다 생산직 노동자 중심 사업체에서 사업장 위기협약 체결률이 월등히 높은 것은 사무직보다 생산직 노동자들이 경제위기 타격을 더 크게 받

표 9-3 사업장 위기협약 체결 금속산업 사업체들, 2010년 10~11월

구분	사업체 비율	사업체 숫자
생산직협약 사업체(IF Metall)	19%	595
사무직협약 사업체(Unionen/Ledarna/Sveriges Ingenjörer)	15%	470
생산직·사무직 협약 공존	13%	392
합계(생산직 혹은 사무직 협약)	22%	673

자료: Teknikföretagen(2010:14)

은 결과라 할 수 있다. 금속산업 내 사업장 위기협약 적용 피고용자들의 구성을 보면, 생산직 노동자들이 5만 1천 명이었는데, 이는 전체 협약 적용 대상자 8만 1천 명의 63%에 해당되는 수치로서 사무직 적용 대상자의 2배에 육박했다. 이러한 생산직의 급격한 감축 결과 금속산업 피고용자들의 구성에서 사무직 노동자들이 55%를 점하며 생산직 45%에 비해 상대적 규모의 우위를 더 강화하게 되었다.

기본협약은 노동시간과 임금의 삭감을 20%까지 허용했지만 실제 사업장 위기협약들을 통해 노동시간은 평균 17% 단축되었고 임금은 평균 13% 삭감된 것으로 나타났다(Teknikföretagen, 2010: 10; Sjöquist 면담, 2018). 실제 임금삭감 없이 노동시간만 단축한 사업체들이 상당수에 달했지만 위기협약 통계치에 포함되지 않았다는 점을 고려하면 위기협약 체결로 인한 임금삭감 효과는 20%에 미달했을 뿐만 아니라 노동시간 단축분보다도 더 작았음을 알 수 있다. 금속산업의 생산직과 사무직 모두 임금삭감 비율은 13%로 동일했지만 노동시간 단축 정도는 금속노조의 경우 18%로서 사무직 노조들의 16%보다 높았다. 이처럼 노동시간 단축 대비 임금삭감 비율이 사무직 노조들보다 금속노조에서 더 작은 것은 금속노조의 조직력과 교섭력의 상대적 우위를 반영한다고 할 수 있다. 한편, 대기업의 경우 임금삭감률 11%로서 중소기업들보다 삭감률이 낮은 것은 지불능력과 노조 영향력에서 대기업이 중소기업들보다 우위에 있고, 중소기업의 경우 낮은 시장점유율로 인해 상대적으로 시장전망을 쉽게 하기 어려운 위치에 있음을 의미한다.

4. 2009년 위기협약 체결 이후: 2009년 위기협약 효과와 2014년 위기협약 체결

1) 위기협약의 효과와 평가

2009년 3월 금속산업 위기협약에 이어 사업장 위기협약들이 체결되면서 2010년 말까지 체결된 사업장 위기협약의 적용을 받은 노동자들은 8만 1천 명으로 전체 금속산업 노동자의 30%에 달했다. 한편, 위기협약과 임금인상 연기 등 한 가지 이상의 위기 대응 조치가 실시된 사업장 노동자는 14만 명에 달했는데, 이는 금속산업 전체 고용인구의 절반에 가까운 규모였다(Teknikföretagen, 2010: 8-16).

제조업사용자협회의 조사보고서(Teknikföretagen, 2010: 17)에 따르면 사업장 위기협약을 체결한 사업체들 가운데 86%가 위기협약이 체결되지 않았더라면 정리해고를 실시했을 것이라고 보고했다는 점에서 위기협약은 대규모의 추가적 정리해고를 피하도록 한 효과가 있었다고 할 수 있다. 금속노조는 위기협약을 체결한 사업장들의 사례들을 조사분석한 결과 사업장 위기협약의 체결로 정리해고를 모면한 노조원 숫자를 합산하면 최소 1만 명에서 최대 1만 5천 명에 이르는 것으로 추산했다(Sjölander 면담, 2016). 이처럼 위기협약의 고용안정 보장 효과는 위기협약 체결 당사자인 금속노조와 제조업사용자협회가 모두 경험적 근거로 확인해주었다.

금속산업 내에서도 사무직 노동자들은 생산직 노동자들에 비해 상대적으로 인력감축 폭이 작았지만 사무직노조(Unionen), 감독직노조(Ledarna), 전문기술직노조(Sveriges Ingenjörer) 등 금속산업 사무직 노조들의 산하 사업장 노조조직들이 사용자 측과 체결한 사업장 위기협약의 숫자가 470개에 달하여 전체 사무직 사업체의 15%에 이르렀다(〈표 9-3〉 참조). 사무직 노조들 가운데 금속노조의 위기협약을 가장 강도 높게 비판했던 Unionen의 경우, 산하 노조조직들 가운데 위기협약을 체결한 단위가 130개를 넘었고 위기협약 적용 대상 노조원 숫자도 1만 4천 명을 넘은 것으로 알려졌다(Kullander & Norlin, 2010). 이처럼 Unionen 등 사무직 노조들의 산하 노조조직들이 상급단체의 입장에 반하여 위기협약을 체결한 것은 위기협약이 정리해고를 피하고 고용안정을 보장받을 수 있게 하는 유용한 수단이라고 판단했기 때문이다. 이러한 Unionen을 포함한 사무직 노조 산하 노조조직들의 선택은 위기협약의 긍정적 효과를 확인해준다고 할 수 있다.

무엇보다도 2009년 위기협약에 대한 노동자들의 긍정적 평가를 가장 분명하게 보여주는 것은 2009년 위기협약이 2014년에 노사협약 및 노사정협약으로 재현되었다는 사실이다.

2) 2014년 노사정 위기협약의 이중구조

금속노조와 제조업사용자협회는 향후 경제위기가 발발하면 노사가 신속하게 노동시간 단축을 통해 인력감축을 최소화하며 위기에 대응할 수 있도록 위기협약의 제도화를 제안했다. 노사단체가 공동으로 작성한 보고서에 기초하여, 위기협약의 법적근거 규정이 법제화되어 2014년 1월 1일부터 발효되었으며, 뒤이어 2014년 2월 4일에는 위기협약이 체결되었다. 2014년 위기협약도 2009년 위기협약처럼 산별 수준의 기본협약이며 이에 기초하여 사업장 단위로 사업장 노조조직과 경영진이 노동시간 단축 관련 사업장 협약을 체결해야 한다.

2014년 위기협약은 노사자율협약과 노사정협약의 이중 구조로 체결되었다(IF Metall, 2014). 노사자율 위기협약은 2009년 위기협약과 마찬가지로 노동시간 단축에 따른 임금부담을 노사가 분담하는 방식인 반면, 노사정 위기협약은 정부가 경제위기로 판정할 경우 사업체가 노동시간 단축 기간 동안 정부의 재정지원을 받을 수 있도록 하는 방식이다. 정부의 경제위기 판정 기준은 한두 기업체 혹은 산업부문의 위기가 아니라 전체 경제의 위기로서 수요가 폭락하고 위기는 단기적 성격이어야 한다는 점이다.

정부 지원 없는 노동시간 단축의 노사자율 위기협약은 정부의 경제위기 판정 기준과 불합치하여 정부지원을 받지 못하더라도 금속산업의 노사 양측이 합의하여 정리해고의 대안으로 임금삭감을 수반한 노동시간 단축을 실시할 수 있도록 했다. 노동시간을 20%, 40%, 60% 단축할 때, 업체는 각각 비용의 8%, 24%, 40% 이상을 분

표 9-4 노사자율 위기협약의 노동시간 단축 프로그램: 노사 비용 분담률(단위: %)

단축 수준	노동시간 단축률	임금삭감률	사업체 부담률
1	20	12	8
2	40	16	24
3	60	20	40

자료: IF Metall(2014)

담하도록 하되, 노동자 임금 및 직무 관련 각종 수당은 각각 최대 12%, 16%, 20%까지 감축할 수 있다(〈표 9-4〉 참조). 이처럼 노동자 임금삭감률은 삭감수준의 상한을 의미한다는 점에서 임금삭감분보다 더 많은 노동시간 단축은 가능하다. 예컨대 노동시간을 60% 이상 단축하더라도 임금을 20% 이상 삭감할 수 없으며, 노동시간을 60% 단축하더라도 임금은 20%보다 작은 10% 혹은 15%로 감축할 수 있음을 의미한다.

정부가 지원금을 제공하는 노사정 위기협약의 경우 사업장 노사는 사업장 협약으로 노동시간을 단축하며 정부의 재정지원을 받을 수 있다. 노동시간을 20%, 40%, 60% 단축할 때, 노동자의 임금과 직무 관련 각종 수당은 노사자율 위기협약과 동일하게 각각 최대 12%, 16%, 20%까지 삭감될 수 있다. 이때 사업체의 비용 부담률은 노동시간 단축 수준에 맞춰 각각 비용의 1%, 11%, 20%가 되며, 정부는 각각 비용의 7%, 13%, 20%를 분담함으로써 사업체 부담률을 경감해준다(〈표 9-5〉 참조).

노사자율 위기협약과 노사정 위기협약을 비교하면, 정부지원 여부와 무관하게 노동자 비용 부담률은 노동시간 단축 수준별로 각각 12%, 16%, 20%로 동일하다. 결국 정부지원 여부는 노동자 부담률이

표 9-5 노사정 위기협약의 노동시간 단축 프로그램: 노사정 비용 분담률(단위: %)

단축 수준	노동시간 단축률	임금삭감률	사업체 부담률	국가 지원금
1	20	12	1	7
2	40	16	11	13
3	60	20	20	20

자료: IF Metall(2014)

아니라 사업체 부담률에만 영향을 미침으로써 정부가 노사정협약에 참여하여 노동시간 단축을 재정지원하도록 하는 부담은 상대적으로 사용자 집단에 부과된 것이라 할 수 있다.

　노사자율 위기협약과 2009년 위기협약을 비교하면, 2009년 위기협약은 노동시간 단축률 20%를 기준으로 설정한 반면, 2014년 노사자율 위기협약은 20% 외에도 40%와 60%의 노동시간 단축 수준을 추가했다. 임금삭감률을 보면 2009년 위기협약은 노동시간을 20% 단축할 경우 임금삭감률 상한을 20%로 설정했고 노동시간을 20% 이상 단축하더라도 임금삭감률 20% 상한은 유지되었다. 한편, 2014년 노사자율 위기협약의 경우 노동시간을 20% 초과하여 단축하더라도 임금삭감률 상한은 2009년 협약과 마찬가지로 20%인데, 노동시간을 20% 단축할 경우 임금삭감률 상한은 12%로서 2009년 상한 20%보다 낮다(〈표 9-6〉 참조). 이처럼 2014년 노사자율 위기협약은 2009년 위기협약에 비해 노동자의 임금삭감률이 낮다는 점에서 2009년 위기협약보다 더 친노동적이라 할 수 있다.

　2009년 위기협약이 정리해고를 피하고 고용안정을 보장하는 긍정적 효과를 보여주었는데, 2014년 위기협약은 2009년 위기협약에 비해 정부가 재정지원하는 노사정 위기협약도 포함할 뿐만 아니라

표 9-6 노동시간 단축률 대비 임금삭감률, 2009 협약과 2014 협약 비교

노동시간 단축률		노동자 임금삭감률		
		2009 노사협약	2014 노사협약	2014 노사정협약
20% 이내		20% 이내 시간단축률 비례	12% 이내 시간단축률 비례	12% 이내 시간단축률 비례
20%		20%	12%	12%
20% 이상	40%	20%	16%	16%
	60%		20%	20%

자료: IF Metall(2009b, 2014)

정부지원과 무관하게 노동자들의 임금삭감률도 더 낮추었다. 따라서 2014년 위기협약에 대한 금속노조 안팎의 비판은 크게 약화되었고 노동자들의 찬성 의견이 크게 높아졌다는 것은 자연스런 결과라 할 수 있다. 실제 2014년 위기협약 체결 과정에서 노동시간 단축 수준별 노동자 임금삭감률 결정 과정에서 노사 간 갈등이 첨예하게 전개되었는데, 노동자 임금삭감률 완화는 노조의 교섭력을 반영하는 동시에 정부의 재정지원에 따른 사용자 측 부담률 경감 효과도 고려했다고 할 수 있다.[9]

3) 2014년 위기협약과 정부의 참여: 참여동기 및 의미

2009년 위기협약과 2014년 위기협약의 가장 큰 차이점은 스웨덴 정부의 위기협약 참여 여부다. 보수당 정부는 2009년 3월 위기협약 체결 참여를 거부했지만 2014년 2월에는 조건부 재정지원을 약속하며

---

9 2104년 위기협약 교섭 과정의 갈등 내용과 노동자 만족도에 대해서는 NilssonR 면담 (2016)과 Sjolander 면담(2016)을 참조했다.

위기협약에 참여했다.

　야당인 사회민주당이 노사정 위기협약의 정부 참여 필요성을 강조하는 가운데 2009년 3월 위기협약은 물론 이후에도 줄곧 위기협약 참여에 반대해온 보수당 정부가 노사정 위기협약 참여를 결정했다는 사실은 노동시간 단축을 통한 경제위기 극복 방식이 사회적 합의로 제도화되고 있음을 의미한다. 외적 수량적 유연성 대신 내적 기능적 유연성을 활용하여 경제위기와 수요 부침에 대응하는 방식이 노동시장의 주요한 유연성 확보의 선택지로 자리 잡게 되었다는 데 2014년 위기협약 체결의 중요성이 있다.

보수당 정부 입장 변화의 의미

그렇다면 보수당 정부가 위기협약 거부에서 참여로 입장을 바꾼 것은 2009년 위기협약 거부 행위를 과오로 인정한 것인가?

　2014년 위기협약의 경우 정부가 몇몇 기업 혹은 특정 산업부문의 위기가 아니라 전체 경제의 위기라는 판단을 내려야 노사정 위기협약의 효력이 발생하여 정부가 지원금을 제공하게 된다. 2008~09년 경제위기는 세계적 금융위기에 의해 촉발된 전체 스웨덴 경제의 위기상황이었기 때문에 2014년 체결된 노사정 위기협약이 발효될 수 있는 조건에 부합한다는 점에서 2009년 위기협약 거부는 과오였음을 보수당 정부가 실질적으로 인정한 것이라고 해석할 수 있다.

　2009년과 2014년 위기협약 교섭 과정에 금속노조 대표로 참여했던 닐손(Roger Nilsson)은, 2014년 노사정 위기협약에서 정부가 사업체보다 노동시간 단축 비용을 보다 많이 분담했다는 사실에 대해 2009년 세계금융위기 하에서 위기협약 참여를 거부한 것이 정부의 오류였음을 인정한 것이라고 해석한다(NilssonR 면담, 2016a). 실제로 노동시간을 60% 단축할 경우 정부와 사용업체는 노동자와 함께 임금비용을 20%씩 동등하게 분담하지만, 노동시간을 20% 혹은 40% 단축할 경우 정부는 각각 7%와 13%를 분담하여 각각 1%와 11%를 분담하는 사용업체보다 각각 6%와 2%만큼 더 분담하게 된다(〈표 9-5〉 참조).

정부의 노사정 위기협약 참여는 보수당 정부의 돌발적인 선언으로 이루어진 것이 아니라 금속산업 노사단체의 지난한 공동노력 과정을 거쳐 이루어진 것이다. 2009년 위기협약의 노사 양측 대표로 활약했던 금속노조의 닐손(NilssonR 면담, 2016)과 제조업사용자협회의 발스텟(Whalstedt 면담, 2016)은 금속산업 노사단체가 경제위기는 반복적으로 발생하기 때문에 미래에 대한 대응책을 수립해놓아야 한다는 문제의식을 공유하고 있었다고 지적한다. 이러한 문제의식은 1990년대 초 산업위기, 이후 IT부문 위기, 2008~09년 세계 금융위기, 이후 철강·광산업 위기 등 과거 경험에 기초하여 경제위기가 10년 안팎의 주기로 반복된다는 판단에 기초한다. 하지만 신자유주의 세계화로 심화된 시장 부침, 서비스산업 중심의 산업구조 재편, 지식정보산업 제품 브랜드 주기의 단축 등에서 경제위기의 주기가 점점 더 짧아지는 추세에 있다는 판단을 하게 되었다. 따라서 중단기적으로 반복되는 경제위기에 신속하게 대응하기 위해서는 매번 경제위기가 발생할 때마다 위기협약을 체결하는 데 낭비되는 시간과 노력을 막기 위해 노동시간 단축지원 프로그램을 포함한 위기협약을 제도화할 필요성이 대두된 것이었다.

제조업 노사단체들의 대응

금속노조, 사무직노조(Unionen), 전문직노조(Sveriges Ingenjörer) 등 제조업의 세 노조와 제조업사용자협회, 제조업사용자연맹(GAF) 등 제조업의 두 사용자단체는 단체협약을 통해 '해고 대신 교육(Utbildning istället för uppsägning)'이라는 공동작업팀을 구성하기로 결정했다. 제조업 노사단체들은 동 작업팀으로 하여금 외국의 노동시간 단축정책들을 연구하고 스웨덴에 도입하는 방안을 모색하도록 했다. 동 작업팀은 1년여의 작업 끝에 2011년 10월 결과 보고서 「노동시간 단축: 주요 경쟁국들의 제도(Korttidsarbete: Systemen i viktiga konkurrentländer)」(GAF, 2011)를 제출했다.

이 보고서에 따르면, 노동시간 단축 프로그램은 세계금융위기 당시 유럽연합 27개국 가운데 23개국에 도입되어 있었으며, 노동시간 단축 후 근무한 노동시간에 대해서는 사용업체가 임금을 지불하되, 근무하지 않게 된 비노동시간에 대해서는 재정지원을 통해 보상하는데, 주로 실업보험기금을 활용하는 것을 기본 원칙으로 한다. 노사단체 공동작업팀은 독일, 네덜란드, 핀란드 등 외국 사례들을 검토하는 가운데 특히 독일의 노동시간 단축정책에 주목했다.

독일은 스웨덴처럼 세계금융위기로 산업생산이 급격하게 위축되었지만 고용 규모 감축 폭은 스웨덴보다 더 작은데, 그 차이는 독일의 노동시간 단축제도에서 비롯되었다. 독일의 노동시간 단축 프로그램은 실업보험을 통해 재정지원을 받는데, 수급요건은 경제적 사유로 인해 노동시간과 임금이 감축되고, 노동시간 단축은 불가피하되 일시적이며, 사용업체와 직장평의회 사이의 합의가 있어야 한다. 노동시간 단축 후 근무한 노동시간에 대해서는 고용주가 정상적으로 임금을 지불하되 근무하지 않게 된 비노동시간에 대해서는 실업보험과 동등한 수준으로 보상한다. 대신 사회보험료를 삭감함으로써 사업체들에 노동시간 단축프로그램을 활용하고 교육훈련을 제공할 인센티브를 부여한다.

제조업 노사단체들은 스웨덴도 또 다른 경제위기가 도래하기 전에 노동시간 단축제도를 도입하도록 촉구했다. 노동시간 단축에 대한 재정지원이 없더라도 노동자들을 해고하지 않았을 기업들에 재정지원을 제공하는 사중효과(deadweight effect)를 최소화하도록 하고, 노동시간 단축제도를 시행하고 있는 다른 나라들처럼 실업보험을 통해 보상금을 지원할 것을 제안했다. 또한 노동시간 단축 대상 노동자들에 대해 교육훈련 기회를 제공하되 이를 위한 비용은 공적 자금으로 지원하는 방안을 권고했다.

제조업 노사단체들은 동 보고서의 연구 결과에 기초하여 노동시간 단축제도를 스웨덴에 도입하여 제도화할 것을 보수당 정부에 요청하고 꾸준한 설득의 노력을 경주했으나, 보수당 정부가 노동시간 단축제도를 법제화하고 노사정 위기협약에 참여하기로 결정하기까지는 2년여의 시간이 소요되었다.

보수당 정부의 2014년 노사정 위기협약 참여 요인

보수당 정부의 위기협약 참여는 여러 가지 요인들로 설명될 수 있다.[10]

첫째, 2009년 위기협약에 대한 긍정적인 사회적 평가다. 2009년 금속산업 위기협약에 기초하여 사업장 수준의 위기협약을 체결한

---

10 GAF et al(2011), Whalstedt 면담(2016), NilssonR 면담(2016)을 참조했다.

사업장의 86%는 위기협약을 체결하지 않았다면 정리해고를 실시했을 것이라고 조사되었다. 이는 2009년 위기협약이 추가적 대량해고를 막고 고용안정을 보장하는 긍정적 효과를 발휘했음을 확인해준다. 당시 금속노조 위원장이었던 스테판 뢰벤(Stefan Löfven) 이후 사민당의 위기 상황에서 사민당 당수로 선임된 뒤 보수당과의 경쟁에서 승리하여 스웨덴 수상이 될 수 있었던 것은 경제와 산업에 대한 운영능력을 인정받았기 때문인 것으로 분석되고 있는데, 2009년 위기협약에 대한 긍정적인 국민적 평가도 한몫을 했다고 할 수 있다.

둘째, 노동시간 단축제도를 갖춘 독일과의 비교다. 독일은 스웨덴과 함께 유럽연합 국가들 가운데 세계금융위기의 타격을 가장 크게 받았지만 스웨덴이 대규모 인력감축을 통해 급격한 실업률 상승을 경험한 반면 독일은 노동시간 단축제도를 통해 인력감축 규모를 최소화할 수 있었다. 그 결과 독일의 실업률은 4% 수준을 유지한 반면 스웨덴의 실업률은 9~10%까지 급상승했고, 실업보험기금이 스웨덴에서는 실업급여 지출로 허비된 반면 독일에서는 노동자들의 고용안정 지원과 기타 생산적 용도로 사용되었다. 위기협약을 거부한 스웨덴 정부도 재정지출은 피할 수 없었다는 점에서 위기협약 참여 여부는 재정지출 여부가 아니라 실업급여 혹은 노동시간 단축지원 사이 선택의 문제였음을 확인해준다.

셋째, 노동시간 단축지원제도의 일반적 효과다. 대다수 유럽연합 국가들은 노동시간 단축사업체·노동자들에 대한 재정지원을 제도화하고 있어 대량해고·공장 폐쇄를 최후의 선택으로 미뤄둘 수 있는 반면 스웨덴의 경우 그렇지 못하다. 따라서 세계적 경제위기 속에서 초국적 기업들이 인력감축 혹은 공장 폐쇄를 해야 한다면 스웨덴을 우선적 대상으로 선택할 개연성이 높다. 그뿐만 아니라 노동시간 단축을 통해 정리해고를 회피한 사업체들은 노동자들의 산업·기업 특유의 숙련을 활용하여 경제위기 후 확대되는 시장을 선점하는 데 유리하다는 점에서 스웨덴 산업의 경쟁력은 여타 유럽연합 국가들에 비해 상대적으로 더 큰 타격을 받았다고 할 수 있다.

넷째, 스웨덴과 독일 정부 고위급 정책결정자들 사이의 비공식적 소통 등 외적 요인들이다. 한 예로 발스텟(Whalstedt 면담, 2016. 1)은 당시 양국 재무장관들은 개인적 친분이 두터운 관계로서 이들 사이의 비공식적 소통은 스웨덴 고위 관료들이 노동시간 단축지원 제도의 장점을 인정하고 노사정 위기협약에 참여하도록 하는 데 크게 기여했다고 지적한다.

5. 토론 및 맺음말

이 장에서 2009년 위기협약과 2014년 위기협약의 분석을 통해 확인할 수 있었던 사실은 네 가지로 축약될 수 있다.

첫째, 2009년 위기협약은 긍정적 성과로 평가되었고 금속노조의 전략적 선택은 합리적이었던 것으로 나타났다. 금속산업 노사단체는 2009년 위기협약을 통해 인력활용의 유연성 방안을 노사합의로 집행하면서 사업체들의 자원을 위기극복을 위해 집중할 수 있도록 함으로써 스웨덴이 경제위기를 성공적으로 극복하는 데 기여할 수 있었다. 한편, 위기협약을 체결한 사업체들의 86%가 위기협약이 없었다면 정리해고를 실시했을 것이라는 사실은 금속노조가 노조 안팎의 강력한 비판에도 위기협약을 추진한 것이 임금삭감을 양보하는 대신 고용안정성을 보장받는 합리적 선택이었음을 확인해준다.

둘째, 2009년 위기협약은 노동시간 단축지원제도의 도입 필요성을 확인해주었다. 대다수 유럽연합 회원국들과는 달리, 노동시간 단축지원제도가 스웨덴에는 제도화되지 않았다. 보수당 정부는 위기협약 참여를 거부했지만, 실업률 상승으로 인해 노동시간 단축지원 대신 실업급여 지급 방식으로 재정자원을 지출하게 되었다. 실업보험기금을 실업급여 지급이 아니라 노동시간 단축지원에 활용할 수 있었다면, 사회통합은 물론 기업의 경쟁력을 보전하여 위기 후 복원되는 시장의 경쟁에서 유리한 입지를 확보할 수 있었을 것이다.

셋째, 보수당 정부는 2009년 위기협약에 불참했으나 2014년 위기협약에는 참여함으로써 2009년의 과오를 간접적으로 인정했다. 보수당 정부의 2014년 위기협약 참여는 2009년 위기협약의 성과에 대한 긍정적 평가에 대한 반응인 동시에 2009년 위기협약 불참을 정책 오류로 인정하는 것이다. 그것은 2014년 위기협약의 정부지원 조건이 2009년 위기에도 해당되기 때문이다. 보수당 정부가 2014년 위기협약에 참여하게 된 데에는 이러한 2009년 위기협약에 대한 긍정적 성과와 노동시간 단축지원제도의 이점에 더하여 금속산업 노사단체의 외국 노동시간 단축지원제도 공동연구와 그 제도화 필요성에 대한 적극적인 대정부 설득 노력도 크게 기여했다.

넷째, 2009년과 2014년 위기협약이 스웨덴 모델을 부정하지 않고 보완한다. 스웨덴은 전통적으로 노사관계의 정부 개입 없는 노사 자율과 노동시장의 외적 수량적 유연성 활용 방식을 중시해왔다. 위기협약이 노동시간 단축이라는 내적 기능적 유연성 방식을 채택하는 한편 위기 극복을 위해 정부의 지원을 요청했다는 점에서 스웨덴 모델에 배치되는 것으로 비쳐진다. 그럼에도 금속산업 노사단체는 정부의 참여 거부에도 2009년 위기협약을 체결·집행했고 노동시간 단축지원제도의 제도화와 정부의 위기협약 참여를 위해 공동 노력을 경주했으며, 외적 수량적 유연성을 내적 기능적 유연성으로 보완했다. 이는 노사단체가 자율성을 충분히 발휘하며 자율적으로 전통적 스웨덴 모델의 노사관계와 노동시장 운영 방식을 보완한 것이다.

제4부

스웨덴의 경험과 한국에 대한 함의

제10장

노동과 자본의 상생
― 스웨덴의 경험과 한국에 대한 함의

1. 평등하고 공정한 상생의 나라 스웨덴

스웨덴 등 스칸디나비아 모델 국가들은 경제적 효율성과 사회적 통합을 동시에 실현한 것으로 평가되고 있다. 경제성장을 위해 사회통합을 희생한 영미형 자유시장경제모델 국가들과 대조되는 점이다.

　세계금융위기 발발 전 10년간 스웨덴의 연평균 실질 GDP 성장률은 3.475%로 스페인의 3.898%보다는 낮으나 미국의 3.037%보다는 높고, 독일 1.675%는 물론 OECD 회원국 전체 평균 2.745%보다도 유의미하게 더 높은 것으로 나타났다(〈표 10-1〉 참조). 2008~09년 경제위기 하에서 스웨덴은 연평균 −2.871%로 비교 대상 4개국 가운데 가장 크게 타격을 입었으나, 2010~14년 연평균 실질 GDP 성장률 2.375%로 여전히 마이너스 성장을 지속하고 있는 스페인은 물

표 10-1 전년 대비 연평균 실질 GDP 성장률, 1998~2014년(단위: %)

구분	미국	스페인	독일	스웨덴	OECD 전체
〈기간 평균〉					
1998~2007	3.037	3.898	1.675	3.475	2.745
2005~2007	2.597	3.889	2.556	3.637	2.872
2008~2009	- 1.534	- 1.229	- 2.269	- 2.871	- 1.603
2010~2014	2.055	-0.783	2.009	2.375	1.851

자료: 조돈문(2016: 43)

론 미국이나 독일보다도 더 높은 경제성장률을 보이며 경제위기를 효과적으로 잘 극복한 것으로 나타났다. 이처럼 스웨덴은 경제적 효율성 측면에서 시장경제모델 4유형의 전형적 국가들 가운데 가장 우수한 것으로 확인되었다.

사회지표들을 비교해보면, 과세 및 이전소득을 고려한 가처분소득 기준 지니계수에서 스웨덴은 0.282로 시장경제모델 4유형의 전형 국가들 가운데 소득분배가 가장 평등한 반면, 미국은 0.391로 가장 불평등한 것으로 나타났다(〈표 10-2〉 참조). 이러한 지니계수로 나타난 불평등 수준 차이는 가처분 소득 기준 1분위 최고치 대비 9분위 최고치의 소득 배수에서도 그대로 나타났는데, 스웨덴은 소득 배수 3.3배로 가장 낮은 반면 미국은 6.3배로 가장 높게 나타났다. 국가 간 소득불평등 수준 차이는 유아 사망자 수와 감옥 수감자 수에서도 재현되고 있고, 이러한 사회적 문제들이 개별 국가 내에서는 고소득층보다 저소득층에서 더 집중되어 있다는 점에서 평등성 결여는 '상호적 공정성(reciprocal fairness)' 측면에서 더 증폭되어 나타난다고 할 수 있다. 이처럼 스웨덴은 여타 시장경제모델의 전형

표 10-2 국가별 사회지표 비교

구분	미국	스페인	독일	스웨덴	한국	OECD 전체	비고
지니계수	0.391	0.341	0.294	0.282	0.355		2016년
소득 배수(9분위/1분위)	6.3	5.3	3.8	3.3	5.7	-	2016년
유아 사망자 수(1천 명당)	6.1	3.2	3.6	2.1		-	2011년
감옥 수감자 수(10만 명당)	738	143	97	78		109 (EU 15국)	2005년

자료: OECD(https://stats.oecd.org/), 조돈문(2016: 43)

국가들보다 경제적 효율성은 물론 평등성과 공정성의 사회적 통합을 실현하는 데서도 모범을 보여주고 있음을 확인할 수 있다.

유럽연합은 신자유주의 세계화 추세 속에서 영미형 자유시장 경제모델에 맞서 유럽연합 국가들이 보여온 사회통합의 강점을 훼손하지 않으면서 경제적 효율성을 담보하기 위해 유럽의 사회적 모델(European social model)을 제시했는데, 스웨덴 등 스칸디나비아 국가들은 그 경험적 준거가 되었다. 중도보수 잡지 『이코노미스트(The Economist)』(2013.2.2)가 스웨덴의 성공을 극찬하면서 여타 유럽 국가들로 하여금 스웨덴을 벤치마킹할 것을 독려한 것도 이러한 스칸디나비아 국가들, 특히 스웨덴 모델의 우수성을 인정했음을 의미한다.

사회통합은 사회세력들, 특히 노동계급과 자본계급이 서로 일방적·억압적으로 지배하지 않고 서로의 존재 가치를 인정하며 공존·상생하는 상황을 말하며, 이는 사회적 약자, 즉 노동계급 같은 피지배집단들이 평등성에 기초한 상호적 공정성을 인정할 때 가능하다. 그런 점에서 국제노동조합총연맹(ITUC)이 개발한 세계노동인권지

수(Global Rights Index)는 좋은 평가지표가 될 수 있다. 국제노동조합총연맹(ITUC, 2018)은 조사 대상 142개국을 노동인권지수 점수에 따라 1~5등급으로 분류했는데, 스웨덴은 노동인권 보장 최우수 국가군에 해당하는 1등급 국가 13개국에 포함되었다. 이처럼 모범적인 노동인권 보장은 노동자들이 스웨덴을 평등성뿐만 아니라 공정성도 구현하는 나라로 평가하게 한다.

2. 스웨덴 모델의 작동 방식

스웨덴 모델의 우수성은 노동계급의 계급형성과 정치세력화의 성과로 수립한 제도적 장치들의 결과물이다.

1) 경제민주주의와 계급 공존·상생

스웨덴의 노동과 자본은 19세기 말부터 1920년대까지 장기간의 첨예한 노사갈등을 겪으며 어느 쪽도 상대를 제압할 수 없음을 인정하고, 1938년 살트쇠바덴협약(Saltsjöbadsavtalet)을 체결했다. 살트쇠바덴협약을 통해 노동은 자본의 소유권과 경영특권을 인정하고 자본은 노동의 노동기본권을 인정했다. 살트쇠바덴협약은 무엇보다도 스웨덴 자본이 일방적 계급지배를 포기하고 노동계급과의 공존·상생의 길을 선택했다는 점에서 역사적인 계급타협이라 할 수 있다.

LO(Landsorganisationen i Sverige, 스웨덴노총) 중심 노동계급의 지지에 기반하여 집권한 사민당은 LO와 함께 완전고용과 평등분배라는 정책 목표를 달성하기 위한 거시경제 재정정책 패러다임으로 렌-마이드너 모델을 수립했다. 렌-마이드너 모델은 긴축적 총수요 정책의 균형 재정정책, 중앙집중화된 단체교섭체계와 연대임금정책, 적극적 노동시장정책으로 구성되었다. 사민당은 1932년 집권한 이래 40여 년 동안 렌-마이드너 모델에 기초하여 안정적 경제성장과 함께 노동기본권 보장과 사회보장제도들을 수립할 수 있었다.

LO와 사민당은 살트쇠바덴협약의 계급타협과 렌-마이드너 모델의 거시경제재정정책에 기초하여 장기집권을 이어가는 가운데 1970년대 노사자율 원칙을 위배하며 공세적으로 경제민주주의 제도적 장치들을 수립했다. 이렇게 수립된 공동결정제와 노동조합대표 이사제를 중심으로 실행되는 경제민주주의는 살트쇠바덴협약의 계급타협에 기초하여 공존·상생을 담보·재생산하며 경제적 효율성과 함께 사회적 통합을 동시에 구현하는 메커니즘으로 작동하고 있다.

자본은 1970년대 노동의 경제민주화 공세에 반대하며 저항했지만, 경제민주주의 제도적 장치들이 수립되자 계급역학관계 변화를 인정하고 자신의 물질적 이해관계를 위해 경제민주주의 제도적 장치들을 유지·활용하는 현실적 수용이라는 전략적 선택을 했다. 한편, 노동은 1970년대 공세로 노동조합대표 이사제와 공동결정제를 수립·운영할 수 있게 된 반면 임노동자기금제는 후퇴된 형태의 7년간 실험으로 종료되었다. 하지만 이를 재추진하지 않고 연금기금 활용 방식을 대안으로 선택하면서 적정 수준의 경제민주주의와 함께 계급 공존·상생을 지속하는 전략적 선택을 했다. 이렇게 정착된 경제민주주의 제도들은 노사 간 상호 신뢰를 축적하며 정보공유와 공동결정을 통해 기업의 전략적 의사결정도 첨예한 노사갈등 없이 노사합의로 수립·집행되도록 기능하며 기업의 효율적 경영을 담보하고 있다.

2) 경제민주주의와 노동계급 계급형성

사민당은 1932년 총선 승리로 집권한 이래 2019년까지 87년이라는 기간 가운데 80%에 해당하는 70년 동안 집권하며, 스웨덴 모델을 수립하고 수정·보완해왔다. 사민당이 실권한 시기에도 여전히 원내 제1당의 지위를 유지하고 있었고 LO는 높은 노조 조직률과 조직노동 내 헤게모니로 사민당의 정치적 영향력을 지원해왔다. 따라서 보수정당이 집권해도 사민당과 LO가 수립한 스웨덴 모델을 와해·훼손할 수 없었고, 그래서 스웨덴 모델은 사민당의 정치적 부침에도 변화된 경제·사회적 상황에 상응하며 유지될 수 있었다. 그런 점에서 스웨덴 모델과 스웨덴의 경제민주주의는 노동계급의 계급형성과 정치세력화의 성과에 의해 수립되어 재생산된다고 할 수 있다.

스웨덴 노동계급은 계급형성에 상대적으로 성공했다고 할 수 있다. 조직적 형성 측면에서는 70% 수준의 높은 노조 조직률과 LO를 중심으로 한 조직노동의 통합을 이루었고, 이데올로기적 형성 측면에서는 90% 수준의 높은 단체협약 조직률에 기초한 조직 노동의 헤게모니와 사민당의 이념과 전략을 중심으로 한 이데올로기적 결집을 이루었다. 이처럼 스웨덴 노동계급은 LO 중심 계급형성에 기초하여 사민당을 통한 정치세력화의 성과로 경제민주주의를 발전시키고 복지국가를 형성할 수 있었다. 한편, LO는 사민당과 함께 노사관계와 노동시장에 대해서도 노동기본권을 보장하는 법제도를 수립해두었지만 노사관계와 노동시장은 법제도보다 주로 단체교섭과 단체협약을 통해 규제된다.

스웨덴의 단체교섭체계는 중앙집중화된 3단계 교섭체계, 탈중앙집중화가 진행된 2단계 교섭체계, FI 산업협약 추가로 조정된 2단계 교섭체계의 3시기로 구분될 수 있다. 이러한 3시기는 각각 전통적 스웨덴 노사관계 모델이 형성되고, 와해 과정이 진행되고, 전통적 스웨덴 모델과는 동일하지 않지만 변형된 방식으로 스웨덴 모델이 복원된 시기라 할 수 있다.

제3시기에서, LO를 중심으로 한 스웨덴 노동조합운동은 자본의 이동성 증대와 노동력 사용의 유연화를 수반하는 신자유주의 세계화 추세 속에서 진행된 노동조합 조직력 약화와 단체교섭체계의 탈중앙집중화 공세 등 다양한 도전들에 직면하여 노총 간 경계를 초월하는 단체교섭 연대 기구를 조직화하면서 교섭력을 강화하는 전략을 추진했다.

FI 산업협약 방식이 LO의 산별교섭 조정 역할과 금속노조 기준협약의 유형설정자 역할을 통해 중앙교섭의 대체재 기능을 수행하면서 중앙교섭은 없지만 스웨덴의 전통적 노사관계 모델의 중앙집중화된 단체교섭체계와 유사한 결과를 산출할 수 있었다. 또한, 2017년 산업협약으로 도입된 저임금 특례조치는 LO의 연대임금정책이 LO의 조정 역할과 기준협약의 유형설정자 기능을 통해 전 산업에 관철되었다는 점에서 연대임금제 없는 연대임금정책의 실천이라 할 수 있다.

3. 노동시장 내 노동과 자본의 공존·상생: 관리된 유연성과 적극적 노동시장정책

노동과 자본의 관계는 노동시장에서 시작되는데, 스웨덴 노동-자본의 공존·상생은 노동시장의 유연성-안정성 균형으로 보강되었다 (〈표 10-3〉 참조).

자본계급이 노동계급에 대한 일방적 계급지배 방식을 포기함에 따라 노동시장에서도 노동력 사용의 과도한 유연성을 자제하며 유연성-안정성 균형을 수용하게 되었다. 노동자들 또한 노동시장의 유연성-안정성 균형을 전제로 적절한 유연성의 필요성을 인정하고 타당한 수준의 유연성 활용을 수용하게 되었다. 이러한 노동시장의 유연성-안정성 균형에 기초하여 노사관계를 중심으로 한 사회통합을 훼손하지 않으며 경제적 효율성이 확보될 수 있었다. 그런 점에서 노동시장의 유연성-안정성 균형은 계급의 공존·상생 관계를 재생산하며 사회적 통합과 경제적 효율성을 동시에 구현할 수 있는 기초를 제공했다고 할 수 있다.

1) 황금삼각형과 노동시장의 유연성-안정성 균형

스웨덴 등 스칸디나비아 모델 국가들에서 노동시장의 유연성-안정성 균형을 형성·유지하게 한 제도적 장치들은 황금삼각형이었다. 황금삼각형은 유연하고 신뢰할 만한 고용계약제도, 효율적인 적극적 노동시장정책, 관대한 실업자 소득보장제도라는 세 가지 정책요소들로 구성되어 있다. 황금삼각형은 노동력 활용의 유연성을 허용

표 10-3 시장경제모델별 노동시장 특성

구분	스칸디나비아형	대륙형	지중해형	영미형
유연성 수준	높음	낮음	낮음	높음
안정성 수준	높음	높음	낮음	낮음
규제 방식	법 규정보다 단협	단협보다 법 규정	법 규정 중심	규제 없음
국가 사례	스웨덴, 덴마크	독일, 네덜란드	스페인, 이탈리아	미국, 영국

하되 철저하게 규제하는 한편 고용·소득 안정성을 보장하는 전략을 취하여 관리된 유연성과 높은 고용·소득 안정성을 결합함으로써 유연성-안정성 균형을 이룰 수 있었다.

황금삼각형의 각 구성요소들이 유연성 규제와 안정성 보장을 통해 노동자들을 보호하는 방식은 전국 수준의 법 규정에 의한 보호층위와 산업·사업장 수준의 노동조합에 의한 보호층위로 구성된 이중적 보호체계에 의존하고 있다. 고용계약제도의 경우 법 규정으로 노동력 활용의 유연성을 허용하되 타당한 사유로 규제하는 한편, 단체협약을 통해 정리해고와 비정규직 사용의 오·남용을 제어한다. 적극적 노동시장정책의 경우, 정부기구인 일자리중개청이 일자리 중개 및 교육훈련 서비스를 제공하는 한편, 노사자율로 구성된 고용안정기금들로 해고통보 시점부터 개입하여 해고(예정)자와 상담하며 일자리 중개 서비스를 제공한다. 실업자 소득보장체계도 자율적 실업보험제도와 보편적 기초실업부조제로 구성된 공적 실업자 소득보장제도와 함께 단체협약을 통한 실업자 추가적 보상제도로 해고 노동자들에게 적절한 수급기간 동안 70% 수준의 높은 소득보전율을 보장한다.

표 10-4 유럽연합 회원국 시민들의 노동시장 평가, 2011년 9~10월 조사

문항	수개월 간 현재 일자리 유지 전망(%)	정리해고 6개월 내 재취업 가능성(%)*	2년 후 취업 상태 가능성(%)
응답지	확신함	7~10	확신함
스웨덴	95	72	60
덴마크	92	59	54
네덜란드	87	64	57
독일	91	54	54
프랑스	85	42	48
스페인	61	18	30
영국	90	47	54
EU 평균	82	41	43

* EU 평균은 회원국 27개국 평균임. 1(부정적 전망)~10(긍정적 전망) 지수.
자료: Eurobarometer(2011)

고용계약제도의 유연성에도 불구하고 적극적 노동시장정책에 의한 취업보장 방식의 고용안정성 전략이 효율적으로 작동하고, 구직기간의 관대한 실업자 소득보장제도는 구직자들이 적성에 맞고 장기간 근무할 직장을 찾을 수 있도록 한다. 이처럼 고용계약제도의 유연성에 의해 야기될 수 있는 부정적 효과를 최소화하기 위해 잠재적 피해자들에게 고용안정성과 소득안정성을 보장해줌으로써 황금삼각형은 노동시장의 효율성을 담보하고 있는데, 이는 높은 고용률과 낮은 장기실업자 비율에서 확인되고 있다. 그 결과 스웨덴 시민들은 고용계약제도의 경직성이 높은 독일 등 대륙형 조정시장 경제모델 국가들보다도 더 높은 고용안정성을 느끼게 된다(〈표 10-4〉참조).

2) 관리된 유연성과 비정규직 노동자 보호

노동력 활용의 유연성은 주로 정규직의 정리해고와 비정규직 사용의 두 가지 방식으로 확보되는데, 스웨덴 노동시장은 주로 후자 중심의 유연성에 의존하고 있다.

정규직 정리해고의 경우 사업체의 일시적인 재정적 위기상황에서 추진되는 불가피한 정리해고는 수용되지만, 공동결정제에 따라 사용자에 의한 자의적 정리해고는 찾아보기 어렵다. 정리해고는 해고 대상자의 근속연수에 따라 최단 1개월에서 최장 6개월에 이르는 사전통지기간이 의무화되어 있고, 정리해고는 공동결정제에 따라 노사협의로 진행되며, 정리해고자 선별기준은 연공서열제에 입각하여 근속연수가 짧은 노동자부터 우선적으로 해고 대상자가 된다.

스웨덴 노동시장은 주로 임시직 중심 비정규직 사용으로 노동력 활용의 유연성을 확보하는데, 비정규직 사용도 철저하게 고용보호법 등 법 규정들과 단체협약이 허용한 사유들에 한정되고, 사용되는 비정규직들도 차별금지법 등 법 규정들과 단체협약에 의거하여 차별처우가 금지되고 정규직과 동일한 단체협약으로 보호된다.

2000년대 후반 법 개정을 통해 임시직 사용규제를 완화했음에도 불구하고 임시직 규모는 증가하지 않았다. 그것은 단체협약의 내용 수정이 수반되지 않음으로써 법 개정 효과는 제한되었기 때문인데, 경제위기를 거치며 사용업체들이 임시직 대신 간접고용 중심으로 인력을 확충하면서 임시직 규모는 도리어 감소하게 되었다. 예컨대, 금속노조의 단체협약은 12개월 이내 기간제 계약의 경우 단체협약의 규정이 없어도 사용업체와 노동자가 합의하여 체결할 수 있도록 하지만, 12개월을 초과하는 기간제 계약은 단체협약이 허용해야 사용업체와 노동자가 합의하여 체결할 수 있도록 하고 있다. 이처럼 스웨덴 노동조합들은 법 규정과 무관하게 단체협약을 통해 기간제의 사용기간 상한을 1년으로 억제한다.

사용업체들이 간접고용을 더 선호하게 된 것은 사용자로서의 책임을 회피하고 사용기간 제한 규정이 없어 무기한 사용할 수 있다는 장점 때문이다. 자본은 경제위기를 거치면서 정규직 대 비정규직 비율을 80-20으로 유지하며 간접고용 비정규직을 '항구적 임시직'으로 사용하는 전략을 취하게 된 것이다. 이에 맞서 노동조합은 임시직보다 간접고용을 더 강력하게 규제하는 전략으로 대응함으로써 간접고용이 외적 수량적 유연성을 확보하기 위한 용도로만 사용되게 되었다. 그 결과 간접고용을 포함한 전체 비정규직에 대해 노동력 사용의 '관리된 유연성'이 작동하게 되었다.

스웨덴의 간접고용 규제는 파견노동을 중심으로 실시되고 있으며, LO가 2000년 파견업협회와 단체협약을 체결하며 파견노동을 허용하되 적극적으로 규제하는 전략을 추진하면서 강력한 사회적 규제체계가 구축되었다. 간접고용 사용에 대한 사회적 규제는 법 규정보다 단체협약에 더 크게 의존하고 있다. 그 핵심은 파견업체의 파견노동자 정규직 고용 원칙과 비파견 대기기간 90% 수준 이상의 임금보장, 파견기간 사용업체의 단체협약 적용 및 동등처우다. 이처럼 강력한 사회적 규제로 인해 사용업체는 인건비 절감의 편익을 포기하고 주로 수량적 유연성 확보를 위해 제한적으로 파견노동을 사용하게 되었다.

단체협약에 기초한 파견노동 규제체계는 자본과 노동의 타협으로 수립될 수 있었다. LO는 파견노동 금지 입장을 버리고 규제를 통한 노동자 보호 전략을 선택했고, 파견업체들은 사회적 정당성을 획득하기 위해 강도 높은 사회적 규제를 수용한 것이다. 그런 점에서 파견노동을 포함한 간접고용의 사회적 규제 및 그 결과로서의 관리된 유연성을 계급타협의 산물이라 할 수 있다.

파견업체와 사용업체의 공정한 책임 분담을 통해 파견노동자 사용은 이해당사자들의 이해관계에 상응할 수 있게 되었다. 파견업체는 파견노동자의 고용안정과 적절한 임금수준을 파견 여부와 무관하게 보장함으로써 사회적 정당성을 획득하고, 사용업체는 적절한 수준의 임금을 지급하면서 수량적 유연성을 확보한다. 한편, 사용업체 정규직 노동자들은 임금 등 노동조건의 악화 위험 없이 파견노동을 고용안정의 완충재로 활용하고, 파견노동자는 고용안정성과 소득안정성을 보장받는다. 이러한 호혜의 공존·상생 관계로 인해 파견노동 규제체계는 관리된 유연성과 함께 재생산될 수 있는 것이다.

자본은 비정규직 사용을 통해 유연성을 극대화하고 비정규직 가운데서도 사용자의 책임·의무를 회피할 수 있는 간접고용을 선호하는 것은 스웨덴과 한국을 포함한 세계 모든 국가에 나타나는 보편적인 현상이다. 스웨덴 자본의 절제된 간접고용 사용은 노동조합들이 전체적으로 비정규직 사용을 억제하되 비정규직 가운데 직접고용 임시직보다 간접고용 비정규직 사용을 더 엄격하게 규제한 결과다. 반면 한국은 생산직 파견노동자를 포함한 간접고용 노동자들의 임금 등 노동조건이 열악하고 불만 수준도 매우 높다. 간접고용의 오·남용은 이미 심각한 수준에 도달해 있고 불법파견도 널리 확산되어 있는데, 이는 자본의 간접고용 사용 의지가 유효한 사회적 제재 없이 관철되고 있음을 의미한다. 그런 점에서 간접고용의 오·남용을 저지하기 위해서는 스웨덴 노동조합들처럼 간접고용 비정규직 노동자들에게 고용안정을 보장하고 직접고용 노동자들보다 더 높은 임금수준을 보장하는 등 사회적 규제를 강화하는 전략적 개입이 절실하다.

3) 적극적 노동시장정책과 고용안정성

스웨덴의 일자리중개청은 1만 4천 명 정도의 직원으로 한 해 100만 명 이상의 구직자들에게 취업 지원 서비스를 제공하고 있는데, 서비스의 효율성은 구직자들의 높은 이용률과 만족도로 나타나고 있다.

일자리중개청의 서비스는 구직자 역량을 강화하는 노동력 공급 중심정책들과 사용업체의 인건비 부담을 경감해주는 노동력 수요중심정책들로 구성되어 있다. 공급중심정책에는 구직자들의 구직활동과 숙련형성을 지원하는 취업준비활동, 직업훈련, 현장실습, 창업지원 서비스가 있으며, 수요중심정책은 기능저하자, 장기실업자, 난민 및 신규 입국 이민자 등 노동시장 진입에 어려움을 겪는 취약집단들을 위한 고용지원금제도로 구성되어 있다. 공급중심정책과 수요중심정책은 각각 고용률 제고와 장기실업률 인하에 정책목표를 두고 있는데, 스웨덴 노동시장의 높은 고용률과 낮은 장기실업률은 일자리중개청의 효율적 작동을 확인해준다. 일자리중개청은 구직실업자들 가운데 노동시장 진입에 어려움을 겪는 노동시장 취약집단들에 치중함에도 취약집단 노동시장 통합뿐만 아니라 구직자들의 매칭에서도 효율성을 입증함으로써, 두 가지 정책목표가 서로 상충되지 않고 동시 실현이 가능하다는 사실도 확인해주었다.

구직실업자들 가운데 구직 채널로 일자리중개청의 서비스들을 이용하는 비율은 118%에 달하여 거의 모든 구직자가 일자리중개청 서비스를 활용하며 다른 일자리 중개 서비스를 병용하고 있음을 알수 있다. 반면 사적 직업소개기구 이용 비율은 9.2%에 불과하여 일자리중개청의 공적 직업소개 서비스에 비해 노동시장 점유율이 경미하여 직업소개 서비스의 효율성에서 일자리중개청이 월등히 앞서고 있음을 확인해준다. 일자리중개청의 서비스에 대한 평가에서 불만족을 표명한 비율은 구직자들의 경우 20%, 구인업체들의 경우 13%에 불과할 정도로 높은 만족도를 보여주고 있다.

일자리중개청은 구인업체들의 자발적 등록활동과 자체적인 일자리 정보 수집 활동을 통해 양질의 일자리가 일자리중개청에 등록되므로 일자리 중개 기능을 효율적으로 수행할 수 있다. 그 결과 일자리중개청은 사적 직업소개기구들과는 정반대로 '양질의 일자리 등록 ⇒ 구직자 적극 이용 ⇒ 효율적 일자리 중개 ⇒ 양질의 일자리 등록'의 선순환을 지속할 수 있다. 일자리중개청의 적극적 노동시장 정책은 효율적 작동으로 구인업체와 구직자의 높은 신뢰도와 만족도를 확보함으로써 일자리 중개의 선순환을 지속가능하게 한다.

스웨덴 시민들이 느끼는 높은 고용안정감은 스웨덴이나 덴마크 등 스칸디나비아 국가들에 보편적인 적극적 노동시장정책의 성과라는 점은 자명하다. 하지만 정부기구 일자리중개청뿐만 아니라 스웨덴의 독특한 고용안정기금들도 민간부문에서 적극적 노동시장정책을 효율적으로 수행하고 있다는 점에서 스웨덴 적극적 노동시장 정책의 성과는 공적·사적 노동시장 기구들의 공동 작품이라는 점을 간과해서는 안 된다.

노사자율로 단체협약에 근거하여 수립된 고용안정기금들 가운데 사적부문 생산직의 고용안정기금인 TSL 사례를 분석해보면, TSL이 단체협약에 기초한 민간기구로서 적극적 노동시장정책을 자율적으로 집행하며 정부기구인 일자리중개청과 재취업지원 개입 시점, 서비스 제공 대상 집단 등과 관련하여 적절하게 역할분업을 하고 있다. TSL 등 고용안정기금제의 효과는 정리해고(예정) 노동자들에게 제공하는 재취업지원 서비스의 효율성과 65%의 재취업률, 그리고 88%에 달하는 높은 서비스 만족도로 확인되고 있다. 그 비결은 일자리중개청이 해고가 실현된 시점부터 개입하는 반면, 고용안정기금들은 정리해고 통보 시점부터 개입하여 정리해고(예정)자의 재취업을 위한 지원활동을 시작한다는 사실에 있다. 실제 TSL 서비스 수혜자들 가운데 실직 이후 서비스를 받기 시작하는 경우보다 실직 전 서비스를 받기 시작하는 경우 재취업률이 14%나 높아지고 해고통고자들의 17%는 실제 해고가 실시되기 전에 이미 재취업에 성공하는 것으로 나타났다. TSL은 2017년 개혁으로 행정비용 절감과 교육훈련 서비스 추가 등 상당한 성과를 거두었지만 여전히 취약한 물질적 자원으로 인해 충실한 교육훈련 서비스를 제공하지 못하고 기간제 등 비정규직을 수혜 대상에서 제외하는 한계를 극복하지 못하고 향후 과제로 남겨두고 있다.

경제위기라는 비상 상황을 극복하는 데는 적극적 노동시장정책의 일상적 실천에 더하여 노사협력적 위기 대응전략도 절실하게 요구된다. 스웨덴은 2008~09년 경제위기를 효율적으로 대응하여 조기에 경제위기를 극복할 수 있었는데, 여기에는 위기협약을 통한 노사 공동 대응전략이 있었다. 제조업의 금속노조(IF Metall, Industri-facket Metall)와 제조업사용자협회(Teknikföretagen)는 2009년 경제 위기에 대한 노사정 공동 대응을 모색했으나 보수정당 정부가 참여를 거부했음에도 노사협약을 체결하여 노동시간 단축과 인건비 분담을 통해 경제위기 폐해를 최소화하며 위기 상황을 극복할 수 있었다. 경제위기 극복 후에도 향후 경제위기 재발 가능성에 대비하여 2014년에 경제위기 대응 노사정협약을 추진했는데, 보수정당 정부도 참여하여 노사정협약을 체결할 수 있었다.

2009년 제조업 노동조합과 사용자단체의 위기협약은 경제위기를 성공적으로 극복하는 데 기여했고, 금속노조는 임금삭감을 양보하며 고용안정성을 확보할 수 있었다는 점에서 위기협약은 합리적 선택이었다고 할 수 있다. 2009년 위기협약은 노동시간 단축지원제도의 도입 필요성을 확인해주었다. 보수당 정부는 위기협약 참여를 거부했지만, 높은 실업률로 인해 노동시간 단축지원 대신 실업급여 지급 방식으로 재정자원을 지출하게 되었다. 결국, 보수당 정부는 2014년 위기협약에는 참여함으로써 2009년 위기협약 불참이 과오였음을 간접적으로 인정했으며, 보수당 정부의 2014년 위기협약 참여는 2009년 위기협약의 성과에 대한 긍정적 평가와 제조업 노사단체의 적극적인 대 정부 설득 노력의 결과라 할 수 있다.

한국은 공적 일자리중개기구의 비효율성으로 인해, 구직자들이 부당한 수수료 징수와 불법비리 등 각종 폐해에도 불구하고 사적 일자리중개기구들을 선호한다. 적극적 노동시장정책은 전체 예산 규모가 작을 뿐만 아니라 구직자 역량강화를 위한 공급중심정책들보다 가시적인 단기적 성과를 위한 직접일자리사업 등 수요중심정책들에 편중되어 운영된다. 그 결과 제한된 상담인력으로 구직 상담, 직업소개, 직업훈련 등 적극적 노동시장정책의 핵심이라 할 수 있는 전통적 공급중심정책 프로그램들을 효율적으로 집행할 수 없기 때문에 구직자들은 공적 일자리중개기구들을 기피하는 것이다.

취약한 적극적 노동시장정책에도 한국의 노동조합들은 적극적 노동시장정책의 강화를 강력하게 요구하지 않는다. 그것은 노동조합들이 주로 사업체 수준에서 고용안정협약 같은 직장보장 방식의 고용안정성을 추구하기 때문이다. 그 결과 정규직 조직노동은 단위 사업장 수준에서 고용안정을 보장받는 반면, 미조직·비정규직 노동자들은 고용안정성 보장에서 배제되는 양극화된 분절노동시장이 고착화되고 있다. 노동계급 구성원들 가운데 고용안정성 보장이 가장 절실한 미조직·비정규직 노동자들에게 고용안정성을 보장하기 위해서는 단위 사업장이 아니라 노동시장 차원 취업보장 방식의 고용안정성 방식으로 전환해야 한다. 이처럼 노동시장의 고용안정성 양극화를 해소하기 위해 적극적 노동시장정책을 강화하는 한편 고용보험제의 수급대상 확대, 소득보전율 증대 및 수급기간 연장 등 고용보험제를 확충하여 고용안정성과 함께 소득안정성도 강화해야 한다.

또한 한국에서는 경제위기가 발생하면 노사가 정리해고를 둘러싼 극단적 대립으로 경제위기 극복에 매진하기 어렵게 되고 사회적 타협은 노사자율이 아니라 노사갈등을 중재하는 정부에 의해 주도된다. 스웨덴에서 노사가 정부지원 없이도 자율적으로 상호 양보를 전제한 위기협약을 체결하며 공동으로 위기 극복에 힘을 보태는 것은 노조가 사업체의 재정적 어려움을 인정하고 필요한 인력조정을 수용하기 때문에 가능한데, 이는 경영진과 노조의 정보 공유와 공동결정제의 실천 경험을 통해 상호 신뢰가 축적되었기 때문이다. 그런 점에서 사용자 측이 일방적 지배를 포기하고 공존을 모색하는 한편, 노동자대표 이사제와 같은 경제민주주의 제도적 장치들을 도입하는 것은 그러한 상호 신뢰 축적을 위한 첫 출발이 될 수 있다.

4. 한국사회에 던지는 함의: 평등하고 공정한 상생의 사회로 가는 길

1) 평등하지도 공정하지도 않은 한국

스웨덴은 평등성과 공정성을 모두 구현하는 데 상대적으로 성공한 나라로 평가될 수 있는 반면 한국은 평등성도 공정성도 결여하고 있다. 평등성의 지표를 보면, 스웨덴은 지니계수 0.282와 소득 배수 3.3배로 자본주의 국가들 가운데 가장 평등한 소득분배를 보여주는 반면, 한국은 지니계수 0.355와 소득 배수 5.7배로 선진자본주의 국가들 가운데 가장 불평등한 미국과 스페인의 중간에 해당하는 높은 불평등 수준을 보여주고 있다(〈표 10-2〉 참조).

국제노동조합총연맹(ITUC)의 노동인권지수를 보면, 조사대상 142개국 가운데 스웨덴은 덴마크, 노르웨이 등 여타 스칸디나비아 국가들과 함께 노동인권 보장 최우수 국가로 평가된 반면, 미국과 영국 등 자유시장경제모델 국가들은 노동인권 침해 수준이 심각한 3~4등급으로 분류되었고, 한국은 방글라데시, 중국 등과 함께 최하위 5등급으로 분류되었다(〈표 10-5〉 참조).

표 10-5 국제노동조합총연맹(ITUC) 노동인권지수(노동인권보장 1~5등급), 2018년

등급	기준	국가 수	국가명 예시
1등급	노동인권 간헐적 침해	13	스웨덴, 노르웨이, 덴마크, 독일, 네덜란드, 오스트리아, 이탈리아
2등급	노동인권 반복적 침해	26	스위스, 프랑스, 포르투갈, 캐나다, 뉴질랜드, 체코, 타이완, 일본, 이스라엘, 남아공
3등급	노동인권 규칙적 침해	25	스페인, 영국, 호주, 러시아, 헝가리, 폴란드, 베네수엘라, 칠레
4등급	노동인권 체계적 침해	38	미국, 볼리비아, 브라질, 태국, 베트남, 케냐, 우간다
5등급	노동인권 보장 안 됨	32	한국, 방글라데시, 중국, 인도, 홍콩, 필리핀, 콜롬비아, 멕시코
5+ 등급	법질서 붕괴로 노동인권 보장 안 됨	10	리비아, 팔레스타인, 시리아, 예멘, 소말리아

자료: ITUC(2018)

　　스웨덴은 노동인권이 가장 잘 보호되는 모범적 국가로 분류되는 반면 한국은 노동인권이 보장되지 않은 노동인권 후진국으로 분류되고 있어, 노동자들의 관점에서 보면 스웨덴과 한국은 상호적 공정성의 양극단에 배치된다. 이러한 한국의 후진적 노동인권 상황은 ILO 기본협약들 가운데 보편적 인권에 해당하는 결사의 자유 관련 협약 제87호와 제98호의 비준 거부에서도 확인된다. ILO 191개국 가운데 협약 제87호와 제98호를 비준하지 않은 국가는 20개국에 불과하며, OECD 회원국들 중에서는 한국과 미국뿐이다.

　　한국사회의 불평등은 계급 간 불평등과 계급 내 불평등의 중층 구조를 보여준다. 계급 간 불평등은 지니계수와 소득 배수로 확인될 수 있었는데, 노동계급 내 불평등도 정규직과 비정규직, 남성과 여성

표 10-6 고용형태별·조직부문별 임금수준

구분	시간당 임금		월평균 임금		최저임금 미만(%)*	고용보험 적용(%)
	금액(원)	비율	금액(만 원)	비율		
〈전체 임금노동자〉	14599		255.84		15.53	66.08
〈정규직〉	17505	100	320.4	100	3.78	84.15
노조원 정규직	20315		367.30		1.98	76.46
비노조 정규직	16820		308.97		4.21	86.02
〈비정규직〉	10384	59.3	162.22	50.6	32.57	39.86
노조원 비정규직	14195	81.1	257.24	80.3	7.83	87.63
비노조 비정규직	10302	58.9	160.18	50.0	33.10	38.84

* 최저임금 2018년 7,530원 기준. 미조직 비정규직의 1/3은 최저임금 미만.
자료: 2018년 8월 경제활동인구부가조사결과 분석

사이에서 심각한 양극화 현상을 보여주고 있다. 비정규직 노동자들은 정규직 노동자들에 비해 월평균 임금이 50.6%에 불과한 것으로 나타났다(〈표 10-6〉 참조). 시간당 임금이 최저임금 수준에 미달하는 노동자 비율은 정규직의 경우 3.78%에 불과한 반면 비정규직의 경우 32.57%로 거의 10배에 달하고, 고용보험 적용률은 정규직 노동자들이 84.15%인 반면 비정규직 노동자들은 39.86%로 정규직의 절반 수준에도 못 미친다.

정규직과 비정규직 사이의 임금 등 노동조건 격차는 국가별 분류 기준의 차이로 인해 국가 간 비교가 어려운 반면 성별 임금 등 노동조건 및 삶의 조건 격차는 국가 간 비교 가능한 공통지표들을 찾을 수 있다. 성별 고용률 격차를 보면, 스웨덴은 2.9%에 불과하여 세계 최저수준을 보이는 반면 한국은 19.4%로 스웨덴의 6.7배에 달하며 OECD 국가들 가운데 최고 수준을 보여준다(〈표 10-7〉 참조). 성

표 10-7 OECD 성평등 지수

구분	스웨덴	덴마크	독일	스페인	영국	미국	한국	OECD 평균
〈고용률〉(2017)								
남성	78.3	76.9	78.9	67.6	79.6	75.4	76.3	75.5
여성	75.4	71.5	71.5	56.5	70.4	64.9	56.9	60.1
전체	76.9	74.2	75.2	62.1	75.0	70.1	66.6	67.8
남성-여성	2.9	5.4	7.4	11.1	9.2	10.5	19.4	15.4
〈성별임금격차〉								
%(2016)	13.4 (2013)	5.8 (2015)	15.5	11.5 (2014)	16.8	18.1	36.7	14.1
〈대기업 이사진〉								
여성 비율(2016)	36.0	27.0	27.0	20.0	27.0	16.4	2.1	20.0

자료: OECD(https://stats.oecd.org/)

별 임금 격차도 스웨덴은 13.4%에 불과한 반면 한국은 36.7%로 스웨덴의 3배 수준에 달한다. 대기업 경영진에서 여성이 차지하는 비율은 스웨덴의 경우 36.0%로 높게 나타난 반면, 한국은 2.1%에 불과하다. 노동계급은 물론 전체 사회 수준에서도 스웨덴은 여성에게 평등하고 공정한 사회인 반면, 한국은 여성에게 평등성과 공정성이 거부된 사회라 할 수 있다.

한국은 계급 간 불평등에 더하여 노동계급 내 불평등도 심각한 수준을 보여주고 있어 불평등 현상이 지배집단의 일방적 지배와 사회적 약자들의 배제에 기초해 있음을 확인해준다. 이처럼 한국은 평등성과 공정성을 결여하고 있는데, 이러한 불평등·불공정의 구조는 일방적 지배와 사회적 배제의 메커니즘에 의해 재생산되고 있어 사회적으로 배제된 피지배자들이 상호적 공정성을 인정하는 것은 불가능하다.

2) 노동-자본 계급상생과 노동계급 계급형성

평등성과 공정성에 기초한 스웨덴의 계급 공존·상생은 우리가 지향할 사회의 형상을 보여준다. 평등성과 공정성의 원칙을 구현하는 스웨덴의 법제도들은 우리가 벤치마킹할 대상이지만, 역사적 경험과 사회경제적 조건 및 주체적 역량의 차이를 고려한 전략적인 '맥락적 벤치마킹(contextual benchmarking)'이 되어야 한다. 무엇보다도 자본주의 시장경제모델에서 큰 차이를 보이는데, 스웨덴은 스칸디나비아형 사회민주주의 모델을 수립·운영하고 있지만, 한국은 1990년대 말 경제위기 이래 신자유주의 경제정책들의 급격한 추가적 도입·집행으로 개발독재형 국가주도 조정시장경제모델에서 영미형 자유시장경제모델로 빠르게 이행하고 있다.

스웨덴을 포함한 구미의 선진자본주의 국가들은 제2차 세계대전 이후 포드주의 계급타협에 기초한 30년 안팎의 자본주의 황금기를 거쳤다(〈표 10-8〉 참조). 이 시기는 '인간의 얼굴을 한 자본주의(capitalism with human face)' 시기로서 자본주의 시장경제로 인해 야기되는 문제점들을 해소하기 위해 노동기본권을 법제화하여 보장하고 사회적 약자들을 포용하는 복지국가를 건설했다. 한국은 중남미 국가들과 함께 포드주의 계급타협이 아니라 군사독재정권이 경제성장을 주도하는 개발독재 시기를 거치면서 노동기본권은 억압되고 소득 재분배의 복지제도는 수립되지 않았다. 도리어 권위주의 국

표 10-8 경제위기와 신자유주의 관련 시기적 변천의 국가 간 비교

구분	경제위기 이전 시기	경제위기 시기	신자유주의 시기	신자유주의 이후
유럽	포드주의 계급타협	경제위기	신자유주의	좌파 재집권
시기 구분	1945~70년대 중반	1970년대 후반	80년대~90년대 초반	1990년대 중반
중남미	군사독재정권	경제위기	민주정권/ 신자유주의	좌파 재집권
시기 구분	1960~70년대	1980년대	1990년대	2000년대
한국	군사독재정권	민주화/경제위기	민주정권/ 신자유주의	우파 신자유주의
시기 구분	1961~87	1990년대 후반	1998~2008년	2008년~

가가 선성장 후분배 논리로 무장한 이윤주도성장 전략을 추진하면서 자본계급의 일방적 지배를 엄호하며 노동계급의 조직화와 동원과정을 탄압했고, 그 과정에서 자본계급의 일방적 계급지배는 공고화되었고 불평등이 심화되며 상호적 공정성은 실종되었다.

군사독재정권 이후 정치적 민주화가 시작되었으나 1990년대 후반의 경제위기로 민주정부에 의해 신자유주의 경제정책이 추진되었는데, 경제위기 극복을 위한 신자유주의 처방은 한국에만 국한된 현상이 아니라 신자유주의 세계화 추세 속에서 유럽과 중남미 국가들도 경험했다. 그러나 경제위기는 극복되었지만 신자유주의 경제정책의 폐해로 유럽과 중남미 국가들에서는 좌파 정당들이 재집권하는 좌파정권 붐이 조성되었다. 하지만 한국은 중도 민주성향 신자유주의 정권이 좌파 정권이 아닌 우파 보수성향 신자유주의 정권으로 교체되며 신자유주의 경제정책의 폐해는 더욱 심화되었고, 사회양극화 현상은 악화되고 상호적 공정성은 실종되었다. 결국 노동계급

계급형성의 조건은 개선될 수 없었고 자본계급의 일방적 지배는 재생산될 수 있었다.

스웨덴은 1930년대부터 계급지배 방식은 자본계급의 일방적 지배에서 계급타협으로, 경제성장 전략은 이윤주도성장에서 소득주도성장으로 동시에 이행하는 과정을 시작했다. 스웨덴 경험은 노동계급 계급형성에 기초한 계급타협과 소득주도성장 전략이 짝을 이루고 있음을 확인해준다.

사회민주당은 스웨덴의 고실업률과 경제침체를 해결하기 위해 소득주도성장 전략을 수립했고, 1932년 집권하면서 소득주도성장 전략을 재정경제정책으로 변환하여 추진했다. 렌-마이드너 모델은 소득주도성장 전략이 다양한 재정경제정책 영역을 포괄하는 체계적인 정책 패키지로 발전된 것이다. 스웨덴의 노동과 자본은 1938년 정상조직체들인 LO와 SAF(Svenska arbetsgivareföreningen, 스웨덴사용자단체) 사이에 체결된 살트쇠바덴협약으로 일방적 계급지배를 위한 소모적 계급갈등을 지양하고 '긍정적 의미의 타협(positive compromise)'인 정합게임의 계급타협에 최초로 성공했다. 양대 계급의 계급타협은 1950년대 중앙교섭과 연대임금제를 통해 중앙집중화된 단체교섭체계의 스웨덴 노사관계 모델로 제도화되었다.

한국은 촛불항쟁 이후 소득주도성장 전략과 경제민주화에 기초한 계급 공존·상생 사회 수립의 가능성을 보였으나, 재벌그룹 대기업 중심 이윤주도성장 전략으로 회귀하며 소득주도성장 전략과 경제민주화 시도는 무력화 혹은 후퇴하게 되었다. 결국 촛불항쟁에도 일방적 계급지배 방식은 지속되고 있고 평등하고 공정한 나라 수립 프로젝트는 향후 과제로 남게 되었다.

코르피(Korpi)의 권력자원론(power resource theory)이 잘 설명하듯이 살트쇠바덴협약의 계급타협과 그에 기초한 노동기본권 보장, 복지국가 건설, 경제민주화는 노동계급 계급형성과 정치세력화의 성과로 이루어졌다. 결국 자본계급이 일방적 계급지배 방식을 포기하고 계급타협을 수용하지 않는 한 평등하고 공정한 상생의 사회는 불가능한 것이며, 이를 압박하는 것은 살트쇠바덴협약에서 보았듯이 노동계급 계급형성과 정치세력화다.

라이트(Wright)의 계급타협론이 보여주듯이 노동계급 계급형성이 일정 수준 이상 진전되면 노동계급의 거부권력이 형성되어 자본계급의 일방적 지배가 더 이상 가능하지 않은 계급갈등 함정에 빠지게 되는 것이 한국의 현재 상황에 해당한다(〈그림 10-1〉 참조). 노동계급 계급형성이 거부권력 단계 이상으로 더 진전되면 노동계급과 자본계급의 이해관계가 동시에 구현되는 정합게임의 호혜관계가 가능한 계급타협 국면에 접어들게 된다. 스웨덴이 살트쇠바덴협약의 계급타협에서 1950년대 중앙집중화된 단체교섭체계의 스웨덴 노사관계 모델을 제도화한 시기가 여기에 해당되며, 현재는 노동과 자본의 호혜관계가 최적화된 사회민주주의 유토피아 국면을 지속하고 있다.

스웨덴 노동계급이 1970년대 경제민주주의 법제화 공세를 전개하며 노사관계가 갈등 상황으로 변모하기 시작했다. 1980년 전후 자본계급이 임노동자기금제 법제화에 반발하며 대규모 집회·시위를 조직하고 1980년대 초 SAF가 중앙교섭을 거부하고 코포라티즘 노사정기구들로부터 전격 철수하면서 노동-자본의 계급갈등이 첨예화되며 계급타협 상황은 최대의 위기를 맞기도 했다. 하지만 자본계급은 경제민주주의 제도적 장치들을 현실적으로 수용하며 적응했

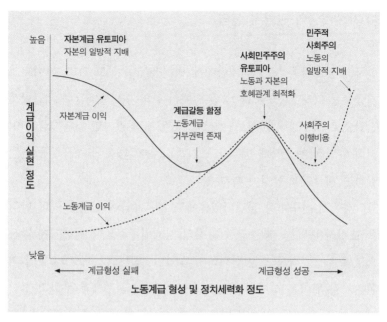

그림 10-1 노동계급 계급형성과 노동계급·자본계급 이해관계
자료: Wright(2000)

고, 노동계급은 임노동자기금제가 실패하자 더 이상 고집하지 않고 국민연금 활용 방향으로 선회했다. 그리고 SAF의 중앙교섭 거부에 대해서는 FI의 산업협약 전략으로 대응하며 중앙교섭 없는 조정된 산별교섭체계로 전환했다. 이렇게 계급타협은 부침하며 재생산되고 있다.

노동계급이 계급관계를 계급갈등 함정 단계에서 계급타협 국면으로 이행시키기 위해서는 노동계급 계급형성의 진전과 함께 자본계급의 전략 변화가 요구된다. 자본계급에게 일방적 계급지배 방식 대신 계급타협을 선택하도록 강제하는 것은 노동계급의 계급형성과 계급헤게모니다.

3) 자본계급의 전략적 선택

한국 자본계급은 일방적 계급지배 방식을 고수하고 있다. 라이트의 계급형성 그래프(〈그림 10-1〉 참조)에서 한국은 노동계급이 계급형성 진전으로 거부권력을 확보·행사할 수 있게 되었지만 자본계급은 여전히 일방적 계급지배 방식을 포기하지 않기 때문에 계급갈등이 빈발하는 계급갈등 함정에 빠져 있다.

정치적 민주화가 진전되었음에도 자본계급이 일방적 지배 방식을 포기하지 않는 것은 권력 분점의 경제민주주의가 진전되지 않음으로써 시장권력 구조는 변화하지 않았기 때문이다. 1990년대 말 외환위기와 뒤이은 경제위기, 신자유주의 세계화 추세와 무한경쟁 시장 상황은 생산성·경쟁력 담론과 함께 시장권력의 자율성을 방어·강화했고, 20여 년간 지속된 신자유주의 경제정책은 노사갈등의 중심을 자본-노동 갈등에서 국가-노동 갈등으로 옮겨 자본계급의 노사갈등 비용은 감당할 수 있는 수준을 넘어서지 않게 되었다. 민주화 세력 기반 정권이 신자유주의 경제정책을 도입·집행하면서 개혁적 민주성향 정치세력이 보수 기득권 정치세력과 함께 자본계급과 거대한 신자유주의 대동맹을 형성함으로써 국가의 자본계급 이해대변 기능은 강건하게 유지되고 신자유주의에 저항하는 민주노동운동은 고립화되었다.

2016~17년의 이재용-최순실 게이트와 촛불항쟁으로 새로운 정권이 출범하며 소득주도성장 정책을 주창하여 자본계급의 일방적 계급지배 방식이 폐기될 수 있을 것으로 기대를 모았다. 하지만 2년차부터 소득주도성장 전략은 방기되고 재벌그룹 중심 이윤주도성장

전략이 복원되며 자본계급의 일방적 지배 방식은 위기 상황을 벗어나게 되었다.

자본계급이 일방적 지배 방식을 폐기하고 정합게임의 계급타협을 추진할 가능성은 여전히 남아 있다. 우선 노동계급 계급형성이 더 진전되면 민주노조운동을 중심으로 일방적 계급지배 방식을 저항하는 투쟁과 위력적 거부권력 행사로 자본계급의 일방적 지배 방식의 비용은 상승하고 지속가능성은 하락한다. 또한 일반 시민들이 삼성 등 재벌그룹 총수 일가의 법질서 유린을 포함한 재벌체제의 폐해에 분노하며 자본의 독점적 시장권력 행사에 대해 강력한 사회적 규제를 요구하면서 자본계급에 대한 일방적 지배의 포기를 압박할 수 있다. 2012년과 2017년 대선에서 보수성향 후보들도 재벌개혁을 포함한 경제민주화 공약들을 선포했다는 사실은 이러한 국민 여론의 압박을 확인해준다.

무엇보다도 자본계급의 일방적 지배 방식 폐기 여부를 결정하는 핵심적 변인은 자본계급 스스로 일방적 지배 방식보다 공존·상생의 계급타협 방식이 자신들의 이해관계에 유리하다는 사실을 확인하고 자신을 위한 대안으로 선택하는 것이다. 스웨덴의 경험은 그러한 정합게임의 계급타협 가능성을 보여주었는데, 공존·상생의 계급타협이 자본계급의 이해관계에 기여하는 메커니즘들의 존재를 다음과 같이 확인해주었다.

첫째, 노동조합대표 이사제와 공동결정제 같은 경제민주주의 제도적 장치들은 첨예한 노사갈등을 야기할 수 있는 의사결정들도 노사갈등 없이 생산현장에서 잘 수용되어 집행될 수 있게 한다. 이렇게 경제민주주의가 기업경영을 위해 순기능을 수행한다는 사실은 스웨덴 경영진들이 증언해주고 있으며, 정리해고를 수반한 구조조정조차 경제위기 하에서 첨예한 노사갈등 없이 추진되었다는 데서도 확인된다.

둘째, 노동자들의 고용안정성은 정보공유 및 공동결정제 등 노동자 경영참가 제도들과 함께 노동자들의 사용업체와 경영진에 대한 신뢰를 제고하여 사용업체에 대한 노동자들의 동일시와 헌신성을 높여주고, 업종 특유 혹은 기업 특유의 기술·기능을 습득하여 적극적으로 숙련형성을 함으로써 사업체의 생산성 향상에 기여한다.

셋째, 관리된 유연성은 타당한 사유의 비정규직 사용을 허용함으로써 사용업체는 비정규직을 오·남용하지 않는 대신 직접고용 임시직이나 간접고용 비정규직의 사용을 통해 인력 활용의 유연성을 확보한다. 간접고용 노동자들을 고용한 파견업체도 파견노동자들의 고용안정성과 소득안정성을 보장하는 대가로 사용업체로부터 안정된 수준의 이윤을 보장받으면서 사회적으로는 인신매매업이란 오명을 벗고 정상적인 기업경영의 정당성을 누릴 수 있게 된다.

넷째, 적극적 노동시장정책이 정부기구 일자리중개청과 노사자율 고용안정기금들에 의해 집행되면서 노동자들의 고용안정성은 취업보장 방식으로 보장된다. 그 결과 노동자들이 사업체의 생산성과 경쟁력 향상을 위한 일상적 구조조정은 물론 경제위기 시 사업체 생존을 위한 정리해고 조치들도 수용할 수 있게 하는데, 사용업체들과 경영진도 공적·사적 적극적 노동시장정책 기구들에 대해 높은 만족도와 긍정적 평가를 보여준다.

4) 노동계급의 계급형성 실패와 전략적 선택

스웨덴은 노동계급이 계급형성과 정치세력화의 성과로 평등성과 공정성에 기초한 상생의 사회를 만들 수 있었지만, 한국에서는 노동계급의 계급형성과 정치세력화 모두 실패했다. 스웨덴의 경험은 노동계급이 계급타협 사회의 모델을 수립했고, 투쟁을 통한 압박과 교섭을 통한 타협으로 평등성과 공정성의 원칙을 제도화하며 상생의 사회를 만들었다는 점에서 노동계급의 전략적 선택이 지닌 중요성을 확인해준다. 한국 노동계급의 계급형성과 정치세력화 실패는 외적 여건뿐만 아니라 노동계급이 선택한 전략들의 결과도 반영하고, 그러한 전략적 선택들은 계급형성과 정치세력화 실패를 재생산하는 메커니즘으로도 작용하고 있다.

노동계급 계급형성 실패

한국 노동계급은 10%의 낮은 노조 조직률과 조직노동의 분열로 조직적 형성에 실패했는데, 노조 조직률은 정규직 20%와 비정규직 2%로 양극화되어 있어 조직적 형성 실패의 핵심 요인이 비정규직 조직화 실패에 있음을 보여준다. 한편, 1997~98년 경제위기와 신자유주의 세계화 추세 속에서 사회전반적으로 진행된 보수화 과정에서 노동자들도 자유로울 수 없었는데, 특히 자신의 고용안정성과 사업체의 생산성·경쟁력을 동일시하는 정규직 노동자들을 중심으로 계급의식 보수화가 빠르게 진행되었다.[1] 결국 1987년 노동자 대투쟁 이

---

1   한국 노동계급의 계급의식 보수화에 대해서는 조돈문(2011: 304-332, 371-402)을 참조하
     도록 한다.

래 고양되던 노동계급 계급의식이 보수화를 겪으며 이데올로기적 형성에도 실패하게 되었다.

그 결과 조직적 형성과 이데올로기적 형성에서 앞섰던 정규직 조직 노동자들이 민주노조운동을 중심으로 노동계급 계급형성을 주도해왔지만, 1997~98년 경제위기를 계기로 노동계급 내 도덕적 지도력을 상실하며 노동계급 계급형성을 더 이상 주도할 수 없게 되었다. 이렇게 정규직은 조직적 형성에서 앞서지만 이데올로기적 형성에서는 비정규직이 앞서는 계급형성의 미스매치 상황이 형성되며 노동계급 계급형성은 후퇴와 정체를 반복하게 되었다.[2]

노동계급의 조직적 형성을 제약하는 핵심적 요인은 계급 내적 불평등과 균열이다. 임금 등 노동조건의 고용형태별, 사업체 규모별, 성별 격차는 세계 최고 수준인데, 노동조합들은 저임금, 중소영세기업, 비정규직, 여성 노동자들보다 고임금, 대기업, 정규직, 남성 노동자들을 더 충실하게 대변하고 있다. 단체협약도 노동조합의 경계를 넘어서 적용되지 않기 때문에 단협 적용률은 노동조합 조직률과 일치하고 노동조합들의 투쟁·교섭 성과가 미조직 노동자들에게 확산되지 않는다. 그뿐만 아니라 민주노조운동의 핵심을 구성하는 정규직 중심 노동조합들도 비정규직 노동자들을 1사 1조직 원칙 하에 동일 노동조합으로 통합하고 이해관계를 대변하는 것을 거부해왔다.

사업체 단위에서 정규직 노동자들은 내부 노동시장으로 통합된 반면 비정규직은 외부 노동시장에 방치되어 있다. 정규직 노동자들은 내부자로서 안정성이 보장된 반면 비정규직 노동자들은 외부자

---

2   계급형성의 미스매치 현상에 대해서는 조돈문(2011: 403-422)을 참조하도록 한다.

로서 유연성의 수단으로 사용된다. 정규직 노동자들 또한 비정규직을 고용안정의 안전판으로 활용하고 있기 때문에 정규직 중심 노동조합들이 불법파견 판정을 받은 비정규직 노동자들의 정규직 전환에 반대하는 현상들이 빈발하고 있다. 이러한 조직 정규직과 미조직 비정규직의 관계가 단순한 불평등 분절화 수준을 넘어 적대적 지배 관계의 성격까지 보이기도 하기 때문에 비정규직 노동자들은 정규직 노동자·노동조합들에 강한 불신을 갖게 되어 정규직 중심 노동조합들이 비정규직 조직화를 통해 노동조합 조직률을 높이기 어렵다(조돈문, 2019a).

계급형성 전략과 계급이익 대변 과제

노동계급 계급형성의 실패는 조직적 형성과 이데올로기적 형성 모두 정규직-비정규직의 적대적 이해관계와 정규직 조직 노동의 비정규직 이해 대변 실패에 의해 생산·재생산되고 있다. 그런 만큼 노동계급 계급형성의 진전을 위해서는 노동계급의 합리적인 전략적 선택이 우선되어야 하는데, 그 핵심은 정규직 중심 조직 노동에 의한 미조직 비정규직을 포함한 전체 노동계급의 계급이익 대변이다. 계급이익 대변 과제는 노동조합의 조직 확대를 통한 조직적 형성은 물론 정규직 조합원들의 계급의식 향상을 통한 이데올로기적 형성도 진전시킬 수 있다. 이를 위해 우선적으로 고려해야 할 실천 사항들이 있다.

첫째, 산업별로 편재된 노동조합들은 명실상부한 산별노조로 전환하여 직접고용 비정규직은 물론 간접고용·특수고용 비정규직과 함께 구직 실업자들까지 노조조직으로 포괄하며 이해관계를 대변해야 한다.

산별노조는 노조원들이 사업장 단위 이익집단 관점에서 계급 조직 관점으로 전환하며 사업체 생산성·경쟁력과 동일시하는 기업별 노조주의 현상을 극복하는 데 기여함으로써 노동계급의 조직적 형성은 물론 이데올로기적 형성도 진전시킬 수 있다. 산별노조는 산업·업종 단위의 단체교섭을 통해 개별 사업장 단위가 아니라 산업·업종 단위로 단체협약을 체결하기 때문에, 조직 노동자들뿐만 아니라 미조직 비정규직을 포함한 해당 산업·업종의 모든 노동자에게 확대 적용하기에 용이하다. 이렇게 미조직 노동자들이 단체협약의 확대 적용을 통해 노동조합 활동의 혜택을 받으면서 산별노조에 대한 신뢰를 축적함으로써 정규직 노동조합에 대한 불신을 해소하고 노동조합으로의 통합 혹은 편입을 수용할 수 있게 된다.

산별노조는 실효성 있는 산별교섭을 성사시키기 위해 산업·업종 단위의 사용자 측 교섭기구 형성 과정을 간접적으로 지원할 수 있다. 전국 혹은 광역 단위의 노사민정 협의기구나 업종별 협의기구에 적극적으로 개입하여 해당 영역의 노동시장과 산업발전을 위한 협의기구에 머물지 않고 노동 현안들도 협의 의제로 포용하는 한편 사용자 측을 대표하는 교섭기구도 조직될 수 있도록 활용하는 방안도 검토해야 한다.

둘째, 노동조합들은 사업장 차원이 아니라 노동시장 차원에서 고용안정성과 소득안정성을 추구하는 전략을 추진해야 하는데, 그 핵심은 직장보장 방식보다 취업보장 방식으로 고용안정성 보장을 강화하는 것이다.

노동조합들은 기업별노조 전통 속에서 고용안정협약 혹은 고용보장 합의서 등 단체협약을 통해 사업체 단위로 노조원들의 고용안정성을 보장하는 전략을 추진해왔다. 사용업체와 고용계약을 체결하지 않거나 한시적 기간으로 고용되는 비정규직 노동자들에게 사업장 단위 직장보장 방식의 고용안정 보장은 불가능하다. 사업장 단위 직장보장 방식의 고용안정 보장은 평생고용을 보장하되, 사업체의 시장 변동 대응력이 강하고, 개별 사업체의 재정적 위기 시 동일 고용주의 다른 업종 사업체로 전환배치될 수 있는 재벌그룹, 제조업, 대기업 사업장의 정규직 조직 노동자에게만 유효한데 그 비중은 전체 노동계급의 1%를 넘지 못한다. 따라서 미조직 비정규직을 포함한 전체 노동계급의 99%는 사업장 단위의 직장보장 방식이 불가능하거나 실효성이 없기 때문에, 단위사업장이 아니라 노동시장 차원에서 고용안정을 보장하는 취업보장 방식이 필요하다.

노동시장 차원 취업보장 방식의 고용안정성 보장을 위해서는 적극적 노동시장정책을 강화해야 하는데, 그러기 위해서는 현재 직접일자리사업이 주도하는 수요중심정책에 편중된 재정지출을 축소하고 공급중심정책에 대한 재정지출을 대폭 증액해야 한다. 전통적인 적극적 노동시장정책 프로그램인 상담, 일자리 중개, 교육훈련 등 공급중심정책 프로그램들을 강화하여 상담 상근자 1인당 담당해야 하는 경제활동인구 규모를 스웨덴 등 북유럽 수준으로 감축해야 하고, 그러기 위해서 상근자 규모를 10배 정도 증원한다는 목표로 단계적 증원을 추진해야 한다(조돈문, 2018; 황선웅, 2018).

셋째, 노동자들 사이의 고용안정성을 둘러싼 영합게임에서 벗어나 정규직-비정규직 이해관계의 적대성을 재생산하는 구조적 조건을 해소하기 위해 고용보험제를 확충해야 한다.

현재 비정규직 노동자들의 고용보험 적용률은 40% 수준으로서 정규직 노동자들의 절반 수준에도 못 미치고 있어 비정규직을 포함한 고용보험 사각지대를 해소하기 위해 수급기준을 완화해야 한다. 고용보험 수혜자들의 평균 수급기간은 3~4개월이고 평균 소득보전율은 3~4개월에 불과하여 고용보험 수혜 수준은 실직 후 1개월치 임금 보전에 그치고 있다. 그래서 고용보험제의 보호를 받는 정규직 노동자들도 실직 시 소득보전의 미흡함을 인지하여 정리해고를 결사반대하며 비정규직을 정규직의 고용안전판으로 사용하고자 한다. 완성차업체 정규직 노동자들이 불법파견을 판정받은 협력업체의 사내하청 노동자들의 정규직 전환을 반대하는 이유도 여기에 있다(조돈문, 2014; 유형근·조형제, 2017).

고용보험제 확충은 비정규직의 소득안정성을 강화하는 한편 정규직과 비정규직의 고용안정을 둘러싼 영합게임의 적대적 갈등을 유발하는 구조적 조건을 완화하여 정규직과 비정규직의 연대에 우호적인 여건을 조성할 수 있다.

넷째, 정규직 중심 노동조합들이 비정규직 노동자를 보호하고 비정규직 조직화를 지원하는 권리입법을 추진하며 정규직 이기주의를 극복하고 비정규직 문제해결을 위한 실천의 모범을 보여주면 정규직 노동자·노동조합에 대한 비정규직 노동자들의 신뢰를 축적하고 노동계급의 조직적 형성과 계급내적 통합을 강화할 수 있다.

민주노총이 노무현 정부 시기 비정규직 권리입법을 위한 총파업투쟁을 16차례나 전개한 것은 비정규직 문제해결을 위한 모범적 실천의 좋은 예다. 비정규직 문제해결을 위한 최우선 과제는 상시적 업무 및 생명·안전 관련 업무의 직접고용 정규직 채용 원칙의 법제화하고 정책적으로 집행하는 것이다. 문재인 정부 출범 후 진행되고 있는 공공부문 비정규직의 정규직 전환 과정에서 정규직 중심 노동조합이 간접고용 비정규직에 대해 자회사 상용직 방식을 고수하는가, 아니면 사용기관의 온전한 직접고용 정규직 전환을 관철하는가는 비정규직 노동자들이 정규직 노동조합을 평가하는 주요한 바로미터가 된다.

인천공항공사 정규직 노조는 사용기관과 담합하여 상시적 업무 담당 간접고용 비정규직 노동자들에 대해 자회사 상용직 방식을 고집하여 직접고용 정규직 전환은 30%밖에 허용하지 않은 반면, 서울지하철 정규직 노조는 일부 노조원들의 극렬 저항과 노조 탈퇴에도 불구하고 서울시와 협력하여 간접고용 비정규직의 직접고용 정규직 전환을 관철시켰다. 한편 서부발전에서 낙탄처리작업을 하다 산재사고로 사망한 어느 간접고용 비정규직의 사례에서 보듯이, 시민이나 노동자의 생명 관련 업무를 직접고용 정규직으로 전환하지 않아서 생기는 비정규직의 산재 사망사고는 생명안전 관련 업무의 직접고용 정규직 채용 원칙을 거부한 사용자뿐만 아니라, 이를 방조하거나 담합한 정규직 노동조합도 사회적 지탄의 대상이 될 수 있다.

비정규직이 스스로를 조직화하여 자신들의 이해관계를 보호하고 노동계급의 조직적 형성을 진전시키기 위한 법의 제도적 조건을 조성하는 과제도 있다. 헌법에 명기된 노동3권을 실질적으로 보장하고 결사의 자유 관련 ILO 기준협약을 비준하도록 하는 것은 그 첫걸음이다. 더 나아가서 특수고용 비정규직의 노동자성을 인정하고 노동3권을 보장하기 위해서는 근로기준법과 노조법의 근로자 개념을 확대하고, 간접고용 비정규직을 위해 원하청 사업계약과 하청업체 노사 간 고용계약의 해지 및 해고의 위험 없는 노동조합 활동을 보장하기 위해서는 노동자 개념에 상응하도록 사용자 개념을 확대하고 원청업체의 공동·연대책임을 법조항으로 명문화해야 한다.

다섯째, 정규직과 비정규직, 남성과 여성, 대기업과 중소기업 사이의 임금 등 노동조건 격차를 해소하는 동일가치노동 동일임금 원칙과 연대임금정책은 노동계급의 내적 불평등과 균열을 극복하고 사용자의 비정규직 오·남용 인센티브를 최소화할 수 있다.

현재 고용형태별, 기업규모별, 성별 임금격차가 세계 최고 수준을 보이는 것은 비정규직과 여성노동자들에 대한 차별처우 금지와 동등처우 법 규정들이 실효성을 지니지 못함을 의미한다. 따라서 2017년 대선 유력후보들이 대선공약으로 국민들과 약속한 동일가치노동 동일임금 원칙을 법제화하고 강력하게 집행하여 생산현장에서 실질적으로 관철되도록 해야 한다. 하지만 임금체계 및 임금교섭 방식도 함께 바꾸지 않는 한 동일가치노동 동일임금 원칙 법제화도 실효를 거두기 어렵다.

동일가치노동 동일임금 원칙을 집행하기 위해서는 직무의 동일가치노동 여부 평가 결과를 반영할 수 있는 직무급적 요소를 포함하는 방식으로 임금체계도 변화되어야 한다. 이러한 임금체계 변경은 동일가치노동 동일임금 원칙의 법제화와 10년 안팎의 객관적이고 체계적인 직무 평가와 노사협의 절차를 거쳐야 한다. 하지만 임금교섭 방식에 연대임금 원칙을 도입하는 것은 노동조합이 의지를 지니고 있으면 당장이라도 실천 가능하며, 이미 현대자동차 노조와 국민은행 노조 등 일부 정규직 노조들이 모범을 보여주고 있다. 스웨덴 산업협약의 저임금 특례조치 방식이나 하후상박형 차등 임금인상률 적용 방식은 모두 연대임금 원칙을 구현하고 있는데, 기본급 등 고정급여 비중이 낮은 임금구조를 단순화하며 기본급 중심 고정급여 비중을 높이되 연대임금 원칙은 임금총액 수준에서 관철해야 한다.

계급헤게모니와 사회적 영향력 과제

스웨덴 노동계급이 정치세력화에 성공하여 사민당의 장기집권을 통해 스웨덴 모델을 만든 반면, 한국 노동계급은 계급형성은 물론 정치세력화에도 실패하여 여전히 제도적 장치 개입을 통한 '제도성 게임(institutionalized game)'보다는 대자본·대정부 투쟁에 의존하는 '전투성 게임(militancy game)'에 치중하고 있다.

현재 한국 진보정당들은 국회의석 300석 가운데 10석에도 미달하지만 여전히 분립되어 있으며, 선거 과정에서는 서로 적대적 행태를 보이기도 한다. 2004년 민주노동당이 10석의 통합된 진보정당으로 의회에 진출했으나 이후 당내 정파들은 극심한 갈등·반목으로 위기를 겪다가 2008년 분당 사태를 겪었고 이후 진보정치 대통합의 시도들은 모두 실패했다.

민주노동운동 세력은 진보정당들의 주요 지지기반으로 진보정치에 기여하고 있지만 민주노동운동을 대표하는 민주노총은 진보정치 분열 구조를 활동가 층에 그대로 내면화하고 있어 진보정치 통합의 필요성을 절감하지만 성공적 통합을 주도하지 못했다. 진보정당들의 상호 적대행위는 진보정치 통합의 명분이 될 수 없으며 물리적 통합은 진보정치세력들의 역량 발휘와 역량강화에 기여할 수 없다. 그런 점에서 민주노총은 진보정당들이 상호 적대행위를 중단하고 공존과 연대의 원칙을 충실히 실천하도록 함으로써 대중적 진보정당으로 경쟁하며 상호 신뢰와 연대의 경험을 축적해나가면 공존·상생도 가능하고 더 나아가서 합리적인 진보정치 대통합의 길도 열릴 수 있다.

노동계급이 정치세력화에 실패했다고 하더라도 여전히 계급이익을 실현하고 사회적 의제에 개입하여 영향력을 행사할 방안은 많다. 그런 점에서 노동계급과 내부 구성원들, 특히 정규직 노동조합의 합리적인 전략적 선택은 다음과 같이 노동계급의 계급헤게모니와 사회적 영향력을 강화하는 주요한 계기를 만들어낼 수 있다.

첫째, 노동조합들은 이해관계 실현을 위해 힘에만 의존하는 '동원의 논리(logic of mobilization)'에 매몰되지 말고 요구조건의 사회적 의미와 정당성을 설명하고 동의를 구하는 '설득의 논리(logic of persuasion)'를 적극적으로 실천해야 한다.

정치세력화의 실패와 진보정치세력의 분열은 노동계급의 계급헤게모니 실패와 취약한 사회적 영향력의 결과인 동시에 재생산 메커니즘으로도 작용한다. 스웨덴의 LO가 사민당을 통해 정치세력화에 성공할 수 있었던 것은 LO가 높은 노조 조직률로 노동계급의 조직적 형성을 주도하는 한편 노동계급의 계급이익뿐만 아니라 스웨덴 사회의 보편적 이익 대변에도 충실했기 때문이다. 반면 한국의 노동조합 운동은 노동계급의 계급이익도 사회의 보편적 이익도 충실하게 대변하지 못하는 것으로 평가되고 있다.

한국노총(한국노동조합총연맹) 노동조합들은 대체로 전형적 이익집단의 성격을 보여주는 반면, 민주노총(전국민주노동조합총연맹) 노동조합들은 이익집단 정체성과 계급조직 정체성이 혼재되어 있는 가운데 이익집단 정체성이 점점 더 강화되는 추세다. 노동조합들은 정규직 중심 집단이기주의로 평가되고 있으며, 더 이상 사회적 약자를 대변하며 경제·사회적 평등을 실현하기 위해 투쟁하는 보편적 이익의 담지자가 아니라 미조직 비정규직 위에 군림하며 노조원들의 집단적 이익을 극대화하기 위해 투쟁하는 제3의 기득권 세력으로 간주되고 있다.[3]

정규직 중심 노동조합들이 정규직 이기주의를 극복하고 미조직 비정규직을 적극적으로 대변하며 전체 노동계급의 계급이익을 위한 실천의 모범을 꾸준히 보여준다면, 국민들의 노동조합에 대한 정규직 중심 집단이기주의 평가는 상당 정도 교정되며 조직노동을 중심으로 한 노동계급의 사회적 영향력은 강화될 수 있다. 하지만 노동조합의 행동 방식도 기업별 노조주의 이익집단에 최적화된 방식을 탈피해야 한다.

기업별 노조체계에서 노동조합은 구성원들의 이해관계를 관철시키기 위해 노조원들을 동원한다. 노동계급의 계급이익과 사회의 보편적 이익을 위해 사회적 의제에 개입하고 영향력을 행사하는 방식은 단위 사업장 수준의 노사 간 힘겨루기와는 달리 국민 여론과

---

3 1989년과 2007년 사이 노동조합에 대한 시민들의 인식은 요구조건의 정당성, 사회불평등 해소에 대한 긍정적 영향, 경제성장에 대한 긍정적 효과 평가가 큰 폭으로 하락한 것으로 나타났다(김동배·오계택, 2008: 12-34; 최영기·이장원, 2008: 76-78). 한편, 2017년 8월 실시된 조사에서는 노동조합이 사회불평등 해소에 기여한다는 응답 비율이 다시 상승하여 1989년 수준에 근접했는데, 이는 설문조사가 실시된 시점이 촛불정부 출범 직후로서 촛불항쟁에 기여한 민주노동운동에 대한 긍정적 평가를 일정 정도 반영한 것으로 해석될 수 있다(장홍근·이정희·정홍준·설동훈, 2017: 23-51). 그러나 2017년 조사에서도 노동조합은 전체 노동자들의 이익을 대변하기보다 노조간부나 노조원들의 이익을 대변한다는 평가가 4배나 더 높게 나타났고, 응답자들은 노동조합이 비정규직 등 노동시장 취약집단 보호를 위해 지금보다 훨씬 더 적극적으로 활동해야 한다고 평가하여 노동조합의 전체 노동계급 계급이익 대변 과제의 중요성을 확인해주었다.

소통하고 설득하는 역할을 요구한다. 그런 점에서 노동조합들이 시민들과 미조직 노동자들은 물론 노조원들을 향한 소통 방식에서도 동원의 논리보다 설득의 논리를 우선시하는 전략적 선택이 필요하다.

둘째, 민주노동운동은 촛불항쟁으로 확장된 사회적 대화기구들에 적극적으로 개입하여 진보적·친노동적 대선공약을 이행하도록 하며 노동계급 계급이익을 실현해야 한다.

노동계급이 계급이익을 실현하고 사회적 영향력을 행사할 수 있는 정치적 기회구조는 촛불항쟁 이후 큰 변화를 겪었다. 확장된 정치적 기회구조의 대표적 사례가 일자리위원회와 경사노위(경제사회노동위원회) 같은 사회적 대화 기구들인데, 노동계급은 이를 적절하게 활용하지 못하고 있다.

문재인 대통령은 취임 직후 첫 업무지시로 일자리위원회를 설치했다. 상시적 업무와 생명안전 관련 업무의 직접고용 정규직 채용 원칙과 동일가치노동 동일임금 원칙 등 파격적인 친노동정책과 함께 소득주도성장 전략을 대선공약으로 국민들에게 약속했다. 촛불정부를 자임하며 출범한 정부에서 제1호 업무지시로 일자리위원회를 설치한 것은 일자리위원회를 컨트롤타워로 하여 일자리·노동 문제 관련 정부 정책들을 조정하며 친노동 대선공약들을 신속하고 충실하게 이행하겠다는 의지의 표명이었다. 하지만 민주노동운동은 촛불항쟁을 주도한 핵심 세력임에도 적극적 개입을 통해 친노동적 대선공약을 이행하도록 압박하지 못했다.

뒤이어 조직된 경사노위는 민주노총이 참여를 결정하지 못하면서 사회적 대화기구의 역할을 제대로 수행하지 못하며 파행을 겪게 되었고 경사노위 참여 여부는 민주노총의 내부 갈등만 증폭시켰다. 한국노총과 경총(한국경영자총협회)의 탄력근로제 합의(2019. 2. 19) 내용은 비정규직, 여성, 청년 등 노동시장 취약집단 대표들을 배제하고 실노동시간 단축 시도를 무력화하며 탄력근로제의 폐해를 미조직 노동자들에게 전가할 수 있도록 허용하는 것이었다. 경사노위는 조직노동[4]이 전체 노동계급을 대변하는 노사정위와 달리 노동시장 취약집단을 포괄하는 사회적 대화기구로 설립되었다. 하지만 탄력근로제 합의에서 확인되었듯이, 경사노위는 설립 취지에 반하여 전체 노동계급의 5%를 대변하는 정규직 이익집단 정체성이 강한 한국노총이 전체 노동계급의 대표권을 독점하면서 일방적 계급지배 방식을 고집하는 자본가집단과 담합하는 공간을 제공하고 정당화하는 메커니즘으로 전락하고 있다(경제사회노동위원회, 2019a, 2019b).

민주노동운동은 촛불항쟁을 주도했지만 촛불정부의 사회적 대화기구들에 적극적으로 개입하여 소득주도성장 전략과 파격적인 친노동정책 공약들을 구체적 정책들로 전환하여 집행하도록 하는 역할을 수행하지 못했고, 경사노위 공간을 노동시장 취약집단들이 체계적으로 배제된 채 정규직 이기주의와 일방적 계급지배를 재생산하는 담합의 장으로 악용되는 것을 저지하는 역할도 하지 못했다. 결국 민주노동운동은 투쟁을 전개하지만 투쟁의 성과를 제도화하지 못하고, 정치권력은 보수정당들에 안겨주고 노동정책 의사결정권은 계급조직 정체성을 상실한 이익집단에 맡기는 과오를 되풀이하고 있다. 노무현 정부 시기 16차례의 비정규직 권리입법 총파업 투쟁을

---

4   전체 노동자들 가운데 노동조합으로 조직된 부분을 뜻한다.

전개했지만 2006년 말 한국노총은 경총과 야합하여 비정규직 관계법 제·개정을 비정규직 권리입법이 아니라 정규직과 자본의 거래행위로 종결했던 사례가 재연된 것이다.

민주노동운동을 대표하는 민주노총은 사회적 대화에 임할 때 대외적으로는 정치력을 발휘하고 대내적으로는 지도력을 발휘할 수 있어야 한다. 민주노총 지도부는 단기적 관점보다는 중장기적 전망을 중시하고, 내부 이익집단들의 이해관계보다는 전체 노동계급의 계급이익을 우선시하고, 적정 수준의 절차적 민주성을 보장하되 사회적 대화의 결과로 평가받도록 해야 한다. 한국노총에 비해 상대적으로 취약한 민주노총 집행부의 내부 장악력은 대외적 정치력 발휘를 어렵게 하고 국민적 신뢰와 함께 사회적 영향력을 훼손하기 쉽다.

셋째, 노동계급은 평등하고 공정한 상생의 사회를 건설하기 위한 이행 전략을 수립·실천함에 있어 경제민주주의 제도적 장치들을 형성·강화하는 동시에 가용한 공간들을 적극적으로 활용해야 한다.

경제민주주의 법제도는 노동계급의 개입 기회를 확대하고 사회적 영향력을 강화하는 동시에 노동계급 계급형성도 진전시킬 수 있는 여건을 조성해준다. 노동시장 취약집단 대표들을 포괄하는 사회적 대화기구들을 수립·운영하고 사업체 단위 미조직 비정규직의 이해관계도 대변할 수 있는 노동자대표 이사제와 노사협의회 등 노동자 이해대변기구를 도입 혹은 강화하는 것은 노동계급의 계급이익을 보장해주는 동시에 노동계급의 조직적 형성을 진전시키고 자본계급의 일방적 지배를 제어할 수 있게 한다(조돈문, 2019b). 또한 중소영세기업들의 이윤율을 제고하고 생산성을 강화하며 경쟁력을 보호해주는 공정거래질서를 확립하고, 총수일가의 지배경영권 독점·세습을 종식하고 전문경영인의 책임경영제를 정착시키는 방향으로 재벌체제를 개혁하는 것은 경제성장 전략을 이윤주도성장에서 소득주도성장으로 전환하고 평등한 시장권력 구조와 공정한 시장질서를 수립할 수 있게 한다.

노동계급의 전략적 선택과 비개혁주의적 개혁

스웨덴도 임노동자기금제의 사회적 합의 도출 실패와 궁극적 폐기, 유럽통합에 따른 노동자 보호장치 유효성 약화, 세계화와 자본이동성 증대로 인한 경제민주주의 제약, 이민·난민 문제와 극우정당의 부상 등 다양한 도전과 과제들에 직면해 있다. 스웨덴도 완벽하다고 할 수 없으며, 스웨덴의 실험은 여전히 진행 중이다. 하지만 분명한 것은 스웨덴이 자본주의 국가들 가운데 노동과 자본이 공존·상생하는 평등하고 공정한 사회를 만드는데 가장 성공적이었다는 사실이다.

자본주의는 사적 소유권과 시장의 불평등 구조에 기초해 있기 때문에 노동에 대한 자본의 일방적 지배와 그에 따른 불평등·불공정성이 보편화되는 경향성을 내재하고 있다. 스웨덴 노동계급도 투쟁과 갈등, 도전과 시행착오의 지난한 과정을 거치며 자본주의 체제의 문제점을 상당정도 극복할 수 있었는데, 그것은 개혁을 추구하되 개혁을 넘어서 체제 변혁을 실현하는 '비개혁주의적 개혁(non-reformist reforms)' 전략의 성과라고 할 수 있다.

비개혁주의적 개혁은 한편으로는 제도 개혁을 통해 자본주의 체제의 폐해를 최소화하며 자본주의 체제에서 대안체제로의 점진적 이행을 추진하고, 다른 한편으로는 노동계급을 중심으로 한 사회

변혁의 주체를 형성하고 역량을 강화하는 전략이다. 그 핵심에 사적 소유권과 시장지배력에 대한 사회적 규제가 있으며, 공동결정제와 임노동자기금제 등 경제민주주의 제도적 장치 수립에서 그 전형을 찾을 수 있다. 경제민주주의는 노동계급의 생존과제와 성공과제를 동시에 구현하며 노동계급의 계급형성을 진전시켜 거부권력을 넘어 계급타협을 압박할 수 있게 한다.

스웨덴이 비개혁주의적 개혁 전략으로 경제민주주의를 진전시킬 수 있었던 것은 노동계급의 성공적인 계급형성과 정치세력화가 전제되어 있었기 때문이다. 한국은 노동계급의 계급형성과 정치세력화에서 스웨덴에 크게 뒤처져있기 때문에, 스웨덴을 벤치마킹하되 노동계급의 주체적 역량 차이를 고려한 전략을 추진할 것이 요구되는데, 그것이 맥락적 벤치마킹이다.

한국 노동계급의 취약한 주체적 조건을 고려하면, 노동계급 계급형성이 최우선 과제다. 비개혁주의적 개혁 전략을 실천함에 있어, 스웨덴처럼 노동과 자본이 상생하는 경제민주주의와 노동시장의 유연성-안정성 균형을 실현하기 위한 제도개혁을 점차적으로 추진하되, 노동계급의 계급형성을 위한 주체적·구조적 조건 개선 효과가 우선적으로 검토되어야 한다. 그런 점에서 민주노동운동이 전체 노동계급의 계급이익을 대변하는 것은 노동계급의 계급내적 통합을 통해 노동계급의 계급형성을 진전시키는 동시에 정치세력화 및 사회적 영향력 강화 효과도 수반하는 전략적 선택으로서 사회변화의 시발점이 될 수 있다.

공동결정제와 생산방식 혁신
— 볼보자동차 우데발라 공장의 성찰적 생산방식[1]

1. 들어가는 말

볼보는 승용차 공장의 미래 존속을 좌우할 르노 자동차와의 합병 협상, 포드와의 인수 협상, 최근 중국자본 길리(Gilly)와의 매각 협상을 진행할 때 항상 볼보노동조합(Volvo Verkstadsklubb, VVK)과 공동결정제에 입각한 사전 협의를 진행했다(Jakobsson, Bengt 면담, 1999, 2003; Schubert 면담, 1998; Sällström 면담, 2002). 볼보승용차 부분을 2010년 8월 중국 길리에 매각하기 전, 노동조합은 상하이를 방문하여 길리 소유주와 만나서 중국 자본이 인수하되 스웨덴 국적 자동차 업체로 남는다는 약속을 받고 승용차 부분의 길리 매각에 대한 지지

---

1   이 글은 『산업노동연구』 제4권 제2호에 게재된 필자의 논문을 수정·보완한 것이다. 수정 게재를 허락해준 한국산업노동학회에 감사드린다.

입장을 표명하게 되었다(Sällström 면담, 2016).

볼보자동차의 우데발라 공장은 대량생산 차종 승용차를 기존의 컨베이어벨트 방식을 폐기하고 정지된 작업대에서 조립 생산하는 방식을 채택한 세계 최초의 실험이었다. 이러한 우데발라 공장의 생산방식 혁신은 공동결정제에 입각하여 신설 공장의 생산방식을 협의하는 과정에서, 노동조합이 제안한 혁신적 생산방식을 경영진이 수용하면서 진행되었다는 점에서 공동결정제의 모범적 사례라 할 수 있다.

세계 자동차산업을 지배하던 포드주의적 생산방식이 1960년대와 1970년대를 거치면서 한계를 노출하자 새로운 생산방식들이 모색되기 시작했다. 이후 일본 자동차산업이 높은 생산성으로 세계시장의 점유율을 높이면서, 일본식 린(lean) 생산방식은 포드주의 이후 포스트포드주의의 대표적 생산방식으로 세계적으로 확산되기 시작했고, 이러한 추세를 더욱 가속화시킨 것은 1990년 IMVP(Womack et al, 1990)의 보고서였다.

볼보자동차의 우데발라 공장은 이러한 세계적 추세 속에서 린 생산방식에 대립되는 대안적 생산방식을 도입하게 되었고, 스웨덴적 생산방식 혹은 '성찰적 생산방식(reflective production system)'[2]으로 불리는 이 생산방식은 린 생산방식과 함께 포스트포드주의의

---

2   혁신적 생산방식을 개발하고 우데발라 공장 설립에 도입한 산업공학자들(Ellegård, Kajsa, Tomas Engström, Bertil Johansson, Lennart Nilsson & Lars Medbo, 1992; Ellegård, 1995, 1997)은 이 혁신적 생산방식을 '성찰적 생산방식'이라고 부르고 있다. 이 새로운 생산방식이 '성찰적'인 것은 작업자가 기계에 종속되어 하나의 부속품으로 기계적 동작을 반복하는 것이 아니라 기술체계가 인간의 사고방식에 부합하게 설계되었고, 작업자는 생산품과 작업 과정을 전체성 속에서 논리적으로 성찰하며 작업한다는 것을 의미하기 때문이다.

양대 전형의 하나로 정립했다.

린 생산방식은 유연전문 기술체계, 분업의 유연성, 직무 통합 등을 도입한다는 점에서 포드주의와 내용을 달리하고 있으나, 직무의 내용, 작업 속도, 직무수행 방식, 노동조건 등이 여전히 기계에 의해 결정된다는 점에서 포드주의를 넘어서지 못하고 있다. 하지만 성찰적 생산방식은 인간이 직무수행 시 기계로부터 자율성을 확보하게 하여, 기계를 직무수행을 돕는 수단의 위치로 돌려보냈다는 점에서 포드주의나 린 생산방식과는 대립되는 혁신적 생산방식으로 평가되고 있다. 이러한 점에서 성찰적 생산방식은 노동조합이 추구하는 '노동의 인간화'를 실현한 것이다.

성찰적 생산방식은 1세기 정도 자동차산업을 지배하던 컨베이어벨트에 기초한 직렬조립선 기술체계를 버리고 정지된 작업대에서 작업을 수행하는 병렬조립식 기술체계를 도입했다. 기술체계와 더불어 작업조직과 직무의 내용도 혁신을 이룩했다. 작업자는 기계의 속도에 예속하여 테일러주의적 분업원리에 기초한 단순반복 작업을 수행하는 것이 아니라 정지된 작업대에서 동일 작업자들이 작업속도를 자율적으로 조절하며 차량 1대의 전체 조립공정 작업을 수행한다. 이러한 혁신적 생산방식이 처음 시도된 곳이 바로 우데발라 공장이었으며, 기술체계와 작업조직은 완전히 새로운 방식으로 설계된 것이다.

이와 같이 우데발라 공장의 성찰적 생산방식 도입은 자동차산업 생산방식에 혁명을 일으킨 역사적 시도였다. 이러한 혁명이 어떻게 가능했는가를 규명하는 것이 이 글의 목적이다.

노동자들은 노동의 인간화를 추구하지만 세계 자동차산업의 거의 모든 사업장에서는 노동의 인간화 대신 생산성 향상만 추구하는 린 생산방식을 도입하고자 하며, 이러한 자본 측 의지는 대부분 관철되었다. 그렇다면 왜 우데발라 공장에서는 추세를 역행하는 실험이 가능했는가 하는 것이 첫 번째 물음이다.

포드주의 생산방식에 뒤이은 린 생산방식까지 컨베이어벨트의 직렬조립선 생산방식을 양보하지 않는 것은 생산성 향상에만 집착할 뿐만 아니라 컨베이어벨트를 벗어난 자동차 생산은 불가능하다는 전제 때문이었고, 이러한 대전제는 1세기 동안 세계 자동차산업을 지배하여왔다. 노동의 인간화를 실현하더라도 가동될 수 없고 경쟁력이 확보될 수 없다면 성찰적 생산방식은 도입될 수 없는 것이다. 그렇다면 성찰적 생산방식은 어떻게 가동되는가, 그 기술체계와 작업조직은 어떻게 설계되고 작동되는가 하는 것이 두 번째 물음이다.

2. 생산방식 혁신의 배경

1) 우데발라 공장과 생산방식의 혁신

우데발라 공장은 볼보자동차의 3개 최종조립공장 가운데 하나로 1988년부터 1993년 3월 폐쇄되기까지 4년여 동안 가동되었으며, 〈표 1〉에서 보듯이 가동기간 중 1992년 21,800대까지 생산한 바 있으며, 고용 규모는 1990년 906명으로 최고를 기록했다.

우데발라 공장의 생산차종은 볼보자동차의 다른 조립공장과 같

표 1 볼보자동차 스웨덴 내 조립공장별 생산량 및 고용 규모,* 1988~1996년

연도	생산량				고용 규모			
	토쉬란다	칼마	우데발라	합계	토쉬란다	칼마	우데발라	합계
1988	150,400	28,000	1,900	180,300	24,180	1,207	553	25,940
1989	139,600	23,450	9,200	163,050	23,550	1,104	762	25,416
1990	121,000	18,800	16,100	155,900	23,705	1,005	906	25,616
1991	73,900	18,100	19,100	111,100	21,115	937	872	22,924
1992	82,100	17,500	21,800	121,400	19,194	809	822	20,825
1993	72,800	19,300	4,400	96,500	17,923	791	345	19,059

* 고용 규모는 각 연도 평균치임.
자료: Metall(1995:9), Volvo(1997:13), FOURIN(1996, 1995, 1993/94)

이 대량생산 차종인 700과 900모델 시리즈였으나, 생산방식은 정지된 작업대의 혁신적인 '성찰적 생산방식'을 도입했다. 하지만 볼보자동차의 토쉬란다 공장과 겐트 공장은 전통적인 컨베이어벨트의 직렬적 조립선(serial flow) 방식을 채택하고 있으며, 칼마 공장은 컨베이어벨트의 직렬적 조립선을 분절하여 연결하는 병렬조립(parallel flow) 방식을 부분적으로 결합하고 있어 우데발라 공장과는 좋은 대조를 이룬다. 이처럼 성찰적 생산방식은 우데발라 공장의 독특한 생산방식일 뿐 전체 볼보자동차를 대변하는 생산방식은 아니며, 볼보자동차는 시기별·공장별로 차별적인 경향성을 보이는 다양한 생산방식을 실시하고 있다.

따라서 우데발라 공장이 혁신적 생산방식을 채택할 수 있었던 요인으로는 심각하게 대두된 전통적 조립선의 문제점, 노동시장 조건 및 혁신 실험의 축적, 설계 과정의 진취성 등을 지적할 수 있다.

2) 전통적 조립선의 문제점

컨베이어벨트에 기초한 전통적 조립선 방식은 생산성과 작업조건에서 문제점이 점차 심각하게 나타나게 되었으며, 주요한 생산성 문제점으로서는 작업시간 낭비, 유연성 결여, 품질 결함 등이 지적되고 있다.[3]

작업시간 낭비

작업시간 낭비는 산업공학적 로스(industrial engineering losses)로 표현되며 밸런스 로스(balancing loss), 분업 로스(division of labor loss, handling loss), 시스템 로스(system loss)로 분류된다.

밸런스 로스는 각 직무가 동일한 작업시간을 요구하지 않는데 컨베이어벨트는 공정별로 속도를 차별화할 수 없으므로, 동일한 단위 작업시간 동안 어떤 작업자들은 여분의 시간 여유를 많이 갖게 되어 발생되는 시간 손실이다. 또한 다양한 품종이 투입되는 혼류생산의 경우 품종별로 특정 직무에 소요되는 작업시간에 차이가 있으며,[4] 이렇게 발생하는 품종 로스(variant loss)도 밸런스 로스를 증대

---

3   전통적 조립선의 생산성과 작업조건의 문제점에 대해서는 Engström(면담, 1998), Berggren(1992: 90-93), Engström, Tomas & Lars Medbo(1997), Ellegård, Kajsa, Tomas Engström & Lennart Nilsson(1991), Engström, Tomas, Dan Jonsson & Lars Medbo(1996), Ellegård(1995), Freyssenet(1998) 등을 참조하도록 한다.

4   조립이 간단한 차종의 경우 주어진 사이클 타임 내 불필요한 여유시간이 주어지게 되며, 조립이 복잡한 차종의 경우 주어진 사이클 타임 내에 모든 작업을 완수하기 어려워 작업자가 다음 작업자의 작업공간을 침범함으로써 다른 작업자들의 작업에 지장을 초래하게 된다. 또한 복잡한 차종 다음에는 간단한 차종이 배열되어 손실된 시간을 만회해야 되기 때문에 혼류생산이 불가피하나, 도장공장 등은 상이한 혼류기준을 지니고 있기 때문에 혼류유형에는 일정한 제약이 따른다.

시키는 주요 요인이 된다.

분업 로스는 도구 및 부품 취급 로스라고도 하는데, 부품과 작업도구를 작업위치로 이동시키는 데 소요되는 시간으로 작업공간이 넓고 부품 및 도구들이 무겁고 클수록 커진다. 차종이 다양화될수록 차종별로 부품들을 분리하여 관리하기 때문에 차지하는 공간도 넓어지고 작업자의 이동거리도 길어지므로 분업 로스는 커진다.

시스템 로스는 노동자에 따라 동일 직무를 수행하는 데 소요되는 시간이 다를 뿐만 아니라 동일 노동자가 동일 직무를 반복하여 수행할 때에도 때로는 시간이 많이 걸리고 때로는 적게 걸리는 편차 때문에 발생하는 시간 손실이다. 동일 작업대 혹은 동일 작업자 여유시간이 남으면 그만큼 시간손실이 발생하는 것이고, 시간이 모자라면 해당 직무를 완수하지 못하여 검사와 수정에 추가 시간이 소요될 수 있다.

밸런스 로스와 분업 로스는 사이클 타임이 짧을수록 커지고, 시스템 로스는 조립 과정상 작업대의 숫자가 많을수록 커진다. 전통적 조립선의 경우 테일러주의에 기초하여 직무를 세분화하여 사이클 타임을 짧게 하고, 많은 수의 작업자들을 직렬로 연결하기 때문에 산업공학적 로스는 매우 크며, 분업이 세분화될수록 시간낭비는 더욱 커지게 된다.

유연성 결여

전통적 직렬조립선은 차종이 다양화될수록 시간낭비가 많아진다는 점 외에도 생산계획의 변경이 어렵고 신 모델 투입비용이 크다는 점에서 유연성을 결여하고 있다.

전통적 조립선은 시장의 수요 변화에 맞추어 생산량을 조절하기 어렵다. 컨베이어벨트 속도를 변경하면 작업자들의 작업 리듬이 깨어지며, 속도를 낮춘 다음 다시 높이는 것은 상대적으로 어렵고, 작업자는 극도로 세분화된 하나의 공정만을 수행할 수 있으므로 일정기간 간접부문이나 다른 직접부문 작업을 수행하도록 배치전환하기 어렵다.

무엇보다도 전통적 조립선의 유연성을 제약하는 것은 신 모델 투입의 높은 비용이다. 새로운 모델을 투입하면 다시 조립선 공정 직무들을 다시 사이클 타임 단위로 재분할해야 되며, 공정 재분할은 새로운 모델이 투입될 때마다 반복되는 작업으로서 산업공학자들의 상당한 시간과 노력을 소요하는 복잡한 작업이다. 또한 기계설비와 작업도구도 새로운 모델에 맞게 교체 혹은 조정되어야 하며, 작업자도 새로운 모델의 도입과 공정 재분할에 따라 새로운 작업을 배워 새롭게 설정된 사이클 타임에 맞추어 수행할 수 있기까지 상당한 시행착오의 과정이 수반된다. 이와 같이 신 모델의 투입 비용은 매우 높으며 정상적 작업속도와 품질수준을 회복하기까지 상당한 시간이 소요되므로 전통적 조립선은 다양한 신 모델을 시험하기 어렵다.

품질 결함

전통적 조립선은 컨베이어벨트의 속도와 사이클 타임이 고정되어 있기 때문에 작업자가 신체적 리듬의 바닥에 있거나 작업의 능률이 오르지 않을 때에는 주어진 사이클 타임 내에 능숙하게 작업을 마칠 수 없으므로 제품의 품질을 떨어뜨린다. 또한 부품을 투입하지 않거나 잘못 투입하는 경우 혹은 불량부품을 투입한 경우 컨베이어벨트를 정지시키고 바로잡을 수 없으므로 불량품을 양산하게 된다. 제품의 높은 불량률은 그 자체로 자원의 낭비인 동시에, 치밀한 품질검사와 수정작업이 추가로 소요되므로 생산비용을 증대시킨다.

작업조건

컨베이어벨트에 의하여 작업속도가 결정되는 전통적 조립선에서는 작업자가 자신의 작업리듬에 따라 작업속도를 조절할 수 없으며, 단순반복 작업은 작업자들이 직무를 통한 성취감을 느낄 수 없게 한다. 이처럼 전통적 조립선의 작업조건은 작업자들의 직무불만족 정도를 크게 높이고, 그 결과 우수한 신규 노동자들은 자동차산업을 기피하게 되고, 노동자들의 높은 이직과 결근은 숙련향상을 어렵게 했다.

3) 우데발라 공장 혁신의 배경: 노동시장 조건 및 혁신
   실험의 축적

전통적 조립선에 기초한 포드주의 생산방식의 전제는 테일러주의적 분업으로 인한 노동자들의 불만을 고임금으로 보상한다는 것이었으나 노동자들의 불만이 더 이상 물적 보상을 통하여 상쇄될 수 없는 수준에 달하게 되었고, 생산성도 포드주의 원칙들을 고수하는 한 더 이상은 향상되기 어렵게 되었다. 이러한 요인들은 전통적 조립선에 대한 대안을 모색해야 한다는 인식으로 모아지게 되었으나 이러한 인식이 우데발라 공장과 같은 혁신적 생산방식을 구체적 대안으로 채택하는 수준까지 발전할 수 있었던 것은 상당한 배경적 요인들이 있었다. 이러한 배경적 요인들로서는 노동 측의 '보람 있는 직무'

전략, 자본 측의 노동력 충원 문제, 혁신 경험의 축적, 정부의 재정지원 등을 들 수 있다.[5]

노동 측 요인: 보람 있는 직무 전략

전통적 조립선 작업에 대한 노동자들의 불만은 1960년대 후반부터 살쾡이 파업(wildcat strike)을 확산시켰다. 노동조합들은 이에 대한 대응책으로 '노동의 인간화'를 추구하게 되었는데 금속노조(Metall)는 이러한 움직임의 선두에 섰으며, 구체적 대안으로 제시된 것이 '보람 있는 직무(det goda arbetet, good work)'[6]였다. 금속노조가 보람 있는 직무의 수립을 위한 구체적 원칙들과 추진 전략 등을 수립하여 적극적 홍보에 나선 것은 1985년으로서 볼보자동차가 우데발라 공장 건설을 결정·발표한 해이기도 하다. 금속노조로서는 볼보그룹이 노사관계와 생산방식에 있어 상대적으로 진취적 성향을 보여왔기 때문에 우데발라 공장 건설을 보람 있는 직무의 모델을 만들 수 있는 절호의 기회로 포착한 것은 매우 자연스런 귀결이라 하겠다.

자본 측 요인: 노동시장 조건

볼보자동차는 전통적으로 중·고가차 전략을 추구하고 있어 품질경

---

5   우데발라 공장에 혁신적 생산방식이 도입될 수 있게 한 배경적 요인들에 관해서는 Ellegård(1995, 1996a), Ellegård, Kajsa, Tomas Engström & Lennart Nilsson(1991), Sandberg(1995), Berggren(1997)을 참조하고, 볼보자동차가 시도한 혁신의 실험들과 그 효과에 대해서는 Ellegård(1996a), Engström, Tomas, Dan Jonsson & Bertil Johansson(1997), Berggren(1992, 1995)을 참조하도록 한다.

6   금속노조의 보람 있는 직무 정책에 관해서는 Metall(1985, 1993, 1996a, 1996b)을 참조하도록 한다.

쟁에서 앞설 수 있는 안정적인 고급노동력을 필요로 한다. 하지만 우데발라 공장 건설을 결정한 1980년대 중반 실업률은 2% 정도에 불과했고, 자동차산업의 단순 반복적 작업은 점차 학력수준이 높아지고 있는 신규 노동인력에게 매력을 잃고 있었다. 결과적으로 자동차산업은 우수한 신규노동력의 충원에 실패했을 뿐만 아니라 직무 불만족에 따른 높은 이직률과 결근율로 인하여 보유 노동력의 숙련 향상도 기대할 수 없게 되었다. 전통적 조립선에 기초한 볼보자동차 토쉬란다 공장의 경우 1980년대 중·후반 이직률이 최고 27%를 넘어서는 해도 있을 만큼 노동력 확보 문제는 심각했다. 하지만 보편주의적인 사회보장제도가 완비되어 있고, 연대임금제로 인하여 임금차별화 전략을 취할 수 있는 여지가 적었기 때문에 자본 측으로서는 임금 이외의 유인책을 필요로 했다.

이러한 맥락에서 노동조합 측이 주장하는 보람 있는 직무는 노동자들의 직무만족을 통하여 생산성 향상과 우수 노동력 유치를 동시에 기할 수 있는 유력한 대안으로 고려되었다. 물론 이러한 친노동적 선택은 공동결정제로 인하여 노동조합 경영참가가 보장되어 있었으며 볼보자동차 경영진이 전통적으로 노사관계에 있어 상대적으로 진취성을 지니고 있었기 때문에 개연성이 높아진 것도 사실이다.

혁신 경험의 축적

볼보자동차는 우데발라 공장건설 이전에도 이미 10년 이상 생산방식 혁신의 실험들을 통하여 상당한 경험을 축적하여 왔다. 대표적인 사례들이 보로스(Borås)의 버스 조립공장, 아렌들(Arendal)과 튜브(Tuve)의 트럭공장들, 칼마(Kalmar)의 승용차 조립공장을 들 수 있다. 특히 칼마 공장은 우데발라 공장과 같이 승용차를 조립하는 공장으로서 병렬조립 방식을 도입하여 컨베이어벨트에 의한 작업속도의 구속에서 벗어날 수 있게 했으며, 부분적으로 부두조립(dock assembly)을 허용하고, 컨베이어벨트를 반송차로 대체하여 작업대상물과 부품을 운반하게 했다. 칼마 공장은 자율성의 정도가 높은 작업팀을 도입하여 기술체계뿐만 아니라 작업조직에 있어서도 혁신을 시도했다. 이러한 칼마 공장이 생산성과 품질에 있어 토쉬란다 공장을 능가했다는 사실은 볼보자동차로 하여금 혁신적 생산방식이 가능할 뿐만 아니라 전통적 조립선에 비하여 높은 생산성과 경쟁력을 지닐 수 있다는 긍정적 인식을 갖게 했기 때문에 칼마를 넘어서는 생산방식의 혁신도 허용할 수 있었던 것이다.

정부의 재정지원

우데발라 지역에 위치한 스벤스카 바르(Svenska Varv) 조선소가 1984년 12월 폐쇄됨에 따라 지역의 경제와 고용에 심각한 타격을 주게 되었는데, 정부는 이러한 지역경제를 활성화시키기 위하여 다양한 조치들을 강구하게 되었다. 1985년 초 볼보자동차가 우데발라에 공장을 건설할 계획을 발표하자 정부는 재정지원을 포함한 다양한 방식의 지원을 제공했다. 정부는 우데발라가 구입한 조선소 부지에 대하여 세금감면 혜택을 주었고, 신규노동력 교육을 위하여 지원금을 제공했으며, 볼보자동차가 적립한 투자기금(investment fund) 가운데 125억 크로나를 우데발라 공장 건설 등을 위하여 인출하는 것을 허용했고, 고텐버그와 우데발라 사이에 고속도로를 건설해줄 것을 약속했다. 이와 같이 우데발라 공장의 건설에 필요한 재정자원

의 상당 부분을 정부의 지원으로 충당할 수 있게 됨에 따라 볼보자
동차로서는 예측 불가능한 설계 과정의 비용 상승 요인들의 발생으
로 인한 예산초과에도 불구하고 생산방식의 혁신을 실험할 수 있는
재정적 여유를 갖게 되었다.

4) 우데발라 공장설계 과정

볼보자동차는 우데발라 공장 건설을 결정한 다음 경영진, 노조대
표, 산업공학자들을 중심으로 설계 프로젝트팀을 구성했다.[7] 설계
팀의 첫 모임이 있은 지 반년 정도 지난 뒤 1985년 5월 경영진 기획
팀이 제안한 공장설계는 직렬조립선에 기초하되 무인반송차(AGV,
Automatically Guided Vehicles)를 활용하고 부분적으로 병렬조립 방
식을 도입할 수 있도록 하는 것이었다. 따라서 700여 명의 노동자들
이 1~2분의 사이클 타임으로 작업을 수행하되, 병렬조립 방식이 결
합될수록 사이클 타임은 연장될 수 있으며, 전반적으로 칼마 모델과
매우 유사했다.

하지만 노조대표들과 최고경영진은 칼마 모델이 해결책이 될
수 없다는 데 공감했다. 노조대표들은 구체적인 대안적 모델은 제시

---

7   우데발라 공장설계 과정에 노동조합의 대표가 참여한 것은 기업 측이 기업 경영상 중
대한 변화를 가져오는 사안들에 대한 의사결정을 내리기 전에 그리고 근로자들의 노동
조건이나 고용조건에 중대한 영향을 미치는 의사결정을 내리기 전에 노동조합과 교섭
을 시작해야 하도록 법제화된 공동결정제도를 충실히 이행한 것이다. 노동조합의 경영
참가에 관해서는 Ministry of Labor(1996a, 1996b, 1996c)를 참조하고, 우데발라 공장설
계 과정에 대해서는 Ellegård(1995, 1996a), Ellegård, Kajsa, Tomas Engström & Len-
nart Nilsson(1991: 12-29, 51-62), Engström 면담(1998), Berggren(1992: 146-153)을 참
조하도록 한다.

할 수 없었으나, 4가지 요구조건을 제시했다: 조립작업은 정지된 작업대에서 수행될 것, 사이클 타임은 최소한 20분 이상으로 연장할 것, 기계가 작업속도를 결정하지 못하게 할 것, 조립노동자들에게 간접작업도 할당할 것. 경영진의 대부분은 칼마 모델을 거부한 다음에도 대대적인 혁신을 생각하지는 않았으나, 칼마 모델의 거부는 설계팀으로 하여금 일부 혁신적 산업공학자들을 중심으로 대안적 모델의 개발에 본격적으로 착수할 수 있게 했다.

대안적 모델은 1985년 12월부터 우데발라-울트라(Uddeval-la-Ultra)라는 이름으로 구체화되어 갔다. 울트라 모델의 핵심은 컨베이어벨트 대신 부품운송차(taxi carriers)를 활용하며, 8개의 독립적인 제품생산부(product shops)를 건설하여 각 제품생산부에서 차량 전체를 조립한다는 것이다. 울트라 모델에 따른 조립작업을 시험·개발하기 위하여 고텐버그의 에릭스베르(Eriksberg) 조선소 자리에 "뢰다슐렛(Röda Skjulet: Red Shed)"이라는 시험제작부(experimental workshop)를 설치하여, 작업자들을 훈련하고 다양한 조립방법을 실험하는 한편 조립 방식에 적합한 공장설계를 고안·개발하는 과정을 반복했다. 뢰다슐렛을 지도하는 엥스트룀(Engström) 등 산업공학자들은 1986년 6월쯤에는 차량은 전기장치, 문짝을 포함한 외장, 구동장치, 시트를 포함한 내장 등 4개의 기능적 부분들로 분해되고, 각 기능적 부분들은 각각 독립적인 4개 작업팀에 의하여 나뉘어 제조될 수 있다는 것을 확인시켜 줌으로써 정지된 작업대의 조립작업이 직렬조립선 작업을 완전히 대체할 수 있다는 것을 증명했다. 이후 거듭된 실험을 통하여 차량 전체가 1개의 작업팀에 의하여 제조될 수 있다는 것이 확인되었고, 1988년 1월 4개의 작업팀으로 구성되는 제품생산부 6개로 나뉘는 최종적인 공장설계의 모델이 완성되었다.

이와 같이 우데발라 공장의 공장설계가 혁신적 생산방식으로 귀결된 것은 설계팀의 인적 구성에 크게 기인했다. 노동조합 대표들은 처음부터 설계팀에 참여하여 공장설계 과정에 관여했으며, 비록 구체적 생산방식 모델은 제시하지 못했으나 '보람 있는 직무' 원칙에 입각하여 대안적 생산방식의 조건들을 구체적으로 제시했다. 또한 엥스트룀을 위시한 산업공학자들은 전통적 조립선 대신 정지된 작업대에서의 조립작업을 가능하도록 과학적·기술적 기초를 제공했다. 이들의 진취적 성향으로 인하여 30여 년 이상 축적된 대안적 생산방식에 대한 선행 연구들, 10여 년에 걸친 볼보자동차의 생산방식 혁신의 실험, 또한 우데발라 공장의 설계 과정에서 전개된 뢰다슐렛 각종 실험의 결과가 새로운 공장설계에 적극 활용될 수 있었다. 물론 일렌함마르(Pehr Gustaf Gyllenhammar)와 같은 진취적 최고경영진의 혁신 의지가 설계팀으로 하여금 칼마 모델에 집착하는 일부 경영진의 반대를 극복하고 혁신적 공장설계를 꾸준히 수정·시험하여 최종 모델을 개발하는 데 큰 도움을 준 것도 부인할 수 없다.[8]

8   도장공장의 공해유발 가능성으로 인한 우데발라 지역 환경 관련 기구들과의 장기화된 협상은 우데발라 공장설계 자체에 긍정적 영향을 미친 것으로 지적되고 있다. 첫째, 협상의 장기화로 인하여 우데발라 공장설계팀은 컨베이어벨트에 기초한 조립 방식을 근본적으로 부정하고 혁신적인 대안을 개발·시험할 수 있는 시간을 벌 수 있었다. 둘째, 도장공장과 차체공장은 취소되고 조립공장만 건설하게 됨으로써 설계팀이 조립공장에만 초점을 맞추어 새로운 실험에 몰두할 수 있게 되었다는 단기적 이점이 있었으나, 이후 우데발라 공장의 폐쇄 결정에 한 몫을 차지했다는 장기적 약점으로 남게 되었다.

3. 우데발라 공장의 성찰적 생산방식

우데발라 공장에서 시도된 성찰적 생산방식의 혁신성은 기술체계와 작업조직에 있어 포드주의 및 린 생산방식이 기초한 컨베이어벨트와 테일러주의를 전면적으로 거부하는 대안적 생산방식이라는 데에 있다. 지난 1세기 동안 자동차산업의 대전제는 컨베이어벨트와 테일러주의에 기초한 생산방식이 유일·가능한 자동차 생산방식이며, 이러한 대전제를 위반하는 생산방식은 불가능하다는 것이 통념이었다. 컨베이어벨트와 테일러주의를 이탈하는 것이 불가능하다는 것은 몇 개의 핵심적 의문 때문이었다. 첫째, 한 번도 시도된 적이 없는 병렬조립이 가능하기 위해서는 작업자들에게 컨베이어벨트를 대신하여 생산공정의 통합성을 잃지 않으며 작업자들이 일할 수 있는 작업대를 제공하고 차체와 부품들을 공급해야 하는데 이것이 기술적으로 가능할 것인가? 둘째, 자동차조립에 소요되는 2만 개가 넘는 부품을 작업자들이 어떻게 식별하고, 부품숫자만큼 많은 작업공정의 순서를 노동자들이 어떻게 기억하며 노동자들을 어떻게 학습시킬 수 있는가? 셋째, 테일러주의적 분업 방식 대신 병렬조립 방식에 적합한 새로운 작업조직을 개발해야 하는데 그것이 가능할 것인가?

이와 같은 의문들은 직렬조립 방식을 정당화하는 근거가 되었다. 이러한 직렬조립 방식 불가피성의 대전제를 뒤집고 성찰적 생산방식을 현실적 대안으로 수립할 수 있었던 것은 우데발라 공장설계팀이 완전히 새로운 방식의 병렬조립(parallelized assembly) 공장설계, 유기적(organic) 부품구조화 방식, 총합적(holistic) 학습방법, 자율적 작업조직을 개발했기 때문이다.

1) 병렬조립 공장설계

직렬조립을 병렬조립으로 대체하기 위해서는 자동차산업 기술체계의 핵심적 기초로서 작업대상물 운반과 작업대 기능을 동시에 수행하는 컨베이어벨트를 사용하지 않는 기술체계를 개발해야 하며, 이러한 대안적 기술체계는 각 작업대에서의 작업이 상호자율적으로 수행될 수 있도록 기술적으로 보장할 수 있어야 한다. 따라서 성찰적 생산방식은 완전히 새로운 공장설계를 필요로 했다. 우데발라 공장은 작업자들이 정지된 작업대에서 작업하도록 작업대들을 병렬적으로 배치하고, 부품들은 키트(kit) 형태로 작업자들에게 일괄적으로 직접 운반하는 기술체계를 도입했다.

정지된 작업대의 병렬적 조합

우데발라 공장에서는 조립작업이 흐르는 컨베이어벨트 위에서 수행되는 것이 아니라 정지된 작업대 위에서 수행된다. 따라서 작업대 숫자만큼의 병렬조립이 동시에 진행될 수 있는 것이다.

우데발라 공장은 도장공장과 차체공장까지 포함하는 일관공장이 아니라 조립공장만으로 구성되어 있다. 〈그림 1〉에서 보듯이 중앙에 위치한 부품관리소(material shop)를 중심으로 6개의 제품생산부(product shop), 2개의 시험검사부(test shop), 1개의 사무실로 구성되어 있으며, 대형설비를 사용하는 녹 방지(rust protection) 공정과 수밀검사 공정은 부품관리소의 한쪽 끝에 배치하고 있다.[9] 우데

---

9   공장의 배치 및 공정설계에 대해서는 Engström, Tomas, Dan Jonsson & Lars Medbo(1995: 7; 1998: 5-13), Engström, Tomas, Jan Å. Johansson, Dan Jonsson & Lars

발라 공장이 가동을 시작할 때는 1~3번 제품생산부만 가동되었으나 이후 1989년 말 4~5번 제품생산부가 가동을 시작하여 6개의 제품생산부 가운데 5개가 가동되었다. 6번 제품생산부는 우데발라 공장이 폐쇄될 때까지 한 번도 정상 가동되지 않은 채 교육훈련장(education workshop)으로 활용되었다.

5개 제품생산부는 〈그림 2〉에서 보듯이 각각 8개의 작업팀으로 구성되어 있으며, 각 작업팀은 4대의 작업대(platform)를 중심으로 조립작업을 수행함으로써 전체 조립공장은 160대의 작업대를 단위로 동시에 병렬적으로 차량을 조립할 수 있다. 1~3번 제품생산부는 한 작업팀에 소속된 4대의 작업대 가운데 2대는 상하로 수직이동만 가능한 리프팅(lifting) 작업대이며, 나머지 2대는 수직이동뿐만 아니라 차체의 회전도 가능한 틸팅(tilting) 작업대이고, 4~5번 제품생산부의 경우 모든 작업대는 틸팅 작업대로 설계되어 있다. 따라서 1~3번 제품생산부의 경우 먼저 틸팅 작업대에서 차량 조립작업의 60%를 수행한 다음 차체를 리프팅 작업대로 이동시켜 나머지 40%의 조립작업을 완수하지만, 4~5번 제품생산부의 경우 동일 작업대에서 차량이 이동하지 않고 모든 조립공정을 마칠 수 있다. 차량 전체의 조립을 동일 작업대에서 완수하는 방식이 생산성 측면에서 이상적이라 할 수 있으나, 1~3번 제품생산부의 경우 작업대의 교체가 상당한 재정적 부담을 수반하므로 시도되지 못했다.

조립작업에 소요되는 각종 기계설비와 작업도구들은 경비절감을 위하여 최대한 작업자들이 공유하도록 했으며, 공유되는 단위는

Medbo(1995: 297), Ellegård(1995, 1996a), Ellegård, Kajsa, Tomas Engström & Lennart Nilsson(1991), Engström 면담(1998) 등을 참조하도록 한다.

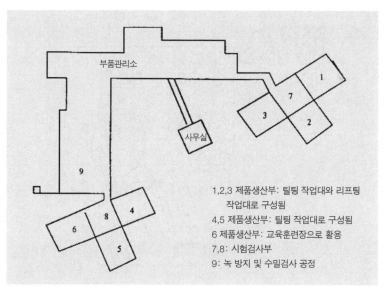

그림 1 우데발라 공장의 구조
자료: Ellegård(1995: 52)

그 가격과 부피에 따라 적절히 조정했다. 예컨대 매리지(marriage)와 같은 장비는 직렬조립선의 경우에 비하여 훨씬 소형화·경량화되었으나 여전히 고가의 장비이고 부피가 크므로 2개의 작업팀이 공유하도록 했다. 그리고 부피가 작고 가격이 싼 수공구들(hand tools)은 작업자들이 개별적으로 소지하도록 했고, 기어박스나 엔진 등 팔레트는 부피와 가격이 중간 수준이므로 작업팀 단위로 공유하도록 했다.[10]

10 우데발라 공장에서 사용되는 기계설비 및 작업도구는 비용과 생산성뿐만 아니라 인체
   공학적 측면도 고려하여 특별히 설계되었다. 틸팅 작업대를 도입함으로써 비정상적 자
   세로 수행하는 작업들을 없앴으며, 조립작업에 사용되는 기계설비 및 작업도구들을 경
   량화·소형화하여 여성노동자들도 작업하기에 불편함이 없도록 배려했다. 그 결과 전체
   생산직 노동자들 가운데 40%를 여성노동자로 충원했으며, 25세 이하와 45세 이상의
   노동자들도 각각 25%씩 할당하여 어떤 신체적 조건을 지닌 노동자들도 조립작업을 수

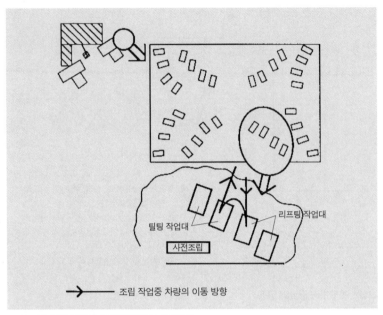

그림 2 우데발라 공장 제품생산부의 공장설계
자료: Ellegård(1995: 52)

키트 형태의 일괄적 부품 공급

직렬조립 방식 하에서는 차체는 컨베이어벨트가 운반하고 일반 부품들은 부품별로 일괄적으로 공급하여 작업자의 인근거리에 보관하도록 함으로써 작업자가 조립차량의 차종별로 적절한 부품을 찾아서 조립하도록 했다.[11] 우데발라 공장에서는 작업자들이 하나의 차

행하는 과정에서 신체적 불편함을 느끼지 않도록 했다. 도요타 자동차가 여성노동자 비율을 5% 수준까지 올린다는 목표도 실현하지 못했다는 점을 고려하면 우데발라 공장의 인체공학적 고려의 수준이 파격적임을 알 수 있다.

11 우데발라 공장의 부품운송체계와 문제점에 관해서는 Engström 면담(1998), Ellegård 면담(1998), Engström, Tomas, Jan Å. Johansson, Dan Jonsson & Lars Medbo(1995: 304-305), Engström, Tomas, Dan Jonsson & Lars Medbo(1998: 21-23), Freyssen-

량을 처음부터 끝까지 조립하므로 상당한 작업시간이 소요되기 때문에 다양한 차종의 부품들을 보관할 필요가 없고 차량을 조립할 때마다 해당 차량의 조립에 소요되는 부품들만 일괄적으로 공급받는 방식을 채택했다.

특정 차량의 조립에 필요한 차체와 부품들은 부품관리소에서 사전에 분류되어 무인반송차(AGV)에 의해 제품생산부의 중앙 공터로 운송되어 해당 작업자들에게 인도된다. 해당 차량에 조립되는 부품들은 6개의 키트로 분류되어 각각 다른 비닐백에 포장되어 차량조립 직전에 운송된다. 무인반송차는 두 종류가 있는데 한 종류는 차체를 운송하고, 다른 종류는 포장된 부품 키트들과 시트 등 부피가 큰 부품들을 팔렛에 담아 운송한다.

공장설계와 부품운송체계의 문제점

우데발라 공장설계팀의 산업공학자들에 따르면 키트 방식의 부품공급은 적절한 대안이었으나 공장설계와 부품운송체계는 몇 가지 측면에서 우데발라 공장의 생산성에 상당한 제약을 안겨주었다고 한다.

첫 번째 문제점은 기존 건물의 활용에 따른 제약이다. 볼보자동차 경영진이 공장건설 비용을 절감하기 위하여 조선소로 사용되었던 건물들을 그대로 사용하기로 함에 따라, 부품관리소와 제품생산부의 배치는 공간적으로 통합되지 못함으로써 효율적인 부품공급체계를 수립하기 어려웠다.

et(1998:96-97) 등을 참조하도록 한다.

두 번째 문제점은 무인반송차의 도입으로 인한 추가적 비용이다. 우데발라 공장은 부품관리소와 제품생산부가 공간적으로 통합되지 못했기 때문에 별도의 부품운송체계가 필요했다. 하지만 볼보자동차는 같은 볼보그룹 내에서 제작된 무인반송차의 재고를 해소하기 위하여, 설계팀 내 산업공학자들의 반대에도 불구하고 부품공급체계를 구상하기 전에 이미 무인반송차의 사용을 결정했다. 산업공학자들은 작업자에 의하여 운전되는 수송기구를 선호했으나 무인반송차를 선택함으로써 수송기구의 유연한 활용이 제한되었다. 또한 무인반송차는 다른 운송 방식에 비하여 비싼 설치비용을 부과했으며 넓은 공간을 소요함으로써 상당한 낭비를 초래했다.

세 번째 문제점은 무인반송차 운영체계의 경직성으로서 가장 치명적인 결함으로 지적되고 있다. 경영진은 비용문제로 인하여 모든 작업대가 통합되는 중앙컴퓨터통제체계를 포기하고 작업장의 통로와 교차로를 몇 개의 부문들로 분할하고 각 부문들에 느슨하게 통합된(decentralized) 터미널을 설치함으로써 무인반송차의 운영계획을 유연하게 조절할 수 없게 되었다. 이에 따라 우데발라 공장은 생산목표에 기초하여 작업대별로 구체적인 생산계획을 수립하였고, 그에 따라 무인반송차가 차체와 부품을 각 작업대에 운송하는 시간과 순서도 사전적으로 결정되어 변경할 수 없게 되었다. 무인반송차는 각 작업대의 조립공정 상황과 작업진행 정도와 관계없이 미리 결정된 운송 시간과 순서에 따라 주어진 차체와 부품을 해당 작업대에 공급한다. 따라서 작업자들은 작업능률이 오를 때에도 계획보다 빠르게 조립작업을 마치고 다음 차량을 조립할 수 없기 때문에 계획보다 높은 능률로 일할 필요를 느끼지 못한다. 따라서 작업자의 능률이 떨어질 때나 예기치 않은 사태의 발생에 대비하여 완충시간을 축적할 수 없으며, 주어진 계획 이상의 생산성 향상 잠재력이 있더라도 실현될 수 없다. 결국 우데발라 공장은 밸런스 로스 등 산업공학적 로스를 줄일 수 있는 병렬조립 방식의 장점을 살리지 못하고 짧은 직렬조립선들의 조합과 같은 체계로 가동되는 한계를 지녔던 것이다.

2) 유기적 부품구조화 방식

한 대의 자동차를 조립하기 위하여 소요되는 부품의 숫자는 2만여 개에 이른다. 차량을 조립하는 과정이 그만큼 복잡하기 때문에 모든 노동자들이 무수한 부품들을 식별하고 전체 조립공정을 정확하게 반복하는 것이 불가능하다는 인식이 자동차산업을 지배해왔다. 이러한 통념은 노동자들이 직렬조립선에서 5~10여 개의 공정을 수행하는 과정에서도 실수를 연발한다는 관찰에 기초해 있었으며, 스웨덴에서도 인간의 능력은 최대 20분의 사이클 타임을 초과할 수 없다는 인식이 보편화되어 있었다. 더구나 볼보자동차의 경우 중저가 차종들에 비하여 조립부품들과 조립 과정이 훨씬 다양하고 복잡하다는 점에서 성찰적 생산방식의 시도는 획기적인 도전이었다. 우데발라 공장설계팀이 발견한 것은 차량을 구성하는 2만여 개의 부품들은 일정한 논리적 구조를 지니고 있으며, 이러한 논리적 구조를 활용하여 부품을 분류하고 조립작업 과정을 재구성한다면 동일한 노동자들이 차량 전체를 조립할 수 있다는 점이었다.

직렬조립선 방식의 문제점

직렬조립선 하에서 노동자들이 부품들을 식별하고 20분 이상의 사이클 타임을 초과하여 공정을 수행하는 것이 불가능한 것은 직렬조립선 방식 자체의 문제점 때문이었다. 직렬조립선 방식의 문제점은 짧은 사이클 타임과 설계 중심적 부품분류 방식으로 지적되고 있다.[12]

첫째, 차량은 자체적으로 논리적 구조를 지니고 있으나, 직렬조립선 생산방식 하에서는 기술체계의 제약으로 인하여 작업자가 이를 파악하기 어렵다. 작업자들은 직무 내용을 통하여 차량의 논리적 구조를 파악할 수 있지만 흐르는 컨베이어벨트 위에서 짧은 사이클 타임 내에 직무를 마쳐야 하는 작업자들로서는 차량 전체의 기능적 구조를 파악할 시간적 여유가 없다. 대체로 차량의 1/4 정도를 통찰하지 않으면 차량에 내재된 논리적 구조를 파악하기 어려운 것으로 알려져 있다. 조립 중인 차량은 작업자가 자신의 공정을 수행하고 나면 이미 다음 작업공정으로 흘러가기 때문에 다음 작업공정으로 이동하여 차량을 관찰하는 대신 흘러오는 다음 차량을 대상으로 작업을 수행해야 한다.

둘째, 차량을 구성하는 부품들은 설계 중심적으로 분류·명명되어 있어 부품의 기능과 부품 간의 관계가 감추어져 있다. 부품들을 기능, 색, 모양 등 고유한 속성에 따라 분류·명명하는 것이 아니라 설계부서가 기록하고 관리하기에 편리하도록 분류·명명되기 때문이다. 따라서 부품들은 컴퓨터 입력에 편리한 숫자와 알파벳으로

---

12 직렬조립선 하의 부품분류 및 명명 방식의 문제점에 관해서는 Ellegård, Kajsa, Tomas Engström & Lennart Nilsson(1991: 43-52), Engström, Tomas, Lars Medbo & Dan Jonsson(1993: 453-460)을 참조하도록 한다.

조합된 부호들로 명명되며, 부수되는 이름표기는 의사소통 과정에서 실종된다. 부품들은 부호로 기억되어야 하며, 부품들에게 붙여진 부호들은 부품의 기능이나 부품들의 관계를 전혀 보여주지 못한다. 결국 차량은 무수한 원자화된 부품들로 구성되며 조립작업 또한 원자화된 부품을 인위적으로 결합하는 과정에 불과하게 된다. 이와 같이 무작위적인 부품과 공정 사이에서 작업자들이 어떤 논리적 연관성을 찾기 어렵기 때문에 다수의 부품을 식별하고 긴 사이클 타임의 조립공정 순서를 기억한다는 것은 불가능한 것이다.

조립지향적, 유기적 부품구조화 방식

성찰적 생산방식에서는 동일한 작업자들이 정지된 작업대에서 차량 전체를 조립하기 때문에 작업 과정을 통하여 차량 전체를 통찰하고 차량의 논리적 구조를 파악하기 용이하다.[13] 그뿐만 아니라 부품구조화 방식도 조립작업자에게 부품의 기능과 차량의 논리적 구조를 드러내 보임으로써 작업자가 부품들 사이의 관련성을 포착하고, 조립 중인 차체와 장착되어야 하는 부품 사이의 관련성까지 파악할 수 있게 되어 부품들을 식별하고 긴 사이클 타임의 복잡한 공정순서를 기억할 수 있게 도와준다. 동일한 부품들도 부품 25792번, 부품 22367번과 부품 15178번과 같이 부호로 명명되면 기억하기도 어렵고, 이들이 함께 분류되고 기능적으로 연관되어 있다는 것도 이해하

---

13 성찰적 생산방식의 부품구조화 방식에 대해서는 Engström, Tomas, Lars Medbo & Dan Jonsson(1993: 453-454), Ellegård, Kajsa, Tomas Engström & Lennart Nilsson(1991: 51-55), Engström, Tomas, Dan Jonsson & Lars Medbo(1997: 1-2), Ellegård(1996b), Freyssenet(1998: 93-96) 등을 참조하도록 한다.

기 어렵지만 브레이크 실린더, 브레이크 리드(brake leads)와 브레이크 페달(brake pedal)과 같이 정확한 이름이 주어지면 기억하기도 쉽고 상호 논리적 연관성도 자명하여 기능들의 결합을 통하여 차량의 논리적 구조를 파악하기도 훨씬 쉬워지는 것이다.

유기적 부품구조화 방식에 입각하여 부품들을 기능에 따라 분류하고, 각각의 기능을 포함한 고유한 속성을 활용하여 이름을 지으면 개별 부품은 기능에 따라 보다 큰 범주로 결합되고, 범주들 역시 단계적으로 보다 큰 집락들로 결합됨으로써 조립 과정은 일종의 인과관계로 나타날 수 있는 것이다. 전체 차량은 다양한 기능을 채우는 다수의 유의미한 현상이 상호보완적으로 결합되어 구성되는 것으로 나타난다. 그렇기 때문에 차량의 조립 과정은 단순히 상호 고립된 부호들의 무작위적 조합 과정이 아니라, 하나의 유기체가 성장하듯이 다종의 기능이 결합되어 점차 큰 단위의 기능적 복합체를 이루며 하나의 차량을 완성해 가는 과정이 된다. 이렇게 유기적 부품구조화 방식을 따르면 부품들은 자체의 기능과 상호연관성을 드러내고, 스스로 조립작업을 안내하고 작업자들에게 다음 작업을 지시하는 역할까지 수행할 수 있다. 부품과 조립 과정은 더 이상 암기되어야 할 복잡한 현상이 아니라 그 자체가 자명한 지침서가 된다.

차량분해와 부품분류

조립 지향적, 유기적 부품구조화 방식을 실현하기 위하여 우데발라 공장설계팀의 산업공학자들은 차량의 분해 작업을 반복함으로써 차량을 구성하는 부품들을 기능적으로 차별성을 지니는 부분으로 분

류할 수 있었다.[14]

차량의 부품들은 모든 차량에 보편적인 5개의 기능적 집락으로 대분류될 수 있다. 첫째는 문짝들, 둘째는 전기장치들, 셋째는 구동 장치, 넷째는 외장, 다섯째는 내장이다. 5개 기능적 집락들은 다시 하부 기능, 조립 형태, 차량에서 장착되는 위치들에 따라 하위 범주 들로 분해된다. 이러한 기능적 집락과 하위 범주들은 차량에서 담당하는 기능들을 나타내고 부품 간의 상호 기능적 관련성을 단계별로 보여줌으로써 차량의 논리적 구조를 작업자에게 드러낸다. 또한 각각의 기능적 집락과 하위 범주들은 조립작업 공정들의 묶음에 해당되기 때문에 연관 공정들 간의 순서를 지시하는 효과도 있는 것이다.

유기적 부품구조화 효과의 제약 원인

유기적 부품구조화 방식은 성찰적 생산방식 하에서 작업자들이 무수한 부품들과 복잡한 조립 과정을 논리적으로 숙지하는 데 큰 도움을 주었으나 공장설계의 결함에 의하여 그 효과가 충분히 실현되지 못했다.[15]

첫째, 1~3번 제품생산부는 동일한 작업대에서 조립을 완성하는 4~5번 제품생산부와는 달리 차량을 두 개의 작업대로 나누어 조립

---

14 차량분해와 부품들의 기능적 구조에 관해서는 Engström, Tomas, Lars Medbo & Dan Jonsson(1993: 454-461), Engström, Tomas, Dan Jonsson & Lars Medbo(1997: 1-8), Engström 면담(1998) 등을 참조하도록 한다.

15 공정설계의 결함으로 인한 부정적 효과에 관해서는 Engström 면담(1998), Ellegård 면담(1998), Engström, Tomas, Dan Jonsson & Lars Medbo(1998:21-24), Freyssenet(1998) 등을 참조했다.

되도록 설계되었다. 부품들을 키트로 분류함에 있어 1~3번 제품생산부를 위한 최적의 부품분류 방식과 4~5번 제품생산부를 위한 최적의 부품분류 방식은 서로 다를 수밖에 없으나 혼돈을 줄이기 위하여 동일 분류 방식을 모든 제품생산부에 적용했다. 그 결과 차량의 논리적 구조를 파악하고 유기적 차량조립을 실행하기 위한 최적의 부품분류 방식을 적용할 수 없었고, 또한 부품조립 편의성과 부품취급 시간에 상당한 낭비를 가져오게 되었다.

둘째, 우데발라 공장은 무인반송차를 이용하여 부품을 부품관리소에서 작업자들에게 자동적으로 운송하기 때문에 조립작업자에게서 부품취급 직무를 분리시켰다. 우데발라 공장설계팀의 산업공학자들은 조립작업을 수행하는 작업자들이 부품 취급 직무도 함께 수행할 것을 제안했으나, 경영진이 일방적으로 무인반송차 활용을 결정함으로써 실현되지 못했다. 조립작업자가 부품취급 직무도 함께 수행하면 부품들을 분류하는 과정에서 부품의 기능 및 부품 간의 상호 연관성을 보다 잘 파악할 수 있게 되고, 차량의 논리적 구조를 보다 쉽게 파악할 수 있기 때문에 숙련향상에 큰 기여를 할 수 있다. 또한 부품분류와 운송에 있어 착오가 발생할 경우에도 직무수행 성취를 평가하는 기준이 서로 다르기 때문에 오류의 재발방지에 대한 문제인식에도 큰 차이가 있다. 즉, 부품취급자들에게 직무수행 성취는 몇 회의 착오가 생겼는가 하는 문제로 평가되지만 조립작업자에게 있어서는 동일한 횟수로 부품 오류가 생겼을지라도 볼트와 같은 작은 부품의 오류가 발생하는 경우에 비하여 선루트나 엔진모델과 같은 큰 부품이 잘못 분류되는 경우 훨씬 큰 시간손실이 발생하는 것이다. 이런 문제 때문에 부품운송 착오의 발생 문제를 극복하기 위하여 조립작업자들은 자신이 직접 부품을 분류하여 키트로 포장하는 작업을 수행할 수 있도록 해줄 것을 요청하게 된다. 결국 경영진은 부품 키트를 준비하는 부품관리소 작업자에게도 조립작업자가 받는 것과 동일한 직무훈련을 받도록 결정했다. 더 나아가서 부품취급 작업과 조립작업 사이의 통합의 정도를 높이기 위하여 부품관리소 재구조화까지 시도했으나 우데발라 공장의 폐쇄가 결정되면서 실현되지 못했다.

3) 총합적 학습 방식

우데발라 공장설계팀의 산업공학자들은 부품들을 식별하고 긴 사이클 타임의 공정순서를 숙달할 수 있게 하기 위하여 '총합적 학습 방식'이라는 독특한 학습 방식을 개발했다.

기술체계의 학습지향성

기술체계가 산업공학자들의 지적처럼 이상적으로 실천되지는 못했지만 인간의 사고방식을 최대한 배려하여 지능적 잠재력을 활용할 수 있게 한 것은 학습에 큰 도움이 되었다. 위에서 고찰했듯이 정지된 작업대는 작업자가 차량 전체를 통찰함으로써 차량의 논리적 구조를 파악할 수 있게 했고, 유기적 부품구조화 방식은 부품의 기능과 부품 사이의 관계를 보여 줌으로써 작업자의 학습에 유용한 하부구조를 제공했다. 또한 우데발라 공장이 비록 구체적 학습환경, 학습도구, 학습방법에 있어 산업공학자들의 의도를 최대한 반영하지는 못했지만 공장설계와 부품운송체계 등에 비하여 총합적 학습 방식

의 실천에 있어 산업공학자들의 제안이 비교적 충실하게 옮겨진 것은 부인할 수 없다.[16]

총합적 학습 방식의 특성

총합적 학습 방식은 차량과 작업 과정을 면밀하게 관찰하고 전체성 속에서 파악할 수 있도록 함으로써 다수의 작업공정들을 낱낱이 암기하지 않고 조립 과정 전체 흐름을 학습하게 한다는 것이다.[17] 직렬 조립선하의 학습 방식은 차량과 작업 과정을 전체성 속에서 파악하는 것이 아니라 극도로 세분화된 직무들 가운데 해당 작업자에게 할당된 부품과 작업공정에만 익숙하게 하는 원자화된 방식이었기 때문에 상호관련성이 감추어진 부품과 작업공정이 추가될수록 그에 비례하여 학습시간이 기하급수적으로 증가하는 것이다. 하지만 병렬조립 방식하의 총합적 학습 방식을 채택하면 사이클 타임과 학습시간의 비례적 상관관계는 더 이상 성립되지 않기 때문에 동일 사이

16 기술체계의 학습지향성과 총합적 학습 방식의 실천에 관해서는 Ellegård(1996a; 1998)와 Engström, Tomas & Lars Medbo(1994)를 참조하도록 한다.

17 설계팀의 산업공학자들이 학습 방식을 개발하는 데 있어 가장 중요한 전제는 모든 관계자가 "작업자들은 배워서 잘할 수 있다"는 신뢰를 지니고 실천한다는 점이며, 그러한 믿음이 없으면 성찰적 생산방식을 포함한 어떠한 생산방식과 학습 방식의 혁신도 성공할 수 없다고 지적한다. 이러한 맥락에서 우데발라 공장의 실험이 더욱 큰 성과를 거두지 못하고 중도에 포기된 것은 모두 볼보자동차 경영진과 우데발라 공장 경영진이 그 점에서 미흡했기 때문이다. 산업공학자들을 중심으로 설계팀이 내린 학습과 관련된 주요 의사결정들은 실제의 생산품을 대상으로 학습할 것, 작업자들이 생산품과 작업 과정을 관찰할 수 있도록 학습을 조직할 것, 학습은 조립작업을 전체성 속에서 파악하도록 도울 것, 행정편의에 따른 시간배분이 아니라 작업자의 생물학적 리듬을 고려할 것 등을 포함하고 있다. 총합적 학습 방식의 내용과 강점에 관해서는 Ellegård 면담(1998), Engström, Tomas & Lars Medbo(1994: 293-296), Ellegård, Kajsa, Tomas Engström & Lennart Nilsson(1991:31-47)을 참조하도록 한다.

클 타임이 적용되어도 원자화된 학습 방식에 비하여 학습시간을 훨씬 단축시킬 수 있다.

자동차 조립작업을 하기 전에 상식적으로 갖고 있던 자동차에 대한 지식이 짧은 사이클 타임의 조립선 직무에는 도움이 되지 않지만 총합적 학습 방식의 경우에는 자동차에 대한 모든 상식들이 동원될 수 있으므로 학습커브(learning curve)의 출발점에서부터 유리하다. 또한 직렬조립선의 직무는 세분화되고 파편화된 직무에 한정되어 있기 때문에 한 직무에서 취득한 지식과 숙련은 다른 공정에서는 별로 쓸모없게 되지만, 병렬조립체계의 직무에서 습득한 지식과 숙련은 조립작업뿐만 아니라 제품설계 및 공정설계와 같은 고난도의 기술을 요하는 직무에서도 활용될 수 있고, 작업자 스스로 조립공정의 순서를 선택하고 변경시킬 수 있는 역량을 지닌다. 발전가능성에 있어서도 직렬조립선의 원자화된 학습 방식을 통하여 습득된 지식과 숙련은 세분화되고 파편화된 직무에 한정되어 있기 때문에 빠른 시간 내에 높은 수준에 도달하되 더 이상의 향상은 기대할 수 없지만, 병렬조립체계의 총합적 학습 방식의 경우 지식과 숙련 수준의 향상 가능성은 무한정하다고 할 수 있다. 이와 같이 병렬조립체계의 총합적 학습 방식은 직렬조립선의 원자화된 학습 방식에 비하여 훨씬 유리한 학습커브를 그린다는 강점을 지니고 있다.

총합적 학습 방식의 구체적 실천

우데발라 공장설계팀은 자동차조립이 한계치로 설정되었던 20분의 사이클 타임을 초과하여 수행될 수 있다는 이론적 기초는 확립했으나 경험적으로 확인한 것은 1987년 뢰다슐렛 시험제작부(experimental workshop)에서였다. 뢰다슐렛에서 자동차조립 경험은 없으나 13세부터 모페드를 운전하며 가벼운 수리작업까지도 해본 경험이 있는 15세 남성 훈련생을 대상으로 긴 시간의 사이클 타임 조립작업도 짧은 시간 안에 학습될 수 있다는 것을 확인하게 되었다. 이러한 학습경험에 기초하여 설계팀의 산업공학자들은 총합적 학습방법을 구체적으로 정립하여 우데발라 공장에서 일하게 될 훈련생들의 직무훈련에 활용했다.[18]

학습보조품들로 준비된 것은 네 가지였다. 첫 번째 보조품은 부품들의 이름과 위치를 명시한 서비스 매뉴얼, 부품 명세서, 엔진베이의 설명서였다. 두 번째 보조품은 부품들의 기능적 집락들과 하위범주들을 중심으로 조립방법들을 수록한 바인더였다. 세 번째 보조품은 각 하위범주들의 조립에 사용되는 부품들의 이름을 각각 명시한 작은 카드들이었다. 네 번째 보조품은 각 기능적 집락의 조립 방식과 조립위치의 전체적 틀을 보여주기 위하여 구성 부품들과 조립방식을 그림으로 나타낸 도표들이었다.

학습 과정은 전체 차량의 1/4을 조립하는 과정을 학습하는 것으로서 친숙화 과정, 7단계의 실습 과정, 마지막으로 시험 조립 과정으로 구성된다. 친숙화 과정은 처음 1일 동안 수행되며 인젝션(injection), 에어컨, 분사장치(emission system) 등 30개 정도의 핵심 부품들의 이름과 기능을 찾아서 각 부품의 이름을 라벨에 적어서 정확한

18 총체적 학습방법의 구체적 내용과 결과에 관해서는 Engström, Tomas & Lars Medbo(1994), Engström, Tomas, Dan Jonsson & Lars Medbo(1998), Engström, Tomas, Jan Å. Johansson, Dan Jonsson & Lars Medbo(1995), Ellegård 면담(1998), Engström 면담(1998)을 참조했다.

부품에 부착하는 연습을 하는 것이었다.

친숙화 과정을 마치면 2주에 걸친 7단계 실습 과정에 들어가게 된다. 제1단계는 3일간 시험적 조립작업을 수행한다. 여기에서는 분해된 차량이 사용되며, 전기장치 관련부분들의 기능적 집락을 대상으로 시험적으로 조립해 보는 것이다. 이 기능적 집락은 6개의 하위범주들로 구성되어 있으며, 차량전체의 1/4에 해당된다.

제2단계는 시험적 조립작업을 요점 중심으로 반복하는 것이며 0.5일이 소요된다. 큰 탁자 위에 차량의 해당 부품의 이름이 적힌 작은 카드들을 놓아두고 훈련생들이 불필요한 카드들은 버리고 필요한 카드들을 뽑아서 기능별로 묶어서 작은 범주들로 나누고, 다시 작은 범주들의 카드 묶음을 연관 범주들끼리 묶어 큰 범주를 만드는 과정을 지속하여 기능적 집락들을 만들게 한다.

제3단계는 분해작업을 통하여 복습하는 과정으로서 2일이 소요된다. 조립된 차량을 1단계에서 수행된 조립작업의 역순으로 분해하며, 부품들을 분리하여 분해 순서대로 배열한다.

제4단계는 조립작업을 종합적으로 복습하는 과정으로서 1일이 소요된다. 작은 카드들이 부착된 차량의 부품들을 마룻바닥에 놓고 재결합하며, 이 과정에서 미세한 조립순서들이 조정된다.

제5단계는 부품분류를 통하여 직무를 익히는 과정으로서 1일이 소요된다. 마룻바닥에서 부품들과 작은 카드들을 하위범주들로 분류하고, 다시 더 낮은 하위범주로 재분류하는 과정을 지속한다. 이 과정에서 인스트루먼트 패널과 같이 무거운 부품들을 들고, 나르거나 장착할 때와 같이 외부의 도움이 필요한 작업을 식별하도록 함으로써 부품뿐만 아니라 조립작업도 보다 큰 직무의 집락들로 통합됨을 파악할 수 있게 되며, 조립순서의 미세한 부분들까지도 정립된다.

제6단계는 조립작업을 위하여 준비할 사항들을 배우며 1일이 소요된다. 직무수행을 돕는 도표들과 조립에 사용될 작은 부품들을 작업하기 편리한 위치에 배치한다. 또한 작업도구들도 세 가지로 분류하여 불필요한 것은 치우고, 가벼우면서도 자주 사용되어 주머니에 보관하는 공구들과 필요하지만 주머니에 보관할 수 없는 공구들을 분류하여 각각 차량의 양쪽 편에 보관한다.

제7단계는 전체 조립 과정을 마음속으로 정리하는 단계로서 마지막 날 1시간 정도 할애된다. 작업자들은 주로 조립작업이 어떻게 수행되는지를 머릿속에서 정리하고, 왜 그렇게 수행되는지를 설명할 수 있도록 하는 것이다.

7단계의 실습 과정을 마치면 훈련생들은 타인의 도움 없이 혼자서 전기장치 관련 기능적 집락을 조립하게 된다. 이러한 시험조립 과정은 0.5일간 실시되며 이것으로 전체 학습 과정을 마치게 된다.

학습 과정을 거치면서 훈련생들은 인지적 구조와 물질적 구조 사이를, 부분과 전체 사이를 오가며 차량과 조립작업에 대한 총합적 인식을 개발할 수 있었으며, 학습 과정의 단계를 거칠 때마다 총합적 인식은 수정·발전되며 더욱 충실해질 수 있었다. 이와 같이 뢰다 슐렛의 시험제작부에서 총합적 학습 과정을 거친 훈련생들은 예상 조립시간의 150% 이내에 조립작업을 완수했으며, 이러한 성과는 당시 우데발라 공장의 직업훈련장 훈련생들이 조립작업을 마치는 데 예상 조립시간의 1,200%를 소요한 것과 비교하면 총합적 학습 과정의 우수성은 자명한 것이다. 이와 같이 우데발라 직업훈련장의 학습 과정이 효과가 저조했던 것은 총합적 학습방법의 개념에 기초하여 학습 과정이 조직되지 않았다는 점, 작은 카드와 같은 학습보조물을 활용하지 않았다는 점, 생산설비의 개발과 작업자의 훈련이 동시에 진행되고 있었기 때문에 기술체계에 적합한 작업 방식과 학습 방식이 개발될 수 없었다는 점, 4~6명의 작업자들이 작업팀을 이루어 차량의 1/4을 조립함으로써 조립작업 전체를 통찰할 수 있는 기회가 적었다는 점 등을 들 수 있다.

이처럼 총체적 학습 과정을 거치면 2주의 훈련을 통하여 차량의 1/4을 혼자서 조립할 수 있게 되며, 작업팀에 배치되어 1개월 정도의 경험을 쌓으면 차량의 1/4을 정상속도로 조립할 수 있게 된다. 실제 1993년 초 우데발라 공장의 모든 조립작업자는 혼자서 차량의 1/4을 정상속도로 조립할 수 있게 되었으며, 기업 측 임금자료에 따르면 64%는 차량의 1/2을, 5%는 차량 전체를 혼자서 정상속도로 조립할 수 있게 되었다고 한다.

4) 자율적 작업조직

직렬조립선을 포기함에 따라 테일러주의적 작업조직 대신 성찰적 생산방식의 기술체계에 적합한 새로운 작업조직을 개발하는 것은 우데발라 공장설계팀의 커다란 숙제였다. 우데발라 공장이 1989년 가동된 이후 1990년과 1992년 두 차례에 걸쳐 큰 변혁을 거치는데 두 번 모두 작업조직의 재편이었다는 점은 작업조직 개발의 어려움과 경영진의 주저를 잘 반영하는 것이다. 병렬조립 기술체계의 장점을 최대한 살리는 것은 팀 자율성을 확대하는 것이었는데 경영진의 입장에서 볼 때 그것은 위험한 모험으로 비쳐졌기 때문이다.

직무 설계 및 조직

〈그림 2〉에서 보았듯이 각 제품생산부는 8개의 작업팀으로 구성되며, 각 작업팀은 4대의 정지된 작업대에서 조립작업을 수행한다. 작업팀의 규모는 1~3번 제품생산부의 경우 평균 7명이고 4~5번 제품생산부의 경우 9명이다. 사이클 타임은 1~3번 제품생산부의 경우 100분이며 4~5번 제품생산부의 경우 80분이다.[19]

1~3번 제품생산부의 경우 2대의 틸팅 작업대에서는 작업대 당 2명의 작업자가 조립공정의 60%를 수행한다. 나머지 40%의 조립공정을 담당하는 2대의 리프팅 작업대에서는 하나의 작업대에 2명의 작업자가, 다른 하나의 작업대에는 1명의 작업자가 작업한다. 작업팀에 소속된 모든 노동자가 작업대에서 차체를 대상물로 조립작업을 수행하는 동시에 문짝, 엔진, 대쉬보드(dashboard)의 서브어셈블리(sub-assembly)를 수행한다.

반면 4~5번 제품생산부의 경우 각각의 틸팅 작업대에는 2명의 작업자가 차량 전체를 조립한다. 이들 8명의 작업자들은 차체를 대상물로 조립작업을 수행하는 동시에 문짝의 서브어셈블리를 담당하고, 나머지 1명은 엔진과 대쉬보드의 서브어셈블리 작업을 전담한다. 서브어셈블리 작업은 부품 숫자가 많아서 조립작업이 복잡한 경우와 무거운 철판을 다루는 작업과 같이 순간적으로 완력을 투입해야하는 작업들이며, 훈련을 마치고 처음 배치된 작업자들은 주로 문

---

19 우데발라 공장의 작업조직 변화와 직무의 설계 및 조직에 관해서는 Engström, Tomas, Dan Jonsson & Lars Medbo(1995: 6-7; 1998: 3-8), Engström, Tomas, Jan Å. Johansson, Dan Jonsson & Lars Medbo(1995), Engström 면담(1998), Berggren(1997: 15-16)을 참조하도록 한다.

짝 서브어셈블리 작업부터 훈련을 받게 된다.

밸런스 로스와 시스템 로스 등 산업공학적 로스를 통한 시간손실을 최소화하기 위하여 작업자들 사이의 분업은 경직되어 있지 않고, 담당 작업을 일찍 마친 작업자는 서브어셈블리 작업을 수행하거나 작업공정이 느린 작업대를 도와준다. 이와 같이 서브어셈블리 작업뿐만 아니라 병렬적으로 배치된 작업대들도 숙련수준이 높거나 작업능률이 좋은 작업자들의 여유시간을 흡수하는 완충재고의 역할을 담당하여 작업시간을 효율적으로 활용하여 시간손실을 없앨 수 있는 것이다.

자율적 작업팀

7~9명의 작업자들은 4대의 작업대를 단위로 하나의 작업팀을 구성하며, 텔레비전, 마이크로웨이브 및 싱크대 시설을 갖춘 휴게실이 두 개의 작업팀에 1개씩 할당되어 작업팀 구성원들이 토론이나 휴식을 위한 공간으로 활용할 수 있다.[20] 제품생산부별로 한 명씩 배치되는 생산기술자는 작업팀들에 대한 기술지원의 역할을 담당할 뿐 감독자의 기능은 지니지 않는다.

검사부에는 별도의 수리요원이 배치되어 있지 않고 결함이 발견되면 팀원들이 직접 수리작업을 실시하며, 팀원들은 다른 제품생산부를 견학하여 특수한 조립결함을 해결하는 법을 익힌다. 또한 설비보전, 품질관리, 품질검사 작업들도 수행한다. 또한 팀원들은 간접

---

20   우데발라 공장의 자율적 작업팀에 관해서는 Engström 면담(1998), NilssonT(1997), Ellegård (1995: 53-57; 1996a: 465-467; 1996b: 24-27), Engström & Medbo(1995), 이영희 (1994: 206-208, 226-228)를 참조하도록 한다.

작업뿐만 아니라 휴가계획과 신규팀원의 충원과 같은 인사관리, 생산공학 기술의 습득 및 실천, 훈련생들의 교육훈련, 제안의 평가와 실행과 같은 화이트칼라 직무까지도 담당함으로써 직무통합의 정도가 매우 높다고 하겠다.

작업팀은 직무를 자체적으로 배분할 뿐만 아니라 작업방법과 작업속도를 결정하고 일정한 정도의 생산량도 조정할 수 있는 권한을 지니고 있다. 또한 작업팀은 숙련수준과 작업능률에 기초하여 차체를 완전 조립할 수 있는 팀원들로 별도의 하위팀을 구성하여 직무수행의 자율성을 부여하거나, 팀원들을 2~3개의 하위팀으로 분할하여 운영하는 등의 자율적 결정권을 갖고 있었다.

팀 대표는 통상 2개월을 임기로 팀원들에 의하여 직접 선출되고, 다른 팀원과 마찬가지로 조립작업을 수행하며, 팀원을 감독하는 것이 아니라 서비스를 제공하고 팀원들 간의 분업을 조정하는 역할을 담당한다. 팀 작업제가 도입됨에 따라 전통적으로 현장감독자(foreman)에게 주어졌던 직무와 권한의 상당 부분이 작업팀과 팀 대표에게 이양된 것이다. 팀 대표는 역할 수행에 대하여 수당을 받지만 이는 팀원들이 차량조립 숙달 정도가 높아지거나 보전, 교육훈련이나 인사 관련 직무들과 같이 추가적 직무를 습득할 때 받는 수당과 같은 것으로서 특전이라 할 수 없다.

이렇게 작업팀의 자율성은 확대되는 한편 중하위 경영진의 권한과 기능은 위축되었으며, 특히 중하위층 경영진의 권한이 크게 약화되었다. 결국 경영조직의 위계구조도 공장 가동 초기 4단계에서 1992년 중반 경영조직 개편과 더불어 3단계로 단축하여 의사소통을 신속하게 하고, 생산비용을 줄일 수 있었다. 3단계 위계구조는 우데발라 공장 최고책임자(VD, vice director) 아래 생산부장(produktion chef: plant manager), 생산과장(verkstadschef: product shop leader), 작업팀으로 조직되어 있다.[21] 900여 명의 노동자에 경영진은 16명에 불과하여 노동자 56명당 경영진 1명으로서 GM의 25명당 1명, 새턴의 20명당 1명, 일본자동차 북미현지공장의 20명당 1명에 비하여 경영조직 위계구조가 훨씬 더 수평화되어 있음을 알 수 있다.

작업조직 운영의 문제점

성찰적 생산방식은 세계 자동차산업 초유의 실험으로서 선행 사례와 경험이 전혀 축적되지 않았기 때문에, 설계된 기술체계와 작업조직 자체도 결함이 있을 수 있으므로 산업공학자, 작업자 및 경영진은 설계팀처럼 합심하여 성찰적 생산방식을 더욱 개선하고 정교화

---

21 공장 가동 초기에는 생산부장과 생산과장 사이에 중간경영자층(production leader)이 하나 더 있었으나 1992년 경영조직 개편으로 폐지되었다. 우데발라 공장의 정확한 직위별 인원수는 기존의 문헌자료와 면접을 통해서도 명확하게 확인할 수 없으나 주어진 자료들을 종합하면 3~5명 정도의 생산부장과 9~11명 정도의 생산과장을 둔 것으로 추정되며, 제품생산부의 경우 생산과장은 2개의 제품생산부에 주야 교대로 2명이 배정되어 있어 100여 명의 작업자들을 감독했다. 주어진 자료에 근거하여 현재의 토쉬란다 공장과 비교하면 토쉬란다 공장에는 생산과장 밑에 현장감독(förman)에 해당되는 생산주임(production leader)을 두어 2~5개 작업팀의 작업자 30명 정도를 감독하고 있으나, 우데발라 공장의 경우 생산주임 제도는 처음부터 도입되지 않았다. 또한 경영조직의 구조와 직위명칭이 현재의 토쉬란다 공장과 다소 다르고 전반적으로 중상층 경영진의 직위명칭이 인플레이션되어 나타나는 것은 우데발라 공장의 경우 토쉬란다 공장과는 달리 소규모 조립공장만 존재했고, 1990년대 초 토쉬란다 공장의 경영조직 개편이 있기 전의 명칭들이 사용되었기 때문인 것으로 추론된다. 우데발라 공장의 경영조직에 관해서는 JohanssonP 면담(1998), AnderssonI 면담(1998), Ellegård(1995), Sandberg(1995), Hancké & Rubinstein(1995: 182-183), Berggren(1992: 61), NilssonT(1997), 이영희(1994: 226-228)를, 볼보자동차 토쉬란다 공장의 경영조직에 관해서는 조돈문(1999)을 참조하도록 한다.

할 필요가 있었다. 하지만 작업조직은 설계 자체의 문제점보다는 경영진, 특히 중하위층 경영진의 저항으로 인하여 효율적 운영을 방해받았다.[22]

중하위층 경영진이 반발하는 원인은 병렬조립 생산방식에 대한 불신과 자신들의 권한 위축에 대한 우려였다. 경영진의 상당 부분은 직렬조립선 생산방식에 익숙했기 때문에 병렬조립 생산방식이 기술적으로 가능하고, 생산성 측면에서 경쟁력을 지닐 수 있다는 가능성을 인정할 수 없었다. 이들은 병렬조립 생산방식의 도입을 위험한 모험으로 간주할 뿐만 아니라 생산 과정 규제가 어렵게 되어 예측가능성이 떨어진다는 점에서 직렬조립선에 안주하려는 태도를 지니고 있었다. 또한 중하위 경영진은 자율적 작업조직이 작업팀에 상당한 직무를 할당하고 자율성 및 권한을 부여함에 따라 작업팀은 상층 경영진과 직접적 의사소통이 용이해지고, 자신들의 권한과 역할은 크게 위축될 것을 우려했다. 이러한 우려로 인하여 현장감독자 노조

---

22 자율적 작업조직에 대한 저항과 그 영향에 관해서는 Engström 면담(1998), Engström, Tomas, Dan Jonsson & Bertil Johansson(1997: 243-244), Ellegård(1995: 57: 1998), Bergren(1992: 161-166, 237-239: 1995: 122-123), NilssonL(1995:83-85)을 참조하도록 한다. 중간경영진의 저항 외에도 작업팀 규모의 부적절성도 지적되고 있다. 엥스트룀 등 (Engström, Tomas, Dan Jonsson & Lars Medbo, 1998: 3-5; Engström, Tomas & Lars Medbo 1994)은 5~6명으로 구성된 소규모 작업팀이 규모가 큰 작업팀에 비하여 의사소통이 더 용이하고 협력이 잘 이루어질 수 있을 뿐만 아니라 계획보다 빠르게 작업을 진행하는 워킹업(working-up)의 축적이 훨씬 수월하다고 주장한다. 이들은 5명의 작업팀이 4명은 각각 자신의 작업대에서 혼자 조립작업을 수행하고 나머지 1명은 서브어셈블리 작업과 간접작업들을 담당하게 할 것을 제안한다. 하지만 작업팀의 단위를 줄일 경우 그만큼 관리비용이 증대될 수 있으며, 7~9명의 작업팀에도 자율성을 최대한으로 부과하여 작업팀이 작업자들의 숙련수준과 작업능률에 따라 하위팀들을 구성할 수 있게 하면 소규모 작업팀의 효과도 낼 수 있기 때문에 우데발라 공장 작업팀의 규모가 문제점이 있다고 하더라도 경영진의 반발과 비협조에 비교하면 훨씬 경미하다고 할 수 있다.

(SALF, 현재 Ledarna로 개칭되었음)는 설계팀이 제시한 자율적 작업조직 모델을 비판하며 닛산(Nissan) 선더랜드(Sunderland) 공장의 감독자 중심 작업조직 모델을 제시했다.

성찰적 생산방식을 반대하는 경영진들도 볼보그룹 최고경영자인 일렌함마르의 혁신적 의지를 거부하기 어려웠기 때문에 성찰적 생산방식을 받아들이되 비협조적 태도로 일관하게 되었다. 이와 같이 중간경영층을 중심으로 한 성찰적 생산방식, 특히 자율적 작업조직에 대한 반발로 인하여 우데발라 공장이 효율적으로 운영되지 못한다는 판단으로, 볼보자동차는 1992년 중반 우데발라 공장의 경영조직을 보다 수평화하고 행정사무실을 작업장 안으로 재배치할 계획을 수립했으나 1992년 말 우데발라 공장에 대한 폐쇄 결정이 내려지면서 실현되지 못했다.

4. 토론 및 맺음말: 우데발라 공장 실험의 의의와 한계

1) 우데발라 공장 실험의 역사적 의의는 무엇인가?

정지된 작업대에서 차량 전체를 조립함으로써 기계에 속박되지 않고 자율적인 직무를 수행할 수 있는 노동의 인간화를 실현한다는 것은 성찰적 생산방식 도입의 의도된 결과였다. 따라서 노동자 직무만족도가 직렬조립선 생산방식과 비교하여 매우 높게 나타나는 것은 당연한 귀결이다.

컨베이어벨트에 기초한 직렬조립선 생산방식을 포기하면 자동차 생산이 불가능하다는 것은 지난 1세기 동안 세계 자동차산업을 지배해온 대전제였으며, 이러한 통념은 컨베이어벨트를 이탈하는 어떠한 생산방식의 혁신도 시도되지 못하게 했다. 하지만 우데발라 공장의 가동은 컨베이어벨트 없이도 자동차생산이 가능하다는 것을 보여주었고, 성찰적 생산방식이 구체적 기술체계와 작업조직에 기초하여 실제 가동될 수 있다는 것을 보여줌으로써 현실적 대안으로 정립되었다.

우데발라 공장의 생산성에 대한 평가는 긍정적 평가와 부정적 평가가 혼재되어 있어 생산성 측면의 경쟁력에 대해서는 종합적이고 면밀한 검토가 필요하겠지만, 볼보자동차의 직렬조립선 공장인 토쉬란다 공장에 비하여 생산성이 뛰어나거나 최소한 뒤지지는 않는다는 것은 공통된 평가다. 따라서 노동의 인간화를 경시하고 생산성 향상에만 치중하는 린 생산방식과 비교하여 성찰적 생산방식이 노동의 인간화와 생산성 향상을 동시에 실현한다는 점에서, 포드주의와 린 생산방식에 맞서는 현실적으로 유효한 대안이 존재 가능하다는 것을 우데발라 공장이 입증했다는 역사적 의의를 찾을 수 있다.

2) 성찰적 생산방식은 어떻게 가동되었는가?

성찰적 생산방식이 가동될 수 있도록, 우데발라 공장설계팀은 세계 자동차산업의 전통적 기술체계, 작업조직, 학습방법에 대한 각각의 효율적인 대안을 개발했고 이러한 대안적 방식들은 상호 상승효과를 생성하며 하나의 생산체계로서 작동하게 되었다.

기술체계에 있어 컨베이어벨트를 제거하는 대신 정지된 작업대에서 조립작업을 수행할 수 있게 했고, 무인반송차를 활용하여 부품들을 사전적으로 분류하여 키트 형태로 각각의 조립차량별로 일괄적으로 공급했다. 부품들은 설계편의성이 아니라 조립과 학습의 편의성을 중심으로 즉, 개별 부품들의 기능, 부품들 간의 상호관련성, 차량 전체의 기능적 구조를 자명하게 만드는 방식으로 분류·명명되었다. 이러한 유기적 부품구조화 방식으로 인하여 작업자들은 차량의 논리적 구조를 쉽게 파악할 수 있게 되고, 조립작업은 더 이상 무작위적인 순서의 조립공정들을 암기하여 반복하는 것이 아니다. 조립 과정은 기능적으로 연관된 부품들을 보다 높은 단위로 결합하는 과정이 되기 때문에, 조립 과정은 차량의 기능들이 단계적으로 채워져서 차량 한 대가 완성됨으로써 유기체가 성장하는 과정처럼 자연스러운 과정이 된다.

또한 학습 방식에 있어서도 직렬조립선에서와 같이 원자화된 부품과 조립공정을 암기하는 것이 아니라 차량과 조립 과정을 상호관련성과 전체성 속에서 파악하도록 도와주는 방식을 개발했다. 이러한 총체적 학습 방식은 작업자들이 부품들의 물리적 결합과 기능들의 논리적 결합을 일치시키는 데 초점을 맞추어 독특한 학습보조품들을 개발하여 실습에 활용했으며, 그 결과 2주 만에 전체 차량의 조립 과정을 습득할 수 있게 했다. 작업조직도 기술체계에 부합하도록 자율적 작업팀을 단위로 설계했다. 분업의 경직성을 제거하여 숙련수준이 높거나 작업능률이 좋은 작업자들은 여유시간을 다른 작업대를 도와주거나 서브어셈블리 작업을 수행함으로써 작업시간의 낭비를 없애도록 했다.

3) 성찰적 생산방식은 왜 도입될 수 있었는가?

노동의 인간화는 모든 노동자와 노동조합이 추구하는 것이지만, 세계 자동차산업의 거의 모든 공장들에서는 노동의 인간화를 경시하고 생산성 향상만을 지향하는 린 생산방식을 도입하고 있다. 노동의 인간화를 구현하는 성찰적 생산방식이 볼보자동차에서 처음으로 실현된 것은 무엇보다도 스웨덴의 독특한 산업민주주의의 법적·제도적 장치와 노동조합의 역량 덕분이다.

볼보자동차 경영진이 노동조합의 의견을 무시하고 일방적으로 우데발라 공장을 설계할 수 없었던 것은 공동결정제를 충실히 이행한 것이다. 우데발라 공장설계팀에 노동조합 대표들이 포함됨으로써 노동조합은 금속노조의 '보람 있는 직무' 원칙에 입각하여 구체적 생산방식의 내용은 아니지만 핵심적 원칙들은 제시할 수 있었다. 그러한 원칙의 내용을 채워준 것은 설계팀에 포함된 혁신적 산업공학자들이었으며, 이들은 성찰적 생산방식에 과학적 기초를 제공할 뿐만 아니라 그것의 현실적 실현을 위하여 구체적인 기술체계, 작업조직, 학습방법까지 창조했다.

볼보자동차 경영진이 노동조합을 설계 과정 초기부터 참여시켰다고 해서 노동조합의 대안을 전적으로 수용한 것까지 설명되지는 않는다. 경영진이 친노동자적 모델을 수용한 배경적 요인들은 볼보자동차의 독특한 노사관계 전통과 직렬조립선 방식의 한계와 노동시장 조건이라 할 수 있다.

볼보자동차는 스웨덴 내에서도 노사관계에 있어 동반자적 노사관계를 정립하는 데 선도적 역할을 해왔다. 이러한 전통 위에서 진취적인 일렌함마르가 최고경영자의 위치에서 생산방식 혁신의 의지를 분명히 한 것은 성찰적 생산방식의 실험을 추진하는 데 큰 도움이 되었다.

전통적인 직렬조립선 생산방식은 산업공학적 로스와 같은 작업시간 낭비로 생산성 향상이 어렵고, 높은 신 모델 투입 비용과 차종 다양화에 따른 작업시간 낭비의 급상승으로 유연성도 결여하는 한계를 노출했다. 또한 직렬조립선의 작업조건에 대한 노동자들의 불만족에 따른 높은 이직률과 결근율은 숙련축적을 어렵게 했다. 이로 인해 품질경쟁이 어렵게 되었을 뿐만 아니라 1980년대의 완전고용에 가까운 노동시장 조건에서 양질의 노동력을 충원하는 것이 힘들게 되었다. 이러한 직렬조립선의 문제점과 노동시장 조건으로 인하여 볼보자동차는 대안적 생산방식의 모색에 적극적이었고 노동조합과 산업공학자들이 제시하는 성찰적 생산방식을 대안으로 채택하게 되었다.

4) 우데발라 공장은 성찰적 생산방식의 전형적 모델인가?

우데발라 공장에 도입된 생산방식은 성찰적 생산방식의 전형적 모델이 아니다. 조선소 건물을 그대로 사용함으로써 조립작업과 부품취급작업의 공간적 통합을 어렵게 했고, 무인반송차를 도입하여 경직된 운송체계를 운영함으로써 산업공학적 로스를 크게 줄이지 못했으며, 조립작업과 부품취급을 분리하여 학습과 숙련향상에 제약을 주었고, 두 개의 상이한 공장설계로 인하여 이상적 형태의 부품분류 방식을 채택할 수 없었다. 이러한 제약 때문에 우데발라 공장은 병렬조립 생산방식의 장점을 최대한 살리지 못한 채 직렬조립선 방식의 문제점을 상당 부분 온존하게 되었다.

성찰적 생산방식이 제대로 도입되지 못한 주된 요인은 투자비용에 대한 고려 때문이었다. 공장건물을 새로 짓지 않고 조선소 건물을 그대로 사용한 것, 리프팅 작업대를 틸팅 작업대로 교체하지 않은 것, 무인반송차 운영을 위한 컴퓨터체계의 통합 정도를 높이지 못한 것, 그룹 내 계열사가 제작한 무인반송차를 구입하기로 한 것 등은 모두 투자비용을 줄이기 위한 것이었다. 하지만 무인반송차 운송체계를 도입하지 않았다면 무인반송차의 구입을 위하여 높은 비용을 치르지 않아도 되고, 무인반송차 운행을 위하여 넓은 공간을 할당하지 않아도 되고, 복잡한 컴퓨터 운영체계 구축의 필요성도 없으므로 상당한 비용을 줄일 수 있었을 것이다. 또한 처음부터 모두 틸팅 작업대로 설치했더라면 리프팅 작업대를 교체하는 비용도 소요되지 않으며, 조선소 건물의 부분적 증·개축도 큰 비용을 소요하는 것은 아니었다.

결국 성찰적 생산방식이 불완전하게 도입된 것은 볼보자동차 경영진의 잘못된 의사결정 때문이었으며, 잘못된 의사결정에 의하여 도입된 기술체계를 변경하는 것은 상당한 투자비용을 필요로 하기 때문에 실행할 수 없었던 것이다. 하지만 성찰적 생산방식은 컨베이어벨트도 설치하지 않고, 중후장대형 기계설비 대신 중소형 설비들을 사용하기 때문에 기술체계 설치와 관련된 총비용은 직렬조립선 생산방식에 비하여 훨씬 적은 것이며, 볼보자동차가 우데발라 공장 건설을 위하여 정부에게서 상당한 재정지원을 받았다는 것을 고려하면 공장 건설을 위한 볼보자동차의 지출은 그리 큰 것이 아니었다고 하겠다.

볼보자동차 경영진이 잘못된 의사결정을 한 원인은 무엇인가? 그것은 성찰적 생산방식에 대한 불신이라고 할 수 있다. 성찰적 생산방식에 대한 완전한 신뢰의 결여로 인하여 성찰적 생산방식을 일관된 원칙으로 실천하지 않았고, 그 결과 성찰적 생산방식의 효율성 실현을 극대화하지 못한 것이다. 이러한 성찰적 생산방식에 대한 불신은 최고경영진뿐만 아니라 중하위 경영진도 지니고 있었고, 중하위 경영진은 자율적 작업조직으로 인하여 자신들의 권한과 역할이 위축되는 것에 대한 두려움이 추가되어 성찰적 생산방식의 도입 및 운영에 강력하게 반발했다. 그 결과 성찰적 생산방식의 문제점을 발견하고 개선하는 데 협력하지 않음으로써 우데발라 공장에 도입된 모델조차도 개선·발전되기는커녕 효율적으로 가동되지도 못하게 했다.

이와 같이 성찰적 생산방식의 불완전한 도입 및 비효율적 가동으로 인하여 우데발라 공장의 사례로는 성찰적 생산방식 자체의 효율성을 정확하게 평가할 수는 없다. 또한 성찰적 생산방식에 대한 신뢰를 전제로 이러한 제약들을 극복한다면 성찰적 생산방식은 수정·보완을 통하여 더욱 발전될 여지가 있다고 하겠다.

5) 남은 물음들

첫째, 우데발라 공장은 왜 폐쇄되었는가? 우데발라 공장이 생산성 측면에서 토쉬란다 공장에 뒤지지 않는다는 점에서 생산비용과 경쟁력에 기초한 볼보자동차 측의 공식적 설명은 설득력을 지니기 어렵다. 우데발라 공장이 아우토노바(AutoNova)로 재가동되고 있다는 점은 우데발라 공장의 성찰적 생산방식이 경쟁력이 있다는 자본의 판단을 전제로 한다는 점에서 더욱 그러하다. 노동조합의 분열도 주요한 설명 변인으로 지적되고 있으나, 노동조합에 대한 일방적 비난에 그치고 있어 노동조합의 딜레마에 대한 심층적 분석도 필요하다고 하겠다. 우데발라 공장의 생산성에 대한 종합적 평가와 더불어 우데발라 공장 폐쇄를 둘러싼 볼보자동차 본사와 우데발라 공장 경영진, 볼보자동차 노동조합 본부와 우데발라 지부, 볼보자동차 노동자 등 주요 행위주체 간의 이해관계 상충 문제도 규명되어야 할 것이다.

둘째, 우데발라 공장 재가동의 의미는 무엇인가? 우데발라 공장의 재가동이 성찰적 생산방식의 경쟁력을 반영한다면 우데발라 공장 폐쇄를 둘러싼 '생산방식의 정치'와 우데발라 재가동의 동학은 함께 고찰되어야 할 것이다. 특히 우데발라와 아우토노바의 비교분석을 통하여 경영진의 입장이 포착될 수 있을 것이다. 아우토노바가 2인승 쿠페나 오픈카 카브리올레 등 틈새시장에 한정되고 있다는 점에서 성찰적 생산방식이 대량생산 차종에도 강한 경쟁력을 지니는가 하는 문제는 규명되기 어려우나, 우데발라와의 비교를 통하여 상당 정도 합리적인 추론은 가능할 것이다.

참고자료

경제사회노동위원회(2019a), "탄력적 근로시간제 제도 개선 합의: 경사노위 공식 출범 이후 사회적 대화 첫 합의", 경제사회노동위원회 보도자료, 2019.2.19.

경제사회노동위원회(2019b), "의제·업종위원회 통해 사회적 대화 지속: 5.8.(수) 제4차 운영위 개최, (가칭)버스운수산업위원회, 연금개혁특위도 논의 지속. 사회적 대화 정상화 위해 의결 구조 개편 관련 법 개정 추진", 경제사회노동위원회 보도자료, 2019.5.8.

김동배·오계택(2008), 『노사관계 국민의식조사 보고서』, 서울: 한국노동연구원.

김영미(2011), "스웨덴의 시간제근로: 유연성과 성평등의 긴장 속 공존", 『산업노동연구』 17(1): 293-319.

김용철(2010), "사회협약정치의 출현·교착·지속에 대한 분석", 『산업노동연구』 16(2): 33-75.

김윤태(2009), "사회협약의 정치적 조건: 한국과 아일랜드의 재해석", 『동향과 전망』 75: 183-214.

노중기(2008), 『한국의 노동체제와 사회적 합의』, 서울: 후마니타스.

손혜경(2010), "스웨덴 인력파견업체의 성장과 스웨덴 모델", 국제노동브리프 8(3): 64-73.

손혜경(2012), "스웨덴 정부의 청년실업대책", 국제노동브리프 10(7): 47-56.

신광영(2012), "스웨덴 사회민주주의 체제하에서의 보수 정당들의 정치전략 연구: 2000년대를 중심으로", 『스칸디나비아연구』 13: 65-94.

신광영(2015), 『스웨덴 사회민주주의: 노동, 정치와 복지』, 서울: 한울.

신정완(1998), 『임노동자기금논쟁을 통해 본 스웨덴 사회민주주의의 딜레마』, 서울대학교 대학원 박사학위논문.

유형근·조형제(2017), "현대자동차 비정규직의 정규직 되기: 투쟁과 협상의 변주곡, 2003-2016년", 『산업노동연구』 23(1): 1-45.

이영희(1994), 『포드주의와 포스트 포드주의』, 서울: 한울.

이호근·손동기(2014), "사회적 대화를 통한 고용위기 극복의 선진국 사례와 함의", 장홍근 외, 『고용위기시대 사회적 대화의 전략적 모색』, 서울: 한국노동연구원, 98-143.

장선화(2011), "1990년대 이후 스웨덴 적극적 노동시장정책의 변화", 『스칸디나비아연구』 12: 111-133.

장선화(2014), "사회협약의 정치: 세계화시대 경제위기와 집권 정당의 위기극복 전략(핀란드, 벨기에, 스페인, 아일랜드)", 한국정당학회보 13(2): 63-99.

장홍근·이정희·정흥준·설동훈(2017), 『2017년 노사관계 국민의식 조사연구』, 서울: 한국노동연구원.

조돈문(1996), "스웨덴 사회민주당의 계급적 기초와 계급연합 전략의 전망", 『산업노동연구』 2(1): 271-318.

조돈문(1998), "스웨덴 자동차산업의 구조조정과 노동조합의 대응: 볼보자동차 토쉬란다 공장을 중심으로", 조돈문 외 편,『구조조정의 정치: 세계 자동차산업의 합리화와 노동』, 서울: 문화과학사, 213-258.

조돈문(2011),『노동계급 형성과 민주노조운동의 사회학』, 서울: 후마니타스.

조돈문(2012), "스웨덴의 간접고용 사회적 규제와 '관리된 유연성': 파견업 단체협약을 중심으로",『산업노동연구』18(2): 299-326.

조돈문(2014), "현대자동차 불법파견 투쟁의 사회적 의의와 해결방안", 민주노총울산본부·시민포럼대안과실천,『현대자동차 불법파견 올바른 해결을 위한 울산 대토론회 자료집』, 2014.1.22.

조돈문(2015), "스웨덴 노동시장의 유연성-안정성 균형 실험: 황금삼각형과 이중보호체계",『산업노동연구』, 21(2): 99-137.

조돈문(2016),『노동시장의 유연성-안정성 균형을 위한 유럽의 실험: 유럽연합의 유연 안정성 모델과 비정규직 지침』, 서울: 후마니타스.

조돈문(2017), "스웨덴 적극적 노동시장정책의 효율성과 일자리 중개의 선순환", 현상과 인식 41(4): 13-54.

조돈문(2018), "지역 일자리정책의 평가와 대안: 적극적 노동시장정책을 중심으로", 조돈문·황선웅·이철 편,『해외사례를 중심으로 본 지역 일자리·노동시장 정책』, 서울: 매일노동뉴스, 457-504.

조돈문(2019a), "간접고용 노동자 실태 설문조사 분석", 한국비정규노동센터,『간접고용 노동자 노동인권 실태조사 결과발표 및 정책토론회 자료집』, 국가인권위원회. 2019.1.16, 59-89.

조돈문(2019b), "간접고용 노동자의 차별시정 및 처우개선을 위한 개선방안", 한국비정규노동센터,『간접고용 노동자 노동인권 실태조사 결과발표 및 정책토론회 자료집』, 국가인권위원회, 2019.1.16, 65-86.

조돈문·손정순·남우근 편(2013),『사라져버린 사용자 책임: 간접고용 비정규직 실태와 대안』, 서울: 매일노동뉴스.

조돈문·신광영(1997), "스웨덴 모델의 미래: 사회민주당의 계급연합 전략과 지지기반의 변화",『산업노동연구』3(2): 151-193.

최연혁(2015), "2014년 스웨덴 총선의 쟁점과 평가", 2015년 한국 스칸디나비아학회 춘계학술대회 발표문, 2015.5.30.

최영기·이장원(2008),『'87년 이후 20년 노동체제의 평가와 미래구상: 노동 20년 연구시리즈 총괄보고서』, 서울: 한국노동연구원.

허재준(2009), "경제위기 극복을 위한 노사민정 대합의에 부쳐",『노동리뷰』51: 1-2.

황선웅(2018), "적극적 노동시장정책 성과 결정요인: 기존 연구 결과와 시사점", 조돈문·황선웅·이철 편,『해외사례를 중심으로 본 지역 일자리·노동시장 정책』, 서울: 매일노동뉴스, 17-48.

Ackum Agell, Susanne(1995), "Swedish Labor Market Programs: Efficienty and Timing", *Swedish Economic Policy Review* 2(1): 65-100.

Ackum Agell, Susanne, Anders Björklund & Anders Harkman(1995), "Unemployment Insurance, Labour Market Programmes and Repeated Unemployment in Sweden", *Swedish Economic Policy Review* 2(1): 101-128.

Aftonbladet(2014), "Arbetslinjen hotar svenska modellen", Aftonbladet. 2014.7.25.

Ahlstrand, Roland(2015), "Integrative strategy, competitiveness and employment: A case study of the transition at the Swedish truck manufacturing company Scania during the economic downturn in 2008–2010", *Economic and Industrial Democracy* 36(3): 457–477.

Andersen, Torben M.(2012), "A Flexicurity Labour Market in the Great Recession: The Case of Denmark", De Economist 160: 117-140.

Anxo, Dominique & Harald Niklasson(2009), "The Swedish model: Revival after the turbulent 1990s?" in Bosch, Gerhard, Steffern Lehndorff & Jill Rubery(eds.), *European Employment Models in Flux: A comparison of institutional change in nine European countries*, New York: Palgrave. 81-104.

Anxo, Dominique(2012), "From one crisis to another: the Swedish model in turbulent times revisited" in Lehndorff, Steffen(ed.), *A triumph of failed ideas: European models of capitalism in the crisis*, Brussels: ETUI. 27-40.

Anxo, Dominique(2015), "The Swedish model in time of crisis: decline or resilience?" in Lehndorff, Steffen(ed.), *Divisive integration: A triumph of failed ideas in Europe revisited*, Brussels: ETUI. 253-268.

Apolitical(2017), "Sweden's job centres are the best in the world—and they're private: The US gets 50% of laid-off workers jobs within a year - in Sweden, it's 85%", *Apolitical* 2017.11.29.

Arbetet(2017), "Ny utbildningschans för uppsagda", *Arbetet* 2017.9.26.

Arbetsförmedlingen(2009), "Arbets-Marknads-Rapport – 2009:1"[Labour market Report – 2009:1]. p.18. http://www.arbetsformedlingen.se/download/18.59a3cc6a1218b235ea4800095/1401114599294/Arbetsmark nadsrapport_2009_1.pdf.

Arbetsförmedlingen(2010), *Labour Market Outlook, spring 2010*, Stockholm: Arbetsförmedlingen.

Arbetsförmedlingen(2011), *Labour Market Outlook, spring 2011*, Stockholm: Arbetsförmedlingen.

Arbetsförmedlingen(2012a), *Arbetsförmedlingen in brief, 2011/2012*, Stockholm: Arbetsförmedlingen.

Arbetsförmedlingen(2012b), *Labour Market Outlook, spring 2012*, Stockholm: Arbetsförmedlingen.

Arbetsförmedlingen(2012c), *Annual Report of the Swedish Public Employment Service, 2011*, Stockholm: Arbetsförmedlingen.

Arbetsförmedlingen(2013a), *Labour Market Outlook, spring 2013*, Stockholm: Arbetsförmedlingen.

Arbetsförmedlingen(2013b), *Arbetsförmedlingen Annual Report 2012*, Stockholm:

Arbetsförmedlingen.

Arbetsförmedlingen(2014a), *Arbetsmarknadsrapport 2014*, Stockholm:
Arbetsförmedlingen.

Arbetsförmedlingen(2014b), *Arbetsförmedlingens Återrapportering 2014*, Stockholm:
Arbetsförmedlingen.

Arbetsförmedlingen(2015a), *Arbetsförmedlingens årsredovisning 2014*, Stockholm:
Arbetsförmedlingen.

Arbetsförmedlingen(2015b), *Labour Market Outlook, spring 2015*, Stockholm:
Arbetsförmedlingen.

Arbetsförmedlingen(2016a), *Arbetsmarknadsrapport 2016*, Stockholm:
Arbetsförmedlingen.

Arbetsförmedlingen(2016b), *Arbetsförmedlingens årsredovisning 2015*, Stockholm:
Arbetsförmedlingen.

Arbetsförmedlingen(2016c), *Arbetsförmedlingen Annual Report 2015*, Stockholm:
Arbetsförmedlingen.

Arbetsförmedlingen(2016d), *Labour Market Outlook, spring 2016*, Stockholm:
Arbetsförmedlingen.

Arbetsförmedlingen(2017), *Arbetsförmedlingens årsredovisning 2016*, Stockholm:
Arbetsförmedlingen.

Avtals Extra(2017), "Avtal 2017: Avtalet i korthet", Avtals Extra 3, IF Metall, April 2017.

Aylott, Nicholas & Niklas Bolin(2015), "Elections in Context: Polarising Pluralism: The Swedish Parliamentary Election of September 2014", *West European Politics* 38(3): 730-740.

Baccaro, Lucio. & Chris Howell(2011), "A common neoliberal trajectory: The transformation of industrial relations in advanced capitalism", *Politics and Society* 39(4): 521-563.

Bemanningsföretagen(2011a), "The staffing companies' development: Annual report 2010", Bemanningsföretagen. 2011.2.9.

Bemanningsföretagen(2011b), "Personal inhyrningen i Sverige: En studie av 500 arbetsgivares anlitande av bemanningsföretag", Bemanningsföretagen.

Bemanningsföretagen(2012a), "Bemanningsbranschen allt större på svensk arbetsmarknad", Pressmeddelande Bemanningsföretagen. 2012.3.30.

Bemanningsföretagen(2012b), "Antal anställda och penetrationsgrad i bemanningsbranschen 2011: bemanningsföretagens utveckling", Bemanningsföretagen. 2012.3.30.

Bemanningsföretagen(2012c), "Jobbet i bemanningsbranschen: En studie av de bemanningsanställdas situation 2011/12", Bemanningsföretagen. Mars 2012.

Bemanningsföretagen(2013), *Bemanningsföretagens Års Rapport 2013*, Stockholm: Bemanningsföretagen.

Bemanningsföretagen(2014), *Bemanningsföretagens Års Rapport 2014*, Stockholm: Bemanningsföretagen.

Bemanningsföretagen(2015a), *Arbetare Avtal för bemanningsföretag: Avtal tecknat 2015*, 2015.5.1-2016.4.30. Stockholm: Bemanningsföretagen.

Bemanningsföretagen(2015b), *Bemanningsföretagens Årsrapport 2015: Antal anställda, omsättning och penetrationsgrad*, Stockholm: Bemanningsföretagen.

Bemanningsföretagen(2015c), *Bemanningsföretagens kvartalsrapport 2015*, Q4. Stockholm: Bemanningsföretagen.

Bengtsson, Erik & Magnus Ryner(2017), "Why no wage solidarity writ large? Swedish trade unionism under conditions of European crisis" in Lehndorff, Steffen, Heiner Dribbusch & Thorsten Schulten, *Rough waters: European trade unions in a time of crises*, Brussels: ETUI. 271-288.

Berg, Linda & Henrik Oscarsson(2014), "The Swedish general election 2014", *Electoral Studies* 30: 1-4.

Berggren, Christian(1989), "'New Production concepts' in final assembly: The Swedish experience" in Wood, Stephen(ed.), *The Transformation of Work?: Skill, flexibility and te labour process*, London: Unwin Hyman. 171-203.

Berggren, Christian(1992), *The Volvo Experience: Alternatives to Lean Production in the Swedish Auto Industry*, London: Macmillan.

Berggren, Christian(1995), "The fate of the branch plants: performance versus power" in Sandberg, Åke(ed.), *Enriching Production: Perspectives on Volvo's Uddevalla plant as an alternative to lean production*, Aldershot: Avebury. 105-126.

Berggren, Christian(1997), "A second comeback and a final farewell? The Volvo trajectory 1970-1994", Unpublished manuscript.

Bergh, Andreas(2014a), "What are the Policy Lessons from Sweden? On the Rise, Fall and Revival of a Capitalist Welfare State", *New Political Economy* 19(5): 662-694.

Bergh, Andreas(2014b), *Sweden and the Revival of the Capitalist Welfare State*, Cheltenham: Edward Elgar.

Berghman, Jos(2009), "The Lisbon Agenda on social policy: revitalizing the European social model" in Rodrigues, Maria João(ed.), Europe, *Globalization and the Lisbon Agenda*, Cheltenham: Edward Elgar. 165-176.

Bergström, Ola & Alexander Styhre(2010), "Irish Butchers Rather than Irish Meat: Trade union responses to agency work in Sweden", *Journal of Industrial Relations* 52(4): 477-490.

Bergström, Ola[BergströmO](2009), "Anticipating and managing restructuring in Sweden", National Background Paper – ARENAS, VC/2008/0667, European Commission, Employment, Social Affairs and Equal opportunities, November.

Bergström, Ola[BergströmO](2014a), "Back to work in Sweden: Job Security Councils and alternative measures", Presentation at Gothenburg University during the OECD fact-finding mission to Sweden in September 2014.

Bergström, Ola[BergströmO](2014b), "Managing restructuring in Sweden – Innovation and learning after the financial crisis", IRENE Policy Paper, No. 12/2014, Innovative Restructuring- European Network of Experts. http://responsible-restructuring.eu/wp-content/uploads/2014/10/Irene-Policy-paper-No-12-Sweden.pdf.

Bergström. Hans[BergströmH](1991), "Sweden's Politics and Party System at the Crossroads" in Lane, Jan-Erik(ed.), *Understanding the Swedish Model*, London:

Frank Cass & Co.

Blom, Raimo(1988), "Social Structure and Parties" in Ahrne, Göran, Raimo Blom, Harri Melin & Jouko Nikula(eds.), *Class and Social Organization in Finland: Sweden and Norway*, Sweden: Uppsala. 61-96.

Bosch, Gerhard, Steffen Lehndorff & Jill Rubery(2009), "European employment models in flux: pressures for change and prospects for survival and revitalization" in Bosch, Gerhard, Steffen Lehndorff & Jill Rubery(eds.), *European Employment Models in Flux: A comparison of Institutional Change in Nine European Countries*, London: Palgrave. 1-56.

Bowman, John R.(2014), *Capitalisms Compared: Welfare, Work, and Business*, Los Angeles: Sage.

Boyer, Robert(2008), "Democracy and social democracy facing contemporary capitalisms: A «régulationist» approach", Paris School of Economics Working Paper 36: 1-36.

Brooks, Clem & Jeff Manza(2006), "Social policy responsiveness in developed democracies", *American Sociological Review* 71(3): 474-494.

Brulin, Göran & Tommy Nilsson(1997), "Sweden: The Volvo and Saab Road beyond Lean Production", Kochan, Thomas A., Russell D. Lansbury & John Paul MacDuffie(eds.), *After Lean Production: Evolving Employment Practices in the World Auto Industry*, Ithaca: ILR, Cornell University Press.

Brunk, Thomas(2008), "Sweden: Temporary agency work and collective bargaining in the EU", European Industrial Relations Observatory, 19 December, 2008.

Buendía, Luis & Enrique Palazuelos(2014), "Economic growth and welfare state: a case study of Sweden", *Cambridge Journal of Economics* 38(4): 761-777.

Campos Lima, Maria da Paz & Antonio Martı´n Artiles(2011), "Crisis and trade union challenges in Portugal and Spain: between general strikes and social pacts", *Transfer: European Review of Labour and Research* 17(3): 387–402.

Coe, Neil M., Jennifer Johns & Kevin Ward(2009), "Managed flexibility: labour regulation, corporate strategies and market dynamics in the Swedish temporary staffing industry", *European Urban and Regional Studies* 16(1): 65-85.

Dagens Arena(2015), "Ta tillbaka arbetslinjen, Löfven", Dagens Arena, 2015.5.21.

Ellegård, Kajsa(1989), *Akrobatik i Tidens Väv: En dokumentation av projekteringen av Volvos bilfabrik i Uddevalla*, Göteborg: Göteborg universitet.

Ellegård, Kajsa(1995), "The creation of a new production system at the Volvo automobile assembly plant in Uddevalla, Sweden" in Sandberg, Åke(ed.), *Enriching Production: Perspectives on Volvo's Uddevalla plant as an alternative to lean production*, Aldershot: Avebury. 37-60.

Ellegård, Kajsa(1996a), "Restructuring the Automobile Industry in Sweden: the Emergence of a Reflective Production System", *European Planning Studies* 4(4): 457-469.

Ellegård, Kajsa(1996b), "Reflections over Routines in Time and Space: Actors' Interaction and Control in a Work Place Context", *Österreichische Zeitschrift für Soziologie* 21(2): 2–35.

Ellegård, Kajsa(1997), "The development of a reflective production system layout at Volvo's Uddevalla car assembly plant" in Shimokawa, K., U. Jürgens & T. Fujimoto(eds.), *Transforming Automobile Assembly: Experience in Automation and Work Organization*, Berlin: Springer-Verlag.

Ellegård, Kajsa(1997b), "Worker-generated production improvements in a reflective production system: or Kaizen in a reflective production system" in Shimokawa, K., U. Jürgens & T. Fujimoto(eds.), *Transforming Automobile Assembly: Experience in Automation and Work Organization*, Berlin: Springer-Verlag.

Ellegård, Kajsa, Tomas Engström & Lennart Nilsson(1991), *Reforming Industrial Work: Principles and Realities In the planning of Volvo's car assembly plant in Uddevalla*, Stockholm: Arbetsmiljöfonden.

Ellegård, Kajsa, Tomas Engström, Bertil Johansson, Lennart Nilsson & Lars Medbo(1992), *Reflektiv produktion: Industriell verksamhet i förändring*, Göteborg: AB Volvo.

Engblom, Samuel(2008), "Fixed-Term-at-Will: The new regulation of fixed-term work in Sweden", International Journal of Comparative Labour Law and Industrial Relations, Spring. 133-149.

Engström, Tomas & Lars Medbo(1994), "Extended work cycle assembly: a crucial learning experience", *International Journal of Human Factors in Manufacturing* 4(3): 293-303.

Engström, Tomas & Lars Medbo(1995), "Production system design: a brief summary of some Swedish design efforts" in Sandberg, Åke(ed.), *Enriching Production: Perspectives on Volvo's Uddevalla plant as an alternative to lean production*, Aldershot: Avebury. 61-74.

Engström, Tomas & Lars Medbo(1997), "Data collection and analysis of manual work using video recording and personal computer techniques", *International Journal of Industrial Ergonomics* 19(4): 291-298.

Engström, Tomas, Dan Jonsson & Bertil Johansson(1997), "Alternatives to line assembly: Some Swedish examples", *International Journal of Industrial Ergonomics* 17: 235-245.

Engström, Tomas, Dan Jonsson & Lars Medbo(1995), "Kalmar, Uddevalla and Beyond: Volvo's Factories of the Future", Third GERPISA International Colloquium, 1995. 6. 15-17, Paris.

Engström, Tomas, Dan Jonsson & Lars Medbo(1997), "Successive Assembly System Design Based on Disassembly of Products", The Sixth International Conference on Management of Technology, 1997.6.25-28, Göteborg, Sweden.

Engström, Tomas, Dan Jonsson & Lars Medbo(1998), "Developments in Assembly System Design: The Volvo Experience", Unpublished manuscript, Chalmers University of Technology, Göteborg, Sweden.

Engström, Tomas, Jan Å. Johansson, Dan Jonsson & Lars Medbo(1995), "Empirical evaluation of the reformed assembly work at the Volvo Uddevalla plant: Psychological effects and performance aspects", *International Journal of Industrial Ergonomics* 16: 293-308.

Engström, Tomas, Lars Medbo & Dan Jonsson(1993), "An assembly-oriented product description system as a precondition for efficient manufacturing with logn cycle time work", Productivity & Quality Management Frontiers IV, Volume 1.

Erixon, Lennart(1994), *A Swedish Economic Policy: a revindication of the Rehn-Meidner Model*, Stockholm: Institutet för arbetslivsforsking. 1-61.

ETUC(2012a), "Employment package: labour market reforms will not create new jobs and relaunch economy", ETUC. 2012.4.18.

ETUC(2012b), "The Employment Package: the ETUC's response to the European Commission's Communication Towards a job-rich recovery", ETUC. 2012.6.5-6.

Eurobarometer(2006), "European Employment and Social Policy", Special Eurobarometer 261.

Eurobarometer(2009), "European Employment and Social Policy", Special Eurobarometer 316.

Eurobarometer(2011), "European Employment and Social Policy", Special Eurobarometer 377.

Eurofound(2009a), "Workers at Scania accept temporary layoffs", Dublin, July. http://www.eurofound.europa.eu/observatories/eurwork/articles/ workers-at-scania-accept-temporary-layoffs.

Eurofound(2009b), "Recent restructuring trends and policies in the automotive sector", Background Paper, Dublin. http://www.eurofound.europa.eu/sites/ default/files/ ef_files/pubdocs/2009/41/en/2/EF0941EN.pdf.

Eurofound(2014), "Effects of restructuring at regional level and approaches to dealing with the consequences", European Foundation for the Improvement of Living and Working Conditions. http://www.eurofound.europa.eu/sites/default/files/ef_ publication/field_e f_document/ef1441en.pdf.

European Commission(2010), "Industrial Relations in Europe 2010", European Commission.

FI[Facken inom industrin](2015), *Fackliga strategier för en trygg rörlighet på arbetsmarknaden*, Stockholm: Fackeninomindustrin.

FI[Facken inom industrin](2016), *Avtalspolitisk Plattform: Inför avtalsrörelsen 2017*, Stockholm: Facken inom industrin.

Forslund, A. and A. Krueger(2010), "Did active labor market policies help Sweden rebound from the depression of the early 1990s?" in Freeman, R. B., B. Swedenborg and R. Topel(eds.), *Reforming the Welfare State: Recovery and Beyond in Sweden*, Chicago: University of Chicago Press. 159-187.

Forslund, Anders & Alan B. Krueger(1994), "An Evaluation of the Swedish Active Labor Market Policy: New and Received Wisdom", National Bureau of Economic Research Working Paper No.4802.

FOURIN(1994), 1993/1994 歐洲自動車産業, 株式會社 FOURIN.

FOURIN(1995), 1995 歐洲自動車産業, 株式會社 FOURIN.

FOURIN(1996), 1996 歐洲自動車産業, 株式會社 FOURIN.

Freeman, R.B.(2015), "Workers Ownership and Profit-Sharing in a New Capitalist Model?", LO.

Freyssenet, Michel(1998), "Reflective Production: An Alternative to Mass Production and Lean Production?", *Economic and Industrial Democracy* 19(1): 91-117.

Furåker, Bengt(2016), "The Swedish wage-earner funds and economic democracy: is there anything to be learned from them?", *Transfer: European Review of Labour and Research* 22(1): 121-132.

GAF et al.(2011), *Korttidsarbete: Systemen i viktiga konkurrentländer*, Stockholm: IF Metall.

Glassner, Vera & Maarten Keune(2010), "Negotiating the crisis? Collective bargaining in Europe during the economic downturn", Industrial and Employment Relations Department, Working Paper 10, ILO.

Glassner, Vera(2012), "The crisis and social policy: The role of collective agreements", *International Labour Review* 151(4): 351-375.

Glassner, Vera, Maarten Keune & Paul Marginson(2011), "Collective bargaining in a time of crisis: developments in the private sector in Europe", *Transfer: European Review of Labour and Research* 17(3): 303-321.

Grandqvist, Lena & Håkan Regner(2008), "Decentralized Wage Formation in Sweden", *British Journal of Industrial Relations* 46(3): 500-520.

Hadenius, Stig(1990), *Swedish Politics During the 20th Century* (3rd ed.), Sweden: Swedish Institute.

Hagevi, Magnus(2015), "Bloc Identification in Multi-Party Systems: The Case of the Swedish Two-Bloc System", *West European Politics* 38(1): 73-92.

Hägglund, Pathric(2014), "Experimental evidence from active placement efforts among unemployed in Sweden", *Evaluation Review* 38(3): 191-216.

Hall, Peter & David Soskice(2001). *Varieties of Capitalism: The institutional foundations of comparative advantage*. Oxford: Oxford University Press.

Hancké, Bob & Saul Rubinstein(1995), "Limits to innovation in work organization?" in Sandberg, Åke(ed.), *Enriching Production: Perspectives on Volvo's Uddevalla plant as an alternative to lean production*, Aldershot: Avebury. 179-198.

Huo, Jingjing(2009), *Third Way Reforms: Social Democracy after the Golden Age*, Cambridge: Cambridge University Press.

Huys, Rik & Geert Van Hootegem(1995), "Volvo-Gent: A Japanese transplant in Belgium or beyond?" in Sandberg, Åke(ed.), *Enriching Production: Perspectives on Volvo's Uddevalla plant as an alternative to lean production*, Aldershot: Avebury. 231-248.

Ibsen, C. L.(2013), "Short-time work in Sweden", Confederation Syndicate European Trade Union. http://collective.etuc.org/sites/default/files/ EN%20Case%20study_ Sweden_Metal%20sector.pdf.

IF Metall(2004), *Teknikavtalet IF Metall, 1 april 2004 – 31 mars 2007*, Stockholm: IF Metall.

IF Metall(2007), *Teknikavtalet IF Metall, 1 april 2007 – 31 mars 2010*, Stockholm: IF Metall.

IF Metall(2009a), "12 000 uppsägningar har undvikits", http://www.ifmetall.se/ifmetall/ avd/content.nsf/

IF Metall(2009b), "Metall Förbundsmeddelande 2009/11: Lag och avtal", IF Metall. 2009.3.13.

IF Metall(2013), *Kollektivavtal: Teknikavtalet IF Metall*, 1 april 2013 – 31 mars 2016, Stockholm: IF Metall.

IF Metall(2014), "Metall Förbundsmeddelande 2014/5: Lag och avtal", IF Metall. 20014.2.4.

IF Metall(2015), *Matchning på Arbetsmarknaden: betydelsen av matchning på svensk arbetsmarknad Matchning på arbetsmarknaden*, Stockholm: IF Metall.

IF Metall(2016a), "Dags för avtalsrådet att ta ställning", November 17, 2016.

IF Metall(2016b), "Avtalsrådet säger ja till kraven", November 18, 2016.

IF Metall(2016c), "Ja till gemensamma avtalskrav inom industrin", November 25, 2016.

IF Metall(2016d), "IF Metall växlar avtalskrav med motparterna – se live!", December 21, 2016.

IF Metall(2016e), "Vad betyder siffrorna i avtalskraven?", November 2, 2016.

IF Metall(2016f), "Facken inom industrins avtalskrav: 2,8 procent i löneökning", October 31, 2016.

IF Metall(2016g), "Kräver ökad reallön och utbyggd deltidspension", December 21, 2016.

IF Metall(2016h), "Arbetsgivarna vill att mer går till vinst", November 3, 2016.

IF Metall(2016i), "LO-samordning i Avtal 2017", October 31, 2016.

IF Metall(2016j), Kollektivavtal: Teknikavtalet IF Metall, 1 april 2016 – 31 mars 2017, Stockholm: IF Metall.

IF Metall(2017a), "Teknikavtalet IF Metall, 1 April 2017-31 mars 2020: Avtal mellan Teknikarbetsgivarna och Industrifacket Metall", IF Metall. 2017.3.31.

IF Metall(2017b), "Vi reder ut - vad är egentligen deltidspension?", March 6, 2017.

IF Metall(2017c), "Maktfrågorna i fokus på Teknikavtalet", January 16, 2017.

IF Metall(2017d), "Arbetsgivarna upprepar sina krav", February 23, 2017.

IF Metall(2017e), "Bra förutsättningar för löneökningar", January 5, 2017.

IF Metall(2017f), "Facken inom industrin tecknar nya avtal", March 31, 2017.

IF Metall(2017g), "IF Metalls avtalsråd säger ja till avtalen", April 12, 2017.

IF Metall(2017h), "Varför ska industrin sätta 'märket'?", March 16, 2017.

IF Metall(2017i), "Stort stöd för extra satsning på lägsta löner Förbundet", March 28, 2017.

IF Metall(2017j), "En månad kvar - maktfrågorna i fokus", March 1, 2017.

IF Metall(2017k), "Krav på deltidspension som går att leva på", March 30, 2017.

IF Metall(2017l), "Fack och arbetsgivare inom industrin har tagit emot en avtalsskiss", March 8, 2017.

IF Metall(2017m), "Arbetsgivarna: Villkoren måste bli sämre", January 23, 2017.

IF Metall(2017n), "IF Metall har fått ett slutbud Förbundet", March 30, 2017.

IF Metall(2017o), "IF Metall säger nej till lönebud", March 27, 2017.

IF Metall(2017p), "Industriavtalet fyller 20 år", March 18, 2017.

IF Metall(2017q), "Målet är nya kollektivavtal i tid Förbundet", March 20, 2017.

IF Metall(2017r), "IF Metall har tagit emot lönebud Förbundet", March 26, 2017.

IPSOS(2014), *Arbetsgivare inom industrin – syn pa flexibilitet i bemanning : Fokus tidsbegränsade anställningar, inhyrning och arbetstidsformer*, 2014.11. Stockholm: IPSOS.

ISSA[International Social Security Association](2013), "The Volvo Case: A case of public employment services", http//www.issa.int/documents/ 10192/4149322/ The+Volvo+case-en-GB/dc91210a-fc2f-4d0d-ae69- 9450d462e058.

ITUC(2018), *2018 ITUC Global Rights Index*, Brussles, Belgium: International Trade Union Confederation.

Janssen, Ronald(2006), "Protecting the worker and not the job? The real lessons from collective bargaining practice in Denmark and Sweden", Collective Bargaining Information Bulletin 2006/3, ETUC. 2006.6.21.

Johansson, Joakim(2005), "Undermining Corporatism" in Öberg, Perola and Torsten Svensson(eds.), *Power and Institutions in Industrial Relations Regime*, Stockholm: Arbetslivsinstitutet.

Jolivet, Annie & Timothée Mantz(2010), "Sweden: Far-reaching reforms to the unemployment insurance system since 2007", Lefresne, Florence(ed.), *Unemployment benefit systems in Europe and North America: reforms and crisis*, Brussels: ETUI.

Jonsson, Inger & Anita Nyberg(2009), "Sweden: Precarious work and precarious unemployment", http://www.genderwork.ca/cpdworkingpapers/nyberg-jonsson. pdf.

Jordahl, H.(2006), "An economic analysis of voting in Sweden". *Public Choice* 127(3/4): 251-265.

Kjellberg, Anders(2007), "The Swedish trade union system in transition: High but falling union density" in Phelan, Craig(ed.), *Trade Union Revitalisation: Trends and prospects in 34 countries*, Oxford: Peter Lang. 259-286.

Kluve, Jochen et al.(2007), *Active Labor Market Policies in Europe: Performance and Perspectives*, Berlin: Springer.

Koene, Bas & Hugo van Driel(2007), "Institutional entrepreneurship: comparing Dutch and Swedish teporary work agencies", Paper for the EBHA conference in Geneva, 13-15 September 2007.

Korpi, Walter & Joakim Palme(2003), "New politics and class politics in the context of austerity and globalization: Welfare state regress in 18 countries, 1975–95", *American Political Science Review* 97(3): 425-446.

Korpi, Walter(1978), *The working class in welfare capitalism: work, unions, and politics in Sweden*, London: RKP.

Korpi, Walter(1982), "The Historical Compromise and its Dissolution" in Rydén, Bengt & Villy Bergström(ed.), *Sweden: Choices for Economic and Social Policy in the 1980s*, London: George Allen & Unwin.

Korpi, Walter(2006), "Power resources and employer-centered approaches in explanations of welfare states and varieties of capitalism: Protagonists, consenters, and antagonists", *World Politics* 58(2): 167-206.

Kruse, Agenta & Ann-Charlotte Ståhlberg(2013), *Welfare Economics: Theory, empirical results and the Swedish experience,* Lund: Studentlitteratur.

Kullander, Mats & Jenny Norlin(2010), "Social partners review temporary layoff agreements", EIRO, 2010.1.18.

Kumlin, S.(2003), "Politiskt answarsutkrävande i Sverige" in Holmberg, S. & L. Weibull(eds.), *Fåfängans marknad,* Gothenburg: SOM. 261-270.

Lane, Jan-Erik(1991), "Interpretations of the Swedish Model" in Lane, Jan-Erik(ed.), *Understanding the Swedish Model,* London: Frank Cass & Co.

Larsson, Anders(2015), Gemensamma långsiktiga mål för tre kongressperioder, LO. 2015.3.13.

Lehndorff, Steffen(ed.)(2012), *A triumph of failed ideas: European models of capitalism in the crisis,* Brussels: ETUI.

Lehndorff, Steffen, Heiner Dribbusch & Thorsten Schulten(2017), *Rough waters: European trade unions in a time of crises,* Brussels: ETUI.

Leschke, Janine(2012), "Has the economic crisis contributed to more segmentation in labour market and welfare outcomes", ETUI Working Paper 2012.02.

Levinson, Klas(2001), "Employee representatives on company boards in Sweden", *Industrial Relations Journal* 32(3): 264-274.

Lindblom, Anders(2008), "The Swedish conservative party and the welfare state", *Government & Opposition* 43(4): 539-560.

Lindblom, Anders(2016), "Political partisanship and policy feedback: the Swedish welfare state after eight years of center-right government" in Pierre, Jon(ed.), *The Oxford Handbook of Swedish Politics,* Oxford: Oxford University Press. 37-54.

Lindquist, Gabriella Sjögren & Eskil Wadensjö(2007), "Social and occupational security and labour market flexibility in Sweden: The case of unemployment compensation", IZA Discussion Paper 2943, July 2007.

LO(1988), *3 Years with Employee Investment Funds: an evaluation,* Stockholm: LO.

LO(2010), Avtal för bemanningsföretag, 2010.11.01-2012.04.30. Landsorganisationen i Sverige.

LO(2011a), "Kollektivavtal: Ladda hem avtalen", Landsorganisationen i Sverige. 2011.11.14. http://www.lo.se/home/lo/home.nsf/ unidView/6E57911D4296083CC125794800543E2A

LO(2011b), "Kollektivavtal: Bemanningsavtalet", Landsorganisationen i Sverige. 2011.11.14. http://www.lo.se/home/lo/home.nsf/unidView/ FDD051B6FC69FF0DC125794800531BA8

LO(2011c), "Bemanningsavtalet: Nätutbildning Om bemanning", Landsorganisationen i Sverige. 2011.11.14. http://www.lo.se/home/lo/home.nsf/unidView/ DD7D780595AD00ACC12579480053DBB1

LO(2011d), "Bemanningsavtalet: Uthyrd", Landsorganisationen i Sverige. 2011.11.14. http://www.lo.se/home/lo/home.nsf/ unidView/1D1AD2D75DAEAAC9C125794800541956

LO(2011e), "Bemanningsavtalet: Fackligt medlemskap", Landsorganisationen i Sverige. 2011.11.14. http://www.lo.se/home/lo/home.nsf/unidView/ CC51D01C001666CFC125794800542B3C

LO(2011f), "Bemanningsavtalet: Särskilda partsöverenskommelser",
Landsorganisationen i Sverige. 2011.11.14. http://www.lo.se/home/lo/home.nsf/
unidView/70E0112C99379188C12579480055054E

LO(2011g), "Bemanningsavtalet: Garantilön - ett exempel", Landsorganisationen
i Sverige. 2011.11.14. http://www.lo.se/home/lo/home.nsf/
unidView/58FE2BF774526E19C1257948005515AE

LO(2011h), "Bemanningsavtalet: Nya löner 2010-08-01", Landsorganisationen
i Sverige. 2011.11.14. http://www.lo.se/home/lo/home.nsf/unidView/
BFF66BD36BD2E6C2C125794800547D87

LO(2012a), Anställningsformer år 2011: Fast och tidsbegransat anstallda efter klass och
kon ar 1990–2011. Landsorganisationen i Sverige.

LO(2012b), "Nytt avtal för bemanningsbranschen", Landsorganisationen
i Sverige. 2012.10.17. http://www.lo.se/home/lo/home.nsf/
unidview/816FE63D36A12092C1257A9A003FE27C

LO(2014a), Anställningsformer år 1990-2013, ANTAL: Fast och tidsbegränsat anställda
efter klass och kön år 1990–2013. Landsorganisationen i Sverige.

LO(2014b), "The Employment Protection Act came into existence to increase
security of employment by prohibiting undue notice of dismissal and summary
dismissal", LO, Published 2013-05-06, Updated 2014-09-02. http://www.lo.se/
home/lo/home.nsf/unidView/2E26ABDF3BEA6D8BC1256E510039774B.

LO(2014c), Anställningsformer år 2014 : Fast och tidsbegränsat anställda efter klass
och kön år 1990–2014. Stockholm: LO.

LO(2015a), Arbetsförmedlingen och arbetskraftsförmedlingen: missbedömd eller dömd
att misslyckas?, Stockholm: LO.

LO(2015b), Gemensamma långsiktiga mål för tre kongressperioder, Stockholm: LO.

LO(2016a), Vägen till full sysselsättning och rättvisare löner, report to the 2016 LO
Congress. LO. 2016.

LO(2016b), Full employment and a wage policy of solidarity, report to the 2016 LO
Congress: Summary. LO. 2016.

LO(2017). Anställningsformer och arbetstider 2017: Fast och tidsbegränsat anställda
samt hel- och deltidsanställda efter klass och kön år 1990–2016. Stockholm: LO.

LO(2018), Facklig anslutning efter klass år 1990-2018. LO. 2018.8.21.

Lovén, Karolin(2009), "Agreement on temporary layoffs reached in manufacturing",
EIRO, 2009.4.30.

Madsen, Per Kongshøj(2013), "'Shelter fro the storm?': Danish flexicurity and the
crisis", IZA Journal of Eurpean Labor Studies, 2(6): 1-19.

Magnusson, Lars(2018), "Trade unions in a changing political context: the case of
Sweden", Transfer: European Review of Labour and Research 24(2): 137-149.

Mares, Isabela(2003). The Politics of Socail Risk: Business and Welfare State
Development. Cambridge: Cambridge University Press.

Martinsson, Johan(2013a), "Change and Stability in Issue Ownership: The Case
of Sweden 1079-2010" in Dahlberg, Stefan, Henrik Oscarsson & Lena
Wägnerud(eds.), Stepping Stones: Research on Political Representation, Voting

Behavior and Quality of Government, Gothenburg: University of Gothenburg. 129-144.

Martinsson, Johan(2013b), "Economic voting in Sweden 1985–2010", *Electoral Studies* 32: 470–475.

Mathieu, Catherine & Henri Sterdyniak(2008), "European social model(s) and social Europe", Document de travail, 2008-10, OFCE. 1-56.

Meidner, Rudolf(1981), "Collective asset formation through wage-earner funds", *International Labour Review* 120: 303-317.

Meidner, Rudolf(1997), "The Swedish model in an era of mass unemployment", *Economic and Industrial Democracy* 18(1): 87-97.

Metall(1985), *Rewarding Work*, Stockholm: Metall.

Metall(1993), *Det Goda Arbet (Exempelsamling): Katalog över företag/klubbar som siktar mot målet att nå Det Goda Arbet (Tredje reviderade upplagan)*, Stockholm: Metall.

Metall(1995), "Upturn at Volvo: A Brighter Future for Workers", Curitiba, Brazil: IMF-Volvo World Council. April 6-7, 1995.

Metall(1996a), *Det goda arbetet: En skrift om Metalls vision - "Det goda arbetet"*, Stockholm: Metall.

Metall(1996b), *Det Goda Arbetet: en idébok om lokala handlingsprogram (från vision till verklighet*, Stockholm: Metall.

Ministry of Labor(1996a), *Board Representation(Private Sector Employees) Act (SFS 1987: 1245)*, Stockholm: Ministry of Labor.

Ministry of Labor(1996b), *Employment(Co-Determination in the Wrokplace) Act (SFS 1976: 580*, Stockholm: Ministry of Labor.

Ministry of Labor(1996c), *Employment Protection Act (SFS 1982: 80)*, Stockholm: Ministry of Labor.

Molin, Karl(1992), "Historical Orientation" in Misgeld, Klaus, Karl Molin & Klas Åmark, *Creating Social Democracy: A century of the Social Democratic Labor Party in Sweden*, University Park, Pennsylvania: Pennsylvania State University Press.

Murhem, Sofia(2012), "Security and change: The Swedish model and employment protection 1995-2010", *Economic and Industrial Democracy* 34(4): 621-636.

Nilsson, Lennart[NilssonL](1995), "The Uddevalla plant: Why did it succeed with a holistic approach and why did it come to an end?" in Sandberg, Åke(ed.), *Enriching Production: Perspectives on Volvo's Uddevalla plant as an alternative to lean production*, Aldershot: Avebury. 75-86.

Nilsson, Tommy[NilssonT](1997), "The history of teams: the case of Sweden and Volvo", Swedish National Institute for Working Life.

OECD(2013), *OECD Employment Outlook 2013*, Paris: OECD.

OECD(2014), *OECD Employment Outlook 2014*, Paris: OECD.

OECD(2015a), *OECD Employment Outlook 2015*, Paris: OECD.

OECD(2015b), *Back to Work: Sweden: Improving the Re-employment Prospects of Displaced Workers*, Paris: OECD. 1-127.

OECD(2015c), *Unequal access to employment support hurts vulnerable laid-off workers in Sweden*, Paris: OECD. 2015.12.11.

OECD(2015d), *Employment and Skills Strategies in Sweden(OECD LEED)*, Paris: OECD.

OECD(2016), *OECD Employment Outlook 2016*, Paris: OECD.

OECD(2017), *OECD Employment Outlook 2017*, Paris: OECD.

OECD(2018), *OECD Employment Outlook 2018*, Paris: OECD.

OECD(2019), *OECD Employment Outlook 2019*, Paris: OECD.

Offe, Claus & Helmut Wiesenthal(1980), "Two Logics of Collective Action: Theoretical notes on social class and organizational form", Zeitlin, Maurice(ed.), *Political Power and Social Theory, Volume 1*, Greenwich: JAI Press. 67-116.

Palme, Joakim & Irene Wennemo(1998), *Swedish Social Security in the 1990s: Reform and Retrenchment*, Stockholm: Välfärdsprojektet.

Phelan, Craig(2007), "Worldwide trends and prospects for trade union revitalisation" in Phelan, Craig(ed.), *Trade Union Revitalisation: Trends and prospects in 34 countries*, Oxford: Peter Lang. 11-38.

Pontusson, Jonas(1992), *The Limits of Social Democracy: Investment Politics in Sweden*, Ithaca: Cornell University Press.

Rodrigues, Maria João(ed.)(2009), *Europe, Globalization and the Lisbon Agenda*, Cheltenham: Edward Elgar.

Rydell, Alexis & Rune Wigblad(2011), "Company-level flexicurity during the restructuring process: a model", *Transfer: European Review of Labour and Research* 17(4): 547-562.

Rydén, Bengt & Villy Bergström(1982), *Sweden: Choices for Economic and Social Policy in the 1980s*, London: George Allen & Unwin.

Sainsbury, Diane(1991), "Swedish Social Democracy in Transition: The Party's Record in the 1980s and the Challenge of the 1990s" in Lane, Jan-Erik(ed.), *Understanding the Swedish Model*, London: Frank Cass & Co.

Sandberg, Åke(1995), "The Uddevalla experience in perspective" in Sandberg, Åke(ed.), *Enriching Production: Perspectives on Volvo's Uddevalla plant as an alternative to lean production*, Aldershot: Avebury. 1-36.

SAP[Sveriges socialdemokratiska arbetareparti](2014), *KÄRA FRAMTID: Ett Battre Sverige. For Alla. Valmanifest 2014*, Stockholm: Sveriges socialdemokratiska arbetareparti.

SCB(2014), Statistisk Årsbok 100 År 1914-2014, Statistiska centralbyrån.

Semuels, Alana(2017), "What If Getting Laid Off Wasn't Something to Be Afraid Of?: In Sweden, employers pay into private funds that retrain workers who lose their jobs. The model makes the whole economy more dynamic", Atlantic. 2017.10.25.

Silva, Paulo & Johannes Hylander(2012), *Bemanningsanställda på svensk arbetsmarknad*, Svensk Näringsliv. Juni 2012.

Sjöberg, Ola(2011), "Sweden: ambivalent adjustment" in Clasen, Jochen & Daniel Clegg(eds.), *Regulating The Risk Of Unemployment: National adaptations to post-industrial labour markets in Europe*, Oxford: Oxford University Press. 208-231.

SKr(2000), "Regeringens skrivelse 1999/2000", Skr. Anstiillningsformen bverenskommen visstidsanstallning 146.

SO[Arbetslöshetskassornas Samorganisation](2010), Historik över
Arbetslöshetsförsäkringen från 1885, Arbetslöshetskassornas Samorganisation.

Stalebrink, Odd Jonas(2016), "Pulic pension funds and alternative investments: A
tale of four Swedish national pension funds", *International Journal of Public
Administration* 39(2): 107-121.

Storrie, Donald(2003), "The regulation and growth of contingent employment in
Sweden" in Bergström, Ola & Donald Storrie(eds.), *Contingent Employment in
Europe and the United States*, Cheltenham, London: Edward Elgar. 79-106.

Svenskt Näringsliv(2017a), "Nytt arbetssätt ger snabbare omställning", NYHET.
Publicerad, 2017.12.04. Stockholm: SN.

Svenskt Näringsliv(2017b), "Ny modell effektiviserar arbete med omställningar",
NYHET, 2017.11.23. Stockholm: SN.

Swedish Institute(2017), *Sweden's solution for successful career transitions*, Stokholm:
Swedish Institute.

Swedish National Audit Office(2015), "Training support for persons given redundancy
notices at Volvo Cars – Retrained for work?", Audit report Summary (RiR
2015:01), 9 February. http://www.riksrevisionen.se/ PageFiles/21166/
summary_2015_1.pdf.

Swenson, Peter(2002). *Capitalists against Markets: The making of labor markets and
welfare states in the United States and Sweden*. N.Y.: Oxford University Press.

Teknikföretagen(2010), *Local crisis agreements in technology: evaluation of the
contractual crisis measures*, Stockholm: Teknikföretagen.

Teknikföretagen(2011), *Teknikföretags Inhyrning av Personal 2011: En Kartläggning
av inhyrning från bemannings- och konsultföretag*, Stockholm: Teknikföretagen.

Teknikföretagen(2015), *Teknikföretags Inhyrning av Personal 2015: En Kartläggning
av inhyrning från bemannings- och konsultföretag*, Stockholm: Teknikföretagen.

Thörnqvist, Christer(1999), "The decentralization of industrial relations: The Swedish
case in comparative perspective", *European Journal of Industrial Relations* 5(1):
71-87.

Thorsén, Yvonne & Thomas Brunk(2009), "Sweden: Flexicurity and industrial
relations", European Industrial Relations Observatory, 15 September, 2009.

TRR(2015a), *Vad Gör TRR? [What TRR does]*, Stockholm: TRR. 2015.8.

TRR(2015b), *Övertalig Eller Uppsagd? Med hjälp av TRR kan du snart ha ett nytt jobb!*,
Stockholm: TRR. 2015.9.

Tsarouhas, Dimitris(2013), "Sweden" in De Waele, Jean-Michel, Fabien Escalona
& Mathieu Vieira(eds.), *The Palgrave Handbook of Social Democracy in the
European Union*, London: Palgrave Macmillan. 347-371.

TSL(2014a), *Tidiga insatser ökar chanserna att få job*, Stockholm: TSL.

TSL(2015a), *TSL tio år. Fakta och reflektioner*, Stockholm: TSL.

TSL(2015b), *Många byter yrke vid omställning*, Stockholm: TSL. 2015.6.

TSL(2016a), *Så blev 2015: TSL-rapport 2015*, Stockholm: TSL. 2016.1.

TSL(2016b), *Nätverk är vägen till jobb*, Stockholm: TSL. 2016.10.

TSL(2016c), *Validering viktigt verktyg*, Stockholm: TSL. 2016.4.

TSL(2017a), *Så blev 2016: TSL-rapport dec 2016*, Stockholm: TSL. 2017.1.

TSL(2017b), "Modig styrelse bakom nya TSL", *Trygghetsfonden*, Stockholm: TSL. 2017.10.4.

TSL(2017c), "hjälp till jobb", *Trygghetsfonden*, Stockholm: TSL. 2017.11.1.

TSL(2017d), *Resultat för samtliga omställningsföretag*, Stockholm: TSL.

TSL(2017e), *Företagens och fackens uppfattningar om omställningsstödet*, Stockholm: TSL. 2017.7.

TSL(2017f), *Trygghetsfonden TSL, an Employment Transition Fund*, Stockholm: TSL. 2017.8.

TSL(2018a), *Trygghetsfonden TSL: TSL Job Transition Foundation* – hjälp till jobb. Trygghetsfonden, Stockholm: TSL.

TSL(2018b), "Nöjdhet, deltagare", *TSL Styrelsemöte*, Stockholm: TSL. 2018.2.15.

TSL(2018c), "Andel i jobb och Andel nöjda deltagare", *Trygghetsfonden*, Stockholm: TSL. 2018.2.

TSL(2018d), "Årstatistik 2017", *Trygghetsfonden*, Stockholm: TSL.

TSL(2018e), *Kvartalsrapport 2018:2 – stark tillväxt och historiskt få uppsagda. Trygghetsfonden*, Stockholm: TSL.

TSL(2018f), *Rekordstark arbetsmarknad, men det finns utmaningar*, Stockholm: TSL. 2018.7.10.

TSL(2018g), *Fler sägs upp på grund av konkurser*, Stockholm: TSL. 2018.10.23.

TSL(2018h), *Jobba hos oss*, Stockholm: TSL. 2018.8.16. https://www.tsl.se/om-tsl/ lediga-tjanster/

TSL(2018i), *Avgångsbidrag*, Stockholm: TSL. 2018.3.14. https://www.tsl.se/jobbsokare/ avgangsbidrag/

TSL(2018j), *Kan jag få stöd?*, Stockholm: TSL. 2018.3.14. https://www.tsl.se/ jobbsokare/stod/

TSL(2018k), *Vad ingår? : Här kan du läsa om vad som ingår i omställningsstödet*, Stockholm: TSL. 2018.3.14. https://www.tsl.se/fack/vad-ingar/

TSL(2018l), *Validering är en dold kompetensresurs*, Stockholm: TSL. 2018.11.22. https://www.tsl.se/om-tsl/aktuellt/

TSL(2019a), *TSL statistics*, Stockholm: TSL. 2019.1.16.

TSL(2019b), *Roller och ansvar : Det är mycket att hålla reda på när man har blivit uppsagd. Här reder vi ut vem som ansvarar för vad.*, Stockholm: TSL. https:// www.tsl.se/jobbsokare/roller-och-ansvar/

Ulku, Hulya & Silvia Muzi(2015), "Labor Market Regulations and Outcomes in Sweden: A comparative analysis of recent trends", World Bank Group. April 2015.

Volvo(1997), *Volvo Personvagnar: Fakta 1997*, Göteborg: Volvo.

VVK(2010), *Fördelaren: Verksamhets Berättelse 2009*, Göteborg: Volvo Verkstadsklubb. februari 2010.

VVK(2013a), *Koncernavtal Volvo PV 2013. 27 juni 2013*, Göteborg: Volvo Verkstadsklubb.

VVK(2013b), Koncer*navtal AB Volvo 2013. 27 juni 2013*, Göteborg: Volvo Verkstadsklubb.

VVK(2016), *Fördelaren: Verksamhets Berättelse 2015*, Göteborg: Volvo Verkstadsklubb. februari 2016.

Wadensjö, Eskil(2009), "Sweden" in de Beer, Paul & Trudie Schils(eds.), *The Labour Market Triangle: Employment protection, unemployment compensation and activation in Europe*, Cheltenham, UK: Edward Elgar.

Wallenberg, Jan & Klas Levinson(2012), "Anställdas styrelserepresentation i svenskt näringsliv – Vad har hänt mellan 1999 och 2009?", *Arbetsmarknad & Arbetsliv* 18(3): 67-80.

Walter, Lars(2015), *Job Security Councils in Sweden*, Gothenburg: University of Gothenburg.

Walter, Lars(ed.)(2015), *Mellan Jobb: Omställningsavtal och stöd till uppsagda i Sverige*, Stockholm: SNS Förlag.

Weber, Max(1978). *Economy and Society: An outline of interpretive sociology*. Berkeley: University of California Press.

Womack, James P., Daniel T. Jones & Daniel Roos(1990), *The Machine That Changed the World*, New York: Macmillan.

Wright, Erik Olin(2000), "Working Class Power, Capitalist Class Interests, and Class Compromise", *American Journal of Sociology* 105(4): 957-1002.

Zagelmeyer, Stefan(2011), "Company-level collective agreements during the 2008–2010 crisis: four cases from Germany", *Transfer: European Review of Labour and Research* 17(3): 355-370.

심층 인터뷰

Ander, Johan 면담(2016), Arbetsförmedlingen Nacka, 2016.9.12.

Andersson, Ingvar[AnderssonI] 면담(1998), 볼보노동조합 간부. 1998.2.5.

Andersson, Renée[AnderssonR] 면담(2018), LO 연금 담당. 2018.9.6.

Asplund, Ola 면담(2018), IF Metall, 경제·산업정책 책임. 2018.2.12.

Asplund, Ola 면담(2012; 2013), Metall 정책연구 책임자(head of research department). 2012.7.9; 2013.6.25.

Bengtsson, Berit 면담(2018), 금속노조 단체협약 담당. 2018.8.9.

Bergold, Joa 면담(2018), LO 여성정책 담당. 2018.8.13.

Bergström, Åsa-Pia Järliden[BergströmÅ] 면담(2016; 2018), LO 경제정책 담당, "Vägen till full sysselsättning och rättvisare löner" 책임자. 2016.9.16; 2018.9.7.

Bergström, Glenn[BergströmG] 면담(2016), Vice ordförande of VVK, Volvo passenger car 노조위원장. 2016.2.8.

Centerhorn, Helene 면담(2016), Arbetsförmedlingen Göteborg, deputy chief of the market region Göteborg Halland. 2016.9.26.

Clase, Leif 면담(2016), Arbetsförmedlingen Region Syd, Verksamhetssamordnare. 2016.9.14.

Command, Carl 면담(2019), TSL 조사통계 책임. 2019.2.11/2.12.

Danielsson, Johan 면담(2012), LO 국제관계 및 노동시장정책 담당. 2012.7.10.

de Toro, Sebastian 면담(2016), LO 경제정책 담당. 2016.9.7.

Drummond, Dennis 면담(2016), Arbetsförmedlingen Göteborg, Verksamhetssamordnare(Operations coordinator). 2016.9.26.

Ekelöf, Maja-Malin 면담(2016), IF Metall 정책연구 담당. 2016.1.22.

Ellegård, Kajsa 면담(1998), Department of Human and Economic Geography, School of Economics and Commercial Law, Göteborg University (Volvo-Uddevalla & Autonova 공장설계 참여). 1998.2.6.

Engström, Tomas 면담(1998), Department of Transportation and Logistics, Chalmers University of Technology (Volvo-Uddevalla & Autonova 공장설계 주도). 1998.2.2.

Ernerot. Oscar 면담(2013), LO, Dept of Economic and Labor Market Policy. 2013.6.24.

Essemyr, Mats 면담(2018), TCO 고용안정기금 담당. 2018.2.7.

Furåker, Bengt 면담(2016), Department of Sociology and Work Science, University of Gothenburg. 2016.9.30.

Göransson, Ingemar 면담(1998), LO 전략가. 1998.1.20/23.

Jakobsson, Bengt 면담(1999; 2003), IF Metall 국제관계 책임자. 1999.2.12; 2003.5.10.

Janssen, Ronald 면담(2012), ETUC Advisor. 2012.6.15.

Johansson, Emil[JohanssonE] 면담(2016), Arbetsförmedlingen Förmedlingsavdelningen, Enheten Tjänster och Program 연구자. 2016.9.6.

Johansson, Peter[JohanssonP] 면담(1998), 전 우데발라 조립공장 작업자, 현 Autonova club treasurer. 1998.2.4.

Lindén, Anette 면담(2016), Arbetsförmedlingen Region Syd, Stabschef. 2016.9.27.

Meidner, Rudolf 면담(1998), LO 전략가. 1998.1.27.

Mikaelsson, Kerstin 면담(2018), Utredare Kommunal. 2018.2.5/21.

Nilsson, Janne[NilssonJ] 면담(2016), IF Metall at local 36 위원장. 2016.2.7.

Nilsson, Roger[NilssonR] 면담(2013; 2016), IF Metall 단체교섭 책임자. 2013.7.1; 2016.1.22/2.2.

Sällström, Mikael 면담(2002; 2016), Volvo Verkstadsklubb 위원장. 2002.11.13; 2016.9.29.

Schubert, Peter 면담(1998), Volvo Verkstadsklubb 사무처장. 1998.2.9.

Sjöberg, Ann-Sofi 면담(2018), TCO Teamchef, 고용안정기금 담당(TRR 10여 년 근무 경력). 2018.2.7.

Sjodin, Erik 면담(2013), Uppsala University, department of law professor, lawyer. 2013.7.4.

Sjölander, Erica 면담(2013; 2016). IF Metall Utredningsenheten 책임자, 경제정책 담당. 2013.6.25; 2016.1.22.

Sjöquist, Stefan 면담(2016), IF Metall Utredningsenheten 조사연구국장. 2016.9.14.

Söder, Caroline[SöderC] 면담(2018a; 2018b). TSL CEO. 2018.2.13; 2018.8.6.

Söder. Sven-Eric[SöderS] 면담(2013), 사민당 chief of staff 역임. 2013.6.28.

Swanson, Sven 면담(2016), Arbetsförmedlingen Gävle, 장기실업자 담당. 2016.9.14.

Syrén, Madelene 면담(2016), Arbetsförmedlingen Förmedlingsavdelningen, Enheten Tjänster och Program. 2016.9.6.

Tenselius, Robert 면담(2016), Teknikföretagen, 정책연구 담당. 2016.2.3.

Wadensjö, Eskil 면담(2013), SOFI economist. 2013.6.25.

Wessman, Sebastian 면담(2016), Johnson Controls 노동조합 부위원장. 2016.2.7/2.12.
Wettermark, Eva 면담(2016), Arbetsförmedlingen Göteborg, manager of Göteborg
    Centrum. 2016.9.26.
Whalstedt, John 면담(2016), Teknikföretagen 법률팀장, 단체교섭 책임자. 2016.2.2.

일간지 등 시사간행물

Aftonbladet
Apolitical
Arbetet
Avtals Extra
Dagens Arena
Economist
Göteborg Daily
Stockholm News
The Local

법규정

Lag om anställningsskydd [LAS, 고용보호법].
Lag om förbud mot diskriminering av deltidsarbetande arbetstagare och arbetstagare
    med tidsbegränsad anställning [차별금지법].
Lag om medbestämmande i arbetslivet [MBL, 공동결정법].
Lag om privat arbetsförmedling och uthyrning av arbetskraft [LPA, 사적고용중개법].

인터넷 웹사이트

Arbetsförmedlingen: https://www.arbetsformedlingen.se/
Bemanningsföretagen: http://www.bemanningsforetagen.se/
Eurofound: http://www.eurofound.europa.eu/
IF Metall: http://www.ifmetall.se/
ISSA(International Social Security Association): http://www.issa.int/
Lagen Nu: https://lagen.nu/
LO: http://www.lo.se/
OECD: http://www.oecd.org/
OECD statistics: http://stats.oecd.org/
SCB(Statistiska centralbyrån): http://www.scb.se/
Sveriges Riksdag: https://www.riksdagen.se/
Swedish National Audit Office: http://www.riksrevisionen.se/
TSL(Trygghetsfonden): https://www.tsl.se/

찾아보기

ㅊ · ㅍ · ㅎ